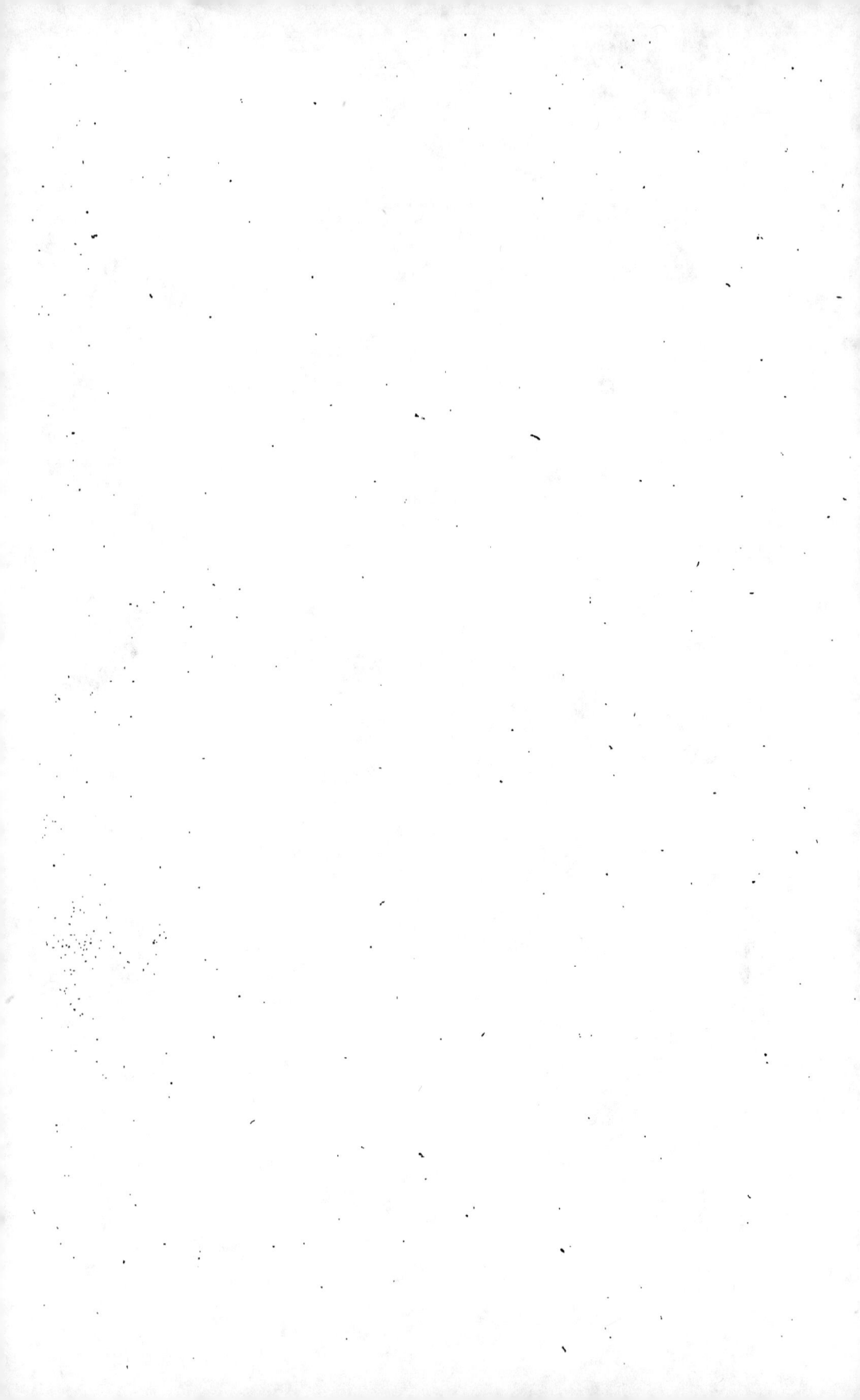

LETTRES D'UN VOYAGEUR

DANS L'INDE

LETTRES
D'UN VOYAGEUR DANS L'INDE

PAR

Ernest HAECKEL

Professeur de zoologie à l'Université d'Iéna

TRADUIT DE L'ALLEMAND

PAR

Le Dr Ch. LETOURNEAU

PARIS

C. REINWALD, LIBRAIRE-ÉDITEUR

15, RUE DES SAINTS-PÈRES, 15

1883

TABLE DES MATIÈRES

LETTRES

D'UN VOYAGEUR DANS L'INDE

I

En route pour l'Inde.

Vous allez donc bien réellement dans l'Inde? Telle était la question que me faisaient sans cesse mes amis d'Iéna. Que de fois me la suis-je répétée à moi-même, après m'être décidé, vers la fin de l'hiver dernier, sous l'impression de ce mois de février, si triste dans le nord de l'Allemagne, à passer l'hiver suivant sous le soleil éclatant des tropiques, dans l'île merveilleuse de Ceylan. Un voyage dans l'Inde n'a, d'ailleurs, rien de bien extraordinaire à notre époque de locomotion facile et agréable, où aucune partie du globe ne peut plus se dérober à l'invasion des touristes. Sur des vapeurs pourvus du confortable le plus luxueux, nous parcourons les mers lointaines dans un temps relativement plus court et avec moins de dangers et d'embarras qu'il n'y en avait, il y a cent ans, à entreprendre un « voyage en Italie », si banal aujourd'hui, si redoutable alors. Le « tour du monde en quatre-vingts jours » est devenu lui-même une idée courante ; plus d'un citoyen errant de l'univers, suffisamment pourvu d'argent, croit, par ce moyen, pouvoir acquérir en moins d'un an une idée plus complète et plus variée du monde, que par la fréquentation des meilleures écoles durant une dizaine d'années. Si on ajoute à cela, que nous possédons sur l'Inde toute une riche et admirable littérature, il faut bien avouer qu'un voyage dans ce pays féérique n'a, par lui-même, aucun titre particulier à l'intérêt du public. Aussi j'éprouve le besoin d'expliquer pourquoi dans ces *Lettres de l'Inde*, je convie le lecteur à m'accompagner à Ceylan et à me suivre dans mes six mois de pérégrination à travers cette île... Je tiens à bien établir à vos yeux, honorable lecteur, surtout aux vôtres, aimable lectrice, que c'est dans un but tout spécial, comme *naturaliste* et *admirateur passionné de la nature*, que j'ai entrepris ce voyage et que je cherche à vous entraîner à ma suite. Je n'ai pas eu d'autres mobiles.

Le désir d'admirer de ses propres yeux la nature des tropiques est, on le comprend facilement, un des vœux les plus ardents de tout naturaliste, qui a consacré son existence à l'étude des formes de la vie sur notre globe. N'est-ce pas seulement dans les régions tropicales, sous l'action intense de la lumière et de la chaleur solaire, que le monde organique atteint à cet épanouissement suprême, à cette richesse admirable de formes, dont la faune et la flore de nos zones tempérées ne sont qu'un pâle et faible reflet ? Dès mon enfance, les récits de voyages furent mes lectures favorites et jamais je n'étais aussi heureux qu'en pénétrant à la suite du narrateur dans les forêts vierges de l'Inde et du Brésil. Plus tard ce furent les *Tableaux de la Nature* de Humboldt, la *Plante et sa vie* de Schleiden, les *Aspects de la végétation* de Kittlitz et le *Voyage autour du monde* de Darwin, qui me déterminèrent tout spécialement dans le choix d'une carrière, et dès lors un voyage au pays des tropiques devint pour moi le rêve suprême de l'existence. D'abord, je me flattais de pouvoir le réaliser en qualité de médecin et c'est principalement dans ce but que je me décidai, il y a trente ans, à joindre l'étude de la médecine à celle de la botanique et de la zoologie, mes sciences favorites. Mais il devait s'écouler un bien long temps avant que je pusse réaliser le rêve du voyage, que déjà j'ébauchais.

Après avoir achevé mes études médicales, je fis pendant vingt-cinq ans bien des tentatives infructueuses pour effectuer, en qualité de médecin, cette excursion dans les régions tropicales; car la pensée m'en hantait toujours. Enfin, en 1859, je fus assez heureux pour faire un long voyage en Italie. Là, sur les côtes de cette Méditerranée où la vie foisonne, et que j'appris dès lors à chérir, je passai une année, plongé dans l'étude de la faune marine, si riche et si variée. A mon retour, mes devoirs professionnels et un brusque changement survenu dans ma destinée, refoulèrent bien loin mes projets de voyage. En 1861, j'obtins à Iéna la chaire de professeur, que j'occupe depuis vingt ans. Néanmoins, à l'exemple de mon maître et ami, Jean Müller, je ne

cessais de consacrer toutes mes vacances à des excursions et des explorations zoologiques sur les côtes.
L'étude si intéressante des *animaux marins inférieurs*, celle en particulier des zoophytes et des protozoaires, à laquelle J. Müller lui-même m'avait initié
en 1854, à Helgoland, me fit parcourir, durant les vingt-
cinq années qui suivirent, les diverses plages de l'Europe. Dans la préface de mon *Système des Méduses*,
ouvrage publié en 1879, j'ai brièvement décrit ces
rivages, où durant ce long espace de temps, j'ai tour à
tour pêché, observé, étudié au microscope et dessiné
les animaux marins. Les côtes de la Méditerranée, de
cette Méditerranée incomparable, unique sous tant de
rapports, exercèrent surtout sur moi une véritable fascination. A deux reprises, il me fut donné de franchir
les limites de cette région favorite. Je passai l'hiver de
1866-67 aux îles Canaries, de préférence dans l'île
volcanique de Lancerote, presque dépourvue de végétation. Au printemps de 1873, je fis, de Suez, sur un
vaisseau de guerre égyptien, une excursion admirable
à Tur, afin d'étudier les récifs de coraux de la mer
Rouge, exploration dont j'ai rendu compte dans un
mémoire sur les *Récifs de coraux de l'Arabie* (1875).
Ainsi donc, à deux reprises, je touchai presque aux
tropiques, — je n'en étais séparé que par quelques degrés
de latitude; mais chaque fois c'était sur des points où
le plus grand charme des régions tropicales, leur végétation splendide, était le plus pauvrement épanouie.

Plus le naturaliste apprend à connaître la nature, si
belle et si variée de notre globe, et plus il est avide

d'élargir son horizon. Ainsi, en 1880, je venais de faire
un séjour délicieux, par un automne superbe, au château de Portofino, près de Gênes, où j'avais joui de
l'hospitalité cordiale du consul anglais, M. Montague-
Brown ; je revenais dans ma tranquille petite ville
d'Iéna, rassasié de la multitude d'expériences et d'observations zoologiques, que je venais de faire. Mais
quelques semaines plus tard, le hasard fit tomber sous
mes yeux le charmant ouvrage publié sur Ceylan par
le peintre viennois Ransonnet et les souvenirs enchanteurs de Portofino aidant, les sublimes beautés naturelles de l'île indienne, de la patrie des épices, qui
m'attirait depuis si longtemps, exercèrent sur moi un
charme, une séduction plus irrésistibles que jamais. Je
me mis à étudier dans un itinéraire les routes diverses
conduisant dans l'Inde. Quelle fut ma joie en décou-
vrant que la « lutte pour l'existence » engagée par les
diverses lignes des vapeurs indiens, avait eu pour
résultat de réduire notablement depuis quelques années,
le prix si élevé de la traversée, en diminuant dans les
mêmes proportions les inconvénients du voyage. Ce qui
acheva de me combler de joie, ce fut d'apprendre que
la Compagnie autrichienne du Lloyd de Trieste entretenait une double ligne de vapeurs, faisant le service
de l'Inde, lignes touchant toutes les deux à Ceylan.
Mes courses fréquentes sur la Méditerranée m'avaient
inspiré une haute estime pour les paquebots du Lloyd
et c'est avec leur aide que j'espérais atteindre mon but
de la manière la plus sûre et la plus facile.

La traversée de Trieste à Ceylan, en touchant

l'Égypte et Aden, demande quatre semaines à peu près.
En déduisant de ce temps six jours pour la traversée
de Trieste à Port-Saïd, deux jours pour le canal de
Suez, six jours de navigation sur la mer Rouge et onze
sur l'océan Indien, depuis Aden jusqu'à Ceylan, il restait encore trois à quatre jours pour les diverses escales.
Ainsi, en demandant un congé de six mois et en en
consacrant deux au voyage d'aller et retour, je pouvais
faire un séjour de quatre mois à Ceylan. Grâce au
climat salubre de cette île charmante et à l'ordre qui
y régnait, ce voyage n'offrait d'ailleurs aucun danger.
Je songeais aussi que j'étais dans ma quarante-huitième
année et que c'était bien le moment ou jamais de réaliser mes projets. Des circonstances de divers genres,
qu'il est inutile de mentionner ici, contribuèrent à hâter
ma décision, en sorte que dès les vacances de Pâques
1881, j'arrêtai le plan du voyage et commençai les
démarches nécessaires à son exécution. J'obtins le
congé sollicité et le gouvernement grand-ducal de
Weimar mit obligeamment à ma disposition une somme
considérable pour l'acquisition d'une collection d'objets
d'histoire naturelle de l'Inde. Afin de mettre de mon
mieux à profit le temps si court dont je disposais, je
me plongeai dans la lecture des ouvrages les plus
importants publiés jusqu'alors sur Ceylan et sur les
produits de son sol ; j'étudiai surtout la description
excellente et aujourd'hui encore si complète de ce pays,
que l'on trouve dans la géographie de Karl Ritter
(*Erdkunde*, Asie orientale, tome V), cette œuvre classique, ainsi que l'ouvrage capital de l'Anglais sir

Emerson Tennent : *Ceylon, An account of the Island, physical, historial and topographical*, London, 1860. Je parcourus, en outre, quantité de récits de voyages anciens et modernes contenant des renseignements sur Ceylan.

Ensuite, je m'occupai à renouveler, à compléter et à enrichir considérablement la collection d'instruments et d'outils de toute espèce, nécessaires pour étudier et collectionner les animaux, arsenal qui m'accompagnait d'ordinaire dans mes pérégrinations sur les bords de la mer. J'employai l'été à me familiariser avec certains arts et métiers, qui jusqu'alors m'étaient restés inconnus et qui pouvaient m'être particulièrement utiles et même précieux en vue du voyage projeté. Tels étaient, selon moi, la peinture à l'huile, la photographie, le maniement des armes de chasse, de la sonde, etc. Sous le rapport des conditions atmosphériques, il ne ne me semblait pas convenable de commencer mon voyage avant la mi-octobre. Je passai donc les vacances d'automne à Iéna, fort occupé de mes préparatifs de diverse sorte, ainsi que de l'emballage de mes nombreux appareils. Le but spécial de mon voyage se reliait directement à mes occupations favorites, en particulier à l'étude des protozoaires et des zoophytes ; mais plusieurs autres problèmes d'histoire naturelle, que j'espérais pouvoir poursuivre parallèlement, et pour l'étude desquels j'avais besoin d'une certaine préparation, avaient aussi place dans mon programme.

Aujourd'hui, le naturaliste qui entreprend d'explorer les plages, pour y étudier la vie de la faune et de la flore marines, ne saurait plus se contenter, comme il y a vingt ans et même dix ans, d'un microscope, d'une trousse de préparateur et de quelques instruments élémentaires du même genre. Les méthodes d'investigation biologique et surtout microscopique ont pris, dans les dernières dix années, un développement prodigieux et atteint une grande perfection. Tout un riche arsenal d'instruments de précision de divers genres est nécessaire aujourd'hui pour répondre, ne fut-ce qu'en partie, aux exigences de la science moderne.

Aussi, en quittant Trieste, j'embarquais avec moi non moins de seize caisses et colis ! Deux de ces caisses étaient remplies des ouvrages scientifiques les plus nécessaires, deux autres contenaient des microscopes ainsi que divers instruments de physique et d'anatomie. Des appareils pour collectionner des êtres organisés et les moyens nécessaires pour les conserver, savoir : quantité de boîtes en fer-blanc, hermétiquement fermées, pleines d'alcool, de liquides conservateurs de toute espèce, d'acide phénique, etc., occupaient deux autres caisses. Deux colis étaient entièrement remplis de verres (plusieurs milliers de pièces) ; deux autres renfermaient des filets et des appareils de capture de toute espèce, des filets à traîner et des dragués pour racler le fond de la mer, des filets de mousseline et des trubles pour pêcher à sa surface. Une caisse à part contenait l'appareil photographique, une autre l'outillage nécessaire à la peinture à l'huile, à l'aquarelle, au dessin et à l'écriture. Dans une troisième, il y avait quarante boîtes en fer-blanc, de forme cubique, emboîtées les unes dans les autres et ajustées de manière à ce que je n'eusse pas de peine à en souder le couvercle plat, une fois qu'elles seraient remplies. Une quatrième, enfin, renfermait des munitions pour mon fusil de chasse à deux coups, non moins de mille cartouches de différents calibres. La plupart de ces caisses étaient zinguées et hermétiquement fermées, afin de préserver les objets qu'elles contenaient contre l'humidité d'une longue traversée. Les vêtements et le linge nécessaires pour un voyage de six mois formaient le contenu des deux dernières caisses zinguées.

Les préparatifs et l'emballage de ce formidable matériel me coûtèrent pas mal de soin et de peine. Aussi fus-je obligé de considérer comme un bonheur tout particulier, qu'un des désirs que j'avais caressés avec le plus d'ardeur, au moment où j'ébauchais le plan de mon voyage, n'ait pu être exaucé. De toutes les investigations entreprises de nos jours pour étudier la vie, foisonnant au sein des mers, aucune n'a donné des résultats aussi surprenants et aussi grandioses que les sondages des profondeurs pélagiques dont nous sommes surtout redevables aux zoologistes anglais : sir Wyville Thomson, Carpenter, John Murray, Moseley et à quelques autres. Tandis qu'il y a vingt ans encore, on croyait généralement que les abîmes de l'Océan étaient privés d'être vivants et qu'au-dessous de deux mille pieds toute vie organique disparaissait, les sondages, faits dans ces dernières années sur une si vaste échelle par les Anglais, vinrent nous révéler tout le contraire. Il fut démontré que les profondeurs de l'Océan, aussi loin qu'on avait pu les explorer, c'est-à-dire jusqu'à 27,000 pieds, étaient peuplées d'une foule d'animaux appartenant aux classes les plus diverses et pour la plupart inconnus jusqu'alors, enfin que les différences constatées aux divers degrés de profondeur ressem-blaient à celles qu'offre la flore des altitudes variées.

Mais les campagnes de sondage faites jusqu'alors, celles en particulier, si admirablement conduites et si importantes de l'expédition du Challenger, n'embras-saient qu'une grande partie de l'océan Atlantique et certaines régions de l'océan Pacifique. L'immense domaine de l'océan Indien restait inexploré, à l'excep-tion peut-être de sa partie la plus méridionale. Une richesse inouïe de formes organisées nouvelles, incon-nues jusqu'ici, ne manquerait pas de se révéler au na-turaliste, qui le premier serait assez heureux pour jeter les filets perfectionnés de nos jours dans les profon-deurs vierges encore de l'océan Indien. Peut-être suis-je excusable d'avoir caressé, en projetant ce voyage, le désir fort naturel d'être l'heureux conquérant de ces trésors inconnus. Pourquoi n'aurais-je pas été le pre-mier à faire cette tentative, infructueuse peut-être, comme tant d'autres, mais qui aurait néanmoins le mérite de l'initiative? Malheureusement les sondages pélagiques entraînent des frais énormes, alors même qu'on les réduit, comme c'était mon intention, aux pro-portions les plus modestes et les moins coûteuses. Il ne fallait certainement pas songer à entreprendre ces explorations avec mes ressources privées; mais ne pouvais-je pas me flatter de l'espoir d'obtenir les fonds nécessaires en sollicitant la générosité des sociétés savantes, fondées dans le but spécial de favoriser les recherches scientifiques ? L'Académie des sciences de Berlin est certainement en Allemagne le corps savant le plus important et le plus influent. Plus d'une fois déjà elle avait accordé à des voyageurs des subsides considérables, puisés soit dans sa propre caisse, soit dans celle de l'institution de Humboldt, dont elle a le maniement.

Aussi, lorsque durant les vacances de Pâques de 1881, je fis un court séjour à Berlin et entretins les amis, que j'ai dans cette ville, de mon voyage projeté, tous m'engagèrent avec insistance à solliciter la subvention accordée par l'Institut de Humboldt aux voyageurs, d'autant plus qu'en ce moment ce corps pouvait disposer d'une somme assez considérable. Je dois l'avouer, ce fut avec une grande répugnance que je cédai aux bienveillantes instances de mes collègues de Berlin. D'une part, tous les voyages scientifiques, que j'avais entrepris depuis vingt-cinq ans, avaient toujours été faits avec mes seules ressources, sans le secours d'aucune subvention ; en sorte que j'avais appris l'art d'atteindre le but avec les moyens les plus modestes, à la condition de me borner au strict nécessaire. D'autre part, il était notoire que les membres les plus influents de l'Académie de Berlin appartenaient aux adversaires déclarés de la doctrine de l'évolution, à l'avancement et à l'élaboration de laquelle j'avais depuis des années consacré tous mes efforts. C'est là que la marche invincible du progrès scientifique rencontre ces barrières artificielles, au-dessus desquelles est inscrit : *Ignora-bimus et restringamur!* mot d'ordre auquel, dans mon travail intitulé : *La science libre et l'enseignement libre* (1878), j'opposai cet autre : *Impavidi progrediamur!* Je savais dès lors que mon opposition ne me serait jamais pardonnée. Aussi, ne fus-je nullement étonné d'apprendre, quelques mois plus tard, par mes amis de Berlin, que l'Académie avait purement et simplement repoussé ma requête.

Ainsi donc, mon désir d'explorer les profondeurs de l'océan Indien se trouvait réduit à néant. C'est à un autre plus digne ou plus fortuné, qu'est réservé l'honneur de s'emparer des trésors zoologiques, que contiennent ces abîmes mystérieux. Je cherchai à me consoler en me disant que la seule surface des mers tropicales fournirait à mon investigation une moisson d'objets nouveaux et intéressants, si ample, que ma curiosité ne saurait l'épuiser dans le court espace de temps dont je pouvais disposer. D'autre part, abandonné à mes propres forces, j'avais pour compensation ces biens suprêmes auxquels, de tout temps, j'ai attaché un prix infini : *la liberté* et *l'indépendance.*

Mais à part ce petit mécompte et quelques autres du même genre, que j'eus à essuyer à l'occasion de mon voyage, je suis heureux de pouvoir exprimer ici toute ma reconnaissance à ceux de mes nombreux amis, qui prirent un si vif intérêt à mes projets, dès qu'ils en eurent connaissance, et cherchèrent par tous les moyens à en faciliter l'exécution. Je nommerai au premier rang Charles Darwin, le docteur Paul Rottenburg, de Glasgow, sir Wyville Thomson et John Murray, d'Édimbourg ; ensuite, le professeur Édouard Suesz, de Vienne, le baron de Königsbrunn, de Gratz, Henri Krauseneck et le capitaine de vaisseau Radonetz, de Trieste. Je me sens non moins tenu d'exprimer ma gratitude au gouvernement grand-ducal de Weimar, en particulier à son Altesse le grand-duc Charles Alexandre de Saxe-Weimar, le *Rector magnificentissimus* de l'Université d'Iéna, aussi bien qu'au grand-duc héritier pour leur concours bienveillant. Grâce à leur protection, j'obtins du ministère des colonies anglaises une lettre de recommandation pour le gouverneur de Ceylan. J'étais d'ailleurs amplement muni de toute espèce de lettres de recommandation. Je dois enfin un cordial remerciement à mes excellents amis et collègues d'Iéna, qui s'employèrent tous de leur mieux pour m'être utiles en cette occasion.

Enfin, tous les préparatifs terminés et douze caisses expédiées déjà depuis quelques semaines pour Trieste étant parvenues à leur destination, je quittai à mon tour ma chère et paisible ville d'Iéna, le matin du 8 octobre. Le moment des adieux fut douloureux. Je ressentais dans toute sa force un sentiment, dont l'angoisse croissante m'étreignait déjà depuis quelques semaines ; je compris que ce n'était point chose facile pour un homme de quarante-huit ans, père de famille, de quitter femme et enfants pour aller au delà des mers, à la distance de 5,000 milles marins. Combien différents eussent été mes sentiments si j'avais pu partir, sans l'ombre d'un souci ou d'un regret, vingt-cinq ans plutôt,

alors qu'un voyage sous les tropiques était le rêve de
ma jeunesse et que toutes mes pensées étaient dirigées
vers la réalisation de ce désir. Aujourd'hui, il est vrai,
vingt années d'étude m'avaient familiarisé avec le
vaste domaine des recherches zoologiques; j'étais d'a-
vance préparé à aborder les problèmes scientifiques,
qui se rattachaient au but de mon voyage et capable
de les résoudre avec plus d'autorité et dans un temps
moindre. En résumé, pourvu d'un riche bagage d'expérience, je pouvais me flatter d'obtenir des résultats
plus féconds que je ne l'eusse pu faire un quart de siècle
auparavant. Mais d'un autre côté, ne me ressentais-je
pas déjà de l'effet de l'âge? N'avais-je point perdu
quelque chose de l'élasticité de l'esprit et de la force
juvénile du corps? En outre, moi, qui vivais depuis si
longtemps dans le domaine abstrait de l'investigation
scientifique, pourrais-je éprouver avec la fraîcheur
d'autrefois l'impression produite par les merveilles
concrètes de la nature, fut-ce même de la nature splendide des tropiques? Ne serais-je pas encore une fois,
comme cela m'était déjà souvent arrivé, le jouet de
mon imagination trop vive, trop prompte à évoquer des
tableaux enchanteurs, destinés, hélas! à s'évanouir,
comme les mirages de la *fata morgana* au contact de
l'indigente réalité?

Telles étaient les pensées, qui, jointes à l'amertume
d'un adieu, dit pour longtemps à la famille et à la
patrie, assombrissaient mon front, tandis que par une
belle matinée d'octobre le train m'emportait d'Iéna à
Leipzig. Tout autour de moi régnait un épais et froid

brouillard d'automne, dérobant complètement à mes
yeux ma charmante vallée de la Saale. Seul, le sommet
imposant du Muschelkalk dominait librement cet océan
de brume; à droite, s'allongeait le Hansberg avec sa
cime ceinte de « rayons pourprés »; plus loin, se dessinaient le fier sommet pyramidal du Jenzig et les ruines
romantiques de Kunitzburg; à gauche, se déroulait la
vallée de la Rau aux collines boisées et dans le lointain on entrevoyait la résidence favorite de Gœthe, le
délicieux village de Dornburg. Prenant à témoin ces
vieilles montagnes bien-aimées, je jurai de leur revenir
au printemps suivant sain et sauf, tout chargé des trésors de l'Inde. Comme pour ratifier ce riant espoir, ces
anciennes amies m'envoyèrent leur plus charmant salut
matinal; tandis que j'étais encore à leur pied, les
sommets et les flancs des montagnes se dépouillèrent
de leur voile brumeux et les rayons empourprés d'un
beau soleil du matin envahirent victorieusement l'horizon où toute trace de nuage s'évanouit bientôt. Une
superbe matinée d'automne déploya tous ses charmes;
comme des perles, les gouttes de rosée étincelaient au
sein des calices ciliés d'un bleu sombre des charmantes
et délicates gentianes, qui tapissent à profusion les collines verdoyantes bordant de chaque côté la voie ferrée.

J'utilisai les quelques heures d'arrêt à Leipzig, pour
compléter mon équipement de voyageur et pour aller
admirer dans la galerie de tableaux les célèbres paysages dus au pinceau de Preller, de Calame, de Gudin,
de Saal et d'autres. Dans l'après-midi, je poursuivis mon
voyage jusqu'à Dresde d'où, le soir, je pris l'express de

nuit, qui me transporta en douze heures à Vienne. Quelques heures d'arrêt dans cette ville et en route par la voie du sud vers Gratz. C'était un admirable dimanche d'automne tout ensoleillé ; le paysage alpestre du Sœmmering resplendissait dans son incomparable beauté. C'était là, dans les gorges boisées et sur les hauteurs fleuries de la belle Styrie, que j'avais herborisé avec passion vingt-quatre ans auparavant ; chaque cime des montagnes neigeuses, chaque pic de la chaîne alpestre semblaient me regarder d'un œil ami, réveillant en moi une foule de souvenirs. Le jeune docteur en médecine d'alors était, il faut l'avouer, bien plus assidu à l'étude de la flore si intéressante des environs de Vienne qu'aux cours savants d'Oppolzer, de Skoda, de Hebra et de Siegmund. Que de fois, en séchant les gerbes immenses de charmantes petites fleurs alpestres récoltées sur les hauteurs du Soemmering, n'ai-je pas rêvé à la flore si différente de l'Inde et du Brésil, où la sève puissante de la vie végétale s'épanouit sous des formes aussi étranges que gigantesques. Quelques semaines encore, et ce rêve de ma jeunesse allait se réaliser.

Je passai une journée à Gratz, où je trouvais à l'hôtel de « l'Éléphant » le gîte le plus confortable. Impossible d'imaginer un nom d'hôtel plus convenable pour la première étape d'un voyage vers l'Inde. L'éléphant, l'animal le plus important et le plus intéressant de la faune indienne, n'est-il pas en même temps l'emblème héraldique de Ceylan ? L'accueil cordial, que je reçus de « l'Éléphant » de Gratz, était donc d'un bon augure pour la connaissance intime, que je comptais bien faire avec son homonyme indien à l'état sauvage aussi bien qu'à l'état domestique. Qu'il me soit permis de hasarder ici quelques observations pour le plus grand profit de mes confrères les voyageurs, qui dans un hôtel cherchent bien plutôt le confortable qu'un personnel nombreux de garçons en habit noir. Ayant eu dans mes nombreuses pérégrinations l'occasion d'expérimenter, souvent à mes dépens, les hôtels et les auberges de diverse classe et de diverse catégorie, je suis arrivé à la conclusion suivante. Il me semble qu'on pourrait, rien qu'à l'enseigne et au nom de ces institutions si nécessaires, déterminer dans une certaine mesure, le degré de leur valeur respective. Quant à moi, je les répartis invariablement en trois catégories : hôtels botanico-zoologiques, hôtels du genre douteux et hôtels du genre dynastique. Ceux de la première catégorie sont en moyenne de beaucoup les meilleurs; telles sont les auberges : « Au Lion-d'Or, A l'Ours-Noir, Au Cheval-Blanc, Au Bœuf-Rouge, Au Cygne-d'Argent, A la Carpe-Bleue, A l'Arbre-Vert, A la Grappe-Dorée, etc. » On est bien moins assuré du confortable et du bon marché dans les hôtels que j'ai appelés douteux ou hybrides, parce qu'ils ne sauraient être classés ni dans le premier ni dans le dernier de ces groupes. Ils portent des noms très divers (souvent celui du propriétaire) et sont de qualité trop hétérogène pour qu'un système d'appréciation générale puisse leur être appliqué. Mais les expériences les plus mélancoliques, surtout en ce qui concerne la disproportion entre le confort et l'élévation du prix, je les dois aux hôtels

que j'ai désignés sous le nom de dynastiques, comme
par exemple : « l'Empereur-de-Russie, le Roi-d'Espagne,
l'Électeur-de-Hesse, le Prince-Charles, etc., etc. » On
ne saurait naturellement tracer des limites très rigou-
reuses à cette classification ; mais je crois qu'en général
le voyageur doué de sens critique et dépourvu de préjugés, surtout s'il est jeune, trouvera le groupement assez
exact. Je suis surtout assuré de l'approbation de l'artiste voyageur, du naturaliste. Quant à « l'Éléphant »
de Gratz, il maintient honorablement la place élevée
qu'il occupe dans la classe zoologique.

C'est sur l'invitation amicale d'un paysagiste distingué de la ville, le baron Hermann de Königsbrunn,
que je m'étais arrêté pour quelques heures à Gratz.
Ayant entendu parler de mon voyage projeté à Ceylan,
le baron m'écrivit qu'il avait passé lui aussi, vingt-huit
ans auparavant, huit mois délicieux dans cette île et en
avait rapporté une foule de dessins et d'esquisses, en
particulier de dessins de plantes, qu'il me serait peut-
être utile d'examiner. Cette offre courtoise était plus
que bienvenue, car je ne pouvais désirer une meilleure préparation à mes futures esquisses de Ceylan,
que l'examen des trésors contenus dans le portefeuille
de l'artiste de Gratz. Il avait fait son voyage à travers les bois de palmiers et les gorges tapissées de
fougères de l'île de la Cannelle en 1853, en compagnie
du chevalier de Friedau et du professeur Schmarda,
de Vienne ; la relation du voyage autour du monde
de ce dernier contient une description détaillée du
séjour qu'il fit avec ses compagnons dans cette île.

Malheureusement les dessins nombreux et d'une grande
valeur, que Königsbrunn en avait rapportés et qui
d'abord étaient destinés à illustrer cette relation de
voyage, ne furent jamais publiés. Ceci est d'autant
plus regrettable, qu'ils peuvent compter parmi les plus
parfaites des œuvres de ce genre que je connaisse. Telle
était aussi l'opinion d'Alexandre de Humboldt, dont la
compétence ne saurait certes pas être mise en doute
et qui, en présentant ces dessins au roi Frédéric-
Guillaume IV, en fit un éloge enthousiaste. Le plus
grand mérite de ces vues de Ceylan, de Königsbrunn,
c'est qu'on y trouve l'union, malheureusement très
rare dans les dessins de ce genre, de deux qualités
d'une nature assez opposée et dont la fusion est pourtant nécessaire pour leur imprimer le cachet achevé de
la perfection. J'entends parler de la vérité, de l'exactitude scrupuleuse dans la reproduction des moindres
détails, d'une part, et de l'autre, de la liberté complète
de l'artiste dans l'ensemble général, dans la composition
de son tableau. Bien des œuvres de nos plus célèbres
paysagistes, remplissant admirablement la seconde de
ces conditions, ne satisfont pas à la première. En revanche, à la plupart des esquisses du monde végétal,
dues au crayon de savants botanistes, manque l'indépendance de la conception artistique. Or, l'un et l'autre,
l'œil analytique et objectif du savant aussi bien que le
regard synthétique et subjectif de l'artiste, sont également nécessaires. Pour être une véritable œuvre
d'art, un paysage doit, comme un portrait, être d'une
fidélité scrupuleuse dans les détails et saisir en même

temps la physionomie générale de l'individu. C'est là
ce qui distingue à un haut degré les vues de Ceylan de
l'artiste de Gratz. Sous ce rapport, elles peuvent tout
au moins rivaliser avec les célèbres *Aspects du monde
végétal* de Kittlitz, cités par Alexandre de Humboldt
comme un modèle du genre pour l'époque et que peu
d'œuvres ont réussi à égaler. En remerciant ici l'homme
modeste et aimable, l'artiste plein de génie et d'originalité, je me permets d'exprimer l'espoir, que ses œuvres
magistrales quitteront bientôt la solitude de son paisible
atelier pour apparaître au grand jour et se faire dans
le monde la place qui leur est due !

Après un adieu cordial à tous les amis vieux et nouveaux que je laissais à Gratz, je repris à midi, le
11 octobre, le train du Sud, pour me rendre directement à Trieste. Un monsieur âgé, que je reconnus tout
de suite pour un Anglais, prit place à côté de moi
dans le coupé. Au bout d'une demi-heure de conversation, je ne tardai pas à reconnaître dans mon compagnon de route une personnalité fort intéressante pour
moi. Le docteur J. Macbeth avait, en qualité de médecin
de l'armée anglaise, ensuite de médecin en chef, passé
trente-trois années dans l'Inde, avait pris part à des
guerres et à des expéditions nombreuses et parcouru
les diverses parties de l'Inde, depuis l'Afghanistan
jusqu'à Malacca et depuis l'Himalaya jusqu'à Ceylan.
Sa longue expérience du pays et des hommes, aussi
bien que les précieuses observations, recueillies par
lui comme médecin et naturaliste, avaient certainement pour moi l'attrait le plus vif et je regrettai beau-

coup de voir notre arrivée à Trieste, à 10 heures du
soir, mettre fin à un entretien plein d'intérêt.

Les trois jours, qui s'écoulèrent encore avant le départ
du paquebot de l'Inde, furent consacrés presque exclusivement à certains soins que réclamaient mes caisses
et mon outillage de voyageur et que j'avais différés jusqu'alors. Je reçus, tout ce temps, l'hospitalité chez
mon estimable ami Krauseneck, neveu du célèbre
général prussien de ce nom, qui avait fait la guerre
de l'indépendance et avait été l'ami et le compagnon de
mon père. L'accueil chaleureux et cordial, que j'avais
déjà, à plus d'une reprise, trouvé dans cette excellente
famille, chaque fois que j'étais venu à Trieste, ne me
fut jamais aussi précieux que dans cette occasion ; il
adoucit de beaucoup la tristesse de mes adieux à l'Europe. Grâce à ces excellents amis ainsi qu'à quelques
autres, qui m'avaient accueilli avec l'empressement le
plus touchant, j'éprouvai en quittant le grand port
commercial de l'Autriche le sentiment, que j'avais déjà
ressenti autrefois dans la même occasion, — celui de
me séparer d'une partie de la patrie allemande. Les
heures que j'y avais passées s'étaient écoulées si rapidement que je ne pus faire une nouvelle visite au
poétique château de Miramar ; cette délicieuse résidence
au bord de la mer semble vraiment destinée par sa
beauté et son incomparable situation à servir de décor
à un acte de la sinistre tragédie, intitulée : « l'Empe-
reur Maximilien et le Mexique », sujet qui inspirera
sûrement quelque dramaturge de l'avenir.

Le temps me manqua aussi pour visiter la baie de

Muggia, située dans les environs. Cette baie pittoresque et très riche en animaux marins est devenue célèbre, grâce à la découverte qu'y fit Jean Müller de l'*Entoconcha mirabilis*, vivant dans l'Holothurie. Je n'avais jamais manqué d'aller y pêcher, chaque fois que je me trouvais à Trieste ; mais cette fois-ci la perspective des pêcheries de l'océan Indien réléguait à l'arrière-plan celles de la Méditerranée. D'ailleurs, l'embarquement de mes nombreux paquets et colis réclamait sans cesse mon attention. Avant le jour du départ, toutes les caisses étaient transportées à bord et les autres préparatifs terminés. La direction de la Compagnie du Lloyd autrichien fit preuve à mon égard d'une prévenance des plus courtoises autant pour l'emballage et le transport de mon volumineux bagage, que pour mon installation et mon confort à bord du bateau. Cette estimable et riche compagnie, ayant déjà à plus d'une reprise offert des facilités et des réductions pour les voyages entrepris dans un but scientifique, je me flattais bien de profiter des mêmes avantages. Je les obtins en réalité, bien au delà de ce que j'espérais et je ne fais ici que remplir un devoir en témoignant toute ma gratitude au baron Marco di Morpurgo, directeur de la Compagnie, ainsi qu'aux membres du conseil d'administration et en particulier à mon respectable ami Radonetz, capitaine de vaisseau. Non seulement je fus muni de lettres, me recommandant d'une manière toute particulière à tous les agents et employés du Lloyd, non seulement j'eus à bord du navire, qui devait me transporter, la jouissance exclusive d'une cabine de première classe, mais encore je bénéficiai d'une notable réduction sur le prix de la traversée, ainsi que de mille autres avantages.

Me voilà donc enfin à bord du vapeur solide et élégant, qui doit en quatre semaines me transporter dans l'Inde. J'avais eu le choix entre deux vapeurs de la Compagnie partant de Trieste le même jour et passant également par le canal de Suez. Le premier d'entre eux, l'*Hélios*, après Suez ne touchait qu'à Aden, pour se rendre de là directement à Bombay où il s'arrêtait pendant huit jours, puis mettait le cap sur Ceylan, Singapour et Hong-Kong. Le second paquebot, le *Pollux*, touchait, dans la mer Rouge, à Djeddah, port fameux d'où partent les pèlerinages pour la Mecque, puis faisait escale à Aden, pour se rendre ensuite directement à Ceylan et enfin à Calcutta. Je choisis l'*Hélios*, dont l'itinéraire me donnait l'occasion de voir Bombay et de jeter au moins un regard sur une partie du continent indien, que je n'aurais guère abordé autrement. D'ailleurs, des deux navires, l'*Hélios* était le plus grand et le meilleur marcheur, tout neuf encore et d'un aspect fort engageant. Enfin, le nom seul de ce beau bâtiment exerçait sur moi un certain attrait. Pour me transporter, pareil au manteau magique de Faust, en un mois, des brumes grises de ma patrie septentrionale sous les palmiers de l'Inde, baignés d'une lumière éclatante, pouvais-je choisir un nom plus convenable et de meilleur augure que celui du dieu du soleil, doué de l'éternelle jeunesse? Peut-être même ce nom me présageait-il que cette divinité puissante et

omniprésente me conduirait sain et sauf à travers les
mers et les terres vers les luxuriantes régions tropicales? *Nomen sit omen!* Pourquoi, comme tout homme,
n'aurai-je pas, moi aussi, mon petit coin de superstition !
Ajoutez à cela, que j'avais des raisons toutes particulières de compter sur la faveur d'Hélios. N'avais-je pas
donné le surnom d'*Heliozoa*, autrement dit : « animalcules solaires », à toute une classe de charmants protozoaires radiés et, quelques semaines encore avant mon
départ, en terminant ma nouvelle classification des radiolaires, n'avais-je point, en l'honneur d'Hélios, baptisé
quantité de genres nouveaux de ces jolis animaux
des noms d'*Heliophaeus*, *Heliosestrum*, *Heliostylus*,
Heliodrymus, etc. Daigne, ô grand Hélios, accepter
favorablement cet hommage zoologique ! Transporte-
moi sain et sauf dans l'Inde, afin que j'y poursuive mes
travaux sous la splendeur de tes rayons, puis au printemps prochain, ramène-moi heureusement dans ma
patrie !

L'*Hélios*, sur lequel je m'embarquai, est un des
meilleurs et des plus grands vapeurs de la Compagnie
autrichienne du Lloyd et, puisque, durant un mois
entier, je fus si cordialement hébergé dans cette maison
flottante et y trouvai le meilleur et le plus confortable
des logis, il est juste que j'entre ici dans quelques
détails relativement à son aménagement : la longueur
de l'élégant trois-mâts était de 300 pieds anglais, sa
largeur de 35 et sa hauteur (depuis la quille jusqu'au
pont) de 26. Mais sur le pont s'élevait encore un salon,
haut de 9 pieds. Le bâtiment jaugeait 2,380 tonnes et

la machine à vapeur était de la force de 1,200 chevaux. Le tiers antérieur contenait les cabines de seconde classe, un salon, et au-dessus les stalles de notre étable flottante, occupées par une paire de vaches et de veaux, par un troupeau de superbes moutons de Hongrie aux longues cornes recourbées et par une énorme quantité de poules et de canards. Au centre du navire se trouvait la puissante machine à vapeur, mettant en mouvement, outre l'hélice et le gouvernail, divers robinets, l'appareil à éclairage électrique, ainsi que la machine à distiller l'eau potable. C'est cette partie du bâtiment qui était aussi réservée aux bagages des voyageurs. Le tiers postérieur était principalement occupé par les cabines de première classe, auxquelles sont contigus deux vastes salons bien aérés, l'un sur le pont, l'autre au-dessous. Une galerie ouverte court autour du salon supérieur, tandis qu'une rangée de cabines s'ouvre au pourtour du salon inférieur. Mais une demi-douzaine de cabines, particulièrement confortables et aérées, sont placées près du salon d'en haut et l'une de ces cabines privilégiées fut mise à ma disposition. D'ailleurs, les cabines se distinguent par leur confort; toutes sont munies d'excellents ventilateurs et de sonnettes électriques. Derrière le grand salon supérieur se trouve encore une pièce plus petite, réservée aux fumeurs, puis plusieurs cabines de bains, ainsi que d'autres accessoires, considérés de nos jours comme indispensables pour un voyage dans l'Inde, entre autres, par exemple, de grandes provisions de glace, placées à fond de cale. La cuisine et la pharmacie, ainsi que la plu-

part des cabines des officiers, se trouvent placées au
centre du bâtiment. Tout autour du vaste salon est
disposé un large et confortable divan, recouvert de
cuir et rembourré, devant lequel s'alignent deux files de
larges tables en bois, où une foule de passagers mangent, jouent aux cartes, écrivent, dessinent ou s'occupent de tout autre travail. Mais, si le temps est beau,
la plupart des passagers préfèrent rester sur la partie
du pont attenant au salon et qu'une double toile, tendue
en haut et latéralement, garantit contre les flèches
acérées du soleil des tropiques. Dans ce lieu privilégié
on pouvait à son gré se promener, contempler la mer
bleue ou rêvasser paresseusement des heures entières,
confortablement étendu dans un fauteuil chinois en
rotin.

Dès le premier jour de la traversée, on put juger, la
mer étant assez grosse, de l'excellente allure de notre
jeune *Hélios*, qui n'avait presque pas de roulis. Ce qui
était surtout agréable, c'était la grande propreté
régnant à bord, l'absence complète de la nauséabonde
atmosphère où se mélangent les exhalaisons culinaires,
les odeurs de la machine et l'air vicié des cabines,
atmosphère détestable particulière aux vieux bâtiments
et contribuant certainement, plus que le roulis lui-
même, à produire le mal de mer. Aussi, de même que
la plupart des passagers, je n'eus pas, durant toute la
traversée, à souffrir de ce mal horrible. Le temps
s'était d'ailleurs mis au beau et la mer était constamment calme, en sorte que parmi mes nombreuses traversées celle-ci, la plus longue pourtant, compte au

nombre des plus agréables. La charmante société, qui se trouvait à bord, et les relations amicales nouées avec les officiers, tous gens aimables et instruits, ne contribuèrent pas peu à ce résultat. Je suis heureux de rappeler ici les prévenances, dont je fus l'objet durant toute la traversée, en particulier de la part du capitaine Sarrarich et du médecin du bord le docteur Jovanovich. Le service et la nourriture ne laissaient non plus rien à désirer, fait, que du reste j'avais toujours constaté sur les vapeurs du Lloyd.

Le service régulier entre l'Europe et l'Inde est fait aujourd'hui par quatre Compagnies différentes : 1º par la Compagnie autrichienne du Lloyd de Trieste, 2º par la Compagnie italienne Rubattino de Naples-Gênes, 3º par les Messageries-Maritimes de Marseille et 4º par la Compagnie anglaise *P. and O. Company*, ce qui veut dire : *Peninsular and Oriental Steam-Navigation-Company*. Cette dernière porte la malle hebdomadaire anglo-indienne, via Brindisi-Suez. Elle est recherchée de préférence par les Anglais et en général par tous ceux qui font de la rapidité du trajet une condition essentielle. Le bateau postal de *P. and O. Company* fait de 11 à 12 milles par heure, tandis que les bateaux des autres Compagnies en font tout au plus de 8 à 10. Notre *Hélios* en parcourait 9. Cette notable différence dans la rapidité se réduit simplement à une question d'argent. Les frais d'une marche accélérée sont hors de proportion avec le gain de vitesse; ainsi un vapeur dont la vitesse est de 12 milles à l'heure au lieu de 8, par conséquent d'un tiers en plus,

consomme non un tiers en plus de charbon, mais bien
trois fois autant, c'est-à-dire au lieu de huit charges de
charbon vingt-quatre et non pas douze! Ces énormes
frais supportés par la Compagnie *P. and O.* sont couverts par une subvention du gouvernement anglais,
pour lequel il est d'une importance capitale d'avoir
régulièrement entre l'Angleterre et l'Inde des communications hebdomadaires aussi rapides que possible.
Les autres Compagnies, qui n'ont point un intérêt aussi
grand en jeu, ne peuvent naturellement rivaliser sous
ce rapport avec la *P. and O. Company*. En revanche,
un billet direct de première classe de Brindisi à Bombay
coûte, sur les bateaux de la malle des Indes, 66 livres
sterling, tandis qu'il revient à 44 livres sur ceux du
Lloyd autrichien, ce qui fait un tiers de différence, et
constitue pour l'aller et le retour la somme fort respectable de 880 marcks, tout juste de quoi faire à l'automne prochain, au retour, une charmante excursion
en Suisse.

La vitesse est d'ailleurs l'unique avantage offert aux
voyageurs par les vapeurs de la *P. and O. Company*,
malgré leur prix si élevé, comparativement à ceux des
trois autres Compagnies. La cuisine est bien moins
recherchée que sur ces derniers et l'équipage (à commencer par le capitaine et le premier lieutenant et à
finir par les garçons de cabines) ne se distingue en
général ni par l'obligeance ni par la politesse. Sous ce
rapport, la *P. and O. Company* est plus criticable que
ses trois rivales. En outre, les paquebots de la Compagnie anglaise regorgent de monde et sont encombrés par

un énorme personnel de serviteurs indiens, qui font plus d'embarras que de besogne. Le même inconvénient se présente sur les vapeurs, sous d'autres rapports excellents, des Messageries françaises, et les navires de la Compagnie Rubattino laissent beaucoup à désirer quant au confort et à la propreté des cabines. Ces détails, que je donne ici pour le plus grand profit des voyageurs qui vont dans l'Inde, je les ai recueillis de la bouche de quantité de personnes consultées à ce sujet durant le cours de mon voyage, aussi bien qu'auparavant, et la plupart de mes autorités sont des Anglais. On s'accordait à recommander de préférence les vapeurs de la Compagnie du Lloyd, ensuite ceux de la Compagnie italienne et les Messageries françaises ; les navires de la Compagnie *P. and O.* ne venaient qu'en dernière ligne.

La société, qui, dans l'après-midi du 15 octobre, se réunit à bord de l'*Hélios* et dont la presque totalité (à l'exception de moi-même et d'un comte hongrois se rendant à Singapour) avait Bombay pour destination, était composée en grande partie d'Anglais, tant officiers qu'employés et marchands. La minorité des voyageurs se composait d'Allemands et d'Autrichiens, les uns missionnaires, les autres négociants, établis à Bombay. Le beau sexe n'était que faiblement représenté par une Allemande et cinq Anglaises. Notre charmante compatriote contribua beaucoup au charme de la traversée en faisant chaque soir les délices de la société par ses chants mélodieux. Elle venait de passer l'été auprès de ses enfants à Francfort-sur-le-Mein et s'en retournait pour l'hiver à Bombay rejoindre son mari. Ces déchirements continuels entre les sentiments d'épouse et de mère sont malheureusement le lot de la plupart des mères de famille allemandes et anglaises, établies dans l'Inde, pour peu qu'elles aient de la sollicitude pour leurs enfants en bas âge. Il s'agit non seulement de les préserver de l'action funeste, exercée par le climat des tropiques sur la constitution délicate des enfants européens, nés dans ces régions ; mais encore de les soustraire à l'influence morale, bien autrement pernicieuse, résultant d'un contact inévitable et incessant avec les indigènes. Ces circonstances, jointes au manque d'écoles bien organisées, obligent la plupart des familles européennes, douées de quelque culture, à envoyer leurs enfants, dans un âge encore tendre, recevoir une éducation convenable soit en Angleterre, soit en Allemagne. Outre notre belle compatriote, il y avait à bord plusieurs dames anglaises, qui passaient ainsi leur vie à circuler entre Bombay et l'Europe, consacrant l'été à leurs enfants et revenant pour l'hiver rejoindre leurs maris. Sans parler des ennuis et des fatigues d'une traversée de deux mois, tout cela ne contribue point à constituer une vie de famille fort agréable ; aussi, est-il naturel que les négociants européens établis dans l'Inde ne songent qu'à abréger leur séjour en s'enrichissant le plus vite possible pour retourner bien vite dans leur patrie septentrionale. En dépit de l'action énervante des raffinements luxueux et des jouissances de la vie indienne, le désir ardent de revenir dans la mère patrie reste pour la plupart d'entre eux l'étoile polaire de leur activité.

Comme c'est d'ordinaire le cas pour les longues traversées, dès les premiers jours les voyageurs avaient fait connaissance et formé bien vite de petits groupes, dont les membres se convenaient davantage. L'un de ces groupes réunissait les missionnaires du bord, tant Allemands qu'Anglais (parmi eux un Américain, M. Rowe, auteur d'un excellent ouvrage sur l'Inde : *Every-Day-Life in India*) ; les officiers, les employés et les négociants anglais constituaient le second, tandis que les voyageurs allemands et autrichiens, le capitaine, le médecin du bord et moi-même y compris, formions le troisième de ces groupes. Durant presque tout le voyage, le temps fut au beau fixe, le ciel pur et serein, la mer calme ou à peine agitée, en sorte que l'*Hélios* atteignait toujours à jour fixe les stations diverses de son itinéraire. Cette fois-ci le mal de mer ne fit parmi nous que de rares victimes, mais en revanche l'uniformité même d'une traversée heureuse ne faisait qu'augmenter chez la plupart des voyageurs l'ennui inséparable d'un long voyage sur mer. Tous les remèdes employés d'ordinaire contre ce mal, la lecture, l'écriture, les jeux d'échecs et de cartes, la musique et le chant avaient, dès la première semaine, épuisé leur action efficace et les cinq repas réguliers, qui, sur les bateaux indiens, coupent la journée en cinq parties, devinrent de plus en plus la ressource suprême et l'occupation la plus importante de la plupart des passagers. Pour mon malheur, mon pauvre estomac de professeur allemand a été de tout temps d'une assez faible constitution, et quoique je ne souffre du mal de mer que très exceptionnellement, par un gros temps et un roulis considérable, néanmoins une longue traversée me fait toujours perdre l'appétit, qui, au contraire chez tant d'autres, est surexcité. J'étais d'autant mieux placé pour faire, en qualité de spectateur, mes observations sur la faculté colossale d'absorption dont sont doués certains estomacs et sur le degré incroyable auquel peut atteindre sur mer ce que les physiologistes désignent si bien sous le nom de consommation de luxe, autrement dit l'absorption de quantités prodigieuses de mets et de boissons, tout à fait inutiles à l'entretien de l'organisme. J'avais déjà eu l'occasion de contempler d'un œil d'envie les aptitudes extraordinaires, qui distinguent, sous ce rapport, nos congénères saxons, établis de l'autre côté du détroit, aptitudes qui, sur terre comme sur mer, dépassent de beaucoup les nôtres. Mais ce qui était absorbé quotidiennement sous mes yeux sur l'*Hélios* par un major anglais, faisait pâlir mes observations précédentes. Non seulement ce brave gentleman dévorait une double portion des cinq repas réguliers arrosés d'un couple de bouteilles de vin et de bière, mais encore il remplissait consciencieusement les intervalles si courts entre les repas, en se bourrant de friandises et en consommant toute espèce de boissons. Ce prodige gastronomique me semblait avoir atteint ce degré suprême de l'évolution, où les organes de la digestion sont dans un état d'activité perpétuelle. Je me convainquis bientôt que cette activité ne s'arrêtait même pas la nuit, ayant vu le brave Anglais sortir de sa cabine dès le matin en état d'ébriété. Du reste j'avais entendu affirmer plus d'une fois que c'est à leur intempérance, que beaucoup d'Anglais établis dans l'Inde doivent leurs maladies fréquentes et leur mort prématurée.

Quant aux cinq repas de rigueur, que l'on a l'habitude de servir à bord des vapeurs indiens, ils constituent une partie trop importante (la plus importante de toutes pour la plupart des voyageurs!) de la vie du bord, pour que je ne me croie pas obligé d'initier mon lecteur à leur réglementation et à leur menu. A huit heures du matin, on nous servait du café avec du pain; à dix heures, avait lieu le grand déjeuner (omelette, deux plats de viande chauds, *curry and rice*, légumes et fruits); à une heure, le *tiffin* indien (viandes froides avec tartines au beurre, pommes de terre, thé, etc.; à cinq heures, le grand dîner (potage, trois plats de viande, entremets, plats farineux, desserts, fruits et café); enfin, à huit heures, on servait le thé avec des tartines, etc. Je me contentais pour ma part de trois repas et encore ne pouvais-je venir à bout que d'une partie de ma tâche gastronomique. Mais la plupart des passagers ne laissaient passer aucun des repas consacrés, après chacun desquels on montait sur le pont soit pour y faire une demi-heure d'exercice, soit pour s'y livrer, mollement étendu dans un confortable fauteuil chinois, à de longues digressions touchant la nature, les nuages du ciel, le bleu de la mer, etc. Une distraction, dont on ne se lassait jamais et qui servait de stimulant principal à l'activité intellectuelle de la société, nous était fournie par les quelques animaux, dont l'apparition venait rompre la monotonie de la mer. Tels étaient les dauphins, qui s'ébattaient joyeusement autour du navire et que l'on voyait souvent émerger de l'eau ; les mouettes et les pétrels, tantôt décrivant de larges cercles dans l'air, tantôt plongeant dans la mer pour y pêcher ; les poissons volants, s'enlevant par troupes au-dessus de la surface polie de la mer et décrivant sur le calme miroir de ses eaux des sillages plus ou moins longs, semblables à ceux qu'y laissent les canards. Je me délectais moi-même à la vue familière de mes anciennes favorites, les méduses, dont les troupeaux flottants ne nous manquèrent ni dans la Méditerranée, ni dans l'océan Indien ; une fois de plus je regrettais vivement que la marche rapide du navire ne me permit pas de capturer, à l'aide d'un seau, quelques-uns de ces charmants animaux urticés. Cette fois, je rencontrais en grand nombre dans la Méditerranée deux espèces de méduses : la *Pilema pulmo* bleue et la *Cotylorhiza tuberculata* d'un brun doré ; dans l'océan Indien, c'étaient les deux belles espèces : l'*Aurelia*, d'un rose rouge, et la *Pelagia*, d'un rouge foncé, qui dominaient.

Notre traversée de vingt-quatre jours de Trieste à Bombay se fit dans des conditions si favorables et si régulières, qu'il est inutile de s'étendre beaucoup sur ce sujet. C'est par un splendide après-midi d'automne, le 15 octobre, que nous dîmes adieu à nos amis et que l'*Hélios*, levant l'ancre, se mit à fendre les eaux bleues de l'Adriatique. Durant mes voyages précédents dans ces parages, j'avais eu constamment en vue les côtes

pittoresques de l'Istrie et de la Dalmatie, ainsi que les
îles de Lissa et de Lesina, toutes tapissées de romarin
et j'avais même, en 1871, passé un mois délicieux dans
la dernière de ces îles, où je reçus l'hospitalité chez
l'excellent *Padre Buona Grazia*, au pittoresque couvent
des franciscains. Mais cette fois notre vapeur prit tout
d'abord une direction plus à l'ouest, vers le milieu de
l'Adriatique, afin de pouvoir toucher à Brindisi et y
prendre quelques voyageurs. A la hauteur de Canossa
apparut du côté de l'occident un nuage menaçant.
Peut-être était-ce l'ombre... mais non, point de politique
dans ces pages! Le matin du 17 octobre, nous atterrîmes
à Brindisi, d'où nous ne devions repartir que dans
l'après-midi. J'employai ce temps à descendre à terre et
à explorer les quelques vestiges, d'ailleurs insignifiants,
de l'antique Brundusium ou à me promener le long
des remparts dans la direction de la station du chemin
de fer. Celle-ci répondait aussi peu que la ville moderne
à l'importance, qui s'attache au nom de Brindisi, depuis que, par l'ouverture du canal de Suez, cette ville
est devenue le point central du commerce du monde
entier. Aussitôt après l'arrivée de l'express à Brindisi,
le courrier du continent est transporté à bord du vapeur
postal et les voyageurs eux-mêmes, ceux qui partent
pour l'Inde aussi bien que ceux qui en reviennent, ne
semblent éprouver aucun désir d'y faire même une
courte halte. Tout au moins l'unique hôtel de la ville
reste-t-il toujours vide. A la station régnait un calme,
un silence de mort vraiment caractéristiques, en sorte
qu'à dix heures du matin je n'y trouvai, à l'exception

des employés du télégraphe, que le portier. L'aspect de Brindisi avec ses côtes si plates, ses roseaux, ses jardins potagers et par-ci par-là quelques rares dattiers rabougris, était absolument insignifiant. Seul, un antique couvent, situé hors de la ville, avec sa tour élancée, sa coupole majestueuse, formait ainsi que les agaves et les nopals de son jardin abandonné, qui lui servaient de repoussoir, un tableau assez pittoresque, pouvant servir de sujet à une première esquisse.

Le général anglais, que nous devions prendre à bord à Brindisi avec sa famille et sa suite, n'arriva point à l'heure du départ, ses bagages ayant été retenus à la station ; nous levâmes donc l'ancre sans lui dans l'après-midi du même jour. Le lendemain matin, par une belle journée ensoleillée, nous côtoyâmes longtemps les îles Ioniennes. Je saluai, tout joyeux, la majestueuse Céphalonie et son superbe *Monte-Nero* au sommet couronné de forêts. Sur ces hauteurs neigeuses j'avais passé en 1877, en compagnie de mon aimable hôte et ami M. Fool, consul anglais d'Argostoli, une inoubliable journée, couché sous l'abri protecteur de l'admirable *Pinus cephalonica*, seule espèce de conifère que l'on trouve dans l'île, et doucement bercé par le bruissement de sa cime imposante. Plus loin apparut la délicieuse île de Zante, « Fiore di Levante ». Nous longeâmes de si près sa côte méridionale si pittoresque, que nous pûmes examiner tout à notre aise le long défilé des grottes aux voûtes élevées et des crevasses taillées dans le marbre rouge de ses roches. Dans l'après-midi, le rivage montagneux de l'Arcadie surgissait à notre gauche, tandis qu'à droite apparaissait l'ilot isolé de Stamphania ; à la tombée de la nuit nous passâmes en vue de Navarin aux souvenirs sanglants et belliqueux. Plus loin, la superbe Candie, non moins belle et charmante que les autres îles, ses sœurs, s'offrit à nos regards, le 19 octobre, et nous voguâmes presque toute la journée en vue de ses côtes dentelées, baignées d'une admirable et étrange lumière. De légers nuages blancs, chassés par une fraîche brise, se poursuivaient sur le bleu profond du ciel, jetant leur ombre mourante sur le massif rocheux de l'île. L'Ida, séjour légendaire des dieux, tantôt dégageait sa tête couronnée de neige, tantôt se dérobait sous les nuages. Après avoir longé dans la soirée les deux îles Gaudo, nous n'eûmes plus le lendemain que la mer pour horizon. Le voisinage de la côte africaine se faisait sentir par une température plus chaude, et on fut obligé de changer les vêtements chauds, que l'on avait portés jusque là, pour de plus légers.

Quand le matin du 21 octobre, je montai sur le pont, on n'apercevait pas encore la côte africaine ; mais la Méditerranée avait perdu sa belle couleur d'un bleu si intense et si pur pour revêtir une teinte verdâtre. Cette teinte s'accusait toujours davantage à mesure que nous avancions ; vers midi, elle passa au jaune sale, résultat du mélange des eaux de la mer avec les flots limoneux du Nil. En même temps, apparurent quantité de voiles, appartenant la plupart à des bateaux pêcheurs arabes. Une grande tortue de mer (*Chelonia caouana*) s'ap-

procha de notre vapeur et une nuée d'oiseaux de terre
ferme s'abattit à bord du navire. Enfin, à midi, on vit
se dessiner le phare de Damiette et à quatre heure un
petit vapeur côtier amena à notre bord le pilote arabe.
Une heure plus tard, l'*Hélios* jetait l'ancre en face de
Port-Saïd, principale station septentrionale du canal
de Suez.

Nous restâmes une journée entière en rade devant
Port-Saïd, où l'*Hélios* devait s'approvisionner de charbons et de vivres jusqu'à Bombay. Le soir même de
notre arrivée, je descendis à terre avec quelques autres
voyageurs, pour jouir du spectacle animé et pittoresque
que présentent les rues égyptiennes. Dans un café de
la ville, je fis la rencontre du médecin et de quelques
passagers du *Pollux*, vapeur du Lloyd autrichien, se
rendant directement à Ceylan et à Calcutta et qui venait
d'arriver en même temps que nous. Le lendemain matin
je montai sur la tour du phare de Port-Saïd, un des
plus grands du monde ; il a 160 pieds de haut et sa
lumière électrique est projetée à la distance de vingt et
un milles marins. Les murs massifs de l'édifice sont
construits avec les mêmes matériaux que le môle du
port, c'est-à-dire avec des blocs carrés d'un béton,
composé de sept parties de sable du désert et d'une
partie de chaux hydraulique française. La vue que l'on
a du haut du phare, ne répondait guère à mon attente,
car à l'exception de Port-Saïd avec ses environs immédiats, si sablonneux et si plats, on n'aperçoit tout
autour que de l'eau. Je visitai ensuite les gigantesques
constructions du port, créé au prix de tant d'argent

et de peine, pour protéger l'entrée septentrionale du canal de Suez. Non seulement on a été obligé de creuser profondément le bassin lui-même, mais encore il fallut prolonger au loin dans la mer deux énormes digues parallèles en pierre, afin de protéger l'œuvre précieuse contre ses deux plus implacables ennemis : les dépôts limoneux entraînés vers l'est par le courant occidental des bouches du Nil et les nuages de sable, que le vent du nord-ouest, dominant dans ces parages, charrie vers la mer. Aussi, pour toutes ces raisons, le môle occidental, est-il de 3,000 mètres plus long et considérablement plus solide que le môle oriental. Environ 30,000 blocs, dont chacun mesurait dix mètres cubes et pesait 20,000 kilo-grammes, ont été employés à sa construction. Après avoir visité le port, j'allai flâner un peu dans la ville arabe, séparée du Port-Saïd européen par un assez grand espace de désert sablonneux. De même que la cité européenne, la ville arabe se compose d'une série de rues parallèles, se croisant à angles droits. Avec ses rues sales, cette ville ne manque pas de caractère ; elle présente à chaque pas ces tableaux pleins de couleur et d'originalité, que l'on retrouve dans la plus petite ville égyptienne, aussi bien que dans les faubourgs d'Alexandrie et du Caire. Quant à la ville européenne, elle se compose principalement de files de bâtiments servant d'entrepôts aux marchandises. Le chiffre de la population des deux cités monte à environ 10,000 âmes. Les espérances, que, lors de la fondation de la ville, on avait nourries au sujet de Port-Saïd, ne se sont réalisées qu'en très faible partie et le splendide hôtel des Pays-Bas, ouvert en 1876, est aujourd'hui vide et abandonné.

Je me munis à Port-Saïd de divers articles, considérés comme complément indispensable de l'attirail de tout voyageur indien qui se respecte, savoir d'un grand chapeau blanc à larges bords, garantissant bien du soleil (*solà hat*) et d'un « siège chinois » en bambous tressés, espèce de chaise longue, fraîche et confortable, après quoi je m'en revins à bord. Dans l'après-midi, l'*Hélios* leva l'ancre et nous commençâmes la traversée du canal de Suez. Durant ces dernières années on a tant parlé et écrit sur cette merveille de notre époque, que je trouve superflu de fatiguer le lecteur par la répétition de choses connues de tout le monde ; je me bornerai donc à quelques renseignements sur l'état actuel de cette gigantesque création du génie moderne. Lorsque je me trouvai à Suez en 1873, c'est-à-dire trois ans après l'ouverture du canal, les opinions les plus pessimistes sur l'issue de l'entreprise étaient à l'ordre du jour. On croyait généralement, que les difficultés matérielles et les frais énormes de l'entretien du canal, dépasseraient toujours les recettes probables. Mais depuis huit ans l'aspect des choses a complètement changé ; non seulement il a été démontré que l'entreprise est fructueuse, mais encore les recettes ont atteint des proportions inattendues, qui semblent aller sans cesse en progressant. Aussi le gouvernement anglais, qui, en 1876, s'était porté acquéreur de la plus grosse partie des actions du canal, afin de faire pièce à la France, se trouva avoir fait une excellente opé-

ration sous le rapport financier, aussi bien que sous
le rapport politique. Du reste, l'entretien du canal
(notamment la nécessité d'en draguer sans cesse le
fond) continue à nécessiter des frais énormes ; mais
les bénéfices allant toujours croissant, on prévoit déjà
le temps où l'on arrivera à un excédent de recettes
considérable. Le grand obstacle aujourd'hui à la rapidité des communications consiste en ce que le canal,
presque dans toute sa longueur, ne peut recevoir qu'un
seul navire, ayant au plus un tirant d'eau de sept
mètres et demi ; de sorte que l'on a aménagé le long du
canal des stations d'évitement, où les navires venant
en sens contraire, sont obligés de s'attendre quelquefois fort longtemps. Ces haltes font naturellement perdre
beaucoup de temps. Selon toute probabilité au siècle
prochain le canal sera élargi de moitié et peut-être
divisé en deux canaux parallèles, afin que deux files de
navires, l'une descendant vers le sud, l'autre montant
vers le nord, puissent y circuler simultanément, sans
empêchement.

Le canal de Suez mesure en longueur 160 kilomètres
ou 90 milles marins ; sa largeur à la surface de l'eau
est de 80 à 110 mètres, mais celle du fond ne comporte
que 22 mètres. D'ordinaire le parcours du canal exige
seize à vingt heures ; mais ce temps est considérablement
allongé, lorsque l'on est obligé d'attendre aux stations
pour laisser passer de nombreux navires marchant en
sens inverse, ou bien lorsque — et le cas est assez
fréquent — quelque steamer s'envase. Nous-mêmes,
peu avant d'arriver à Suez, nous perdîmes toute une

journée, à cause d'un vapeur anglais échoué, qui n'avait pu être remis à flot qu'au moment de la marée et après avoir allégé son lest. Tout bâtiment naviguant dans le canal est conduit par un pilote, dont la fonction principale est de veiller à ce que la marche du navire ne dépasse pas cinq milles à l'heure pour éviter que la trop grande agitation des flots n'endommage les berges. D'ordinaire, la navigation dans le canal n'a lieu que le jour, mais par les beaux clairs de lune, elle se prolonge pourtant une partie de la nuit. L'*Hélios* eut à verser environ 2,000 francs pour les frais de passage, ce qui fait 10 francs par tonne et 12 francs par voyageur.

Nous traversâmes la plus grande partie du canal de Suez dans la journée du 23 octobre. La matinée était d'une beauté et d'une fraîcheur délicieuse, quand nous atteignîmes au lac Menzaleh, dont les bancs de sable étaient couverts de milliers de pélicans, de flamants, de hérons et d'autres oiseaux aquatiques. Après avoir dépassé le lac Ballah qui vient ensuite, nous pénétrâmes dans la partie encaissée du canal, qui coupe le seuil d'El-Gisr. Ce point, le plus élevé de l'isthme de Suez, a en moyenne 50 pieds au-dessus du niveau de la mer. Les hautes collines de sable, qui se dressent des deux côtés du canal sont plaquées d'épais buissons de tamaris grisâtres. Quantité d'enfants arabes tout nus nous entourèrent en demandant un *backschisch*, parmi eux quelques garçons jouaient de la flûte et dansaient avec assez de grâce. A midi, nous passions devant la cité presque déserte d'Ismaïla.

création de De Lesseps, et le soir nous jetions l'ancre dans les eaux du grand « lac amer ».

A la tombée de la nuit, l'ingénieur en chef de l'*Hélios* fit des essais d'éclairage électrique, qui réussirent admirablement. Me rendant à son aimable invitation, je le suivis dans la partie de l'entrepont réservée à la machine, pour y examiner le nouvel appareil, dont le moteur était actionné par la machine même du bâtiment. Là, il m'arriva un accident fâcheux, dont les suites auraient pu être des plus graves. Pendant qu'on m'expliquait les détails du mécanisme et que je faisais un pas pour mieux voir, mon pied droit glissa sur le plancher poli et au même moment je reçus un coup violent au pied gauche, qui avait touché l'appareil faisant en ce moment environ 1200 tours par minute. La secousse fut violente et je craignis un moment d'avoir la jambe cassée ; mais heureusement j'en fus quitte pour une forte contusion. Si j'étais tombé du côté opposé, j'aurais été broyé par la machine. Grâce à des compresses glacées, que j'appliquai tout de suite et que je continuai durant deux jours, les suites fâcheuses de l'accident furent en grande partie évitées. Pourtant la jambe resta enflée pendant une quinzaine et ce fut seulement quelque temps après mon arrivée à Bombay que j'en retrouvai le libre usage. Parmi tous les « dangers » d'un voyage sous les tropiques, cet accident est certainement le dernier auquel j'aurais songé. Il me fut d'autant plus désagréable qu'il arriva peu de temps avant l'entrée de l'*Hélios* dans la mer Rouge et que par suite je fus obligé de rester couché pendant plusieurs jours dans ma cabine.

La mer Rouge est redoutée de quiconque est familier avec la route de l'Inde, comme étant la partie la plus chaude et la plus désagréable du voyage : quoique cette fois nous y arrivions dans une saison assez fraîche, nous n'eûmes que trop l'occasion de nous convaincre qu'il en était réellement ainsi. Le tiers septentrional de la mer Rouge à laquelle on a aussi donné le nom de golfe Arabique est situé, il est vrai, en dehors des tropiques, mais cela n'empêche point que l'épithète de « mer tropicale » ne puisse à juste titre être appliquée à toute l'étendue de cette mer. L'espace qu'elle embrasse depuis Suez jusqu'à Périm, du 30-18° latitude nord, a partout le même caractère, à peu près la même flore et la même faune et se distingue par les mêmes particularités physiques. Les différences existant entre les deux extrémités de ce golfe étranglé, long de 300 milles, sont sous tous les rapports moins tranchées que celles entre la mer Rouge dans le voisinage de Suez et la Méditerranée près de Port-Saïd, quoique ces deux mers ne soient séparées que par le pont étroit de l'isthme. Mais comme l'existence de ce pont, reliant l'Asie et l'Afrique, date probablement de bien des milliers d'années, il en est résulté dans les deux mers voisines la formation d'une faune et d'une flore tout à fait distinctes, de telle sorte que les êtres organisés de la Méditerranée se rattachent au bassin de l'océan Atlantique et ceux de la mer Rouge à l'océan Indien. (Voir mon ouvrage sur les *Coraux d'Arabie*, 1876, pages 26-41.) Les deux rives de la mer Rouge, la rive orientale ou l'Arabie aussi bien que la rive occidentale

ou l'Égypte, sont également dépourvues de végétation
et ont le même cachet de stérilité sauvage et désolée.
Point de rivière considérable, qui vienne déverser ses
eaux dans le bassin du golfe. Sur les deux rives s'allon-
gent parallèlement deux hautes chaînes de montagnes,
qu'on peut également compter au nombre des plus
arides et des plus désolées du globe. Entre ces deux
chaînes, calcinées par le soleil, se trouve encaissé,
comme un fossé entre deux remparts, le golfe d'Arabie.
Il est difficile de se faire une idée de la quantité
énorme de chaleur, dégagée par cette région aride de
sables et de rochers, chaleur qu'aucune végétation ne
vient mitiger, même faiblement. Durant les mois brûlants de l'été, la température s'élève à midi et à l'ombre
jusqu'à 40° R. et les employés du paquebot, qui avaient
fait la traversée dans cette saison, m'affirmaient à l'envi
que la souffrance était alors intolérable et que tous
avaient craint de devenir fous. Même au moment de
l'année où nous étions, vers la fin d'octobre, la traversée
fut encore fort pénible ; durant la plus grande partie
de la journée, le thermomètre indiquait sur le pont,
sous l'abri d'une double tente 22-26° R. ; une fois même
il monta jusqu'à 32° ; dans les cabines (les mieux
aérées !) la température, la nuit aussi bien que le jour,
était de 24-28°. Cette atmosphère surchauffée était
suffocante et c'est en vain qu'on avait recours à tous
les moyens possibles pour la rafraîchir. Partout on
cherchait à établir des courants d'air ; fenêtres et
écoutilles étaient ouvertes nuit et jour et au moyen de
deux rangées de tubes ventilateurs verticaux, en forme

de cheminées, on faisait circuler l'air du pont dans
l'intérieur du bâtiment. Enfin, le grand *punka* indien,
suspendu dans le salon, était continuellement maintenu en mouvement. Rien de plus ingénieux que le
mécanisme de cet énorme éventail, tel que je l'ai vu
fonctionnant sur l'*Hélios*. Que l'on s'imagine deux
rangées de châssis en forme d'éventail, tendus d'étoffe
et fixés sur deux cordes parallèles, traversant horizontalement le salon dans toute sa longueur, le tout mis
en mouvement par la machine du paquebot. Grâce au
courant d'air créé par ce gigantesque éventail, et à
une énorme consommation d'eau glacée, on soulageait
quelque peu le supplice causé par la chaleur suffocante.

Comme nous avions presque perdu une journée entière
en vue de Suez, à cause d'un steamer échoué dans le
canal, nous n'atteignîmes la rade de Suez que dans la
matinée du 25 octobre et n'y fîmes qu'une halte de
quelques heures. Le matin du jour suivant nous étions
à la hauteur de Tur, village arabe fort intéressant,
situé au pied du mont Sinaï et dont j'avais, avec un si
vif plaisir, exploré les superbes bancs de corail en mars
1873. Durant cette admirable excursion, faite sur un
vaisseau de guerre égyptien, que le khédive Ismaïl-
Pacha avait bien voulu mettre à ma disposition, que de
fois, transporté d'enthousiasme à la vue de ces fééri-
ques jardins sous-marins en corail, n'avais-je pas senti se
réveiller, avec plus de force que jamais, mon ancienne
aspiration vers les régions lointaines de l'Inde, vers ce
monde enchanteur et merveilleux! « Oh! disais-je, s'il

pouvait m'être encore donné de voir les rivages for-
tunés de Ceylan, avec leur bordure de coraux! » Et me
voilà, huit ans plus tard, en route vers ce monde de
mes rêves ; me voilà revoyant à la chaude clarté d'un
soleil matinal, les cimes pittoresques de la presqu'île
du Sinaï, que j'avais vues la dernière fois baignées par la
pourpre dorée du couchant. (Voir les *Coràux d'Arabie.*)
« Une excursion aux bancs de coraux de la mer Rouge
et un aperçu sur la vie de ces animaux. » Avec 5 planches coloriées et 20 dessins sur bois. Berlin, 1876.)

Presque rien à dire sur les six jours de supplice, que
dura la traversée de la mer Rouge. Notre vapeur tenait
constamment le milieu du golfe et nous n'apercevions
que vaguement les côtes. Le 27 octobre, à 7 heures du
soir, nous franchîmes le tropique du Cancer et pour la
première fois je respirai l'air des tropiques. Un ciel
étoilé, d'une pureté transparente, brillait sur nos têtes ;
mais vers l'orient, au-dessus de la côte arabique, était
suspendu un nuage noir et menaçant, sans cesse
sillonné d'éclairs. On n'entendait point gronder le
tonnerre et nous espérâmes en vain une ondée rafraîchissante. Chaque soir, les jours suivants, le même
spectacle se reproduisit du côté oriental de l'horizon,
tandis qu'à l'ouest tout restait parfaitement clair ; parfois seulement pendant le jour, quelques légers nuages
floconneux tachetaient le bleu profond du ciel. Durant
les trois premières nuits que nous passâmes dans la
zone torride, le thermomètre, dans les cabines et les
salons ouverts ne descendit guère au-dessous de 25°.
Comme la plupart des passagers hommes, je passais les

nuits sur le pont, où nous avions trois degrés de moins,
par conséquent une température tolérable. Dans la nuit
du 30 octobre, nous franchissions le détroit de Bal-el-
Mandeb, en vue du Gibraltar de la mer Rouge, l'île
Périm, fortifiée par les Anglais, et le 31, à dix heures
du matin, l'*Hélios* entrait dans le golfe d'Aden.

On sait qu'Aden est situé sur une presqu'île rocheuse, qui, de même que Gibraltar, ne tient au continent que par une étroite langue de terre. Acquis par
les Anglais dès 1839 et fortifié par eux, ce poste sur la
route des Indes a pris de nos jours, surtout depuis
l'ouverture du canal de Suez, une importance considérable. Le chiffre de la population d'Aden atteint aujour-
d'hui 30,000 âmes. C'est l'endroit où la plupart des bâtiments font leurs provisions de charbon et de vivres.
Quant à nous, nous nous étions approvisionnés à Port-
Saïd, ne sachant pas si nous pourrions attérir à Aden à
cause du choléra, qui y avait éclaté depuis deux mois ;
mais en y arrivant, nous apprîmes que l'épidémie avait
disparu depuis peu. Sitôt arrivé, l'*Hélios* fut assailli par
une quantité de barques arabes, montées par des indigènes d'un brun foncé, qui grimpèrent lestement à bord
pour nous offrir divers produits du pays : plumes et œufs
d'autruche, peaux de léopard et de tigre, cornes d'an-
tilope, scies énormes du poisson du même nom, paniers
et plateaux élégamment tressés, etc. Mais les vendeurs
eux-mêmes présentaient plus d'intérêt encore que les
articles de leur commerce ; il y avait parmi eux des
Arabes purs, des nègres, des Somalis et des Abyssi-
niens. La plupart était bruns, tirant tantôt sur le rouge

ou le bronzé, tantôt sur le noir. Chez quelques-uns, les cheveux noirs et frisés étaient teints en rouge avec le henné ou en blanc avec la chaux. Le vêtement de la plupart consistait en un morceau de simple étoffe blanche, roulé autour des reins. Mais rien n'était aussi amusant que les troupes d'enfants, de huit à douze ans, à la peau noire ou foncée, qui nous arrivaient isolément ou par couples dans de petits canots, creusés dans des troncs d'arbre, pour nous exhiber leurs talents de nageurs. Ils plongeaient pour ramasser prestement de petites pièces de monnaie, que nous leur jetions, et pour la possession desquelles ils se battaient parfois avec fureur sous l'eau même.

Comme on ne descendit point à terre, je ne vis que peu de chose de la ville et de ses fortifications. Les rocs nus et volcaniques de la presqu'île, sur lesquels on a construit des maisons, sont tout crevassés et ont parfois un aspect des plus pittoresques. La teinte dominante de la lave nue est d'un brun foncé; pas la moindre trace de végétation qui vienne embellir ces rocs rugueux, désolés, et mitiger, ne fut-ce qu'en partie, l'ardeur brûlante du soleil tropical. Seulement de loin en loin on aperçoit quelques plantations maigres et rabougries. Au cœur de l'été, ce nid de rochers incandescents doit être un véritable enfer pour la garnison anglaise, obligée d'y séjourner, et ce n'est pas pour rien que les officiers l'ont surnommée « la marmite du diable ». L'aspect de ces rocs, dépouillés de toute végétation, me rappela vivement celui de l'île Lanzerote, du groupe des Canaries.

Après une halte de six heures, l'*Hélios* quitta les rivages peu hospitaliers d'Aden, pour poursuivre sa route vers Bombay. Rien encore de particulier durant ces huit jours de navigation sur l'océan Indien, dont un beau temps d'automne fut l'agrément principal. La brise rafraîchissante, que nous devions à la mousson du nord-est, devenait chaque jour plus sensible. Nous en ressentîmes l'action bienfaisante à peine sortis de la mer Rouge. Le thermomètre, il est vrai, continuait à indiquer dans la journée 20° R. (à midi, 22° le plus souvent) ; néanmoins, grâce à une brise vivifiante, nous nous sentions dans un tout autre milieu. Les nuits surtout, au lieu d'être suffocantes comme dans la mer Rouge, étaient d'une fraîcheur délicieuse. La mer, toujours légèrement agitée par le souffle de la mousson, était d'un vert bleuâtre tendre, quelquefois d'un azur tirant sur le vert ; mais je ne vis jamais l'océan Indien se teindre du bleu sombre, si pur et si vif, de la Méditerranée, qui déjà dans la mer Rouge est remplacé par une nuance plus violette. Le ciel était tantôt pur, tantôt couvert de légers nuages floconneux. Chaque après-midi, de gros nuages, semblables à des tours immenses et superposées, s'amassaient en quantité vers le nord-est et se dirigeaient vers le sud-ouest. Les couchers de soleil indiens, avec leurs splendides jeux de lumière, nous procuraient un spectacle toujours nouveau, toujours magique, s'évanouissant trop vite à nos yeux éblouis. Le jour, je passais de longues heures auprès du mât de beaupré, à suivre de l'œil les troupes de poissons volants, qui, à l'approche du navire, émer-

geaient, s'élevant, comme des mouettes, à une certaine
hauteur au-dessus de la surface de l'eau.

Mais les Méduses, mes anciennes favorites, les Rhi-
zostomes bleus, les Aurelias pourprées, les Pelagias à la
teinte rouge foncée constituaient toujours pour moi le
principal attrait. Elles apparaissaient régulièrement entre
neuf heures du matin et midi, tantôt isolées, tantôt en
troupes nombreuses. Quelle contrariété j'éprouvai de ne
pouvoir m'emparer de cette curieuse espèce de Siphonophores connue sous le nom de Porpita et que nous
rencontrâmes le 4 novembre en quantité prodigieuse,
mais toujours représentée par des individus isolés.

Certains soirs, le phénomène admirable de la phos-
phorescence revêtait un éclat, une magnificence, que je
n'avais jamais vus. Tout autour de nous, aussi loin que
l'œil pouvait atteindre, l'océan semblait transformé en
une mer de feu aux étincelles éblouissantes. D'après
les recherches microscopiques, faites sur cette eau
peuplée d'êtres vivants, les animalcules phosphorescents seraient, pour la plupart, de petits crustacés et
pour une faible portion des Méduses, des Salpes, des
vers, etc. Ce sont les *Pyrosomas*, qui émettent la
lumière la plus éclatante.

Les loisirs forcés de la vie de bord furent consacrés
par moi en grande partie à écrire ces notes de voyage,
pour lesquelles je demande l'indulgence du lecteur. Si
ces pages écloses « en route pour l'Inde » ne lui semblaient pas offrir un intérêt suffisant, je lui demanderai
néanmoins de poursuivre sa lecture, dans l'espoir que
les suivantes le satisferont davantage.

II

Une semaine à Bombay.

Le 8 novembre 1871 fut pour moi une date solennelle. C'est par cette belle journée, à jamais mémorable, que je foulai pour la première fois le sol des pays tropicaux, que j'en contemplai la luxuriante végétation, que j'en vis les animaux et les hommes. Un mois seulement s'était écoulé depuis que j'avais quitté ma chère ville d'Iéna et transporté par l'*Hélios*, comme par le manteau magique de Faust, à travers 34° de latitude, à 4,000 milles marins de ma patrie, je me trouvais sur le sol merveilleux de l'Inde. Une heure avant le lever du soleil, j'étais déjà sur le pont et je voyais se dégager peu à peu des vapeurs du matin, les côtes profondément découpées de Bombay, que dominait la chaîne du « Bhor-Ghât » aux formes étranges et capricieuses. La chaîne du Bhor-Ghât constitue une frontière naturelle entre le plateau du Deccan (*highland* de l'Indoustan), dont l'altitude est de 2,000 pieds, et le littoral étroit et plat du Konkan (pays-bas). Ce mur abrupt et élevé, composé de basalte, de syénite et d'autres roches volcaniques, affecte la forme d'une chaîne allongée, si bizarrement dentelée et découpée, que l'on croit voir s'échafauder au-dessus du plateau horizontal, une quantité de tours, de forteresses, de gigantesques crénaux.

Au-dessus de la terre indienne, la voûte du ciel, à cette heure matinale, se colorait tour à tour des teintes les plus délicates et les plus variées ; puis, brusquement, l'Hélios indien, aux rayons enflammés, surgit entre deux larges couches de nuages et vint, dans tout l'éclat de sa gloire, saluer le navire qui portait son nom. Dès lors, les moindres détails du rivage voisin se dessinèrent nettement, en particulier les bois de palmiers, s'étendant de tous côtés, et, plus près de nous, la rade immense de Bombay animée de milliers de navires. De la ville elle-même on distinguait les maisons isolées du quartier Colaba, situé sur l'extrême pointe sud-est de l'île Bombay ; au-dessus, les constructions grandioses de la forteresse voisine et à l'arrière-plan la longue crête boisée de la colline du Malabar, premier contrefort sud-ouest de l'île, avec ses villas et ses jardins innombrables. Mais ce qui fascinait surtout l'œil, c'était le fouillis varié de navires se pressant dans la rade, une des plus vastes et des plus belles de l'Inde. On y apercevait les deux monitors blancs, cuirassés, avec leurs tours pivotantes, dont la présence contribuait notablement à la puissance militaire de la place. Plus loin, sur le pont de deux énormes bâtiments de transport, pouvant loger de trois à quatre mille hommes, se pressaient des centaines de soldats anglais. Ensuite, nous longeâmes toute une flotte de paquebots,

allant porter de Bombay à toutes les contrées du globe,
marchandises et passagers. Et quel étrange spectacle
nous donnait la fourmilière bigarrée des embarcations
et des bateaux indigènes, montés par des hommes au
corps nu et bronzé, à peine couvert d'un pagne blanc
(lambeau d'étoffe), la tête garantie contre les rayons
brûlants du soleil par un turban aux mille couleurs.

Bientôt après le lever du soleil, l'*Hélios* jeta l'ancre
non loin de l'Apollo-Bunder, lieu ordinaire du débar-
quement des voyageurs. Nous vîmes arriver à bord le
service de santé et les employés de la douane, et aussitôt la société, qui depuis Trieste avait vécu durant
vingt-quatre jours dans une parfaite intimité à bord de
notre maison flottante, se trouva en pleine débandade.
On échangeait encore à la hâte des adieux, des souhaits d'heureux voyage, des cartes de visites et puis
chacun descendait avec précipitation dans le bâteau
qui devait le conduire à terre, lui et ses bagages.
Quant à moi, j'acceptai l'invitation cordiale et pressante
du mari de la charmante compagne de voyage dont j'ai
parlé plus haut. Mon aimable compatriote, M. Blascheck, de Francfort-sur-le-Mein, qui venait chercher sa
femme à bord, m'offrait pour les huit jours, que je devais
passer à Bombay, l'hospitalité dans sa villa, située sur
la colline de Malabar. J'acceptai cette offre avec d'autant plus d'empressement et de gratitude que j'échap-
pais de cette manière à la gêne inévitable, à l'ennuyeuse
étiquette de la vie d'hôtel ainsi qu'à l'empressement
fastidieux d'un nombreux personnel; en effet, dans les
hôtels anglais des grandes villes de l'Inde, le voyageur

se sent à chaque pas gêné, lié d'une manière insuppor-
table dans toutes ses allures.

Mais malgré les palmiers et les bananiers de la villa
Blascheck, malgré l'existence somptueuse, que l'on y
menait, et qui, toute naturelle aux Européens établis
dans l'Inde, éblouit par son luxe oriental l'Allemand
nouvellement débarqué, je ne tardai pas à me sentir
chez moi dans ce charmant asile. Aussi, la semaine que
je passai à Bombay compte-t-elle parmi les souvenirs
les plus agréables de mon voyage, et je le dois pour le
moins autant à l'hospitalité cordiale et chaleureuse dont
j'y ai joui, qu'aux tableaux admirables et merveilleux,
qui, durant ces huit jours, défilèrent rapidement devant
mes yeux.

Il s'en faut naturellement qu'une semaine suffise
pour épuiser les merveilles d'une ville comme Bombay; aussi, je n'ai pas la prétention d'en donner dans
les pages suivantes une description détaillée, je devrai
me borner à un croquis de touriste. D'ailleurs, je me
sens impuissant à rendre, comme je le voudrais, les
impressions si fortes et si grandioses, qui se succè-
dèrent en moi dans un espace de temps si court. Je
n'avais jusqu'alors lu que fort peu de choses sur Bombay, et encore moins en avais-je entendu parler. Les
notions que je possédais à ce sujet se bornaient à savoir
que c'était après Calcutta la plus grande et la plus importante des villes de l'Inde anglaise, qu'elle avait un commerce florissant et une population des plus mélangées.
Je ne me souviens même pas d'avoir jamais vu, à aucune de nos expositions de tableaux, des vues de la

ville et de ses environs. Aussi, quels furent ma surprise
et mon ravissement, en contemplant une richesse inépuisable de sites grandioses et admirables, que je ne
saurais comparer, d'après mon expérience personnelle,
qu'à ceux de Naples en Europe ou du Caire en Égypte,
ou mieux encore, à une fusion toute particulière de ces
deux célèbres métropoles, si différentes l'une de l'autre.
C'est par sa situation merveilleuse sur une côte acci-
dentée et pittoresque aux mille dentelures capricieuses
et à la végétation splendide; c'est surtout par ses îles
et ses montagnes assises en demi-cercle autour de la
vaste nappe de son golfe superbe, que Bombay ressemble à Naples; mais cette ville rappelle le Caire par
le mélange bizarre et l'aspect exotique de sa population,
composée des races méridionales les plus diverses, par
le fourmillement pittoresque et le caractère pour nous
si étrange de ses rues animées, enfin par l'intensité des
couleurs, dont la nature et l'art revêtent ici les moindres objets.

La ville de Bombay occupe une petite île, dont la surface est de 22 milles carrés anglais; elle est située sous
le 18°,56' de latitude nord, et sous le 72°,56 de longitude ouest. Cette île fut d'abord découverte et occupée
par les Portugais en 1529; à cause de la vaste rade
qu'elle forme avec quelques autres îles et les côtes du
continent voisin, elle reçut le nom de Buona-Bahia
(c'est-à-dire bonne baie, Bom-bay). D'autres, au contraire, font dériver le nom de Bombay de celui de la
déesse de la mer chez les Hindous, Bomba-Dévi ou Maha-
Déva. En 1661, les Portugais cédèrent Bombay aux An-

glais, qui, tout d'abord, ne purent en tirer aucun parti;
les marécages environnants et le climat insalubre, qui
en résultait, furent les principaux obstacles à la prospérité de la colonie. Ce fut seulement après le dessèche-
ment des marais, en général, après la création de meilleures conditions hygiéniques, que Bombay prit un rapide développement; sa prospérité date surtout de 1820,
époque de l'administration de l'honorable gouverneur
Mount Stuart Elphinstone. Dès lors, dans le courant du
dernier demi-siècle, elle devint la troisième grande cité
commerciale de l'Asie (après Canton et Calcutta). Le
chiffre de sa population, qui atteint aujourd'hui à près
de 800,000 habitants, y compris 8,000 Européens et
50,000 Parsis, n'était en 1834 que de 234,000; en 1816
que de 160,000, et seulement de 16,000 en 1716. Au point
de vue du commerce et du trafic de l'orient indien tout
entier, à celui surtout des relations entre l'Asie et l'Europe, Bombay a acquis de nos jours une importance
analogue à celle qu'Alexandrie, à son époque la plus florissante, avait dans l'antiquité. C'est le coton, qui constitue le principal objet de son commerce, et sous ce rapport, la seule rivale de Bombay est la Nouvelle-Orléans
des États-Unis. Sa magnifique rade, aussi sûre que spacieuse, est le plus grand et le plus beau port commercial de l'Inde; ouvert vers le sud, il est garanti du côté
du nord-est par la terre ferme; à l'ouest, il est protégé
par l'île Bombay et au nord par un groupe d'îlots très
rapprochés les uns des autres.

La forme de l'île est celle d'un quadrilatère allongé,
dont le plus grand diamètre se dirige du nord au

sud. La pointe septentrionale est reliée par plusieurs
ponts à l'île plus grande de Salsette et par celle-ci
au continent. La partie septentrionale est presque
tout entière couverte par le vaste bois de palmiers
de Mahim. La partie méridionale de l'île forme deux
promontoires élevés, dont les deux bras d'inégale
longueur, rappellent par leur forme une pince d'écre-
visse et enchâssent une autre baie vaste, mais peu
profonde, aux contours arrondis, Back-Bay. Des deux
promontoires parallèles, celui de l'ouest, le plus élevé
et le plus court, rappelle la colline du Pausilippe à
Naples. C'est le Malabar-Hill, délicieux endroit de
villégiature, où résident les plus notables et les plus
riches personnages de Bombay, tant Européens que
Parsis. De beaux jardins touffus, où s'épanouissent les
plus splendides plantes des tropiques, cachent sous
leurs ombrages de ravissantes et nombreuses villas ou
bungalow. A travers ces jardins, une route charmante
conduit à l'arête la plus haute de la crête basaltique
du Malabar-Hill; sur son parcours se déroule une
série de panoramas superbes, tantôt vers l'ouest sur
les côtes ornées de palmiers du grand océan Indien,
tantôt vers l'est sur la Back-Bay lointaine et la magnifique cité assise sur ses rivages. Du côté du midi la
ville se prolonge jusqu'à la pointe sud de Colaba, c'est là
le nom du promontoire oriental, le plus long des deux,
et où se trouve l'entrepôt principal du commerce du
coton. Ce lieu est occupé en grande partie par les tentes
et les baraques des troupes européennes.

A la pointe nord du promontoire de Colaba, entre

celui-ci et la forteresse contiguë, se trouve l'Apollo-
Bunder, dont il a déjà été question. C'est sur ce joli
quai, que débarquent la plupart des voyageurs ; c'est
là aussi que je foulai pour la première fois le sol de
l'Inde. Le nom pompeux de ce quai à la mode ne lui
vient pas, comme on pourrait le coire, du beau dieu-
soleil des Grecs, mais bien du mot indien Pallow
(poisson), dont on a fait par altération Apollo. Cet
endroit a été primitivement un marché de poissons indien. Aujourd'hui il est occupé par un excellent restaurant, le plus vaste et le plus somptueux de Bombay,
sous les berceaux duquel, en face d'une admirable vue
sur le port et les montagnes, je savourai, dans la société
de mon aimable compatriote, mon premier déjeuner
dans l'Inde. L'Apollo-Bunder, de même que la Santa-
Lucia de Naples, devient le soir le foyer de la vie la plus
intense. C'est là que joue souvent la musique militaire ;
c'est là que se donne rendez-vous le beau monde
fashionable de Bombay. De nombreuses et élégantes
voitures s'y croisent à la fraîcheur du soir, roulant le
long de la mer, de Back-Bay à Malabar-Hill. C'est là
aussi, que sur les vastes pelouses du rivage, on voit la
population si mélangée des indigènes jouir de la vie à
sa manière, en se livrant à toute sorte de jeux autour
de grands feux.

Le vaste espace de la partie sud de l'île, qui s'étend
entre les deux promontoires parallèles de Malabar-Hill
et de Colaba, est occupé par les deux quartiers les
plus importants, le Fort et la ville noire. Le Fort,
autrefois simple citadelle isolée, s'élève sur la pointe

nord de Colaba, et renferme dans son sein la, portion la plus importante de la ville européenne. On y
trouve presque tous les édifices publics s'élevant sur de
vastes places ornées de fontaines. Ensuite la plupart
des comptoirs et des bureaux d'affaires européens. C'est
la City proprement dite, siège du commerce le plus
animé. Les grands édifices tels que : le palais du Gouvernement, le Secrétariat, l'administration des Postes,
l'Université, l'école des Arts, la Banque, l'Hôtel de
Ville ont été pour la plupart bâtis dans le courant des
dernières vingt ou trentes années. Ce sont de somptueuses constructions, élevées à grands frais, presque
toutes en style gothique, avec des fenêtres ogivales et
des portiques à colonnades ; l'architecture de beaucoup
d'entre elles a ce caractère particulier, que l'on retrouve
dans certains palais de Venise. Ces superbes édifices
au style gothico-vénitien, forment le contraste le plus
étrange avec la luxuriante végétation tropicale, qui
leur sert de cadre, ainsi qu'avec la foule indienne, si
pittoresque, qui s'agite à leurs pieds.

Mais le véritable foyer de la vie populaire se trouve
dans la ville noire, ou ville des indigènes (Native-
town). Elle est strictement séparée aussi bien du Fort
disposé sur la hauteur, que du Malabar-Hill, qui la
borne à l'ouest, et par sa population bigarrée et exotique fournit à un Européen le plus curieux sujet
d'étude. En y pénétrant, je me crus un moment transporté au Caire. Les boutiques ouvertes se succédant
en files serrées et présentant le coup d'œil le plus
varié; les costumes aux couleurs éclatantes, les corps

demi-nus de cette foule, qui se presse dans les rues,
les cris des vendeurs, la cohue des chariots et des chevaux, tout ce spectacle se retrouve identiquement le
même dans les bazars et les rues commerciales du
Caire et de Bombay. Mais en séjournant au milieu de
cette population, en l'observant, on ne tarde pas à
saisir les différences caractéristiques entre la métropole de l'Inde et celle de l'Égypte. La partie nord-
ouest de la ville noire, surnommée Girgaum, offre surtout au touriste un spectacle à la fois très beau et
tout à fait original. Là, à l'ombre d'un magnifique
bois de chênes, sont disséminées des huttes et des
fermes pittoresques, de délicieuses figurines d'enfants
nus, des femmes richement parées, des hommes au
teint bronzé, et au milieu d'eux des zébus aux formes
élégantes, des chevaux, des singes, des chiens, le tout
formant un pêle-mêle des plus originaux, où un peintre
de genre trouverait quantité de sujets, pleins de
charme et de couleur.

La population de ces divers quartiers de Bombay,
se compose d'éléments si multiples et se distingue par
des caractères si variés, qu'essayer de retracer, ne
fut-ce que dans une légère esquisse, la vie et lés
mœurs de ce monde complexe, serait une tâche au-
dessus de mes forces. La masse principale est composée d'Hindous, race petite et chétive, à la peau
d'un brun foncé se rapprochant tantôt de la teinte café,
tantôt de la teinte marron. Rien de ravissant comme
les enfants de cette race, qui jouent dans les rues et

sont tout nus jusqu'à l'âge de neuf ans. D'ailleurs
les hommes appartenant aux castes inférieures sont
aussi presque nus, n'ayant pour tout vêtement qu'une
espèce de ceinture ou de tablier, roulé autour des
hanches et très semblable à un étroit caleçon de bain.
Ici le peintre peut admirer à chaque pas, et dans les
attitudes les plus variées, les corps charmants et les
membres sveltes et élancés de cette race ; les jeunes
gens de seize à vingt ans en particulier, lui fourni-
ront plus d'un modèle exquis. Ces derniers constituent ici en réalité, le beau sexe. A cet âge, les traits
de leur visage, souvent d'une rare finesse et d'une
distinction extrême, ont un certain cachet de mélancolie plein de charme. Parmi les femmes, beaucoup
se distinguent aussi par la svelte élégance de leurs
formes ; c'est avec beaucoup de grâce qu'elles se dra-
pent dans la simple étoffe aux plis nombreux, qui les
enveloppe de la tête aux pieds. Mais les jolis visages
sont rares. La plupart se marient très jeunes, entre
dix et quinze ans, se fanent vite et deviennent dans la
vieillesse d'une laideur repoussante. A cela s'ajoute la
coutume dégoûtante, répandue parmi elles, d'avoir la
narine gauche percée d'un gros anneau en argent,
auquel on suspend des pierres précieuses, des perles en
verroterie et autres ornements du même genre, en
sorte que cet étrange appendice cache le plus souvent
une grande partie de la bouche et du menton. La
bouche en outre est défigurée par l'usage du bétel,
teignant en rouge jaunâtre les lèvres et les dents. Des
lignes et des dessins de différentes couleurs, emblèmes

caractéristiques des diverses castes, sont tatoués sur
leur front. La caste des pauvres est tatouée en bleu.
Les deux sexes portent indistinctement des anneaux
d'argent à la cheville et aux orteils. Pour toutes ces
raisons, les figures nues des Hindous font sur nous
l'effet de véritables sauvages quoique, en réalité, ce
peuple appartienne à la même souche méditerranéenne
ou aryenne, dont sont issues nos races européennes.
L'organisation sociale des castes et la religion brahmanique se sont en grande partie maintenues jusqu'à
nos jours. Les morts hindous sont encore livrés aux
flammes et quand, dans les heures du soir, on longe le
beau rivage de Back-Bay depuis le Fort jusqu'à
Malabar-Hill, on aperçoit, tout près de la station du
chemin de fer, les feux des fours gigantesques, où les
cadavres des Hindous, disposés sur des grils, sont
réduits en cendres, d'une manière bien plus ingénieuse,
plus pratique et moins coûteuse, qu'on ne l'a fait à
Gotha dans nos essais de crémation.

D'après le recensement de la population de Bombay,
fait en 1872, le chiffre total des habitants monte à
650,000. Les Hindous orthodoxes de diverses castes,
soumis généralement à la juridiction des brâhmanes,
comptent pour les 3/5 de ce chiffre total ; 140,000 (ou
1/4) sont mahométans et il n'y en a que 15,000 (à
peu près 1/45) de bouddhistes. Il faut ajouter à cela
une couple de milliers de Juifs, de Chinois et de
nègres africains, et enfin un grand nombre de métis de
diverses races. On se figure facilement l'aspect varié et
original, présenté par cet amalgame de peuples et de

races, fourmillant dans les rues de Bombay, ainsi que
la diversité de types, de mœurs, d'opinions et de coutumes qui s'y coudoient. Dans aucune autre ville du
globe peut-être, on n'entend parler une telle quantité
de langues ; la colonie européenne elle-même représente à Bombay toutes les langues de l'Europe.

Les Parsis ou Guèbres constituent, de même que
dans les autres villes principales de l'Inde, un des
éléments les plus curieux et les plus importants de la
population. Quoique leur nombre ne s'élève guère
qu'à environ 50,000 (soit à peu près 1/12 du chiffre
total de la population), ils sont arrivés, grâce à leur
énergie, à leur activité, à leur intelligence et à leur
caractère laborieux, à exercer une influence notable
et à jouer sous tous les rapports un rôle éminent. Si,
comme on le fait souvent, on compare par juxta-
position aux Européens de Bombay toutes les autres
classes de sa population mélangée, en en faisant un
seul groupe désigné sous le nom d'indigènes ou de
natifs, les Parsis devront certainement constituer un
troisième groupe, pour ainsi dire intermédiaire. Ils
descendent des anciens Perses, qui, après la conquête
de la Perse par les mahométans, au septième siècle,
n'ont pas voulu embrasser la religion des vainqueurs
et sont restés fidèles à la doctrine de Zoroastre.
Expulsés pour cette raison de leur patrie, les ancêtres
des Parsis actuels se dirigèrent d'abord vers Ormuz,
pour s'étendre de là dans l'Inde entière. Ne se mariant
qu'entre eux, ils ont conservé la pureté de leur race ;
aussi, même abstraction faite de leur costume particu-

lier, ils sont faciles à reconnaître au premier coup
d'œil. Les hommes de cette race ont une stature haute
et majestueuse, le teint jaunâtre, une apparence beaucoup plus robuste et florissante que les chétifs Hindous.
Ils sont vêtus d'une espèce de longue soutane en coton
blanc, d'un large pantalon et portent sur la tête une
haute tiare noire, toute semblable à un bonnet d'é-
vêque. Leur visage plein d'expression, au nez aquilin,
bien arqué, trahit l'énergie et l'intelligence. L'esprit
d'épargne et l'amour du travail sont les traits distinc-
tifs des Parsis, qui, de même que les Juifs d'Europe,
ont réussi à concentrer entre leurs mains les plus
grands capitaux. Beaucoup, parmi les plus riches marchands de Bombay, sont Parsis, et en outre, les hommes
de cette race se sont acquis un renom tout particulier
comme hôteliers, constructeurs de navires, mécaniciens
et spécialistes dans les arts techniques. La pureté de
leur vie de famille et de leurs mœurs domestiques est
digne d'éloges. Leurs femmes sont pour la plupart
grandes, majestueuses et l'expression de leur physionomie respire l'intelligence et l'énergie ; elles ont
la peau brune, les cheveux et les yeux d'un noir profond. Leur costume consiste en une longue draperie de
couleur unie et claire, rouge, jaune, etc. Les enfants
des riches Parsis paraissent souvent à la promenade
dans des vêtements brodés d'or et d'argent. Bon nombre
de Parsis habitent des villas somptueuses, se plaisent
à cultiver de beaux jardins et excitent par leur prospérité l'envie de plus d'un Européen. Souvent, parmi
eux, les riches se distinguent par leurs vertus publi-

ques, fondent des institutions utiles et des établissements de bienfaisance. Le gouvernement anglais, pour
reconnaître leur mérite, a conféré à quelques-uns
d'entre eux le titre de baronnet.

Ce qui, sans doute, n'a pas peu contribué à l'essor
des qualités actives et fortes des Parsis, c'est qu'ils ont
su se préserver en grande partie de la domination des
prêtres. La doctrine de Zoroastre, qu'ils professent sous
sa forme la plus pure, est une religion naturaliste
élevée, fondée sur l'adoration des éléments créateurs
et conservateurs. Parmi ces derniers, le premier rang
appartient incontestablement à la lumière et à la chaleur du soleil créateur, ainsi qu'au feu, image de
l'astre. C'est pourquoi au lever et au coucher du soleil,
on voit sur le rivage de Bombay quantité de pieux
Parsis, debout ou agenouillés sur des tapis étendus,
rendre leur culte à l'astre du jour au moment où il
apparaît ou disparaît. J'avoue pour ma part n'avoir
jamais contemplé les rites religieux d'aucun peuple
avec l'émotion intime que m'inspirait le culte de ces
« adorateurs du soleil » ou du feu. En somme, nous-
mêmes, naturalistes des temps modernes, qui recon-
naissons dans la chaleur et la lumière de notre soleil
la source primordiale de la magnifique floraison de la
vie sur notre globe, ne sommes-nous pas héliolâtres?

Les rites religieux des Parsis sont d'ailleurs d'une
simplicité élémentaire et basés en grande partie, de
même que ceux des mahométans, sur des principes
d'hygiène bien entendue ; cela est évident pour leurs
prescriptions diététiques et pour les nombreuses ablu-

tions quotidiennes, grâce auxquelles leurs corps robustes jouissent généralement d'une excellente santé. C'est pourquoi leurs enfants, florissants de vie et pleins d'enjouement, font à Bombay une bien meilleure impression que les visages pâles et l'aspect languissant des enfants de race européenne, étiolés rapidement par ce climat chaud et meurtrier.

Leurs rites funéraires sont sans contredit des plus remarquables. Bien haut, sur un des points les plus élevés et les plus beaux de la crête rocheuse de Malabar-Hill, là où le panorama splendide de Bombay (rappelant celui que l'on découvre à Naples du haut du Pausilippe) se déroule aux pieds du voyageur émerveillé, la communauté des Parsis possède un admirable jardin, plein de palmiers élancés et de plantes luxuriantes des tropiques, toutes en fleurs. C'est dans ce pittoresque lieu de repos qui s'élèvent les six *Dakhmas* ou « Tours du Silence » (*Towers of silence*), édifices blancs et cylindriques de 30-40 pieds de diamètre et d'autant de hauteur. L'intérieur de chaque tour, pareil à un amphithéâtre, est divisé en trois cercles concentriques, subdivisés, dans le sens des rayons, par des cloisons en quantité de petites chambrettes ouvertes. Chaque compartiment reçoit un corps et l'ensemble est disposé de telle façon que le cercle intérieur est destiné aux enfants, le cercle du milieu aux femmes, tandis que les hommes sont placés dans le cercle extérieur. Dès que les gardiens de la mort, vêtus de blanc, ont reçu le cadavre apporté par les parents au champ du repos, ils le transportent, accompagnés de **prêtres** psalmodiant des chants funéraires, dans une des chambres mortuaires, dont nous venons de parler, et s'éloignent ensuite. Aussitôt arrivent en volées nombreuses les oiseaux sacrés d'Ormuzd, des vautours énormes au plumage foncé, perchés d'ordinaire en nuées innombrables sur les palmiers de Palmyre, qui croissent dans le voisinage. Ils se précipitent sur le cadavre dans l'intérieur de la tour et en dépècent les chairs en quelques instants. Des bandes voraces de corbeaux noirs se disputent ensuite les restes de ces repas, et les os dénudés sont plus tard déposés dans l'intérieur de la tour.

Ce mode de sépulture adopté par les Parsis semble révoltant à la plupart des Européens et, dès l'antiquité classique, on considérait comme le plus grand des outrages de livrer un cadavre en pâture aux vautours. Mais, aux yeux du zoologiste, habitué à scruter les phénomènes, il semble plus poétique, plus conforme même à l'esthétique, de voir un corps bien-aimé dépecé en quelques moments par le bec puissant des oiseaux de proie, ou livré aux flammes comme chez les Hindous, que de le voir abandonné à ce lent phénomène de décomposition, à ces rebutantes « morsures des vers », qui font du mode de sépulture de nos peuples civilisés quelque chose de si horrible, de si dégoûtant et de si contraire aux lois de l'hygiène : ce genre d'inhumation, engendrant, comme on le sait, bien des maladies. Mais que ne peut faire adopter le doux effort de l'habitude, ce levier si puissant de « l'adaptation ! »

Ce fut le 14 novembre, par une belle soirée, dont le

souvenir ne s'effacera jamais de ma mémoire, qu'avec mes deux compagnons de voyage de l'*Hélios* : Mᵐᵉ Blascheck et le comte Hunyadi, je visitai les Tours du Silence. Du côté de l'occident, le soleil couchant colorait l'horizon de ces teintes merveilleuses, mais trop fugitives, propres au ciel des tropiques, dont l'éclat et le charme ne sauraient être reproduits ni par le pinceau ni par la plume. Du côté opposé, à l'orient, d'énormes nuages, amoncelés en forme de tours et encadrés d'une bordure dorée, se dessinaient sur un fond de pourpre lumineux. Au-dessous, sur la pente abrupte du plateau de Deccan, les murailles crénelées et les tourelles bizarres du Bhor-Ghât resplendissaient d'une douce teinte violette. A nos pieds, le golfe bleu de Back-Bay reflétait, comme dans un miroir, les couleurs splendides du ciel et au-dessus, sur l'autre bord, se profilait la ligne des somptueux édifices du Fort dominé par la forêt de mâts des navires. A notre droite, vers le sud, à travers les jardins et les villas sans nombre du Malabar-Hill, on apercevait la pointe extrême, le promontoire rocheux de Malabar. C'est dans ces lieux où autrefois lord Elphinstone a vécu dans une simple et modeste villa, que s'élève aujourd'hui la fastueuse résidence du gouverneur. A gauche, à l'ombre de l'épais bois de cocotier de Girgaum, s'épanouit la vie ardente de la ville noire. Et pour premier plan du tableau, les Tours du Silence entourées de leurs gigantesques palmiers flabelliformes, sur les cimes desquels des nuées de vautours repus goûtaient le repos du soir et aux pieds desquels étaient assis les

prêtres Parsis dans leurs costumes blancs. C'était là
un tableau digne du pinceau d'un grand maître.

Une impression toute différente de celle que m'a
laissée ce tableau du soir, empreint d'une profonde mélancolie, m'attendait le lendemain matin au belvédère
voisin de Cumbala-Hill. Une heure avant le lever du
soleil, j'étais déjà en route dans la solitude de l'aube matinale; ayant dépassé les Tours du Silence, je me dirigeais vers le point septentrional le plus élevé de Malabar-
Hill, situé à un quart d'heure plus loin et surmonté de
la « Flag-Staff ». C'est ainsi que l'on appelle la tour du
sémaphore chargée, de ce point élevé, de surveiller
l'horizon, afin de signaler l'arrivée dans la rade des
grands vapeurs; celle du vapeur postal est annoncée
par deux coups de canon. Les pentes abruptes des
rochers sont couvertes en partie d'arbustes épineux, en
partie de dattiers, à l'ombre desquels s'abritent les nombreuses cabanes des Hindous. Non loin de là, à la même
hauteur, dans une situation ravissante, se trouve la
résidence du consul allemand, lequel pour le moment,
était encore en Europe. De là, la vue embrasse non seulement la ville entière et le port, mais elle atteint plus
loin vers le nord jusqu'au grand bois de palmiers de
Mahim (pointe nord de l'île Bombay), et, plus loin encore, jusqu'à l'île Salsette et à la côte voisine. Une
légère vapeur grisâtre voilait ce panorama grandiose,
quand j'y arrivai quelques moments avant le lever
du soleil. Mais dès qu'Hélios eut projeté ses flèches
au-dessus du mur rocheux du Bhor-Ghât, le voile
flottant se déchira et toutes les parties de ce ravissant

paysage surgirent successivement dans des flots de lumière.

Une excursion dans le bois de palmiers de Mahim, que je fis le 13 novembre en compagnie de mes aimables hôtes, compte aussi parmi les plus charmants souvenirs de mon séjour à Bombay. C'était par une délicieuse matinée de dimanche, — mon premier dimanche dans l'Inde, — et les impressions qu'elle me laissa furent si variées qu'elles ne s'effaceront jamais de ma mémoire. Sous les tropiques, si l'on veut goûter dans toute sa plénitude la fraîcheur suave de la matinée, il faut se mettre en route bien avant le lever du soleil; aussi les premiers rayons de l'astre nous trouvèrent-ils roulant, dans une légère voiture, parmi les vieux et gigantesques figuiers des banians, sur le versant nord de Cumbala-Hill. Les cabanes des Hindous, qui, parfois, se cachent tout à fait entre les racines à fleur de terre de ces figuiers et ont le tronc de l'arbre pour appui, nous permettaient de contempler ces scènes originales de la vie indigène, dont l'Européen à peine débarqué, est si friand. Des familles entières assises sur la route dans un costume édénique, étaient occupées à donner un nouveau lustre à leur peau brune en la frottant avec de l'huile de coco. Frères et sœurs, parents et enfants, pourchassaient réciproquement les petits insectes à la lente allure, qui grouillaient dans leurs longues chevelures noires. Mais comme il est défendu à tout pieux Hindou de tuer aucun être vivant, chacun d'entre eux avait soin de déposer délicatement sa capture à terre. Quelques Hindous, pour se débarrasser de ces hôtes

incommodes, ont recours à un moyen plus radical; ils
se font complètement raser la tête. Quantité de gens se
baignaient dans de petits étangs le long de la route;
d'autres, avant de revêtir leur pagne blanc, étaient
voluptueusement étendus à l'ombre des arbres ou sur
leurs branches.

Que ne vîmes-nous pas encore dans ce bois de cocotiers de Mahim, le premier de ce genre que j'eusse traversé! Ici, avec une agilité de singe, les gens chargés
de recueillir le jus de palme, grimpaient sur les cimes
des arbres les plus élevés, pour aller y chercher la
liqueur précieuse, égouttée la nuit dans de petits vases
fixés à l'arbre à cet effet. À l'aide d'une corde tendue
horizontalement entre des arbres voisins, ils passaient
lestement d'une cime à l'autre. Là, on cueillait les
fruits dorés du noble bananier; ailleurs on préparait le
déjeuner. Je ne pouvais me lasser de contempler les
admirables jeux de la lumière tombant sur les larges
et frémissants panaches des cocotiers, sur leurs troncs
si gracieusement inclinés et sur les feuilles gigantesques d'un vert tendre des bananiers, qui croissaient à
leurs pieds. Partout une profusion de fleurs luxuriantes
autour desquelles voltigent des nuées de papillons,
fleurs à la taille colossale, aux couleurs éclatantes, aux
formes bizarres, à l'arome pénétrant! Ça et là, des
touffes aériennes de bambous gracieux, élancés et à
chaque pas de petites cabanes, dont les murs, aussi
bien que le toit étaient construits avec des roseaux.
Pêle-mêle avec les animaux domestiques de toute
espèce, cochons, chiens, poules, canards, les délicieux

enfants hindous, aux corps nus, aux grands yeux noirs, jouaient et s'ébattaient.

Après avoir, durant une heure, parcouru dans toutés les directions le bois de Mahim, nous cherchâmes à atteindre le rivage de la mer, qui ne devait pas être éloigné. Par malheur, le sentier étroit et bordé de murs qui y menait aboutissait à un grand bourbier. Mais, tout juste à point pour nous tirer d'embarras, un chariot à deux roues traîné par des bœufs (bullock cart), vint à notre rencontre. Nous grimpâmes fort allègrement sur ce véhicule, très propre d'ailleurs, conduit par un jeune hindou et nous traversâmes le bourbier dans la vase épaisse duquel nous courûmes grand risque de rester pris. Une fois de l'autre côté, nous ne tardâmes pas à atteindre la côte, bordée ici sur un vaste espace par un magnifique bois de cocotier. On y remarquait de gros bouquets de pandanus, arbres étranges et superbes, appartenant à une espèce particulière de palmiers hélicoïdes ; leur tronc recourbé se divisait supérieurement en branches à la manière des candélabres, et chacune de ces branches portait une touffe de feuilles tordues en spirale et semblables à celles de l'agave, tandis que tout un faisceau enchevêtré de racines à fleur de terre soutenait le tronc comme sur de hautes échasses. Entre les branches de l'arbre, était tendue une forte toile d'araignée occupée par un arachnide gigantesque, magnifiquement orné ; le corps de l'animal mesurait 6 centimètres et ses pattes effilées atteignaient jusqu'à 10 centimètres de longueur. Le monstre se laissa capturer assez facilement et mon bocal d'alcool lui servit de tombeau. Nous restâmes tout surpris à la vue de cette toile énorme, large d'un mètre et dont les gros fils avaient presque la solidité d'un fil de lin. Tandis que nous étions absorbés par cette chasse pleine d'attrait, une nuée de perroquets verts, les premiers que j'eusse encore vus, s'envola des cimes des palmiers, en poussant des cris perçants.

Une série de surprises zoologiques m'attendait encore sur la côte sablonneuse de Mahim, que la marée basse laissait en ce moment à découvert sur une vaste étendue. Là, gisaient sur la plage de gigantesques exemplaires de la belle Méduse bleue (Crambessa), ayant plus d'un pied de diamètre, de curieux hérissons de mer (Diodon), dont la peau était hérissée d'aiguilles et l'énorme sac laryngé, gonflé. Je trouvai aussi, dans le sable marin, quantité de coquillages et de gastéropodes appartenant à des espèces particulières à l'océan Indien et que je n'avais vus jusqu'alors que dans des musées zoologiques. Plus loin, de gros vers tubicoles, diverses espèces de crustacés (parmi eux, le Crabe vocatif, rapide à la course, qui creuse des trous dans le sable), et enfin des restes de squelettes de gros poissons mêlés à des crânes et à d'autres parties de squelettes humains. Ces derniers appartiennent aux Hindous des classes inférieures, dont les cadavres sont enfouis dans le sable marin au lieu d'être livrés aux flammes. Quand, vers midi, nous revînmes à la maison, mes boîtes de naturaliste étaient pleines de trésors zoologiques.

Le village sacré des brahmanes, *Walkeschwar*, situé sur le Malabar-Hill, à quelque distance du bungalow de mes aimables hôtes, à mi-chemin entre celui-ci et la maison du gouverneur, était sans contredit pour moi un des points les plus intéressants de Bombay. Je le visitai à plus d'une reprise, aux heures les plus variées de la journée, et chaque fois je fus frappé de l'originalité, de la diversité des scènes que m'offraient la vie des castes supérieures; car, seuls, les vrais brahmanes habitent ce lieu sacré, qu'aucun Hindou impur des classes inférieures n'oserait souiller par sa présence. Ici, comme dans d'autres lieux saints, épars dans la ville noire, le point central est un petit étang carré, bordé d'escaliers droits et entouré de petits temples et de chapelles entre lesquels d'étroites ruelles conduisent à l'eau. Les temples se distinguent par des tourelles blanches très caractérisques, dont la forme rappelle en partie une mitre d'évêque, en partie un obélisque large et bas. L'intérieur des temples, qui, comme les cabanes éparses entre eux, s'ouvrent du côté de la rue, consiste en un espace vide et nu; au milieu ou bien dans une cour antérieure, sous un portique, est placé le bœuf sacré. Des emblèmes en pierre de la fécondité, le plus souvent d'une forme obscène et grotesque et, comme le bœuf, ornés de fleurs, servent aussi d'objets d'adoration. On retrouve ces étranges emblèmes teints en rouge, le long des routes et dans l'intérieur des villes aussi bien que dans les campagnes. Ils sont souvent l'objet d'un culte particulier de la part des époux stériles; la partie de l'organe colorée en rouge est couverte d'une, quantité de petits papiers d'or ; d'autres fois, des fleurs odorantes y sont suspendues, le tout dans l'espoir d'obtenir une postérité par ces pieuses offrandes.

Sur les marches du temple ainsi que sur les escaliers conduisant à l'étang sacré, on voit les saints pénitents, accroupis ou debout, gesticuler et se livrer aux actes de piété les plus extravagants et les plus variés. Ces fakirs sont en grande partie des imposteurs fieffés, jouissant du *dolce far niente* aux dépens de leurs pieux et charitables coreligionnaires. Leur corps nu est oint et souillé de cendres ; leurs longs cheveux emmêlés flottent en nattes, que le peigne ne touche jamais et qui sont ainsi transformées en une espèce particulière de « plique » ou de jardin zoologique, peuplé de nombreux habitants. La plupart des fakirs n'ont pour tout mérite que celui de mutiler quelque partie de leur corps. L'un a depuis des années le poing convulsivement fermé, en sorte que les ongles sont profondément entrés dans les chairs de la paume de la main ; cet autre a tenu son bras levé perpendiculairement jusqu'à ce que ce membre ait perdu tout mouvement et toute sensibilité et se dresse desséché et atrophié, comme une branche morte, au-dessus de sa tête. Un troisième s'est fait des blessures de toute espèce, qu'il a saupoudrées de cendres pour les faire suppurer indéfiniment, en sorte que son visage et son corps présentent l'aspect le plus hideux. On ne le sait que trop, point d'absurdité ni d'aberration à laquelle l'homme ne puisse être amené par ses folles conceptions religieuses, surtout quand celles-ci donnent, comme d'ordinaire, la main aux jongleries de de la prêtraille. Pourtant, peu de religions ont égalé sous ce rapport les monstruosités du culte brahmanique.

Tandis que je passais de longues heures dans le village des brahmanes, assis sur le bord de l'étang, à l'ombre épaisse d'un banian sacré, et occupé à retracer dans mon album les scènes étranges du lieu, je pus étudier à loisir la vie et les mœurs si bizarres de cette caste de fainéants privilégiés. La principale occupation des nobles brahmanes, vivant en vrais moines mendiants des riches offrandes, que leur procure la superstition et la générosité des Hindous des castes inférieures, consiste en une douce paresse, en une philosophique contemplation du monde et de ses folies, interrompue de temps à autre par l'accomplissement de quelques rites extérieurs. Les fréquentes ablutions forment certainement la partie la plus raisonnable de ces derniers. L'étang sacré est presque continuellement assiégé par les baigneurs des deux sexes. Que de fois n'ai-je pas ri et plaisanté avec des adolescents, dédaigneux de tout costume, qui venaient en foule regarder mon travail et se livraient à son sujet aux commentaires les plus joyeux. La caricature d'un fakir, qui hurlait et gesticulait comme un fou en se plongeant dans l'eau, semblait surtout leur procurer une vive satisfaction. En général, cette jeunesse hindoue ne semblait pas encore infectée de l'orthodoxie des parents.

L'école des brahmanes de Walkeschwar me fournit aussi le sujet de plus d'un croquis intéressant. Le maître d'école, vieillard à cheveux gris, qui semblait

prendre la vie assez allègrement, eut l'air enchanté,
quand, avec le secours de la pantomime, je lui expliquai
que nous étions collègues. J'eus aussi l'occasion, près
de ce temple de la sagesse, d'acquérir quelques notions
sur la médecine pratique des Hindous ; un jour j'assistai
dans la rue à un accouchement opéré avec l'aide d'instruments bizarres et dans des circonstances bien dou-
loureuses. Un constable ou policeman hindou occupé à
maintenir l'ordre parmi les spectateurs attroupés,
m'expliqua ce qui ce passait de la façon la plus courtoise. Non loin de là, un médecin hindou chassait le
diable du corps d'un pauvre rhumatisant en foulant et
en massant le malade. C'est dans ces métiers-là, et en
général dans les tortures qu'ils font subir aux animaux qu'éclate la supériorité des pieux Hindous,
tandis qu'en même temps ils répugnent à détruire le
moindre être vivant, fut-ce même un insecte microscopique et nuisible.

Dès le lendemain de mon arrivée à Bombay, j'eus
occasion de prendre part à une excursion à l'île d'Éléphanta, célèbre par ses temples souterrains. Par la
perfection de leur architecture et par la richesse de
leur ornementation, ces temples, si souvents décrits et
reproduits par le dessin, sont les plus remarquables et
les plus connus de l'Inde. Je me bornerai donc à dire
qu'ils ne répondirent point à mon attente ; l'idée que je
m'en était faite était bien plus imposante et grandiose
que la réalité. Il est bien entendu qu'il ne saurait
être question de véritable beauté, quand il s'agit de la
sculpture indienne, si grotesque et si surchargée d'or-

nements. L'union répulsive et anormale des parties du
corps humain et de celles des animaux, les divinités à
trois têtes (Trimourti), les visages grotesques et gri-
maçants, les corps à plusieurs seins, à huit bras, à huit
jambes, etc., me font une impression révoltante, et
j'appartiens à ce petit nombre d'hérétiques, qui sous-
crivent à l'arrêt de notre Gœthe au sujet des absurdes caricatures des temples d'Éléphanta. Néanmoins,
ces temples, creusés dans le roc, sont très remarquables par le fini des moindres détails, aussi bien
que par la manière dont le temple tout entier, avec
ses trois portiques et ses innombrables figures, est
fouillé dans le trapp noir et dur de la montagne. En
outre, la situation de la grotte placée sur le versant
occidental et abrupt de l'île, au milieu d'une végétation splendide, est si belle ; la vue que l'on y découvre
sur la rade de Bombay si grandiose, que le voyageur
est tout à fait charmé de l'excursion. On la fait d'ordinaire en s'embarquant à l'Apollo-Bunder sur un petit
vapeur (steam-lounch). La traversée, qui dure une
bonne heure, est une série de charmants tableaux de
la vie du port ; c'est là que je vis de près les barques
et les bateaux indiens de toute grandeur et de toute
forme. Rien de pittoresque comme la vue du haut pays,
celle du Bhor-Ghât, du Deccan, avec la région des
palmiers qui s'étend à ses pieds, la petite île d'Éléphanta située entre le Konkan et l'île de Bombay. La
grande île voisine de Trombay se distingue par le
rouge vif et superbe de ses rocs nus.

Sous un autre rapport encore, la visite à l'île d'Élé-

phanta excita en moi l'intérêt le plus vif et me laissa
un souvenir ineffaçable. Ce fut là, le 9 novembre, que
je vis la merveilleuse flore des tropiques étaler ses
splendeurs en toute liberté. J'avais déjà la veille consacré mon premier après-midi indien à visiter le
jardin Victoria, où je m'étais rendu en tramway, traversant la ville noire dans la direction nord. C'est un
beau jardin, quoique mal tenu; il ne saurait, il est vrai,
ni par sa richesse ni par sa situation, se comparer aux
autres jardins botaniques de l'Inde; mais c'est là que
je contemplai pour la première fois une grande quantité des plus belles et des plus superbes plantes tropicales, en particulier les principales espèces du palmier
indien et du bambou, du bananier et du pandanus, de
l'arbre à pain et du papayer, du lotus et du *pistia*, etc.
Ce parc délicieux, vu le premier soir de mon arrivée,
à la lumière embrasée d'un splendide coucher de soleil
indien, m'avait déjà enivré. Mais ma joie et mon ravissement furent plus grands encore, quand le lendemain
matin je pus, à Éléphanta, repaître ma vue des spécimens les plus caractéristiques de la végétation
indienne, s'épanouissant à l'état sauvage, dans cette
exubérance et cette plénitude luxuriante, que ne
saurait tolérer l'art de l'horticulteur.

Là des plantes et des fougères rampantes et grimpantes tapissent les troncs gigantesques des *tecks* en
s'enroulant autour d'eux; là sur la plage, bordée de
buissons de pandanus et protégée par une ceinture de
palétuviers, plante aquatique dont les racines plongent
dans l'eau, de superbes cocotiers au panache brillant

balancent leurs troncs sveltes et incurvés. Ici les figuiers parasites et mille autres plantes grimpantes aux grosses fleurs éclatantes, enlacent les troncs noirs et droits comme le jonc des majestueux palmiers de Palmyre, et il n'y a pas jusqu'aux superbes cimes de ces arbres, dont les feuilles palmées s'étalent en éventail, qui ne soient couronnées de fleurs. Là on voit de magnifiques échantillons séculaires du figuier sacré de l'Inde, le banian ; leurs troncs puissants se ramifient inférieurement en un véritable réseau d'énormes racines enchevêtrées, tandis qu'un autre faisceau de racines aériennes, tombant de l'épaisse voûte de sombre verdure, formée par des branches gigantesques, se dirige vers le sol ; quelques-unes atteignent la terre, s'y implantent et constituent ainsi de nouveaux troncs, étayant le vieux tronc ancestral. Et de ce côté, voyez donc ce perfide assassin (espèce parasite de figuier) étouffant dans l'enchevêtrement de ses branches entrelacées, le noble palmier qu'il tient fortement embrassé ; quelques pas plus loin, voici frappé à mort un frère du meurtrier : son tronc réticulé, réduit à n'être plus qu'une cavité cylindrique est dépouillé de son feuillage ; la mort a d'abord frappé la victime que le monstre tient enlacé, et ensuite le sombre meurtrier a succombé à son tour. Çà et là le gracieux bambou forme de gigantesques bouquets ; des magnifiques bananiers et des strélitzias étalent leur dôme de feuilles d'un vert tendre ; des fleurs colossales, aux couleurs les plus riches, ouvrent leurs calices parfumés ; des acacias délicatement pennés déploient leur parasol, des euphorbias

épineux pareils à des cactus, s'enchevêtrent en haies
infranchissables. C'est donc à Éléphanta, que, pour la
première fois, je vis en plein air une foule des plus
beaux et des plus remarquables spécimens de cette
flore tropicale, dont j'avais lu tant de descriptions
et à laquelle j'avais rêvé depuis plus de trente ans.
Et tout autour, dans la lumière ardente du soleil,
jouaient et tournoyaient des milliers de papillons à la
robe éclatante et magnifique; des scarabées, étincelants
comme l'or, bourdonnaient sur les buissons; quantité
de lézards et de serpents agiles glissaient furtivement
dans l'herbe, et des nuées d'oiseaux gazouillants au
plumage superbe, voltigeaient de branche en branche;
tout un monde, nouveau pour moi, d'êtres organisés, que
je n'avais jamais vus vivants et que pourtant je connaissais de longue date. Comme un enfant, je courais
à la fois après mille objets divers, je touchais les palmiers et les bambous afin de me bien convaincre que
tout ce que je voyais n'était pas une illusion. Perdu
dans mes rêveries, je m'en revins à Bombay par une
admirable soirée, riche en magiques effets de lumière,
et dans l'insomnie de cette première nuit passée dans
l'Inde, je vis défiler devant moi comme dans un kaléi-
doscope éblouissant, les tableaux merveilleux que je
venais de contempler.

A mon vif regret, durant les huit jours que je passai
à Bombay, jours qui s'écoulèrent trop rapidement, je
ne réussis à faire qu'une seule grande excursion sur le
continent indien; mais elle fut des plus intéressantes

et suffit amplement à me donner une idée de la nature du fameux plateau du Dekkan. Me conformant aux conseils de mon aimable compatriote M. Tintner (à qui je dois plus d'une jouissance de ce genre et auquel je suis heureux d'exprimer ma gratitude), je choisis parmi les excursions, que l'on pouvait accomplir en deux jours, celle de Lanaulie et des temples souterrains de Carlie. Mon compagnon de voyage, le comte Hunyady et moi, nous quittâmes Bombay le 11 novembre à midi. Le temps admirable, dont nous ne cessâmes de jouir pendant tout notre séjour à Bombay, nous favorisa encore dans cette excursion ; seulement il faisait trop chaud : à midi le thermomètre marquait à l'ombre jusqu'à 30° R. et de 22 à 26° dans le courant de la journée. Les nuits mêmes étaient chaudes et une fois nous eûmes à minuit une température de 25° R. !

Le trajet en chemin de fer de Bombay à Lanaulie (première section de la grande ligne entre Bombay et Madras), qui dure près de cinq heures, nous valut à tous une forte transpiration, accompagnée de maint soupir inspiré par l'ardeur croissante des rayons du soleil. Pourtant les wagons fort confortables de première classe, que nous occupions, étaient amplement munis de moyens protecteurs contre le soleil des tropiques : un double toit, très saillant sur les côtés, des jalousies et des stores verts aux fenêtres, des stores intérieurs et extérieurs, des coussins en cuir, frais et commodes, une ventilation parfaitement aménagée et enfin, ce qu'il y avait de plus agréable, de petits cabinets de bains avec des baignoires remplies d'eau fraîche. Plus d'une fois durant le voyage je m'y plongeai avec délices. Chaque wagon de première classe se compose de deux spacieux compartiments-salons, et l'on n'a le droit d'y mettre que six voyageurs par salon, tandis que chez nous on en eût fourré le triple ou tout au moins le double dans le même espace. Trois banquettes, deux en long et une en large, sont placées dans chaque salon ; pour la nuit, on en place au-dessus d'elles trois autres, à la distance de quatre pieds et on obtient ainsi six lits, bien plus confortables et plus spacieux que ceux des cabines des bateaux à vapeur. On peut parfaitement apporter sa malle dans le compartiment, la déballer, se promener et contempler le paysage à travers la double rangée des fenêtres du wagon.

Ce paysage exerçait sur moi un vif attrait et durant ce court trajet de cinq heures, je réussis à enrichir mon album de toute une série d'esquisses intéressantes. La voie ferrée traverse d'abord une grande partie de la ville de Bombay, passe par Byculla, Parell et Sassoon, franchit sur un pont un étroit bras de mer, ensuite l'île Salsette et enfin un second bras de mer, séparant cette dernière de la terre ferme de l'Inde antérieure. Ici la voie parcourt pendant quelques heures les côtes basses et plates du pays de Konkan. De nombreux villages composés de quelques groupes de pauvres cabanes en bambou, de petites bourgades insignifiantes nous donnent l'idée de la population des Mahrattes qui habitent ce pays. Durant l'époque des pluies, de juin à septembre, ces vastes plaines sont couvertes d'un magnifique gazon très haut; elles sont, d'ailleurs, en grande partie bien cultivées, ensemencées de maïs, de riz, etc. Au moment de l'année où nous étions, il y avait plus d'un mois que la végétation était entièrement brûlée et les prairies, verdoyantes dans la saison des pluies, avaient aujourd'hui un reflet de paille roussie. Seules, les nombreuses plantes toujours vertes, les bosquets de bananiers et les figuiers, qui ombragent les huttes, surtout les magnifiques palmiers de Palmyre (*Borassus flabelliformis*), vrai trésor de la flore du Konkan, avaient conservé leur fraîcheur. Ces beaux palmiers en éventail, avec leur tronc noir, droit et élancé comme un jonc, que l'on aperçoit à chaque pas, tantôt isolés, tantôt en groupes, donnent à cette contrée plate une physionomie toute particulière. Le palmier de Palmyre, de même que le cocotier et le dattier, est un arbre éminemment utile ; chacune de ses parties sert à quelque usage domestique ou à quelque destination technique. C'est surtout sur les rives des innombrables petits lacs, près desquels nous passions fréquemment, que ces groupes de palmiers font un effet superbe : au premier plan, des indigènes au corps brun et nu, avec leurs chariots à deux roues, traînés par des bœufs, ailleurs des buffles, qui se baignent, des huttes en roseau éparses et, pour fond du tableau, les contours pittoresques du Bhor-Ghât, muraille rocheuse et dentelée, qui forme le versant abrupt, haut de 2,000 pieds du plateau gigantesque du Dekkan.

A la station de Kurjut, derrière Noreb, comme nous avions atteint le pied de la montagne, la locomotive légère, qui nous avait conduits jusque-là, fut remplacée

par une autre d'une plus grande force. La montée ne
tarde pas à s'accentuer (1 : 37); au bout de quelques
heures de trajet on se trouve déjà à 2,000 pieds. Des
tunnels et des viaducs sans nombre, ainsi que les
courbes à court rayon décrites par la voie sur le versant rapide de la montagne, me rappellent nos chemins
de fer alpestres, les routes pittoresques du Saem-
mering et du Brenner (la montée la plus roide de cette
dernière est de 1 : 40). Le paysage, qui nous entoure, ne tarde pas aussi à prendre un caractère tout
différent. Les palmiers, semés à profusion dans les
terres basses (Konkan), disparaissent, dès que l'ascension commence. Ils font place à d'énormes arbres
forestiers de toute espèce, tantôt se dressant comme
des colonnes, tantôt formant par leurs branches puissantes de vrais dômes de verdure; parmi eux on rencontre des arbres de *teck* majestueux, des *tomez* aux
feuilles gigantesques. Le versant abrupt du pays des
hautes terres (Dekkan) s'étage tantôt en terrasses,
tantôt en escaliers; souvent il est creusé en gorges
profondes, dues à l'action des eaux; ces ravins, tapissés
de taillis et de broussailles, donnent à ce pays alpestre
un caractère tout européen. En revanche, rien d'original comme les contours du massif rocheux du Bhor-
Ghât, dont les formes bizarres ne rappellent celles
d'aucune autre montagne européenne que je connaisse.
Tantôt il se dresse presque verticalement à plus de
1,000 pieds de hauteur comme un mur noir et gigantesque, tantôt il forme de vastes et larges plateaux
alpestres à sommets aplatis, tantôt des murailles den-

telées, affectant la forme de tourelles, de créneaux,
de chapiteaux et qui de loin donnent l'illusion d'une
énorme forteresse avec tours et bastions. Quoique les
montagnes plutoniques de la chaîne du Bhor-Ghât,
composées principalement de trapp noirâtre et de
syénite, semblable au basalte, soient fort différentes de
celles de notre Suisse saxonne, constituées par des
strates de grès, néanmoins elles les rappellent beaucoup par la forme extérieure de certains plateaux
isolés.

De même que la vue de ces gorges boisées, d'où
toute trace de végétation tropicale avait disparu, nous
transportait subitement de 19 à 53° de latitude, l'air
que nous respirions nous semblait changé du tout au
tout. Une fraîcheur délicieuse avait remplacé la chaleur suffocante des terres basses, et c'est avec délices
que nous aspirions à pleins poumons cet air vivifiant
des montagnes, vrai bienfait des régions tempérées,
dont on n'apprend à connaître le prix que quand, sous
l'action énervante de la zone tropicale, il vient à nous
manquer. Plus nous montions et plus nous nous sentions chez nous, dans le milieu naturel auquel nous
étions habitués. Mais cette illusion reçut un certain
choc, quand on nous eut raconté qu'il y avait à peine
deux ans, dans ces gorges profondes et boisées, baignées
par les eaux, un capitaine anglais avait été dévoré par
un tigre. Nous avançons. Deux cascades écumantes
tombent d'une hauteur considérable. Le nombre de ces
cascades est grand dans la saison des pluies; mais pour
le moment presque toutes sont taries et une herbe rare

et jaunâtre recouvre à peine le sol dans les endroits où il n'y a ni arbres, ni « jungles » épaisses.

Un peu avant Lanaulie, nous passâmes la station Matheran, villégiature favorite des riches habitants de Bombay. Les environs immédiats abondent, dit-on, en points de vue admirables, en superbes échappées d'un côté sur les gorges boisées, sauvages et romantiques, de l'autre sur les terres basses des côtes et sur la mer, jusqu'à Bombay. Un rocher d'une forme bizarre, qui apparaît dans le voisinage de la station suivante, « Reversion-Station », porte, probablement en l'honneur de Wellington, le nom de Dukes-Nose, « Nez du Duc ». Il faisait presque nuit, quand, à sept heures du soir, à la hauteur de 2,100 pieds au-dessus du niveau de la mer, nous atteignîmes le but de notre voyage. Un petit hôtel, tenu par un Parsi, nous offrit un gîte très supportable.

Nous avions projeté, pour la matinée suivante, une excursion aux célèbres Carlie-Caves, temples bouddhiques souterrains, qui par la dimension et la richesse des sculptures qui les décorent, surpassent tous ceux du même genre. Nous avions arrêté pour cinq heures du matin des poneys, qui devaient nous mener dans le voisinage des grottes et nous porter durant une partie de l'ascension. Mais voilà qu'au moment où nous nous apprêtions à enfourcher nos montures alpestres, nous voyons apparaître à leur place une grande voiture attelée de deux chevaux, que notre rusé aubergiste avait jugé à propos de nous infliger. Force nous fut de faire contre mauvaise fortune bon cœur et de monter dans le lourd véhicule, qui naturellement ne pouvait nous conduire qu'à la distance d'une demi-heure, jusqu'au bout de la route carrossable. Là, nous fûmes obligés de descendre et de suivre, durant une heure, des prairies et des champs, après quoi une demi-heure de rude montée nous conduisit jusqu'aux grottes. Elles se trouvent à mi-côte, sur le versant occidental d'une montagne en trachyte, qui se dresse à plus de 1,000 pieds au-dessus du plateau de Lanaulie, formant lui-même le sommet du haut pays de Dekkan.

Les temples souterrains de Carlie, voués au culte bouddhique, sont bien plus grands et plus anciens que les temples brahmaniques du même genre, que j'avais vus à Éléphanta. Aussi les sculptures en sont-elles plus simples, moins surchargées d'ornementation, les figures des hommes et des animaux plus naturelles. Ces temples peuvent servir de modèle parfait de ce genre d'archi-tecture. De même que ceux d'Éléphanta et que beau-coup d'autres temples hindous, les temples de Carlie avec leurs figures sculptées d'hommes et d'animaux, ornant les murs à profusion, sont creusés et fouillés dans le roc même de la montagne. Le vaste intérieur du temple de Tschaitya à Carlie, avec sa voûte gigantesque cintrée, est divisé par deux rangées de colonnes en une large nef principale et deux autres plus étroites. Les innombrables sculptures, dont le poli est encore parfait, représentent des hommes, des femmes, des éléphants, des lions, etc., et ainsi que les colonnes et les portails, sculptés avec un grand art dans le trapp dur et noir du rocher, elles sont sous le rapport du fini de l'exécution aussi bien que du goût esthétique, supérieures à celles de la plupart des temples hindous. Au-dessus et de chaque côté du temple principal (à 777 mètres au-dessus du niveau de la mer) se trouvent deux petites grottes également creusées, d'où nous fîmes envoler une nombreuse bande de chauves-souris effarouchées. Avant d'arriver aux temples souterrains, on passe devant deux petites chapelles, placées au dehors et ombragées par de magnifiques figuiers sacrés; des prêtres bouddhistes, qui les habitent, demandent l'aumône aux passants. Tandis qu'ils psalmodiaient une prière en signe de remerciement, un vacarme perçant retentit au sommet du rocher, et en levant la tête nous aperçûmes plusieurs grands singes noirs gambadant et s'ébattant. C'étaient les premiers que je voyais à l'état de nature. En les comparant au moines mendiants, sales et nus, agenouillés à nos pieds, je ne pus m'empêcher de trouver qu'ils avaient bien l'air d'être les vénérables ancêtres de ces derniers.

La vue que l'on découvre du portail du temple et mieux encore du rocher saillant qui le surplombe et sur lequel nous grimpâmes comme des singes, embrasse le plateau entier de Lanaulie. Celui-ci s'étend en une surface presque uniforme à une distance assez considérable vers Punah, et il est entouré lui-même d'une ceinture de collines plus basses, en grande partie dénudées. Ici commence l'énorme plateau du Dekkan, formant la partie la plus considérable de la presqu'île antérieure de l'Indoustan; ce plateau s'abaisse graduellement vers l'est jusqu'à la côte de Coromandel, tandis qu'à l'ouest, vers le Konkan et la côte de Malabar, il est presque partout taillé à pic. Fort satisfaits de l'excursion, qui venait de nous en faire connaître les parties les plus intéressantes, nous quittâmes Lanaulie à midi, le 12 novembre, et avant le coucher du soleil nous étions de retour à Bombay.

III

Colombo.

Le 21 novembre 1881, par une radieuse et pure matinée tropicale, je foulai le sol de Ceylan, l'île admirable
et toujours verdoyante où je devais passer quatre ou
cinq mois si agréables et si profitables pour mon instruction. Le paquebot *l'Hélios* nous avait conduits en
cinq jours de Bombay à Ceylan par un temps superbe
et une mer unie comme un miroir ; l'île était déjà en
vue depuis le milieu de la nuit. Dès l'aube je montai
sur le pont pour apercevoir le plus tôt possible le but
si désiré de mon voyage, la terre promise de mes
rêves de naturaliste. Sur le sombre miroir de l'océan
Indien nous vîmes surgir une étroite bande de terre,
s'élargissant un peu à sa partie médiane où l'on voyait
saillir un sommet. Le court crépuscule du tropique ne
tarda pas à s'évanouir devant l'éclat du jour et, comme
une chrysalide sortant de son cocon, on vit apparaître
sur l'île dont elle rayait le rivage occidental, qui nous
faisait face, comme une ceinture de bois de cocotiers ;
le primitif renflement de terrain devenait de plus en
plus le massif montagneux du centre, que dominait
le cône du Pic-d'Adam ; c'est le point culminant de

l'île; il est célèbre dans le monde entier et a donné
lieu à bien des légendes. Sur le ciel sans nuages, res-
plendissant de l'éclat de l'aurore, se détachaient nettement les contours de la masse alpestre d'un bleu sombre;
à mesure que le disque éclatant du soleil s'élevait au-
dessus des montagnes, on pouvait voir qu'elles étaient
séparées de la verdoyante ceinture du rivage par une
chaîne moins élevée. Bientôt on distingua les troncs
blancs des cocotiers sur le bord de la mer; puis Colombo,
la capitale de l'île, devint de plus en plus distinctement
visible; en face de nous était la forteresse et le port;
à droite (au sud), le faubourg de Kolpetty; à gauche
(au nord), la « ville noire », Pettah. Cette apparition
de l'île tant désirée dans l'éclatante sérénité d'un ciel
sans nuages, au milieu des senteurs balsamiques, que
nous apportait la brise matinale, me parut d'un bon
augure pour le succès de mon voyage; car d'ordinaire un voile de nuées plus ou moins lointaines
dérobe aux regards, dès la pointe du jour, la partie
montagneuse de l'île.

La première embarcation, qui nous accosta, portait
le pilote qui devait nous conduire au port; comme
toutes celles qui la suivirent bientôt, elle était d'un
type tout spécial, usité dans tous les archipels méridionaux de l'Asie et, à l'ouest, jusqu'à Ceylan : c'était
un tronc d'arbre excavé d'environ 20 pieds de long,
dont les parois latérales étaient exhaussées de 3 pieds
au moyen de planches, liées sur les bords de l'exca-
vation. La largeur de l'embarcation était tout au
plus d'un pied et demi, de sorte qu'on ne pouvait s'y

asseoir qu'en croisant les jambes. L'un des bords
de l'embarcation supporte deux barres recourbées,
parallèles entre elles et faisant angle droit avec le
bordage ; ces barres, qui sont parfois des tiges de bambou, sont reliées à leur extrémité par une épaisse
solive, parallèle au canot. Ce « balancier » flotte sur
l'eau et donne beaucoup de solidité à l'étroite et frêle
embarcation. C'est de cette curieuse barque, dont plus
tard je me servis exclusivement dans mes excursions
zoologiques ; j'aurai donc plus d'une fois occasion d'en
apprécier les qualités et les défauts. Le jour de mon
arrivée à Ceylan, elle m'intéressa surtout par sa forme
pittoresque, d'autant plus que son équipage Cingalais
n'était pas moins original.

Bientôt notre navire entra dans le port et fut envahi
par des Cingalais, qui voulaient nous faire acheter
des fruits, des poissons, des denrées diverses et aussi
des petits produits de leur industrie. Leur peau est
brune et la plupart ont pour tout vêtement un morceau
de cotonnade rouge, formant un large jupon, fixé à la
taille et recouvrant presque entièrement les jambes :
c'est le « Comboy » ou « Sarong ». Certains, particulièrement les rameurs, se contentent d'un simple tablier
pas plus long qu'un caleçon de bain. Mais tous portent
leur longue et noire chevelure, soigneusement frisée et
d'ordinaire tressée en une grosse natte roulée et fixée
derrière la tête par un large peigne d'écaille ; cela
leur donne un aspect tout à fait féminin qu'accentuent
encore leur complexion élégante et délicate, surtout la
petitesse de leurs extrémités et les traits fort peu virils

de leur visage. Les Tamils, noirs et nus, qui rament
à bord des bateaux transportant le charbon, ont au
contraire un air plus robuste et plus mâle. Un type
fort différent des deux précédents est celui des Indo-
Arabes ou « Maures », avec leur long caftan blanc, leurs
longues culottes bouffantes, leur longue barbe brune
et leur grand turban jaune. Ces derniers vendent des
pierres précieuses, des coquillages, des pièces d'argen-
terie, des bijoux ; au contraire, les Cingalais débitent
des noix de cocos, des bananes, des ananas, des poissons,
des crustacés et en même temps les produits caractéristiques de leur industrie nationale : des éléphants et des
Bouddhas sculptés dans l'ivoire et l'ébène, de petites
corbeilles et des nattes en jonc ou en fibres, des palmes, des coffrets et des caisses en bois divers, etc. Le
prix demandé par les indigènes pour ces objets est
d'ordinaire le triple, le quadruple, parfois le décuple
de la valeur réelle ; un des passagers acheta, pour une
roupie, un beau joyau pour lequel, un instant avant, le
marchand avait demandé huit livres sterling (80 roupies); naturellement ce coûteux bijou n'était, comme
la plupart des autres pierreries de « l'île des Rubis »,
que de la verroterie européenne ! Chaque année on en
importe à Ceylan d'énormes quantités.

Pendant que cette scène amusante se déroulait à notre
bord aux premières clartés du jour, la chaloupe du
Lloyd autrichien amena l'agent de la compagnie,
M. Stipperger, à bord de l'*Hélios*. Je lui étais spécialement recommandé par la direction du Lloyd et par
plusieurs amis de Trieste et de Bombay ; aussi m'ac-

cueillit-il de la manière la plus cordiale. Il m'invita à
passer chez lui les quelques semaines pendant lesquelles je devais rester à Colombo, et ne négligea rien
ensuite pour me rendre mon séjour dans l'île aussi
agréable et aussi profitable que possible. Je ne fais
que remplir un devoir, en lui exprimant ici ma reconnaissance cordiale, pour l'infatigable amitié qu'il n'a
cessé de me témoigner pendant les quatre mois de mon
séjour à Ceylan. Si j'ai pu utiliser de mon mieux ce
court espace de temps, si j'ai pu en si peu de jours
voir, profiter, apprendre, travailler plus que beaucoup
d'autres voyageurs en une année, je le dois en grande
partie à ma « providence cingalaise », comme j'appelais en plaisantant mon aimable ami Stipperger. Viennois d'origine et plus jeune que moi seulement de
quelques années, M. Stipperger avait été officier dans
la marine autrichienne ; les vississitudes de la vie
l'avaient amené à entrer au service du Lloyd autrichien. Puisse-t-on y apprécier convenablement son
mérite et ses connaissances si variées !

Après avoir cordialement pris congé des officiers de
l'*Hélios* et des passagers, qui ne devaient débarquer
qu'à Singapore ou Hong-Kong, je quittai le beau
navire, qui m'avait si sûrement, si paisiblement amené
de Trieste et, en compagnie de M. Stipperger, je gagnai
la terre sur l'embarcation du Lloyd autrichien, dont
j'ai eu le bonheur d'être constamment l'obligé pendant
mon séjour à Ceylan. Grâce à M. Stipperger et à la
recommandation officielle du gouvernement anglais au
gouvernement de Ceylan, mes volumineux bagages

entrèrent en franchise et j'évitai l'ennui de voir ouvrir mes seize caisses ou coffres. Du port, une voiture
nous conduisit à « l'office » ou bureau commercial du
Lloyd, puis à un premier déjeuner au club. Je consacrai les quelques heures qui suivirent à faire quelques
visites indispensables et à porter quelques précieuses
lettres de recommandation, dont m'avait amicalement
pourvu le consul allemand de Colombo, M. Preudenberg,
alors en Allemagne.

Tout cela me prit la matinée tout entière et une
partie de l'après-midi ; ce jour-là aussi, profitant de
la bienveillance et de l'expérience de mon hôte, j'explorai la plus grande partie de la ville et vis ceux des
habitants qu'il m'était utile de connaître. Vers cinq
heures de l'après-midi, ayant achevé mes premières
visites, une légère calèche à deux roues, attelée de deux
rapides chevaux noirs d'Australie et appartenant à
M. Stipperger me conduisit à l'habitation de ce dernier,
à « Whist-Bungalow » située à une bonne heure (trois
milles anglais) du centre commercial de la ville, de ce
qu'on appelle le Fort.

Comme Bombay et la plupart des grandes villes des
Indes Orientales, Colombo se compose d'un quartier
commercial européen, central « le Fort », et de plusieurs
faubourgs entourant le quartier commercial et principalement habités par la population indigène. Ce fut en
1517 que le Fort de Colombo fut fondé par les Portugais
et solidement fortifié, car c'était leur plus importante
forteresse de Ceylan ; les Portugais furent les premiers
dominateurs européens de l'île (1505), qui resta cent

cinquante ans en leur pouvoir; ce fut aussi à peu près
la durée de la domination des Hollandais, qui les en
chassèrent. Sous la domination de ces derniers, comme
sous celle des Anglais, qui leur succédèrent (le 16 février 1796), Colombo resta la capitale de l'île, quoique,
sous bien des rapports, d'autres points, particulièrement Punto-Galla, fussent plus avantageusement situés.
Dans ces dernières années, le gouvernement anglais
s'est efforcé de fortifier Colombo, comme métropole,
il est donc propable que cette ville va rester, au moins
pour un temps, capitale, en dépit de ses désavantages.

La condition essentielle pour une vraie ville maritime est d'avoir un bon port; il n'y en a point à Colombo
et il en existe un à Galla. Sans doute on peut aujour-
d'hui, presque en un point quelconque d'une côte, créer
un port artificiel, en creusant avec des dragues un fond
trop plat et en protégeant les endroits les plus dangereux, les plus battus des vents et des vagues par une
digue en pierres, servant de brise-lames, de « Break-
water »; ce n'est qu'une affaire d'argent ! Ainsi a été
créé Port-Saïd, à l'embouchure septentrionale du canal
de Suez. De même, dans ces dernières années, le gouvernement anglais a construit à grand frais un puissant
brise-lames au sud du petit et mauvais port de Colombo;
cette digue se prolonge en mer vers le nord-ouest et
protège le port contre les furieux assauts de la mousson
du sud-ouest, tout en l'agrandissant beaucoup. Mais il
est à craindre que ce brise-lames n'exige des frais d'entretien considérables. Sans grande dépense on aurait
pu améliorer considérablement et rendre de tous points

préférable le beau et grand bassin naturel de Galla.
Aujourd'hui la puissance des agents explosifs est telle,
qu'il ne faudrait pas beaucoup de dynamite pour faire
sauter les rochers et les récifs de corail, qui gênent
l'entrée des navires dans le havre de Galla.

Pour le moment, dans le conflit entre les deux
ports du rivage occidental de Ceylan, c'est la vieille
capitale Colombo qui l'a emporté sur le port de Galla,
en dépit des avantages naturels de celui-ci, si préférable au point de vue de la situation géographique,
du climat et des environs. Le climat de Colombo est
excessivement chaud, accablant et énervant, c'est l'un
des plus chauds du globe; au contraire à Galla, la chaleur est tempérée par de fraîches brises. De charmantes
collines, couvertes de plantations et de bois, font de
Galla un séjour agréable et sain, tandis que les plaines
qui environnent Colombo sont couvertes de marécages
et d'eaux stagnantes. Punto-Galla se trouve précisément sur la route maritime entre l'Europe et les Indes,
aussi tout récemment encore, c'était la station naturelle
des paquebots à destination de Ceylan. Aujourd'hui, au
contraire, pour aller à la capitale Colombo, tous les
navires doivent faire un détour, puis revenir en arrière,
puisque la route par Manoar n'est pas praticable. A
cause de la victoire remportée par Colombo, les plus
importantes compagnies maritimes de l'Inde, la *P. and
O. Company* entre autres, sont sur le point de transporter leurs bureaux et factoreries de Galla à Colombo,
où la plupart des autres compagnies les ont déjà précédées. Lors de mon séjour à Ceylan, les importantes

conséquences de ces changements donnaient fréquemment lieu à de vives discussions.

Le Fort de Colombo est situé sur le côté méridional de la baie sur un petit promontoire rocheux et peu élevé ; on l'aperçoit pourtant d'assez loin, tant est plate la côte occidentale. Ce point est déjà indiqué par Ptolémée (deux siècles avant Jésus-Christ) sur la carte, relativement bonne, qu'il a dressée de Ceylan « Salike » et y est appelé cap de Jupiter, *Jovis Extremum*, *Dios Acron*. Encore aujourd'hui, les murs du Fort (solidement construit par les Hollandais) sont armés de canons ; le tout est presque entièrement entouré d'eau : les flots baignent directement les deux tiers de sa circonférence, le troisième tiers (du côté du sud-ouest), confine à une large lagune ; plusieurs digues et ponts relient le Fort à la terre ferme. Courtes et étroites, les quelques rues du Fort, qui se coupent à angle droit, sont en grande partie occupées par les bureaux et entrepôts des négociants européens, et par un certain nombre d'édifices publics appartenant au gouvernement. Parmi ces derniers, on remarque le charmant palais du gouverneur, appelé palais de la Reine, ceint d'une luxuriante végétation tropicale, avec son large portique, son imposant escalier, ses grandes salles aérées. Le jour même de mon arrivée, j'allai dans ce beau palais pour remettre au gouverneur les lettres de recommandation, que je tenais du gouvernement anglais. La décoration intérieure du palais est élégante, et par son éclat oriental elle convient bien au souverain britannique de l'île (en fait ; le gouverneur n'est pas

autre chose !). De nombreux domestiques indiens en
costume fantastiquement bariolés font le service intérieur, tandis que des soldats anglais en uniforme rouge
et or montent la garde. Chatham-street, où sont les
bureaux du Lloyd et où je me rendis en débarquant,
est comme beaucoup d'autres rues du Fort, ombragée
et ornée par de belles mauves arborescentes (*Hibiscus*);
leurs grandes fleurs jaunes ou rouges jonchent le sol.
Dans Chatham-street se trouvaient aussi des maga-
sins ayant pour moi un intérêt tout spécial : des marchands de vues photographiques, des boutiques où l'on
vendait des animaux vivants. Dès mon arrivée à Ceylan,
j'eus donc le grand plaisir de faire connaissance, grâce
aux photographies exposées en montre, avec les sites
les plus beaux du sauvage massif montagneux et du
rivage si pittoresque ainsi qu'avec les merveilles végétales de l'île : palmiers et pisang, pandanus et lianes,
fougères arborescentes, arbre des banians, etc. Naturellement il n'était pas moins agréable pour moi de
faire, dès les premières heures de mon arrivée, person-
nellement connaissance avec les plus intéressants animaux de cette île admirable, avant tout avec les
singes, l'axis tacheté, les perroquets, les superbes
pigeons, etc.

Au sud du Fort se trouvent les baraques des troupes
anglaises, leurs casernes aérées et imposantes et leurs
tentes, dont une partie s'étend jusqu'au bord de la lagune.
Au sud cet espace confine à l'hôpital militaire et plus
loin à la verdoyante esplanade appelée « Galla face »
parce que là commence la grande route allant le long

du rivage vers Galla. Le soir, entre cinq et six heures,
la vaste pelouse de l'esplanade, qui s'étend au sud
entre la lagune et le rivage, est le rendez-vous du beau
monde de Ceylan ; c'en est le Hyde-Park, le « Corso »
quotidien, durant la saison ; on s'y repose, en goûtant
la fraîcheur de la brise du soir, de l'écrasante chaleur
du jour et l'on y jouït de l'admirable beauté des couchers de soleil, qui souvent illuminent les nuages de la
plus merveilleuse manière. Là se pavanent les jeunes
élégants de Colombo (parfois sur de misérables montures), les belles dames en élégantes toilettes des tropiques nonchalamment étendues dans leurs équipages.
Aussitôt après le coucher du soleil, on se hâte de
rentrer, en partie pour éviter les miasmes fébrifères
du soir, en partie pour les importants préparatifs de la
toilette du dîner. Celui-ci a lieu d'ordinaire vers sept
heures et demie et naturellement on ne s'y présente
qu'en frac noir et en cravate blanche, comme dans la
vieille Angleterre.

Quand j'allai, pour la première fois, dans les heures
chaudes de la journée sur l'esplanade, je pus me rendre
compte de l'infernale température, qu'Hélios peut
engendrer sur les plaines découvertes de l'île ; même à
peu de distance, les contours des objets vacillaient dans
les courants d'air ascendants chauds et éclairés d'une
tremblante lumière ; et sur le sable rouge de la route, au
milieu des vertes pelouses, je vis une *fata Morgana*,
phénomène très fréquent dans ce pays. Le mirage reflétait une brillante plaine liquide, au milieu de laquelle
les voitures et les piétons avaient l'air de passer à

gué. Dans l'intérieur du club, maintenu aussi frais que possible, le thermomètre marquait 24° R.! Dehors, au soleil, il se serait facilement élevé à 36 ou 40°.

Au sud de l'esplanade se trouve un faubourg, s'étendant au midi entre la plage sablonneuse et plate et la route de Galla ; c'est Kolupityia ou Colpetty. La route est bordée des deux côtés de superbes villas, entourées de jardins charmants. A l'ouest, ce quartier de villas se continue avec ce qu'on appelle « Cinnamon-Gardens ». Depuis que le gouvernement anglais s'est vu contraint de renoncer au lucratif monopole de la cannelle, ce quartier a perdu son importance d'autrefois ; il a été en grande partie morcelé en jardins appartenant à de riches particuliers. Les habitations de « Cinnamon-Gardens » sont entourées, comme d'une parure d'un choix des plus belles fleurs et des plus beaux arbres des tropiques. Ces habitations sont opulentes, luxueuses; « Cinnamon-Gardens » est le plus élégant quartier de villas qui soit possible. Mais son grand éloignement du rivage et de ses fraîches brises, sa situation dans une plaine non loin des bras de la lagune, ont aussi de grands inconvénients. L'accablante, l'énervante chaleur atteint là son maximum et, le soir, d'innombrables moustiques rendent ce séjour fort désagréable, tandis que quantité de grenouilles et de rainettes d'espèces variées font un bruyant concert nocturne peu compatible avec le repos dont on a tant besoin.

On en peut dire autant et à plus juste titre encore du quartier voisin, appelé « Slave-Island », parce qu'au siècle dernier les Hollandais y emprisonnaient, la nuit, les esclaves du gouvernement. Pourtant, de ce côté, la vue est des plus charmantes, dont on puisse jouir à Colombo. Les sinuosités du rivage sont bordées de járdins délicieux, soignés avec amour, au-dessus desquels les cocotiers aux troncs élancés inclinent leurs panaches de palmes ; on voit, dispersées entre les arbres, les élégantes villas des Européens et les huttes pittoresques des indigènes ; sur un arrière-plan majestueux se détache, dans un lointain azuré, le massif central de l'île, au centre duquel surgit la cime conique et altière du Pic-d'Adam. Se promener, le soir, en canot, sur le tranquille miroir de la mer, que borne cet admirable paysage, c'est là un des plus vifs plaisirs dont on puisse jouir à Colombo.

Au nord des quartiers, dont je viens de parler, s'étend, regorgeant de population, le faubourg de Pettah, la ville noire des indigènes. Elle borde le rivage, pendant une lieue, jusqu'à l'embouchure du grand fleuve de Colombo, le Kélany-Ganga ou Kalan-Ganga. Primitivement le nom du fleuve a été donné à la ville : Kalan-Totta ou Kalan-Bur. Déjà en 1340 Ibn-Batuta l'appelle « Calambu », la « plus belle et la plus grande ville de Serendib » (c'est le nom donné anciennement à l'île par les Arabes). De ce nom, les Portugais firent plus tard « Colombo ».

Là même où l'important fleuve Kélany se jette dans l'océan Indien, près de sa pittoresque embouchure (immédiatement sur le rivage) est située la villa, qu'habitait mon ami Stipperger et où je passai les deux premières semaines, si agréables, de mon séjour à

Ceylan. Là je m'enivrai du charme des impressions nouvelles, grandioses, merveilleuses, qui captivent si complètement l'Européen nouvellement débarqué. Précisément cette partie la plus septentrionale de Colombo, que l'on appelle Mutwal (en dernier lieu Modera) est, selon moi, l'un des districts les plus intéressants et les plus beaux des environs de la capitale.

Jamais je n'oublierai la variété, la beauté, l'étrangeté des scènes indiennes, qui, comme les images d'une lanterne magique, se déroulèrent devant mes yeux étonnés, quand je me rendis pour la première fois, le soir, du Fort à Whist-Bungalow. En passant devant les huttes ouvertes de Pettah, je vis à l'ombre des cocotiers, qui dominaient tout, sur la route étroite, à peu près tous les types caractéristiques de la population de Colombo mêlés ensembles. A Ceylan, comme partout sous les tropiques, les indigènes vivent et travaillent en plein air le plus souvent; et de même que la chaleur réduit au minimum le besoin de vêtements, ainsi boutiques et huttes restent ouvertes, et le regard du voyageur pénètre librement à travers les portes et les fenêtres. Celles-ci ne sont d'ailleurs que de grandes ouvertures, fermées la nuit ou lors des gros temps par des nattes ou des treillis. On voit à plein les artisans soit dans leurs boutiques, soit établis sur la route même, et les scènes les plus intimes de la vie domestique ne se dérobent point aux regards curieux.

Pour l'Européen, l'intérêt de ces huttes indiennes consiste en partie dans la naïve publicité de la vie, en partie dans la primitive simplicité des besoins attestée

par le petit nombre des ustensiles nécessaires, en partie
par leur harmonie avec la nature ambiante. Les petits
jardins entourant les cabanes sont si négligés, si pauvres en plantes utiles pour les habitants; celles-ci se
groupent si diversement autour de la hutte, que le tout
semble être sorti du sol en même temps.

Les plus importantes de ces plantes caractéristiques
sont les « Princes du règne végétal », les palmiers et,
même sur tout le littoral occidental et méridional, les
cocotiers, dont, comme on le sait, chaque partie est
utilisable et qui forment souvent toute la richesse des
Cingalais. Partout dans les villes, dans les villages et
autour d'eux on rencontre cet arbre; c'est lui qui tout
d'abord frappe le regard et qui donne à la campagne un
cachet spécial. Le nombre des cocotiers de l'île est
d'environ quarante millions et chacun d'eux produit de
quatre-vingts à cent noix. Dans la moitié septentrionale
de l'île ét sur une grande partie du rivage occidental,
le cocotier fait défaut; il est remplacé par le palmier
de Palmyre (*Borassus flabelliformis*), non moins
utile. C'est ce même arbre, qui couvre les régions
chaudes et arides de la péninsule indienne, de l'Inde
antérieure et que je vis en si grande quantité à Konkan, près de Bombay. Ces deux espèces de palmiers se
distinguent de loin à leurs feuilles. Le palmier de
Palmyre appartient au groupe des palmiers en éventail; son stipe fort, droit et noir supporte une épaisse
touffe de feuilles en éventail. Au contraire, le cocotier
est un palmier penniforme; son tronc blanc, élancé,
atteint 60 à 80 pieds de hauteur; toujours il s'in-

curve gracieusement et porte une belle et lourde couronne de feuilles pennées. Le palmier aréca (*Areca Catechu*), dont le stipe est plus mince, tubulé, élancé et droit comme un cierge, ressemble au cocotier; on le voit aussi près des huttes des Cingalais et il leur fournit les noix d'aréca, dont ils sont si friands et qui, mâchées avec les feuilles du poivrier bétel, teignent en rouge la salive et les dents. Un autre palmier, le kittul (*Caryota urens*), cultivé surtout à cause de sa sève sucrée, se rapproche du palmier saccharifère (*Djaggeri*) et du palmier vinifère (*Toddy*). Son tronc droit et robuste porte une couronne de feuilles doublement pennées, analogues à celles de la fougère dite Cheveux de Vénus (*Adiantum capillus Veneris*).

Après les palmiers, les principaux arbres cultivés dans les jardins des Cingalais sont l'arbre à pain et le manguier. Le premier est représenté par deux espèces: le véritable arbre à pain (*Artocarpus incisa*) et l'*Artocarpus integrifolia*, dont on trouve partout de superbes exemplaires; souvent aussi on voit auprès d'eux le curieux bombax. Parmi ces arbres, on rencontre presque invariablement aussi autour des cabanes des Cingalais le majestueux bananier, l'arbre de Pisang, appelé à bon droit « figuier du paradis » (*Musa sapientum*). On trouve là de nombreuses variétés de ses beaux fruits dorés, qui, crus ou grillés, constituent un aliment excellent. Le magnifique panache d'un vert clair, formé par les feuilles gigantesques des bananiers et porté par un stipe élancé, ayant parfois 20 à 30 pieds de hauteur, est le plus bel ornement des huttes cinga-

laises. A ce point de vue pourtant les énormes feuilles
sagittées de grandes aroïdées ne sont guère moins importantes, surtout celles du caladium cultivé généralement
à cause de ses racines féculentes; il faut mentionner
aussi les élégants panaches du manioc avec ses feuilles
digitiformes (c'est une euphorbiacée). Le vert magnifique de ces belles plantes tranche d'autant mieux sur
le brun des cabanes en terre qu'il est relevé par la
teinte du sol, auquel une forte proportion d'oxyde de
fer donne une couleur d'un rouge vif. Sur ce fond res-
sort admirablement la peau d'un brun de cannelle des
Cingalais et celle d'un brun noir des Tamils.

A Colombo même, ainsi que sur le littoral méridional et occidental de l'île, la population est surtout
de race cingalaise. Sous ce nom on comprend les descendants d'Hindous, qui, selon les principales autorités
historiques relatives à Ceylan, savoir la chronique
pali, le *Mahawanso*, émigrèrent à Ceylan, en l'année
543 avant Jésus-Christ, sous le roi Wijayo et refoulèrent les indigènes; ils venaient de la partie septentrionale de la péninsule indienne. Les Weddahs ou
Wellahs, dont les hordes sauvages vivent encore de
la manière la plus primitive dans les districts les plus
reculés de l'intérieur, seraient les restes dipersés de la
race indigène. Selon une autre opinion, les Weddahs
seraient au contraire des descendants dégénérés, reje-
tés et redevenus sauvages, des Cingalais, comme les
« Rodiahs ».

Dans la moitié septentrionale de l'île, sur la côte
occidentale et dans une grande partie du massif mon-

tagneux central, les vrais Cingalais furent plus tard
refoulés par les Malabars ou Tamils, provenant de la
péninsule indienne, de l'Inde antérieure, particulièrement de la côte du Malabar. Sous le rapport de la
constitution, des traits du visage, de la couleur de la
peau, de la langue, de la religion, des mœurs, des
habitudes, les Tamils diffèrent entièrement des Cingalais; ils appartiennent à une autre race, la race dravi-
dienne. Au contraire, la plupart des anthropologistes
considèrent à bon droit les Cingalais comme un ancien
rameau de la race aryenne. Les Cingalais parlent une
langue, qui semble être un dialecte pali, tandis que
l'idiome des Malabars se rattache à la branche toute
différente des langues tamils. Les premiers sont d'habitudes bouddhistes, les autres pratiquent le brahma-
nisme.

D'ordinaire la couleur brune de la peau s'éclaircit chez
les Cingalais, race menue, efféminée et faible, jusqu'à
osciller entre la teinte cannelle et celle du cuir, tandis
qu'elle est bien plus foncée, couleur café ou d'un brun
tirant sur le noir chez les races du Malabar, plus grandes,
plus robustes et plus belles. Les Cingalais s'adonnent
de préférence à l'agriculture, à la culture du riz, à la
plantation des palmiers, des bananiers et d'autres
plantes cultivées; ils évitent les travaux pénibles, qui
échoient en grande partie aux indigènes de Malabar;
ceux-ci exercent dans les terres basses les professions
de paveurs, de maçons, de portefaix, de cochers, etc.,
et dans les terres hautes travaillent dans les plantations
de café. Aujourd'hui les Tamils ou indigènes du Mala-

bar, qui chaque année émigrent en nombre plus considérable de la presqu'île de l'Indoustan, forment déjà
près du tiers de la population de Ceylan. Les Cingalais
en représentent les 3/5 ; quant au chiffre total de la
population de l'île, il est actuellement d'environ 2 millions 1/2.

Après les Cingalais et les Malabars, les Indo-Arabes,
désignés ici en général sous la dénomination de « Maures » (Moors ou Moormen), forment par leur nombre
aussi bien que par le rôle qu'ils jouent, la partie la plus
importante de la population de Ceylan. Leur chiffre
atteint à 150,000, c'est-à-dire au dixième de celui des
Cingalais. Ils sont les descendants des Arabes, qui,
depuis plus de deux mille ans, ont solidement pris pied
à Ceylan, de même que dans beaucoup d'autres parties
du sud et du sud-est de l'Asie ; entre le huitième et le
dixième siècle notamment (jusqu'à la venue des Portugais), ils avaient accaparé la plus grande partie du
commerce. Aujourd'hui encore, tout le petit commerce
de l'île et une partie du gros sont presque exclusivement
au pouvoir de ce peuple actif et calculateur. Par leur
esprit entreprenant, fin et rusé, par leurs aptitudes
spéciales pour la spéculation, les Arabes jouent ici un
rôle analogue à celui échu aux Juifs en Europe. Sous
bien d'autres rapports encore, ils remplacent à Ceylan
leurs cousins d'Israël, qui y manquent tout à fait.
Encore aujourd'hui la langue et l'écriture des Maures
sont ou arabes, ou bien un mélange d'arabe et de tamil.
Presque tous professent la religion mahométane et
appartiennent à la secte sunnite. Leur peau est d'un

brun jaunâtre, leur chevelure et leur barbe sont longues
et noires ; les traits de leur visage accusent fortement
le type sémitique. Grands, vigoureux, vêtus d'un large
pantalon blanc et drapés dans un grand burnous de
la même couleur, ils se distinguent dans la foule des
Cingalais et des indigènes du Malabar par un air
majestueux, que vient rehausser un grand turban
jaune, semblable à un bonnet d'évêque.

A côté de ces trois contingents principaux de la population dont les Cingalais forment 60 pour 100, les
Tamils 33 pour 100 et les Indo-Arabes 6 pour 100, c'est
à peine si le reste des habitants de Ceylan, pris ensemble,
constitue 1 pour 100, soit environ 25,000. De ces
25,000 habitants, 2,000 seulement appartiennent à la
race des indigènes, des sauvages Weddahs ; 8,000 —
à en croire d'autres, la moitié seulement de ce chiffre,
— sont des immigrants venus des diverses parties de
l'Asie et de l'Afrique : Malais et Javanais (enrôlés principalement comme soldats), Parsis et Afghans (presque
tous agioteurs et usuriers), Nègres et Caffres (soldats,
domestiques), etc. Les métis de ces diverses races
« natives » et des Européens (10,000 environ), comportent les métissages les plus variés et rendent à la fois
délicate et fort intéressante une classification anthro-
pologique. A ceux-ci il faut adjoindre quelque chose
comme 6,000 « citoyens » descendants des Portugais
et des Hollandais, tous plus ou moins mélangés de sang
cingalais ou tamil. Ils exercent presque exclusivement
les fonctions de scribes et comptables dans les comptoirs et les bureaux, d'employés subalternes dans l'ad-

ministration et, comme tels, sont très appréciés. Le chiffre des Européens enfin, des maîtres « non indigènes » de l'île, s'élève au total de 3 à 4,000, naturellement composé presque en entier d'Anglais et d'Écossais. Dans la ville, les principales fonctions administratives ainsi que les plus grandes maisons de commerce, sont entre leurs mains. Dans les montagnes, ils constituent la classe nombreuse des « planteurs », dont j'appris à connaître les mœurs curieuses dans mes fréquentes excursions alpestres.

D'après le recensement de 1857, le chiffre total de la population de Ceylan n'était que de 1,760,000. Dès l'année 1871, il s'était déjà élevé à 2,405,000 âmes, et aujourd'hui, il a dépassé 2,500,000. Si nous prenons le chiffre rond de 2 millions 1/2 pour total actuel de la population, voici à peu près de quelle manière ces divers éléments seront distribués :

Cingalais (pour la plupart bouddhistes)........................ 1.500.000
Tamils (indigènes du Malabar, pour la plupart Hindous)................ 820.000
Indo-Arabes (Maures, pour la plupart mahométans) 150.000
Métis de diverses races............ 10.000
Asiatiques et Africains de diverses races (Malais, Chinois, Caffres, Nègres) 8.000
Citoyens (Portugais, Hollandais, croisés)........................ 6.000
Européens (pour la plupart Anglais). 4.000
Weddas (aborigènes)............... 2.000

Total......... 2.500.000

La surface de l'île étant de 1,250 milles géographi-
ques carrés, c'est-à-dire à peine d'un sixième plus
petite que l'Irlande, elle pourrait facilement, grâce aux
conditions exceptionnellement favorables du sol et du
climat, nourrir une population six ou huit fois plus
nombreuse. D'ailleurs, d'après les anciennes chroniques,
celle-ci aurait été bien plus considérable il y a deux mille
ans, presque double! La partie septentrionale de l'île,
aujourd'hui à peu près déserte et sauvage, a été autrefois couverte d'une population très dense. Là où aujour-
d'hui s'étendent des jungles épaisses, uniquement habitées par les singes, les ours, les perroquets et les
pigeons, fleurissaient de vastes champs cultivés, fécondés
par un admirable système d'irrigation. Les restes ruinés
de ces canaux, ainsi que les ruines grandioses de cités
disparues (*Anaradjahpura*, *Sigiri*, *Pollanarrua*, etc.),
attestent encore aujourd'hui cette splendeur évanouie
et montrent ce que pourrait devenir dans l'avenir ce
« joyau », cette « perle, la plus belle du diadème
indien », cette « île des Rubis! »

De même que les classes diverses de la population si
mélangée de Ceylan se distinguent entre elles par leur
origine et leur race, leurs particularités physiques et
la couleur de leur peau, leur langage et leur écriture,
leur caractère et leurs occupations, elles diffèrent non
moins essentiellement par leurs croyances et leurs religions, et presque toujours la forme de la civilisation
correspond au type de la race. Les Cingalais (60 pour
100), sont en grande partie bouddhistes; les Tamils au
contraire (33 pour 100), professent pour la plupart le

culte brahmanique (hindou); enfin, les Indo-Arabes
(6 pour 100), sont presque tous mahométans. Pourtant,
aujourd'hui, une partie notable de ces trois classes principales de la population a embrassé le christianisme, qui
est aussi la religion du reste des habitants de l'île.
Voici de quelle manière on pourrait aujourd'hui éva-
luer en chiffres ronds, la proportion relative des adhé-
rents des divers cultes :

Bouddhistes (la plupart Cingalais)...	1.600.000
Brahmanistes (Hindous, pour la plu-part Tamils).....................	500.000
Mahométans (Sunnites, la plupart Arabes)	160.000
Catholiques (beaucoup de Tamils et de Cingalais)	180.000
Protestants (la plupart des Européens et des citoyens)................	50.000
Sans religion (diverses classes)......	10.000
Total...........	2.500.000

IV

Whist-Bungalow.

La délicieuse villa de Colombo, où je passai les deux premières semaines de mon séjour à Ceylan, est située, comme je l'ai dit plus haut, à l'extrémité septentrionale de la ville, ou plutôt d'un faubourg éloigné, nommé Mutwal, tout juste dans l'angle que forme le Kélany-Ganga, fleuve de Colombo, en se jetant dans la mer. Pour y arriver, il faut marcher une bonne heure depuis le Fort, entre les huttes en terre des indigènes à peau brune, à travers le Pettah et ses ramifications septentrionales. Cette situation isolée de la villa Whist-Bungalow, au sein de la plus admirable nature, loin du quartier des affaires et encore plus loin de Kolpetty, de Cinnamon-Garden et des autres faubourgs méridionaux parsemés de maisons de campagne, fut certainement une des causes du charme, que ce lieu ravissant exerça sur moi dès le premier moment, sans parler de l'hospitalité si franche et si cordiale dont j'y fus tout d'abord l'objet de la part de tous les habitants de Whist-Bungalow (Stipperger et trois autres aimables compatriotes). Aussi, dès le lendemain, je me réveillai

avec la douce sensation d'avoir trouvé sur cette terre
étrangère, dans la merveilleuse île indienne, à 6,000
milles marins de la patrie, un foyer ami. C'est pourquoi
« les deux jours », que je comptais passer dans la villa,
se trouvèrent vite transformés en quelques semaines,
et, comme à mon retour du sud de l'île, ainsi qu'à la
fin de mon séjour à Ceylan, j'y demeurai encore une
semaine, il se trouva, en fin de compte, que, des quatre
mois de mon séjour dans l'île, un au moins s'écoula dans
cette délicieuse maison de campagne. Comme l'espace
y était suffisant pour recevoir mes innombrables colis
et loger à l'aise mes collections, Whist-Bungalow était
pour moi, sous tous les rapports, un quartier général
des plus commodes, d'où je pouvais entreprendre des
excursions dans diverses directions. Chaque fois que
j'y revenais, soit après mes recherches scientifiques et
les travaux fatigants auxquels je me livrais sur la côte
sud de l'île, soit après mes excursions dans la montagne,
c'était toujours avec la douce conviction d'être accueilli
comme un hôte bienvenu par mes excellents amis et
compatriotes de la villa. Il est donc tout juste et
naturel que je consacre quelques lignes à la description
de ce ravissant coin de terre où, d'ailleurs, je fis mes
premières observations sur la nature de l'île et les
mœurs de ses habitants.

Voici à quelle circonstance particulière Whist-Bungalow doit son nom bizarre. Le premier propriétaire
de cette maison solitaire, vieil officier anglais, qui a
vécu au commencement du siècle, avait l'habitude d'y
conduire tous les dimanches ses camarades, pour une

partie de whist. La rigoureuse discipline de l'église anglicane interdisant, on le sait, cette espèce de divertissement le dimanche, ces joyeuses réunions devaient être tenues secrètes. Aussi, plus les camarades qui y participaient étaient heureux d'avoir échappé à l'ennui intolérable d'un dimanche anglais et d'une société orthodoxe, et plus les parties de whist du Bungalow solitaire, arrosées de fréquentes rasades, avaient pour eux d'attrait.

Mais dans ces jours lointains, Whist-Bungalow n'était qu'une petite maisonnette bien simple, entourée d'un jardin touffu et mal entretenu. Ce fut seulement plus plus tard, entre les mains de son second propriétaire, l'avocat Morgan, qu'elle se transforma pour devenir la belle maison de campagne d'aujourd'hui. Ce second possesseur était un bon vivant, qui consacra une grande partie de sa fortune à achever et agrandir les constructions de la villa — ce petit Miramar de Ceylan — et à y faire des embellissements dignes de sa ravissante situation. Une vaste vérandah, soutenue par de majestueuses colonnes, courut tout autour de l'édifice agrandi, tandis que les grandes pièces de l'intérieur aux plafonds élevés furent décorées avec le luxe le plus somptueux. Là se succédèrent durant des années des orgies et des festins plus brillants et plus splendides, mais non peut-être plus gais ni plus animés que les modestes réunions des partenaires du whist. Il paraît que vers la fin M. Morgan ne sut pas maintenir un équilibre bien rigoureux entre les énormes frais de sa vie de Lucullus dans son Miramar et ses revenus pourtant bien considé-

rables. Il est sûr qu'à sa mort subite on trouva un gros
déficit dans la caisse; une nuée de créanciers mirent
le séquestre sur la villa et durent encore se considérer
comme très heureux de rentrer, après vente aux
enchères de la propriété, dans la possession d'une partie
au moins de leurs fonds.

Mais ici se place pour la belle villa le moment du
solstice, dont le nouvel acquéreur n'eut guère lieu de
se réjouir. La renommée, qui avait déjà attaché plus
d'une légende bizarre à ce lieu romantique, se mit
à affirmer avec la plus grande certitude que Whist-
Bungalow n'était pas un lieu sûr, que l'esprit de
M. Morgan décédé subitement y « revenait » chaque
nuit. A minuit, tantôt au clair de la lune, tantôt dans
l'obscurité, on y entendait un vacarme, un bruit épou-
vantable ; des spectres blancs glissaient à travers les
vastes salles; des démons ailés voltigeaient sous les
colonnades et toutes sortes d'esprits aux yeux flamboyants tournoyaient autour des toits. M. Morgan en
personne conduisait et commandait cette troupe de
revenants, en qualité de diable en chef. On l'accusait
d'avoir acquis son énorme fortune, dont il ne restait
plus de traces aujourd'hui, par des moyens illicites ;
d'avoir, à l'exemple de tant d'autres avocats, employé
ses connaissances juridiques bien moins à sauvegarder
les droits de ses clients qu'à faire tomber en pluie leur
or dans sa vaste sacoche. Il avait, prétendait-on, sous-
trait des sommes considérables, détourné frauduleuse-
ment l'argent de ses pupilles, etc. En punition de ses
méfaits, son âme tourmentée était condamnée à reve-

nir chaque nuit dans les lieux témoins de ses orgies. Beaucoup de Cingalais, habitant dans les environs de Mutwal, affirmaient avoir entendu ce vacarme infernal et vu les revenants eux-mêmes, en sorte que le nouvel acquéreur de Whist-Bungalow ne pouvait ni se décider à s'y loger lui-même, ni trouver des locataires.

Whist-Bungalow restait donc désert, quand notre Stipperger en entendit parler et, charmé par l'aspect ravissant du lieu, se décida à le louer. Mais l'affaire avait ses difficutés. Impossible de trouver un serviteur qui consentit à venir habiter la maison hantée. L'obstacle fut écarté seulement quand le maître du lieu réussit à démontrer, en recourant à la méthode de la science expérimentale, la nature parfaitement zoologique des revenants. Dès la première nuit de son installation, Stipperger s'apprêta à recevoir les esprits de pied ferme, le revolver à la main. Comme il s'y attendait bien, les revenants se trouvèrent être de simples mammifères, en chair et en os, qui n'avaient avec feu M. Morgan aucun lien de parenté bien intime. Les mystérieux esprits grimpeurs atteints par les coup de feu se transformèrent en chats sauvages ; les formes blanches qui glissaient légèrement se trouvèrent être de gigantesques rats Bandicut et les esprits aériens de grandes chauves-souris-(*Steropus*). Naturellement les superstitions et les craintes des plus pusillanimes ne tinrent pas en face du gibier bien authentique de cette chasse nocturne et notre ami put s'établir en toute sécurité dans sa villa isolée. Le jardin abandonné devint l'objet des soins les plus assidus; les espaces incultes furent replantés: Quelques compatriotes, venus pour admirer la villa dans son renouveau, en furent si charmés, qu'ils demandèrent instamment à leur ami de leur céder une partie de la vaste habitation. C'est ainsi qu'à mon arrivée, je trouvai établi à la villa ce trèfle allemand à quatre feuilles, dont la compagnie me fit passer tant de charmantes soirées. D'ailleurs chacun des membres de ce petit groupe se distinguait par cette diversité d'aptitudes et de goûts propre à nous autres Allemands, en dépit de la fameuse « unité allemande ». M. Bolh, de Hanau (auquel je dois une charmante collection de reptiles), représentait l'Allemagne de Francfort; M. Suhren, de la Frise orientale (qui me fit don d'une belle collection de papillons), le nord-ouest extrême; M. Herath, de Bayreuth (qui me combla de joie par le don de quantité d'oiseaux de paradis, de perroquets et de colibris) y personnifiait le sud bavarois de la patrie.

Le charme tout particulier de Whist-Bungalow tient en partie à son incomparable situation, en partie aussi au magnifique jardin dont il est entouré. Les bâtiments de service, habitations des serviteurs, écuries, etc., se cachent sous les ombrages du jardin, tandis que la façade de l'édifice principal se mire dans les eaux tranquilles du charmant petit lac, qui s'étend du côté occidental. De la spacieuse vérandah de l'habitation on a une vue splendide sur la grande mer ouverte, sur l'embouchure du Kélany et sur une délicieuse petite île toute boisée jetée dans son delta. Plus loin, vers le nord, l'œil suit la longue lisière d'un bois de cocotiers, s'étendant sur la côte jusqu'au Négombo et vers le sud il plonge dans le jardin de Whist-Bungalow, petit coin de terre des plus pittoresques ; là, à l'ombre des cocotiers élancés sont éparpillées dans un désordre capricieux quelques huttes de pêcheurs, au milieu desquelles se dresse un petit temple bouddhiste. Plus loin enfin, on aperçoit les rochers du rivage couvert de pandanus, etc. De là une langue de terre étroite et sablonneuse se projette dans la direction nord, vers l'embouchure du fleuve et vient par sa situation presque en face de notre jardin former devant celui-ci un petit lac intérieur, aux eaux calmes et limpides. Ce promontoire, qui sépare le lac de la grande mer ouverte, est tout fleuri de belles angéliques grimpantes (*Ipomoea pes capri*), d'un rouge vif, et d'une herbe particulière aux aiguilles piquantes (*Spinifex squarrosus*). Quelques huttes de pêcheurs y sont disséminées ; cet endroit, qui tout le long du jour est le théâtre de scènes pittoresques et variées, ne cesse de présenter des tableaux amusants et curieux. Dès la pointe du jour, avant le lever du soleil, les familles des pêcheurs s'y réunissent pour prendre leur bain matinal dans les eaux du fleuve. Ensuite vient le bain des chevaux et des bœufs. Des blanchisseurs laborieux, qui y passent parfois la journée, occupés de leur travail, battent le linge sur des pierres plates et l'étendent sur le rivage pour le sécher. De nombreux bateaux de pêche vont et viennent ; le soir, quand les pêcheurs les hâlent sur la plage et étendent pour les sécher les grandes voiles carrées, la petite langue de terre, avec ses longues files de bateaux à voiles immobiles, prend alors l'aspect le plus original et le plus pittoresque, surtout quand la brise du soir gonfle les voiles et que le soleil couchant, avant de se plonger dans la mer, inonde cette scène maritime, encadrée dans un paysage de l'Inde, de tout un flot d'or, de pourpre et d'orange.

Mes amis m'apprirent que la forme de cette langue de terre sablonneuse s'est plus d'une fois modifiée dans dans le cours des ans. En réalité c'est une barre mobile, une jetée, comme il s'en trouve tant aux embouchures de tous les fleuves de Ceylan. Ces fleuves de montagnes entraînent dans leur cours impétueux et sauvage une quantité de sable et de pierres et, quand plus tard ils coulent paisiblement sur le terrain plat des pays côtiers, des pluies abondantes leur apportent quotidiennement des masses de terre et de limon, qui au bout de quelque temps finissent par former à l'embouchure des bancs de sable assez considérables. La grandeur, la forme et la situation des barres de ce genre changent ainsi incessamment selon l'endroit du delta où les bras ramifiés du fleuve cherchent de préférence une issue. Ainsi, autrefois la principale embouchure du Kélany se trouvait à une heure plus loin vers le sud, dans le Cinnamon-Garden. Les lagunes, qu'aujourd'hui encore des canaux relient au fleuve, formaient alors le reste de l'embouchure; c'est pourquoi la plus grande partie de la ville se trouve située aujourd'hui sur l'ancien delta. De même la petite barre si pittoresque, qui se trouve tout juste vis-à-vis de Whist-Bungalow, avait, elle aussi, changé de forme et fini par se relier au continent par ses deux extrémités sud et nord, tandis que l'îlot boisé situé dans l'embouchure principale a été tantôt une presqu'île, tantôt une île.

Les rivages de cette île, ainsi que ceux des jardins attenants au Whist-Bungalow du côté nord, sont couverts, de même que les rives de l'embouchure du fleuve, de magnifiques palétuviers, en sorte que dès ma première exploration des environs, j'eus la joie de voir ces représentants si caractéristiques et si curieux de la flore tropicale en pleine activité, de les saisir, pour ainsi dire, sur le fait de leur action plastique si étrange. Les arbres, désignés sous le nom général de palétuviers, appartiennent à des genres et à des familles très diverses (*Rhizophora*, *Sonneratia*, *Lomnitzera*, *Avicennia*, etc.). Mais ils se ressemblent tous essentiellement par leur mode de croissance si particulier et par la physionomie typique qui en résulte. La couronne touffue, le plus souvent arrondie de l'arbre, repose sur un tronc massif; celui-ci à son tour se termine inférieurement par ce que j'appelerai une couronne renversée, composée d'un faisceau de racines dénudées et enchevêtrées plongeant directement dans l'eau et s'élevant souvent à plus de six à huit pieds au-dessus de sa surface. Entre les branches fourchues de cet énorme enchevêtrement de grosses racines noueuses, viennent s'amonceler le sable et la vase, que la rivière dépose sur ses bords, surtout à son embouchure. C'est ainsi que les bois de palétuviers contribuent effectivement à la formation des continents.

Mais outre les parcelles de terre, quantité de substances organiques, des cadavres d'animaux, des détritus végétaux sont aussi retenus et fixés dans ce réseau de racines rugueuses et s'y décomposent ; c'est pour cette raison que dans beaucoup de régions tropicales ces forêts deviennent de véritables foyers de fièvre pernicieuses. Mais tel n'est point le cas pour les bois de palétuviers de Ceylan, pas même à l'embouchure du Kélany ; en général quantité de districts de l'île, abondamment arrosés par les eaux, et les lagunes stagnantes de Colombo elles-mêmes ne sont nullement insalubres. Quoiqu'il me soit arrivé plus d'une fois de passer la nuit dans quelques-uns de ces endroits, je n'ai jamais eu le moindre accès de fièvre. Cela vient probablement de ce que les pluies si fréquentes et si abondantes propres à ce pays y renouvellent sans cesse l'eau dormante des marais aussi bien que l'eau courante des ruisseaux, et entraînent les particules organiques en décomposition avant que celles-ci aient pu exercer leur action délétère.

Sur les rives du lac, dans notre jardin, à la place de palétuviers croissent une quantité de beaux arbres de la famille des asclépiadées (*Cerbera*, *Tabernaemontana*, *Plumiera*), remarquables par leurs fleurs grandes et blanches, d'un parfum délicieux et ressemblant par la forme à celle du laurier rose ; elles s'épanouissent en profusion au bout des branches comme des candélabres, au milieu de touffes brillantes de feuilles colossales, épaisses comme du cuir et d'un beau vert sombre. La plupart de ces plantes distillent un suc vénéneux. Elles servent fréquemment à border les routes et sont un des ornements les plus caractéristiques des prairies marécageuses dans les terres basses de la partie méri-

dionale de l'île, si largement arrosée. Sur d'autres
points de la côte surgissent ça et là, semblables à de
gigantesques touffes de plumes, les buissons arbores-
cents du flexible et gracieux bambou (*Bambusa*), dont
l'aspect est si étrange et la beauté si originale.

Quant au jardin même du Whist-Bungalow, grâce
aux soins intelligents et assidus de M. Stipperger, il
est devenu un coin enchanteur de ce paradis, que l'on
nomme Ceylan. Plein de superbes fleurs au parfum
enivrant, ce beau jardin est en même temps un véritable jardin botanique en miniature, car il contient des
échantillons de presque toutes les plantes les plus caractéristiques de la riche flore insulaire. Ainsi dès le
premier jour où, tout enivré de l'air parfumé, j'errais
sous les ombrages des palmiers, des figuiers, des bananiers et des acacias, dans le jardin et dans ses environs immédiats, je pus me faire une idée assez nette
de la composition de la flore des terres basses. Nommons en premier lieu la noble famille des palmiers
avec ses types les plus importants : le caryota et le
palmier de Palmyre, élancés et majestueux comme des
colonnes. Vient ensuite le superbe bananier, d'un vert
clair, avec ses feuilles gigantesques et délicates, dont
les fibres fouettées par le vent se sont séparées comme
les barbes d'une plume et que parent ses belles grappes
de fruits d'un jaune d'or; parmi les diverses variétés
du bananier commun (*Musa sapientum*), notre jardin
possède un magnifique échantillon d'un bananier très
rare de Madagascar, s'étalant en éventail et surnommé
« l'arbre du voyageur » (*Urania speciosa*). Il s'élève

tout juste au point où l'allée principale se bifurque en deux autres, dont l'une à droite conduit vers Bungalow, l'autre à gauche vers un admirable spécimen du figuier sacré (*Ficus bengalensis*). Ce dernier avec ses longues racines aériennes, retombant jusqu'au sol et là donnant naissance à des troncs nouveaux, a un aspect des plus étranges : les racines mères, qui, comme des colonnes, soutiennent les branches principales, forment dans leurs intervalles plus d'une belle arcade gothique. Autour d'autres arbres, appartenant aux groupes les plus divers (terminaliers, lauriers, myrtes, sidéroxylon, arbres à pain, etc.), viennent se suspendre et s'enrouler de luxuriantes plantes, les unes grimpantes, les autres à vrilles, et mille variétés de ces lianes, qui jouent un rôle si prépondérant dans la flore de Ceylan. Ces dernières sont très variées, car dans les vastes et impénétrables forêts de cette île verdoyante, sous l'action constante d'une chaleur humide, la vie éclate avec une exubérance inouïe, et des plantes appartenant aux familles les plus diverses s'enlacent et grimpent les unes sur les autres à la recherche de l'air et de la lumière.

Parmi tant de plantes servant d'ornement à notre jardin, nommons en particulier les aroïdées aux feuilles gigantesques et les délicieuses fougères pennées ; par leur taille, aussi bien que par la beauté et les proportions colossales de leurs feuilles, ces deux groupes végétaux occupent une place importante dans la flore inférieure de l'île. Au milieu d'elles se trouvent disséminées quantité des plus belles plantes tropicales, tant foliacées que floracées, les unes indigènes, les autres originaires des diverses régions tropicales, en particulier du sud de l'Amérique, mais qui toutes se sont parfaitement acclimatées à Ceylan. Au-dessus se dressent les majestueux *Hibiscus*, aux grandes fleurs jaunes et rouges, les acacias avec la profusion de leurs majestueux thyrses, couleur de feu (*Caesalpinia*), les énormes tamarins avec leurs fleurs aromatiques et leurs branches, auxquelles viennent se suspendre les thunbergias grimpantes aux clochettes gigantesques de couleur violette, les aristolochiées avec leurs grands scyphules jaunes ou bruns. Les rubiacées, les liliacées, les orchidées étalent en particulier un luxe inouï de fleurs aussi remarquables par leurs dimensions que par leur beauté.

Mais ce serait abuser inutilement de la patience du lecteur que d'essayer de lui donner par une sèche description, par une nomenclature aride, ne fut-ce qu'une faible idée des splendeurs botaniques de la flore tropicale de Ceylan, splendeur qu'il me fut donné pour la première fois de contempler dans les jardins de Whist-Bungalow et sur les rives voisines du Kélany. Je me bornerai à dire que, dès le lendemain matin, grisé par les suaves parfums, éperdu d'admiration, j'errai de longues heures dans ce paradis terrestre, allant d'une plante à une autre, d'un arbre à l'arbre voisin, sans pouvoir décider à laquelle de ces merveilles de la flore tropicale je devais d'abord consacrer mon attention. Tout ce que j'avais vu et tant admiré deux semaines auparavant à Bombay, me parut subitement pauvre et mesquin.

Le monde animal, qui peuple cet Éden merveilleux, ne répond pas du tout à l'exubérance inouïe et à la splendeur de la flore, surtout en ce qui concerne la richesse, la variété, l'étrangeté, la beauté des formes, qu'y revêt la végétation. D'après tout ce que j'ai lu et entendu dire, la faune de Ceylan est bien inférieure au continent de l'Inde et aux îles de la Sonde, bien inférieure surtout à l'Afrique tropicale et au Brésil. Aussi tout d'abord éprouvai-je, je l'avoue, une déception très vive, qui ne fit qu'augmenter, à mesure que je me familiarisais davantage avec la faune des parties sauvages de l'île. J'avais espéré voir ces arbres et ces buissons peuplés de singes et de perroquets, ces fleurs admirables foisonner de papillons et de scarabées aux formes bizarres, aux couleurs étincelantes. Tout ce que je voyais alors, tout ce que je découvris plus tard, ne répondait guère ni par la quantité ni par la qualité à mes brillantes espérances ; je finis par me dire en guise de consolation, que tous les zoologistes, venus avant moi dans cette île, avaient dû passer par les mêmes déceptions. Néanmoins, après plus ample investigation, le zoologiste finit bien par trouver dans l'île une source de sujets d'étude curieux et intéressants ; en somme la faune de Ceylan n'a pas un caractère moins étrange et moins particulier que sa flore, tout en étant loin d'égaler celle-ci en richesse et en beauté.

Les vertébrés, que tout d'abord je rencontrais en plus grand nombre à Whist-Bungalow et dans les environs immédiats de Colombo, étaient des reptiles de toute espèce, mais surtout des serpents et des lézards à la peau tachetée, aux formes bizarres. Ensuite venait une charmante petite grenouille verte (*Ixalus*), dont la voix étrange, semblable au tintement d'une clochette, se faisait entendre partout, le soir. Parmi les oiseaux, on voyait dans notre jardin quantité d'étourneaux, de corneilles, de bergeronnettes, des apivores et surtout de ravissants *Nectarinia*, remplaçant, à Ceylan, les colibris. Plus loin, sur les bords du fleuve, on rencontre des alcyons d'un bleu verdâtre et des hérons blancs. Quant à la classe des mammifères, elle est en tout représentée dans l'île par un charmant petit écureuil, qui grimpe lestement sur les arbres et les toits. C'est un animal doux et apprivoisé, à robe brune, rayée sur le dos de trois longues stries blanches (*Sciurus tristriatus*).

Parmi les insectes, c'est aux fourmis (représentées par les espèces de toute grandeur, depuis les plus petites jusqu'aux plus grandes), aussi bien qu'aux fameux termites (surnommés fourmis blanches), qu'appartient le premier rang en raison de leur énorme quantité. Mais certains hyménoptères (guêpes et abeilles), de même que quelques diptères (mouches et moustiques) n'y manquent point non plus. En revanche, les ordres d'insectes, qui se distinguent par la beauté et la grosseur des proportions, tels que les lépidoptères et les coléoptères, n'y atteignent pas la richesse et la variété auxquelles on aurait pu s'attendre d'après la beauté de la flore de Ceylan. Les orthoptères (sauterelles, grillons), se distinguent par la variété et l'originalité de leurs formes. Mais n'anticipons pas ; je reviendrai plus longuement sur ce sujet dans la suite de l'ouvrage.

La classe des araignées ou arachnides, présente des spécimens fort intéressants et fort bizarres, à commencer par les microscopiques acariens et les tiques, jusqu'à la gigantesque mygale et aux scorpions. La classe voisine des myriapodes est aussi fort nombreuse dans l'île; quelques-unes de ses espèces, aux dimensions colossales — il en est qui ont un pied de long! — sont fort redoutées à cause de leur morsure venimeuse.

Le jour de mon arrivée, je rencontrai, dans le jardin de Whist-Bungalow, un magnifique échantillon de ces animaux; mais aujourd'hui encore, je ne trouve guère le temps de m'occuper spécialement du monde animal, tant je suis sous le charme de la flore exubérante, qui m'entoure.

Avec quel plaisir j'aurais consacré des mois et des années à l'étude plus approfondie de cette flore, et je n'avais que des jours et des semaines à ma disposition! Du haut d'un ciel profond et sans nuages, le soleil de l'Inde brillait ce jour-là d'un éclat presque trop vif pour mes pauvres yeux d'homme du Nord, et la chaleur eût été intolérable, si, heureusement, une fraîche brise de la mer n'était venu la mitiger. C'était le 22 novembre, jour de naissance de mon bien-aimé père, mort depuis dix ans, dans sa quatre-vingt-dixième année. Il aurait donc atteint ce jour-là son centième anniversaire et, comme c'est de lui que je tiens mon amour si vif de la nature et en particulier mon goût pour les beaux arbres, je me sentis envahi par ce sentiment tout particulier qu'évoquent en nous certains anniversaires; les jouissances si vives, que je goûtai pendant ces premières heures enchantées, me firent l'effet d'un cadeau spécialement destiné à ce jour de fête.

Les plaisirs, que nous procure le spectacle de la nature, ont sur ceux de l'art, ainsi que sur toutes les autres joies de la vie, cet avantage immense qu'ils ne nous fatiguent jamais. On y revient avec un attrait toujours nouveau, on les comprend et on les goûte toujours mieux, et d'autant mieux que l'on avance plus en âge. Aussi, je ne me lassais pas de mes promenades matinales dans l'Éden de Whist-Bungalow et dans ses environs, tantôt sur le bord du fleuve, tantôt sur la côte; je les continuai sans interruption tous les jours, y compris même la matinée du 10 mars 1882, où je dis adieu à Ceylan, le cœur plein de regrets et rêvant au « paradis perdu ».

Le trésor de mes connaissances botaniques s'enrichissait à mesure que mes visites aux Anglais, auxquels j'étais recommandé, me faisaient pénétrer dans les jardins des faubourgs méridionaux de Colombo, Kolpetty et de Slave-Island. Je remportai surtout un souvenir charmant des quelques journées passées dans la villa de l'Arbre du Temple « Temple-Tree », nom sous lequel on désigne ici le *Plumiera*, parce que ses grosses fleurs, si odoriférantes, figurent d'ordinaire avec celles du laurier-rose et du jasmin, dans les offrandes que les Cingalais déposent devant l'image de Bouddha. Deux magnifiques arbres de cette espèce se dressent à côté de quelques gigantesques casuarinas sur la grande pelouse, qui sépare la somptueuse villa, à laquelle ils ont donné leur nom, de la rue Galla à Kolpetty.

Le propriétaire de cette villa, M. Staniforth Green, m'invita cordialement à passer quelques jours chez lui. Je m'aperçus bien vite que ce vieux gentleman, si aimable, était un admirateur passionné de la nature. Tous les loisirs, que lui laissaient la direction de sa grande usine à décortiquer le café, il les consacrait à cultiver son admirable jardin et à collectionner, à étudier les insectes et les plantes. Avec cette sollicitude patiente, ce soin scrupuleux, qui caractérisent les naturalistes du siècle passé et deviennent de plus en plus rares parmi ceux d'aujourd'hui, « trop impatients de progrès », M. Green s'était voué durant de longues années à l'étude des mœurs et du développement des formes les plus microscopiques du monde entomologique ; il avait fait dans ce domaine un certain nombre de découvertes intéressantes, publiées en partie dans les journaux anglais. Il me montra toute une collection d'objets curieux, et me fit don de quelques-uns des plus rares. Son neveu, qui l'aide dans ses affaires et partage ses goûts pour l'histoire naturelle, me fit voir aussi une très belle collection entomologique, fruit de ses loisirs studieux. C'est à lui que je dois, entre autres choses, quelques exemplaires de la gigantesque mygale, qu'il avait vue mainte fois se livrant à la chasse des petits oiseaux (*Nectarinia*) et des petits lézards domestiques (*Platydactylus*).

Le jardin de M. Green, qui renferme quelques vieux

et superbes acacias flamboyants (*Caesalpinia*), ainsi que plusieurs tulipiers à fleurs de lis (*Yucca*) et des palmiers grimpants (*Calamus*), donne du côté de l'est sur une délicieuse baie, formée par la grande lagune, qui s'étend entre Kolpetty, Slave-Island et le Fort. Par une belle soirée, nous allâmes en barque visiter une villa voisine. Notre bateau glissait sans bruit sur le calme miroir des eaux, au milieu de nénuphars blancs et rouges. M. William Ferguson, chez qui nous nous rendions, est un homme aimable et âgé, qui, depuis de longues années remplit les fonctions d'inspecteur des ponts et chaussées et consacre, comme M. Green, tous ses loisirs aux recherches botaniques et zoologiques; il avait enrichi ces branches de la science de plus d'une découverte. Je lui dois aussi plusieurs communications fort intéresssantes. Il faut avoir soin de ne pas le confondre avec son frère, fort différent de lui, connu généralement sous le surnom du « commissionnaire de Ceylan ». Ce dernier, éditeur et rédacteur en chef du principal journal de l'île, *l'Observateur de Ceylan*, avait imprimé à cet organe un caractère d'orthodoxie étroite et rigide, de respect des conventions hiérarchiques, qui, malheureusement, distinguent tant de journaux anglais, en apparence libre-penseurs. Durant l'époque de mon séjour dans l'île, la feuille en question était remplie d'attaques violentes contre M. Berwick, juriste estimable et savant, juge de district, parce que dans un plaidoyer sur la « responsabilité », celui-ci avait admis les principes du darwinisme scientifique et les avait fort judicieusement appliqués. D'ailleurs, ce

piétisme particulier n'empêchait guère le « commissionnaire de Ceylan » de « mener à bien ses affaires », par
exemple, de vendre 18 roupies (36 marks!) de détestables cartes du district caféier de Ceylan.

Un autre jour, M. Green me conduisit au Musée de
Colombo, bel édifice à deux étages, situé dans Cinnamon-Garden et destiné à contenir tous les trésors littéraires, historiques et naturels de l'île. Le rez-de-
chaussée renferme, d'un côté, la riche bibliothèque, de
l'autre, les antiquités (vieux manuscrits, objets sculptés,
monnaies, collections ethnographiques, etc.). L'étage
supérieur est occupé par une riche collection d'objets
de sciences naturelles, en particulier d'animaux empaillés appartenant à la faune de Ceylan. Les insectes,
objet spécial des soins de M. Noly, directeur du Musée,
alors absent, y sont le plus richement représentés :
ensuite viennent les oiseaux et les reptiles. Quoique les
classes des animaux inférieurs laissent, pour la plupart, beaucoup à désirer, néanmoins, le Musée de
Colombo, même dans son état actuel, donne une idée
assez générale de la faune insulaire si riche et si originale. Le zoologiste venant directement d'Europe sera,
il est vrai, loin d'être satisfait de l'état dans lequel se
trouve la plupart des collections : les objets conservés
dans des bocaux ou empaillés, sont le plus souvent mal
préparés, moisis, détruits, etc. Mais pour critiquer ce
musée, il faut être encore un nouveau débarqué, et
ignorer les difficultés extrêmes qu'il y a à créer et à
conserver une collection de ce genre avec la température humide de ce climat de serre chaude. C'est une

vérité, que je ne tardai pas à reconnaître, pour ma part,
au prix de mainte amère expérience.

De même qu'à Ceylan, les reliures en cuir et les papiers pourrissent et tombent en poussière au bout d'un
temps très court, de même que les objets en fer et en
acier se rouillent rapidement malgré les soins les plus
minutieux, les parties chitinées des insectes et les
peaux des vertébrés finissent aussi par subir tôt ou
tard l'action dissolvante d'une température s'élevant
constamment à 20 ou 25° R., et d'une humidité atmos-
phérique dont il est difficile de se faire dans nos régions
une idée même approximative. Mais plus désastreux parfois que l'action du climat, sont les ravages occasionnés
par les attaques réunies de milliards d'insectes divers :
fourmis noires et rouges (les unes deux ou trois fois
plus grosses que les nôtres, les autres de la même
grandeur, quelques-unes enfin tout à fait microscopiques), les fourmis blanches ou termites (les pires ennemis de toutes), les blattes gigantesques (*Blatta*), les
pucerons (*Psocus*), des coléoptères de musée et autres
vermines semblables, rivalisent à qui contribuera le
plus à l'œuvre de destruction. Se garantir des attaques
incessantes de ces petits ennemis aussi nombreux
qu'implacables, est à Ceylan chose difficile, sinon impossible et moi-même, malgré tous mes soins, je perdis
par leur fait une grande partie de mes collections déjà
préparées.

En Europe nous ne pouvons guère nous figurer les
effets de la chaleur tropicale sur les produits de notre
industrie et même sur ceux de l'industrie indigène ;

rappelons-nous que Colombo est à 7° seulement de l'équateur et que l'action de l'humidité s'y joint à celle de la température. Après m'être abandonné sans réserve durant les premiers jours passés à Whist-Bungalow, à toute l'ivresse de mon extase et de mon admiration, je commençai enfin à tirer de mes caisses et de mes colis les instruments et les cent mille et un objets qui y étaient contenus. Hélas ! dans quel état pitoyable se trouvaient la plupart d'entre eux ! Tous les instruments scientifiques dans la construction desquels entraient l'acier et le fer, commençaient à être mordus par la rouille ; aucune vis ne fonctionnait plus ; les livres, les papiers aussi bien que les objets en cuir étaient humides et couverts de moisissure. Enfin — désastre fort sensible pour moi — l'habit noir, dont le rôle dans l'Inde aussi bien qu'en Europe est si important dans la société anglaise, le fameux habit était devenu blanc ! De même que tous les vêtements en drap, il était couvert de charmants dessins en moisissure, qui disparurent seulement après que les objets eurent longtemps séché au soleil. Aussi dans toute maison européenne de Ceylan, y a-t-il un serviteur, « kleider-bay », spécialement préposé à la garde des effets et dont les fonctions consistent à sécher chaque jour au soleil vêtements, literies, linge, papiers, etc., et à les préserver de la moisissure.

Mais, coup plus sensible encore, la chambre obscure photographique commandée dans un des premiers établissements de Berlin et faite en apparence d'un bois sec de première qualité, se trouva hors de service, toutes les parties en bois ayant été déjetées. Les cou-

vercles de certaines cassettes en bois étaient disjoints;
les enveloppes de lettres presque toutes collées; la
gomme arabique en poudre, que j'avais apportée dans
des boîtes, se trouvait transformée en un ciment solide
et épais, tandis que les caisses renfermant des pains
d'épices à la menthe et au poivre laissaient écouler un
jus sucré. On avait bien d'autres surprises en ouvrant
les boîtes renfermant les poudres effervescentes! L'a-
cide tartrique contenu dans les papiers bleus avaient disparu et à la place du bicarbonate de soude enveloppé
dans les papiers blancs on trouvait du tartrate de
soude. La première de ces substances s'était dissoute,
puis mélangée avec la seconde et en avait chassé l'a-
cide carbonique. Quantité d'objets déballés avaient été
endommagés par l'action de cette chaleur humide, dont
en Europe nous ne saurions nous figurer la désastreuse
influence. Et pourtant les quatre mois que j'ai passés
à Ceylan faisaient partie de la « saison *sèche* », époque
à laquelle souffle la mousson nord-est qui règne ici de
novembre à avril. On se figure facilement ce qui doit
arriver dans la « saison humide » alors que de mai à
octobre souffle constamment la mousson du sud-ouest.
Mes amis m'affirmaient, que dans cette saison on finissait par renoncer à préserver n'importe quoi de l'action
de l'humidité et que les murs eux-mêmes suintaient !

Il va de soi, qu'un tel climat de serre chaude, si
différent de celui de l'Europe centrale, doit exercer une
action toute particulière sur l'organisme humain habitué à nos régions tempérées; il est non moins naturel
que la lutte avec ce climat meurtrier forme ici le sujet

principal de toutes les conversations. J'étais, pour ma part, très préoccupé, je l'avoue, du soin de m'adapter le mieux possible à ce milieu nouveau. Durant les premières semaines de mon séjour à Colombo, je trouvai fort pénible les souffrances et les inconvénients résultant du climat. Les nuits étouffantes étaient surtout intolérables, car la température s'abaissait rarement au-dessous de 20° R. (jamais au-dessous de 18°), tandis que le jour le thermomètre marquait à l'ombre 24 à 28° R. Pourtant, la seconde semaine, les choses allèrent déjà un peu mieux et plus tard, même sur la côte méridionale de l'île, près du 5e degré de latitude méridionale, je ne souffris jamais autant que durant mes premières nuits sans sommeil et mes journées somnolentes de Colombo.

Dans de telles circonstances, les bains quotidiens sont naturellement de première nécessité; ils constituent pour les indigènes aussi bien que pour les Européens le meilleur stimulant de la journée. J'en prenais ordinairement deux : l'un à six heures du matin, en me levant, l'autre à onze heures avant le déjeuner, qu'il serait plus juste d'appeler le « dîner de midi ». Durant mon séjour dans le sud de l'île, je me donnai la jouissance d'un troisième bain le soir, avant le dîner proprement dit (à sept heures ou sept heures et demi). En outre j'adoptai le costume, que portent tous les Européens dans ces régions et qui est fait de légères étoffes de coton blanc; d'ordinaire sous la jaquette légère on revêt un gilet à mailles très fines et fort agréable. Quant à la tête, rien ne la garantit aussi efficacement que le chapeau-Calcutta ou « solà-hut », dont j'avais fait l'acquisition dès Port-Saïd pour la somme de 3 francs ! Ce chapeau incomparable, fait avec la moelle légère, mais très solide du solà (plante analogue au sureau), consiste en un double fond voûté, reposant sur un large bord, qui préserve la nuque et le cou. Un anneau de rondelles, disposées en couronne et séparées les unes des autres relie le bord du chapeau à un solide anneau de toile cirée, seule partie du chapeau qui touche la tête. L'air circule librement entre les disques et la température de la tête reste toujours fraîche.

Je ne négligeai aucune de ces précautions si nécessaires et quoique (peut-être devrais-je dire parce que) continuellement en mouvement, quoique je sortisse même à l'heure la plus chaude de la journée, à midi, je me portai à merveille durant tout le temps de mon séjour à Ceylan. D'ailleurs j'étais bien plus sobre et plus tempérant que ne le sont d'ordinaire les Européens et je n'absorbais certainement pas la moitié des mets et des boissons, que les Anglais trouvent indispensables. Si au bout de quelques années ces derniers se plaignent pour la plupart de maladies d'estomac et de foie, la faute, selon moi, en revient moins au climat des tropiques qu'au manque d'exercice nécessaire, d'une part, et à ce que je nommerai volontiers « l'excès de la consommation de luxe », de l'autre. Ces gens-là mangent et boivent deux ou trois fois plus qu'il n'est nécessaire et leurs aliments sont en général gras et lourds, leurs boissons échauffantes et spiritueuses. Sous ce rapport, ils forment le contraste le plus parfait avec les indigènes, dont le genre de vie est très frugal et dont la nourriture se compose presque exclusivement de riz et de curry, auquel on ajoute tout au plus quelques fruits, le tout arrosé seulement d'eau ou d'un peu de vin de palmes.

Voici comment à Ceylan, de même que dans la plus grande partie de l'Inde, les Européens ont coutume de répartir les heures des repas : le matin, en se levant on prend du thé, avec des biscuits, du pain, des œufs ou de la marmelade, des bananes, des mangues, des ananas et toute espèce de fruits. A dix heures a lieu le « déjeuner » (Breakfast), qui pour nous constituerait un bel et bon dîner, avec trois ou quatre plats subs- tantiels : poisson, poulets à la broche, beefsteak et surtout le plat local « rice and curry », qui ne manque jamais. Ce plat, que l'on apprête de mille manières, se compose de différentes racines mélangées à de la viande ou à des légumes hachés, le tout assaisonné d'une sauce piquante. Vient ensuite le troisième repas le « tiffin », qui consiste en thé ou bière, en viandes froides, tartines et conserves. Quantité de personnes prennent encore du thé ou du café à trois ou quatre heures de l'après-midi. Enfin, à sept heures et demie, même à huit heures, a lieu le grand repas de la journée, le « dîner » se composant de quatre à six plats, comme les dîners de gala en Europe : potage, poisson, plusieurs plats de viande, encore une fois le « curry and rice », quantité de mets farineux et sucrés, des fruits en abondance, etc. Ce repas copieux est

arrosé de vins divers (Sherry, Claret, Champagne)
quelquefois aussi de bière forte et spiritueuse, importée
d'Angleterre ; on commence pourtant à la remplacer
par celle de Vienne, plus légère et bien meilleure. Dans
quelques familles on supprime, il est vrai, un de ces
copieux repas ; mais en général, la vie que mènent les
Européens établis dans l'Inde, ne mérite que trop
l'épithète de grasse et d'intempérante, surtout si on la
compare à l'ordinaire si frugal et si simple en usage
dans le midi de l'Europe. Cette opinion est aussi par-
tagée par quelques vieux Anglais, qui s'étant astreints
tout à fait exceptionnellement à une manière de vivre
beaucoup plus simple, ont conservé une santé parfaite,
malgré un séjour non interrompu de vingt à trente ans
sous les tropiques. Tel est le cas de l'excellent docteur
Thwaites, ci-devant directeur du jardin botanique de
Péradénia.

V

Kaduwella.

Les nombreuses impressions, nouvelles et grandioses, que je goûtai durant la première semaine de mon séjour à Ceylan, furent couronnées par une excursion à Kaduwella, que mes amis organisèrent le 27 novembre. C'était le premier dimanche que je passais dans l'île; aussi, quoique chacun des jours précédents eût été, grâce aux sensations exquises que me procurait le spectacle de la nature, un véritable jour de fête, néanmoins ce jour de repos et de réjouissance semblait encore augmenter ma joyeuse humeur. L'excursion de Kaduwella était d'ailleurs ma première grande expédition dans les alentours plus éloignés de Colombo, et comme dans ses traits généraux, le paysage, que j'y contemplai pour la première fois, se répète dans presque toute la partie basse du littoral sud-ouest de l'île, je vais essayer ici de le retracer brièvement.

Kaduwella est un village cingalais, situé sur la rive gauche ou méridionale du Kélany, à dix milles anglais de Whist-Bungalow. Une belle route (elle se prolonge jusqu'au fort Ruanwella) court, tantôt directement sur la rive boisée du fleuve, tantôt suivant, à une

certaine distance, les méandres capricieux que décrit ce
dernier. De même que toutes les autres routes très fréquentées de l'Inde, celle-ci est dans un état excellent,
ce qui est d'autant plus méritoire que les pluies si abondantes et si fréquentes dans ces régions, viennent sans
cesse délayer la terre et rendre l'entretien des routes
très difficile. Mais ici, de même que dans toutes ses
colonies, le gouvernement anglais considère à juste
titre la création et l'entretien des voies de communication, comme une de ses plus importantes attributions
et soit dit à l'éloge de son génie de colonisation, il
n'épargne ni peines, ni frais, pour venir à bout de sa
tâche, malgré les obstacles résultant du sol et du climat
tropical.

Mes hôtes de Whist-Bungalow, ainsi que quelques
compatriotes qui habitaient alors la belle villa voisine,
Eliehaus (ancienne propriété de sir Emmerson Tennent),
avaient largement pourvu à ce que notre excursion ne
laissât rien à désirer sous le rapport gastronomique.
Toutes les substances solides et liquides, nécessaires à
un copieux déjeuner à la fourchette, furent placées,
ainsi que nos munitions, nos fioles et nos boîtes en fer-
blanc dans une de ces petites calèches à un cheval, que
possèdent ici à peu près tous les Européens et qui est
traînée soit par un fringant poney de race birmane, soit
par un cheval plus solide, d'origine australienne. Presque
tous les chevaux de trait ou de selle, sont importés du
continent indien ou australien dans l'île, car leur élevage
est difficile à Ceylan, et les chevaux européens ne pouvant s'y acclimater, y deviennent bien vite impropres

au service. Les petits poneys de Birmanie courent très bien, pourvu que la course ne soit pas de longue haleine; dix milles anglais (deux à trois heures de voyage) sont la mesure moyenne de leur capacité de trait. Les cochers sont d'ordinaire des Tamils noirs (indigènes du Malabar), vêtus de jaquettes blanches et coiffés d'un turban rouge. Ils courent avec une célérité extraordinaire derrière la voiture, ou bien grimpent de temps en temps sur son marchepied. Ils sont obligés de pousser constamment des cris perçants, car les Cingalais, — en particulier, les vieillards, — ont, de même que leurs bœufs et leurs chiens, une espèce de parti pris de ne pas se ranger devant une voiture arrivant au grand trot et de se laisser écraser.

Ayant quitté Whist-Bungalow avant le lever du soleil, nous roulions le long des maisons du faubourg Mutwal et de l'avenue, qui en est le prolongement, dans la direction de la campagne; un pays riche et verdoyant comme un jardin, coupé tantôt par des jungles, tantôt par des rivières et de belles prairies, semblables aux pelouses d'un parc, s'étend durant des milles entiers jusqu'aux pieds de la montagne. Les faubourgs de Colombo, ainsi que ceux de toutes les villes de Ceylan, dégénèrent insensiblement en villages qui n'en finissent pas, et comme les huttes des indigènes sont séparées pour la plupart, par d'assez vastes espaces, chacune étant entourée d'un jardin, d'un champ ou d'un bois qui en dépend, il devient fort difficile de marquer les limites respectives des villages. Dans la partie sud-ouest des côtes basses, partie très peuplée et fort bien cultivée, il

n'y a presque pas d'interruption marquée, et on peut
dire que toute la longue côte entre Colombo et Matura
jusqu'à la pointe sud, n'est qu'un seul vaste village
indien, dont les huttes s'éparpillent au milieu de jardins fruitiers, de jungles et de bois de cocotiers. Ces
jardins rustiques, vrais petits édens, reproduisent à
l'infini les mêmes éléments caractéristiques du paysage
indien : entourés d'une ceinture de bocages de pisang,
les huttes fort basses, en terre noirâtre, s'abritent à
l'ombre d'arbres à pain et de manguiers, de cocotiers
et d'aréca, tandis que les feuilles gigantesques des caladiums et du ricin, le charmant et gracieux papayer, le
manihot et d'autres plantes utiles servent d'ornement.
Sur des bancs adossés aux cabanes ouvertes, sont paresseusement étendus les nonchalants Cingalais ; plongés
dans une douce fainéantise, ils contemplent la nature
éternellement verdoyante qui les entoure, ou bien s'occupent à déloger de leurs longs cheveux noirs de petits
insectes blancs qui y ont élu domicile. Des enfants nus
jouent sur la route ou bien font la chasse aux papillons
à la robe diaprée et aux lézards qui animent ces lieux.
A certaines heures de la journée, on rencontre sur les
routes, en général très fréquentées, quantité de chariots grands et petits, traînés soit par un, soit par deux
bœufs. Ces chariots constituent pour les indigènes, le
principal et presque l'unique moyen de transport. Les
bœufs appartiennent tous à l'espèce du zébu (*Bos
indicus*), caractérisé par la bosse qu'il porte sur le dos.
Mais cette race bovine, de même que celle de notre
bœuf européen, se subdivise en plusieurs races dis-

tinctes; l'une d'elles, petite, alerte, court très rapidement. Le cheval est rarement employé par les indigènes, l'âne manque complètement dans l'île. En revanche, partout près des huttes, on trouve des chiens
surnommés « Pariah-dogs »; ces vilaines bêtes au poil
hérissé, d'un brun-jaune, appartiennent toutes à la même
race et par leur aspect, leur couleur et leurs allures
trahissent incontestablement leur descendance du chacal
sauvage. Il y a aussi à profusion dans l'île de petits
cochons noirs (*sus indicus*), quelques maigres chèvres
aux longs pieds, mais les moutons y sont rares. Auprès
de chaque cabane, on voit des poules en quantité, quelques canards et quelques oies. Tels sont les éléments
peu complexes dont se compose invariablement un
paysage rustique du sud-ouest de Ceylan. Mais ces éléments se groupent dans un désordre si pittoresque et
si charmant, ils comportent tant de variations individuelles, ils sont éclairés et colorés d'une manière si merveilleuse par l'éblouissant soleil des tropiques, enfin
le voisinage de la côte ou de la rive du fleuve leur prête
une fraîcheur si exquise, et le sombre feuillage d'une
forêt ou bien le bleu des montagnes, se dessinant dans
le lointain et servant de fond au tableau, ont un charme
si poétique, qu'on ne se lasse point de contempler ce
spectacle. Ici, le paysagiste, aussi bien que le peintre
de genre, trouveraient une variété inépuisable de sujets
gracieux, qui auraient pour nos expositions de tableaux
presque l'attrait de l'inconnu.

Ce qui donne un cachet particulier à ce paysage des
plaines de Ceylan, c'est son caractère intermédiaire

entre la forêt et le jardin, entre la nature cultivée et la nature sauvage. Parfois on croit se trouver dans une admirable forêt sauvage où s'élèvent de tous côtés de magnifiques arbres gigantesques, chargés de toute une végétation luxuriante de plantes grimpantes. Mais une hutte presque perdue sous l'ombre d'un arbre à pain, un chien ou un cochon qui sortent des buissons, des enfants se livrant à leurs jeux et se cachant sous les feuilles du caladium, nous avertissent que nous nous trouvons dans un jardin. Et inversement, la véritable forêt contiguë avec ses arbres si variés, avec ses orchidées, ses girofliers, ses liliacées, ses malvacées et une profusion d'autres plantes magnifiques, toutes fleuries, présente une telle richesse, une telle diversité, que l'on se croit dans le plus beau des jardins. Cette harmonie entre la nature et l'art, se révèle aussi dans les figures humaines, qui animent ces forêts-jardins; la simplicité du costume et des habitations des Cingalais est si élémentaire, que cette race, descendant pourtant d'une vieille souche civilisée, répond tout à fait aux descriptions que l'on fait des vrais « sauvages ».

A la fraîcheur de l'heure matinale, alors que les rayons du soleil se glissent à peine par quelques interstices de l'épais dôme de verdure, alors que les troncs élancés des arbres projettent des ombres allongées et que les reflets lumineux viennent se jouer et se briser dans les cimes empanachées des cocotiers et dans les feuilles gigantesques et crevassées du pisang, ce tableau se pare d'un charme, d'un attrait encore plus puissant. Durant mon séjour à Ceylan, époque où souffle la mousson nord-est, les radieuses matinées, avec leur ciel sans nuages et leur délicieuse brise de mer, étaient d'une fraîcheur, d'un éclat incomparables, quoique le thermomètre ne descendit guère au-dessous de 20° R., rarement au-dessous de 18° R. C'est seulement vers neuf ou dix heures, que la chaleur commençait à devenir intolérable; le ciel se couvrait de nuages, qui, dans l'après-midi, crevaient en torrents de pluie. Si celle-ci finissait au bout de trois ou quatre heures, la fin de la soirée n'en était que plus belle et plus vivifiante; alors, le soleil couchant dorait et embrasait l'horizon du côté de l'ouest, prêtant aux nuages une richesse de teintes et un éclat indescriptibles. D'ailleurs, durant cette année, les changements atmosphériques étaient loin d'être aussi réguliers qu'à l'ordinaire. En général, je puis dire que le temps me favorisa durant mon séjour à Ceylan, mes projets de travail ou d'excursion ne furent que rarement déjoués par des pluies persistantes.

Après une agréable course de deux heures, nous atteignîmes le village de Kaduwella, situé d'une manière fort pittoresque sur une brusque courbe du Kélany. Rien de charmant surtout comme la maison, se profilant sur un promontoire élevé du fleuve, à l'ombre des plus beaux arbres. Ce bâtiment vers lequel nous nous dirigions et où l'on détela les chevaux, était une de ces stations ou « maisons de repos » (Rest-Houses), qu'à Ceylan et dans l'Inde, le gouvernement, à défaut d'hôtels, met à la disposition des voyageurs et sur lesquelles il exerce sa surveillance. Dans l'île entière, trois villes seulement, Colombo, Galla et Kandy possèdent des hôtels. Les indigènes n'en ont guère besoin. Le voyageur européen ne peut donc compter que sur l'hospitalité des colons européens (là où il s'en trouve), et à leur défaut, il n'a pour ressource que ces maisons du gouvernement, qui, en somme, satisfont aux besoins les plus urgents. Le maître d'un établissement de ce genre, nommé par l'État et placé sous sa surveillance, est tenu, moyennant une modique rétribution, généralement une roupie (2 fr. 50), prélevée au profit de l'État, de céder au voyageur une chambre avec un lit, et de lui fournir, s'il le demande, les aliments de première nécessité. Le prix et la qualité de ces derniers varient beaucoup, de même, d'ailleurs, que le mérite respectif des établissements eux-mêmes. Je les trouvai très convenables et à bon marché dans la partie sud-ouest de l'île, que j'ai parcourue de préférence et en particulier à Belligemma, où je finis par établir dans la « Rest-house » mon laboratoire durant six semaines. Mais dans la plus grande partie de l'intérieur, dans le nord comme dans l'est de l'île, ces établissements sont aussi mauvais que chers ; par exemple, je fus obligé de donner à Newera Ellya un demi-schelling pour un œuf de poule et jusqu'à un schelling entier pour une tasse de thé. La *rest-house* de Kaduwella, la première que je voyais, est une des plus modestes et des plus petites ; mais comme nous avions apporté des provisions, nous n'avions besoin que de chaises pour nous asseoir, de feu et d'eau pour faire cuire nos aliments et de l'abri contre le soleil et la pluie, que nous offrait la vérandah ouverte et bien aérée de la maison. Mais, même pour cela, il fallut payer une taxe, — la mort seule en est affranchie dans l'Inde.

A peine arrivés, nous nous empressâmes de prendre
nos armes, afin de profiter sans retard des belles heures
de la matinée. Au sud du Kélany-Ganga, immédiatement
derrière le village, s'élèvent des collines ondulées, où
les chasseurs ne tardèrent pas à s'éparpiller. Les parties basses du terrain sont occupées par de belles pelouses
et des rivières, sillonnées en tous sens de rigoles et de
canaux, venant se déverser dans de petits lacs, véritable ornement du paysage. Quant aux parties élevées,
elles consistent en collines légèrement arrondies, de
100 à 300 pieds de haut, couvertes de ces taillis épais
connus généralement sous le nom de « jungles ». C'est
là que je vis de près cette forme si caractéristique du
paysage, qui domine dans toutes les régions non cultivées de l'île. La jungle, à proprement parler, n'est pas
une « forêt vierge », c'est-à-dire une forêt que le pied
de l'homme n'ait point foulée (ces dernières n'existent
à Ceylan que dans de rares endroits et sur des espaces
peu étendus). Et pourtant quand elle a atteint son plein
développement, la jungle répond assez bien à l'idée que
nous nous faisons d'une forêt vierge. C'est un fourré
impénétrable et enchevêtré d'arbres divers, croissant
pêle-mêle dans un désordre sauvage, et libres de tout
frein imposé par la main de l'homme. Les plantes grimpantes les plus diverses s'enroulent autour des arbres
et les tapissent; des orchidées, des fougères et d'autres
végétaux parasites courent d'un arbre à un autre, et
dans les interstices jaillit de terre toute une végétation luxuriante de fleurs et de plantes aux mille cou-

leurs éclatantes, formant un fouillis qu'il est difficile de percer et où il est malaisé de distinguer l'une de l'autre les formes végétales, tant elles sont étroitement entrelacées.

Qu'une jungle en pleine croissance soit réellement inabordable autrement qu'à l'aide de la hache ou de feu, c'est ce dont j'eus lieu de me convaincre dès la première tentative que je fis pour y pénétrer. Je mis plus d'une heure à faire quelques pas pour entrer dans le fourré; mais une fois là, je m'arrêtai absolument découragé : piqué par les moustiques, mordu par les fourmis, j'avais les vêtements déchirés, les pieds et les mains en sang, tandis que les *Calamus* (palmiers grimpants), les *Hibiscus* (malvacées grimpantes), les euphorbes, les lantaniers, qui rendent inabordable l'accès du labyrinthe mystérieux de la jungle, me déchiraient de leurs épines et de leurs ronces innombrables. Je n'ai pourtant pas lieu de regretter cette tentative; j'eus ainsi l'occasion, non seulement de connaître le caractère typique de la jungle, d'admirer la splendeur luxuriante de ses arbres et de ses lianes, mais encore de contempler certaines formes végétales et animales, qui avaient pour moi le plus vif intérêt. C'est là que je vis la magnifique *Gloriosa superba*, le venimeux lis grimpant de Ceylan, à la corolle d'un jaune-rouge; l'épineux *Hibiscus radiatus* au grand calice jaune de soufre et violet à la base, autour duquel voltigent de gigantesques papillons noirs, tachetés d'un rouge de sang sur les appendices en forme de queue de leurs ailes, de magnifiques scarabées à l'éclat métallique, etc. Ce qui acheva de me

ravir, c'est que dans cette jungle, la première où je
pénétrai à Ceylan, j'eus l'occasion de tirer sur deux de
ses habitants les plus caractéristiques, appartenant aux
deux classes supérieures des singes et des perroquets. A
la vue de mon fusil, un essaim de perroquets verts s'envola avec des cris perçants du haut d'un arbre élevé,
tandis qu'une troupe de grands singes noirs fuyait en
criant vers les fourrés. Malheureusement, je ne réussis
à atteindre aucun de ces animaux, qui semblaient connaître parfaitement l'effet des armes à feu. Je me con-
solai par la pensée que mon premier coup de fusil avait
abattu un gigantesque lézard de plus de six pieds de
long, l'étrange *Hydrosaurus salvator*, fort redouté des
superstitieux indigènes. L'énorme bête, semblable à un
crocodile, se chauffait au soleil, au bord d'un fossé
rempli d'eau, et mon premier coup de fusil l'atteignit
si juste dans la tête, qu'elle expira sur le champ. Si la
balle pénètre dans quelque autre partie du corps, l'animal, qui a la vie dure, se jette d'ordinaire dans l'eau
et disparaît. Ce monstre a un excellent moyen de défense
dans sa queue, acérée comme un rasoir et protégée par
une cuirasse solide. Un coup de cette queue formidable
peut faire une blessure dangereuse et même casser une
jambe.

Après avoir traversé plusieurs fossés et erré dans
une partie clairsemée du bois, nous prîmes un délicieux
sentier, qui menait en serpentant le long d'une colline
boisée, vers un célèbre temple de Bouddha, but de bien
des pèlerinages. Sur notre route, à côté des arbres
gigantesques aux troncs élancés comme des colonnes

(terminaliers et sapindées), les groupes des cabanes, éparpillées à l'ombre épaisse de la forêt, semblaient des jouets d'enfants. Plus loin, nous atteignîmes une clairière ensoleillée où voltigeaient quantité de papillons aux mille couleurs et d'oiseaux, parmi lesquels on remarquait surtout de beaux pics et des pigeons des bois. Enfin des gradins, au milieu de palmiers talipots nous conduisirent en haut, jusqu'au temple. Entouré d'un bois épais, caché sous une énorme roche de granit, ce sanctuaire a une situation des plus pittoresques. Une vaste grotte naturelle, que l'on a encore agrandie artificiellement, s'enfonce bien avant dans la masse granitique du rocher surplombant. La colonnade (avec six arceaux arrondis sur la façade et trois sur chacun des côtés) est disposée dans la grotte de manière que le roc nu forme non seulement le fond, mais a servi encore à faire la colossale statue du Bouddha couché, qui y est adossée. La figure du dieu, de même que les peintures monotones retraçant sur les murs de l'intérieur des scènes de sa vie terrestre, ont dans tous les temples de Ceylan le même type stéréotypé. Par la raideur du dessin, aussi bien que par la simplicité de leurs couleurs trop crues (de préférence jaunes, brunes et rouges), ces peintures rappellent beaucoup les antiques fresques de l'Égypte, tout en en différant considérablement dans les détails. La colossale figure couchée de Bouddha, appuyé sur son bras droit et vêtue d'une étoffe jaune, a toujours la même expression invariable d'indifférence apathique, rappelant le sourire rigide et fixe des vieilles statues égyptiennes. A côté de la plupart des temples de Bouddha, se trouve une *dagoba*, c'est-à-dire une coupole en forme de cloche, sans ouverture, destinée à renfermer quelque relique. La grandeur de ces chapelles varie beaucoup, depuis celle d'une cloche d'église jusqu'à la dimension de la coupole de Saint-Pierre de Rome. Un énorme vieux bo-gaha ou figuier sacré (*Ficus religiosa*), s'élève d'ordinaire dans le voisinage du dagoba. Dans plus d'un endroit, à Ceylan, ces « arbres de Bouddha » avec leurs troncs puissants, leurs faisceaux de racines si bizarrement ramifiées et leur splendide dôme de verdure, constituent un des principaux ornements du paysage pittoresque, qui sert au temple de cadre naturel ; les feuilles pointues, cordiformes, à long pédicule, chuchotent agitées par le vent, comme le feuillage frémissant de nos peupliers.

Derrière le temple, des gradins taillés dans le roc, conduisent sur la plateforme du rocher, d'où l'on a une vue charmante sur les collines boisées du voisinage et au delà sur les plaines s'étendant jusqu'au fleuve. De beaux groupes de palmiers et de bananiers embellissent les environs immédiats du temple et derrière lui un fourré impénétrable, où les lianes s'enchevêtrent et s'enlacent, constitue un arrière-plan plein de mystère, parfaitement en harmonie avec le recueillement du lieu saint. En face de nous, un prêtre de Bouddha, à tête chauve, enveloppé d'un talar jaune, se tenait accroupi sur un rocher, près de l'escalier, dans l'attitude d'une statue. Pendant que j'étais occupé à faire une esquisse du tableau, un petit garçon cingalais avait grimpé sur un cocotier d'où il me jetait les fruits dorés de l'arbre. Je goûtai pour la première fois le liquide frais, sucré, légèrement acidulé, contenu dans le fruit et que l'on désigne sous le nom de lait de coco. A la chaleur étouffante de midi, il me sembla exquis.

La route que nous prîmes pour retourner à Kaduwella, traversait une autre partie du bois, peuplé de tout un monde nouveau d'insectes, d'oiseaux et de plantes. Parmi celles-ci on remarque le célèbre arbre à teck (*Tectonia grandis*), ainsi qu'un gigantesque spécimen de l'*Euphorbia antiquorum*, semblable au cactus, avec ses branches dénudées, prismatiques, d'un vert bleuâtre. Durant la dernière partie de la route, qui traversait des prairies marécageuses, nous souffrîmes beaucoup de la chaleur et c'est avec délices, qu'à notre retour dans la « rest-house », nous prîmes dans le fleuve un bain rafraîchissant, après lequel le déjeuner nous parut encore plus savoureux. Le repas fini, je traversai le fleuve sur un bac avec quelques personnes de notre société, pour aller un peu explorer la forêt de la rive droite ou septentrionale. Ici encore, un certain nombre de formes végétales, inconnues pour moi jusqu'alors, s'offrirent à ma vue (en particulier des aroïdées et des cannacées), et je ne pouvais me lasser d'admirer la richesse incomparable de cette flore tropicale, qui dans un espace si restreint réunit à profusion des espèces si belles et si variées. Sur les rives même du fleuve, de magnifiques bouquets de bambous, entremêlés de terminaliers, de cédrelées et de palétuviers, formaient les principales essences de la forêt. J'envoyai quelques balles à des pigeons sauvages et à des alcyons, deux fois plus grands et au plumage plus brillant que ceux de nos pays,

La soirée était très avancée quand nous revînmes à Colombo, chargés de trésors zoologiques, botaniques et artistiques. Dans la suite je passai plus d'une journée délicieuse dans les jungles de Ceylan, ainsi que sur les rives de ses fleuves, et par leur situation, quelques-uns de ces endroits étaient bien supérieurs à Kaduwella. Mais, comme cela arrive souvent dans la vie, la *pre-mière* impression produite sur nous par l'aspect d'ob-jets nouveaux et étrangers, étant de beaucoup la plus profonde et la plus persistante, des impressions ulté-rieures du même genre sont impuissantes à l'effacer. Aussi cette première journée passée dans les jungles de Kaduwella me laissa-t-elle un souvenir ineffaçable.

VI

Péradénia.

Dans la province la plus centrale de l'île, à 1,500 pieds au-dessus du niveau de la mer s'élève la principale ville de l'île, la célèbre Kandy, autrefois résidence royale; à quelques milles de là, se trouve un petit endroit nommé Péradénia, qui, il y a cinq cents ans, eut également l'honneur d'héberger, durant un temps fort court, un vieux roi. C'est ce lieu que le gouvernement anglais a choisi pour y créer en 1819 un jardin botanique, dont il confia la direction au docteur Gardner. Son successeur, le docteur Thwaites, l'auteur estimé de la première *Flora ceylanica*, fit durant trente ans tous ses efforts pour rendre cet établissement digne en tous points des admirables conditions climatériques et locales au milieu desquelles il se trouve placé. Quand se retira le docteur Thwaites, il y a quelques années, le docteur Henri Trimen fut nommé directeur et c'est de lui que je reçus, bientôt après mon arrivée à Ceylan, l'invitation la plus cordiale de venir visiter le jardin de Péradénia. Je l'acceptai d'autant plus volontiers qu'encore en Europe j'avais beaucoup lu au sujet du jardin botanique de

Péradénia, et entendu vanter les splendides merveilles
végétales qu'il renferme. Cette fois-ci mon attente ne
fut point déçue. Si Ceylan peut être appelée le paradis
du botaniste, et en général de l'amateur du monde
végétal, Péradénia à bon droit doit être considéré
comme le cœur même de ce paradis botanique.

Un chemin de fer — le premier construit à Ceylan —
relie Péradénia et Kandy à Colombo. Le trajet entre
les deux points extrêmes de la voie demande trois à
quatres heures, Le 4 décembre, à sept heures du
matin, je quittai la station centrale de Colombo et à
onze heures j'étais à Péradénia. Comme tous les « Européens purs » de Ceylan, j'étais tenu de voyager en
première (couleur blanche oblige) ; seuls les « bour-
geois ou half-casts » à la peau jaune ou d'un brun
jaunâtre, descendants et métis des Portugais et des
Hollandais, voyagent en seconde. La troisième classe
est naturellement réservée aux « natives » (indigènes),
aux Cingalais à la peau brune, aux Tamils tirant presque sur le noir. Je m'étonnai que l'on n'eût pas imaginé une quatrième classe pour ces derniers et une
cinquième pour les castes les plus inférieures et les
plus méprisées, les « low-casts ». Les indigènes aiment
beaucoup à voyager en chemin de fer ; c'est le seul
plaisir pour lequel ils seraient prêts à débourser beaucoup, mais ils le peuvent goûter à très bon compte.
Depuis le jour de l'ouverture de la voie ferrée jusqu'aujourd'hui, quantité d'indigènes ne se lassent point
de parcourir quotidiennement cette route merveilleuse,
uniquement pour leur plaisir. Les wagons sont bien

aérés et légers ; ceux de première classe sont munis
.de tout ce qui est nécessaire pour se garantir de la
chaleur ; ils sont pourvus de jalousies et de toits protecteurs en saillie. Les conducteurs et les employés,
vêtus de blanc et protégés contre le soleil par un chapeau en forme de casque, sont tous Anglais. Ici, comme
sur tous les chemins de fer anglais, règnent le bon
ordre et la ponctualité.

Durant les deux premières heures du trajet de
Colombo à Péradénia, la voie parcourt des terrains
plats, en grande partie occupés soit par des jungles
marécageuses, soit par des rivières ou des prairies
presque noyées, où paissent, à moitié dans l'eau, de
nombreux troupeaux de zébus noirs. De gracieux
hérons blancs font la chasse aux insectes qui s'achar-
nent sur les animaux. Plus loin la voie se rapproche
de plus en plus de la montagne et à la station de Rambukkana la montée commence. Le trajet d'une heure
entre Rambukkana et la station voisine de Kadugannawa est, au point de vue pittoresque, l'un des plus
beaux que je connaisse. Dans une vaste et profonde
vallée, encaissée de toutes parts, la voie monte, décrivant des lacets sinueux sur le versant septentrional
de montagnes rocheuses fort abruptes. L'œil est d'a-
bord fasciné par la variété des tableaux du premier
plan ; de puissants blocs de gneiss gris surgissent du
sein de luxuriantes et épaisses masses de verdure, qui
tapissent ces gorges étroites ; des lianes aux formes
ravissantes se suspendent aux cimes des arbres les
plus élancés ; de charmantes petites cascades se préci-

pitent des hauteurs et non loin de la voie ferrée on
entrevoit parfois la belle route carossable, si fréquentée.
autrefois, aujourd'hui délaissée, que le gouvernement
anglais avait fait tracer entre Colombo et Kandy, et
qui contribua beaucoup à consolider sa domination sur
cette dernière ville.

Plus loin le regard plonge tantôt dans la belle et
vaste vallée verdoyante, qui se déroule toujours plus
largement au-dessous de la voie; tantôt il s'élève vers
les hautes chaînes des monts bleuâtres qui se dressent,
fiers et rigides, formant vers le sud le mur de la vallée. Quoique généralement les formes affectées par ces
montagnes soient assez monotones et peu pittoresques
(ce sont pour la plupart des cimes aplaties de granit
et de gneiss), pourtant quelques sommets isolés tranchent sur le reste, ainsi, par exemple, le plateau tron-
qué, que l'on désigne sous le nom de « rocher de la
Bible » (Bible-Rock). Un autre rocher, le « Sensation-
Rock » présente des points de vue vraiment admirables et surprenants. Là la voie, après avoir traversé
plusieur tunnels, serpente entre des rochers suspendus
rasant le bord même d'un précipice, dont la profondeur
verdoyante mesure verticalement 1,200 à 1,400 pieds.
Des chutes d'eau mugissantes tombent avec fracas du
haut de la muraille rocheuse, s'engouffrent à gauche
sous le pont du chemin de fer et après quantité de
bonds prodigieux vont, à droite, avant de toucher le
fond de l'abîme se dissoudre en cascades diaphanes, où
les rayons du soleil forment en se jouant de brillants
arcs-en-ciel.

La riche et verdoyante vallée qui est là, bien loin sous nos pieds, est couverte en partie de jungles, en partie de terrains cultivés, où l'œil distingue des cabanes, des rivières et des jardins taillés en terrasses. Au-dessus des fourrés s'élancent partout les formes gigantesques du magnifique palmier-talipot, roi des palmiers de Ceylan (*Corypha umbraculifera*). Son tronc blanc et droit, pareil à une svelte colonne de marbre, a plus de 100 pieds de haut. Chacune des feuilles flabelliformes de son admirable panache couvre un demi-cercle de 12 à 16 pieds de diamètre, autrement dit une étendue de 150 à 200 pieds carrés. De même que toutes les autres parties de l'arbre, ces feuilles servent à mille usages, en particulier à fabriquer des toits et des auvents. Autrefois, chez les Cingalais, elles remplaçaient exclusivement le papier, et aujourd'hui encore elles servent souvent à cet usage. Les vieux manuscrits « Puskola », que l'on trouve dans les couvents bouddhiques sont tous gravés, à l'aide de poinçons métalliques, sur un papier que l'on nomme « ola », c'est-à-dire sur des feuilles de talipot cuites, séchées et découpées en bandes étroites. Le superbe palmier-talipot ne fleurit qu'une seule fois, d'ordinaire entre la cinquantième et la quatre-vingtième année de son existence. Le majestueux panache pyramidal de fleurs s'épanouissant au sommet, directement au-dessus de la touffe des feuilles, atteint une hauteur de 30 à 40 pieds et se compose de millions de petites fleurettes jaunâtres ; dès que le fruit est mûr, l'arbre meurt. Le hasard voulut qu'en ce moment un certain

nombre de ces palmiers fussent en fleurs. J'en comptai
bien jusqu'à soixante entre Rambukkana et Kadugannawa et plus d'une centaine le long de tout le parcours. De Colombo on organisait tout exprès des
excursions pour aller jouir de ce spectacle aussi rare
que merveilleux.

C'est au défilé de Kadugannawa, à près de 2,000 pieds
au-dessus du niveau de la mer, que la voie ferrée aussi
bien que la voie carossable qui la côtoie, atteignent
leur point culminant. Une colonne commémorative,
semblable à une tour élancée, y est élevée en l'honneur
du capitaine Dawson, constructeur de la voie ferrée.
Nous sommes là sur la limite de deux bassins fluviaux.
Les innombrables ruisseaux, qui, vus de loin, ressemblent
à des fils argentés, sillonnant le fond vert de la vallée,
coulent ici réunis, soit vers le Kélany-Ganga, soit vers le
Maha-Oya, qui tous les deux ont leur embouchure sur
la côte occidentale. Les cours d'eau du versant oriental
du Kadugannawa se jettent tous dans le Mahawelli-
Ganga, qui prend sa source non loin de là, vers le sud.
Ce dernier, dont le parcours est de 134 milles anglais
et qui se jette dans la mer sur la côte orientale près de
Trinkomalie, est le plus grand fleuve de Ceylan. Le
long de ses rives couvertes de cannes à sucre, le train
nous conduisit en un quart d'heure à Péradénia, dernière station avant Kandy.

Quant à onze heures j'atteignis Péradénia, je trouvai
à la gare le docteur Trimen, qui m'accueillit avec une
grande cordialité et me conduisit dans sa calèche au
jardin botanique, situé à la distance d'un mille anglais.

Un peu avant d'y arriver, la route franchit le fleuve
écumant sur un beau pont en « satin-wood », dont
l'arche unique a 200 pieds de large. Quand le niveau
de l'eau est normal, le milieu de l'arche se trouve à
70 pieds au-dessus du fleuve. Mais on aura quelque
idée de l'énorme masse d'eau, qui se précipite dans les
fleuves de Ceylan après des pluies violentes, quand on
saura que la crue atteint parfois de 50 à 60 pieds, en
sorte que le niveau du fleuve ne se trouve plus qu'à
10 ou 20 pieds au-dessous de l'arche.

Une magnifique allée de vieux arbres à caoutchouc
(*Ficus elastica*) conduit à l'entrée du jardin. Cet arbre
indien, dont le suc laiteux et épais fournit le *caout-*
chouc, est, on le sait, une des plantes d'appartements
les plus répandues chez nous, dans le nord. Ses grosses
feuilles ovales, semblables à du cuir, d'un beau vert
lustré, réjouissent la vue. Mais tandis que dans notre
pays, un ficus, dont le tronc gros comme le doigt
atteint le plafond de la chambre et qui porte une cinquantaine de feuilles sur ses quelques branches, est une
véritable merveille, ici, dans sa chaude patrie, il devient
un arbre gigantesque, pouvant rivaliser avec nos chênes
les plus majestueux. Un dôme énorme, de plusieurs
milliers de feuilles couvre de ses branches puissantes,
horizontalement étendues et longues de 40 à 50 pieds,
un espace où pourrait s'élever un vaste palais, tandis
que partant de la base du tronc volumineux, le faisceau de racines atteint parfois 100 à 200 pieds de diamètre, c'est-à-dire bien plus que ne le comporte la
hauteur entière de l'arbre. Ce formidable faisceau se

compose principalement de vingt à trente racines-
mères qui, partant d'autant de nervures de la partie
inférieure du tronc, rampent et s'enchevêtrent sur le
sol comme de gigantesques serpents. Aussi les indigènes
ont-ils surnommé le *Ficus elasticus* « l'arbre-serpent »,
et les poètes le comparent souvent au Laocoon enlacé
par les reptiles. Il n'est pas rare non plus de voir les
racines s'élever au-dessus du sol comme des planches
solides, verticalement fichées, et constituer ainsi de
puissants piliers protecteurs, grâce auxquels le tronc
gigantesque peut braver les tempêtes. Les interstices
entre les racines forment de petits réduits, des cachettes, où un homme debout peut fort bien se placer.
Ici, d'ailleurs, quantité de grands arbres, appartenant
à diverses familles, projettent de ces racines en forme
de piliers.

A peine avais-je eu le temps d'exprimer l'admiration
ressentie à la vue de cette allée superbe « d'arbres
serpents », qu'un autre spectacle merveilleux attira
mes regards. A la porte même du jardin, comme pour
souhaiter la bienvenue aux promeneurs, se dressait un
gigantesque bouquet de palmiers, indigènes et exotiques, spécimens de cette famille, qui est la véritable
parure des régions tropicales. Des plantes grimpantes,
aux fleurs exubérantes, couronnaient leurs cimes
élégantes, et autour de leurs troncs se pressaient quantité de charmantes fougères parasites. Un autre bouquet de palmiers, tout semblable au premier, mais
encore plus riche et plus beau, également enguirlandé
de fleurs luxuriantes, occupait l'autre bout de l'avenue.

La route carossable, que nous suivions, se divisait en deux chemins, dont l'un montant à gauche en pente douce, menait vers la maison du directeur située sur une petite éminence. Cette résidence fort enviable se compose, de même que la plupart des villas de Ceylan, d'un édifice bas, à un étage, entouré d'une vérandah aérée, dont le toit en saillie est soutenu par une rangée de blanches colonnes. Colonnes et toit. sont ornés d'une profusion des plus belles plantes grimpantes : d'orchidées aux fleurs volumineuses, de vanilles au parfum exquis, de gracieux fuchsias et de quantité d'autres fleurs aux mille couleurs éclatantes. Dans les parterres disposés autour de la maison s'épanouissent les plantes de choix, toutes en fleurs, ainsi que de ravissantes fougères et au-dessus les magnifiques arbres de l'Inde étendent le dôme impénétrable de leurs feuilles. Tout un monde de papillons à la·riche robe diaprée, de scarabées, de lézards, d'oiseaux, donne la vie et le mouvement à ce tableau ravissant. Mais rien n'est charmant comme les petits et gracieux écureuils à trois raies (*Sciurus tristriatus*), qui abondent dans les jardins de Ceylan et sont tout à fait apprivoisés.

La maison étant située sur la colline la plus élevée du jardin et la pelouse verdoyante qui la précède descendant immédiatement en pente, quand on est sous le portique ouvert, l'œil embrasse presque toute la partie basse du jardin, semée de quelques beaux bouquets d'arbres sans parler de ceux plus élevés encore, qui bordent les pelouses. Au-dessus de ce parc ou plutôt de ce bois, se dressent les hauteurs verdoyantes de la

chaîne montagneuse enclavant la vallée. Le beau fleuve
de Mahawelli, qui traverse le jardin, y dessinant de
larges courbes arrondies, le sépare de la chaîne des
montagnes. A proprement parler, le parc se trouve
dans une presqu'île, disposée en fer à cheval. Du côté
de la terre ferme, là où il touche à la vallée de Kandy,
il est parfaitement protégé par un épais et impénétrable
taillis de bambous énormes, dont le palmier-rotang
épineux et une quantité d'autres plantes grimpantes
interdisent l'accès. Un climat particulièrement propice
(on est à 1500 pieds au-dessus du niveau de la mer), la
chaleur excessive, régnant dans cette vallée encaissée,
unie aux pluies abondantes, qui tombent sur les montagnes voisines, tout contribue à faire du jardin botanique de Péradénia une vaste serre de premier ordre,
on comprend aisément que dans un tel lieu, la flore
tropicale doit manifester toute la puissance de sa sève
et étaler sa splendeur.

Une courte promenade à travers le jardin au bras de
son savant directeur, suffit pour m'en convaincre.
J'avais lu bien des descriptions de l'admirable flore des
tropiques et bien des fois entendu vanter ses richesses
et son charme incomparable, depuis bien longtemps j'y
avais rêvé et aspiré, néanmoins l'ivresse produite par
cette réalité féerique dépassa de bien loin mes attentes
et mes espérances. Déjà j'avais en plus d'une occasion,
à Bombay, à Colombo et dans les environs de ces villes,
admiré les principaux spécimens de la flore des tropiques, cependant il est certain que durant les quatre
jours passés à Péradénia, j'acquis plus de notions pré-

cieuses pour moi, sur la vie et l'essence du monde
végétal, que ne m'en auraient pu donner en autant de
mois les études botaniques les plus assidues, poursui-
vies dans mon cabinet. Et quand, deux mois plus tard,
je visitai Péradénia pour la seconde, et hélas ! pour la
dernière fois, quand j'y eus passé encore trois jours
délicieux, j'éprouvai au moment de dire un dernier
adieu à ce paradis, le même enthousiasme qu'à l'instant
où je l'avais aperçu pour la première fois. Seulement
cet enthousiasme était pour ainsi dire plus raisonné,
motivé par une connaissance plus approfondie de l'objet
qui l'excitait. Je ne saurai exprimer assez toute ma
reconnaissance à mon aimable hôte et ami le docteur
Trimen pour sa charmante hospitalité, aussi bien que
pour les informations si riches que je lui dois. Bien
réellement, les sept jours que je passai dans son délicieux bungalow, furent pour moi les sept jours de la
création !

En même temps que moi, se trouvait à Péradénia un
botaniste anglais, décoré du titre officiel de « Royal
Cryptogamist », le docteur Marshall Ward, qui avait
fait en grande partie ses études en Allemagne. Le gouvernement anglais l'avait envoyé à Ceylan pour deux
ans, afin d'étudier sur place le *Coffee-Leaf-Disease*, le
terrible parasite des feuilles du caféier, qui depuis quelques années sévissait avec une rigueur croissante dans
les plantations de café. Ce fléau avait déjà détruit dans
l'île quantité de ces précieux arbustes et dévoré une
notable portion de la richesse publique. Le docteur
Ward s'était livré à une série d'observations intéres-

santes, de recherches expérimentales. Il avait recons-
titué toute l'histoire naturelle de ce champignon microscopique (*Hemileja vastatrix*) ; malheureusement,
il n'avait pas réussi à trouver un remède radical contre
le fléau. En récompense de ses peines, la presse et surtout les propriétaires des plantations de café l'avaient
violemment attaqué. Comme si, quand une épidémie
de ce genre éclate en Europe, les naturalistes, qui, par
centaines, se livrent aux recherches les plus laborieuses,
réussissaient toujours à mettre la main sur le remède,
alors même que la nature du mal leur est connue. On
ne sait que trop combien cela est rare! Certes, de tous
les préjugés absurdes répandus dans les sphères dites
cultivées, un des plus ineptes consiste à affirmer qu'il
doit y avoir un remède contre toute maladie. Le médecin naturaliste, doué de quelque expérience, sait au
contraire qu'il y a fort peu de cas où il en soit ainsi. Il
est plutôt disposé à s'étonner qu'il puisse exister des
remèdes radicaux contre des maladies spécifiques (par
exemple le sulfate de quinine contre la fièvre).

Ce serait m'éloigner trop de mon sujet et fatiguer
inutilement le lecteur que d'essayer de lui donner, sans
l'aide des dessins, une idée même approximative du
paradis botanique de Péradénia. Il est probable que je
n'y réussirais pas même avec l'aide des nombreuses
esquisses et aquarelles, rapportées de ce lieu enchanteur. Je me bornerai donc à quelques observations, à
quelques notions générales sur certaines des principales
formes végétales. Loin de ressembler à la plupart de
nos jardins botaniques, où pour faciliter l'étude, les

plantes sont régulièrement alignées en carrés, comme des soldats en rangs, celui de Péradénia (embrassant une étendue de plus de 150 ares), a l'air d'un parc et vise bien plus à produire une vue d'ensemble caractéristique et pittoresque qu'à servir à un but d'enseignement systématique. Les principaux groupes d'arbres et les familles végétales parentes sont pittoresquement éparpillés sur de belles pelouses de gazon, vers lesquelles conduisent de larges allées carossables. C'est dans une partie reculée du jardin que se trouvent les quelques plates-bandes d'horticulture fort intéressantes et le jardin botanique proprement dit. Presque toutes les plantes de ce genre, appartenant à la zone tropicale des deux hémisphères, y sont représentées, et les semences, les fruits et les boutures de quantité d'entre elles sont distribuées aux horticulteurs et aux jardiniers de l'île. Aussi depuis plusieurs années, le jardin de Péradénia a-t-il acquis une importance pratique notable, et rendu de grands services comme jardin d'acclimatation aussi bien que comme établissement scientifique.

. Mais les conditions climatériques et topographiques si extraordinaires du milieu, semblent prédestiner le jardin de Péradénia à un rôle plus large encore, à la mission toute scientifique d'une *station botanique*. De même que les jeunes zoologistes de nos jours trouvent dans les *stations zoologiques*, organisées sur les côtes (à Naples, Roscoff, Brighton, Trieste, etc.), un secours précieux pour compléter leur éducation scientifique et stimuler leur activité, le jeune botaniste acquerrait cer-

tainement plus de connaissances durant une année
passée à la station botanique de Péradénia qu'au bout
de dix ans dans des conditions moins favorables. Jusqu'à présent on n'a songé à rien créer de semblable
dans la zone tropicale, la plus riche et la plus favorable de toutes pourtant à l'organisation de pareils
centres de travail et de culture scientifique. En fondant
une station botanique à Péradénia et une autre zoologique à Galla (par exemple dans le délicieux bungalow
du capitaine Bayley très approprié à cette destination)
le gouvernement anglais rendrait aux sciences naturelles un service éclatant, comme il l'a déjà fait par
l'expédition du Challenger et par tant d'autres grandes
entreprises scientifiques. Une fois de plus, il ferait
honte aux gouvernements de l'Europe continentale,
dont tout l'argent s'en va en canons et en opérations
financières !

Si parmi les innombrables merveilles botaniques de
Péradénia, je voulais énumérer quelques-unes des plus
importantes, c'est certainement par le célèbre bambou-
géant, objet de l'admiration de tous les visiteurs, que
je devrais commencer. De loin déjà, dès que nous
eûmes pris à droite de la porte d'entrée, dans la direction du fleuve, dont nous suivîmes quelque temps les
rives ravissantes, de gigantesques buissons verts de
plus de 100 pieds de haut et d'autant de large, avaient
frappé notre vue. Pareils au panache ondoyant d'un
géant, leurs têtes superbes, élevées bien haut au-dessus
de l'eau, s'inclinaient légèrement, versant l'ombre et la
fraîcheur sur le fleuve et sur la route qui le côtoyait.

En nous approchant, nous pûmes constater que chaque buisson était composé de quantité de troncs élancés et cylindriques (il y en avait parfois de soixante à quatre-vingts), d'un à deux pieds d'épaisseur. Étroitement serrés à leur base les uns contre les autres et produits, comme les stolonifères, par les racines communes d'un tronc rampant, ils s'élancent en touffes distinctes, avec leurs branches latérales si délicates et si flexibles, couvertes d'une profusion de charmantes feuilles vertes. Et songer que ces arbres gigantesques ne sont que des graminées ! La tige creuse du roseau est à nœuds, comme le chaume de toutes les graminées ; mais la gaîne de la feuille, qui chez nos délicates graminées n'est qu'une membrane petite et mince, située à la base de la feuille, est devenue chez le bambou-géant une solide lame concave et ligneuse, capable, sans aucune préparation, de servir de bonne cuirasse à une robuste poitrine d'homme. Un enfant de trois ans pourrait se cacher dans une de ces conques. Le bambou est, on le sait, une des plantes les plus utiles de la zone tropicale ; il serait facile d'écrire tout un livre sur les manières variées, dont les indigènes utilisent les diverses parties de cette gigantesque graminée arborescente. On pourrait en dire autant du palmier.

Après le bambou — peut-être devrions-nous dire avant lui — c'est le palmier qui a droit à notre attention. Outre les espèces indigènes, toutes représentées par de superbes spécimens, on en trouve à Péradénia quantité d'autres, les unes originaires du continent indien, les autres des îles de la Sonde, de l'Australie, de l'Afrique, de l'Amérique tropicale, par exemple la *Livinstonia* de la Chine avec sa gigantesque couronne de feuilles flabelliformes, la célèbre *Laodicea* des Séchelles avec son immense éventail de feuilles, l'*Elaeis* ou palmier à huile de la Guinée, avec ses feuilles pennées, d'une longueur extraordinaire, le fameux *Mauritia* du Brésil, le fier *Oreodoxa* ou palmier-roi de la Havane, etc. Quant à ce dernier, j'en avais admiré un superbe échantillon en 1806, à Ténériffe et j'en avais même fait un croquis ; aussi ne fus-je point étonné de le rencontrer ici, dans une majestueuse allée. Les bouquets du magnifique palmier grimpant à épines ou Rotang (*Calamus*), aux charmantes feuilles pennées et ondoyantes, ne font pas moins d'effet ; leurs tiges minces, mais fort solides et élastiques, pas plus grosses que le doigt, grimpent jusqu'à la cime des arbres les plus élevés et acquièrent parfois de 300 à 500 pieds de longueur. Peu d'espèces végétales atteignent une telle longueur.

Mais il paraît qu'il n'est pas donné à l'homme « d'errer impunément sous les palmiers ». Pendant que, ravi, j'étais là, à flâner sur la rive du fleuve, dans l'herbe haute, à l'ombre des cimes majestueuses des palmiers, tout occupé à examiner de près les bizarres entrelacements d'un palmier grimpant, je me sentis soudainement piqué à la jambe. En examinant la chose de près, je vis deux petites sangsues, solidement attachées à ma peau ; elles ne tardèrent pas à être rejointes par une douzaine de leurs alertes camarades, qui, avec une agilité étonnante, grimpèrent comme des

chenilles arpenteuses le long de mes bottines. Je venais
de faire connaissance avec la fameuse sangsue terrestre
de Ceylan, un des fléaux les plus redoutables, parmi
tous ceux dont cette île ravissante est infestée et dont
plus tard j'eus beaucoup à souffrir. La sangsue de
Ceylan (*Hirudo ceylanica*) est une des plus petites,
mais aussi des plus désagréables du genre. Excepté sur
les côtes et sur les hautes régions des montagnes, ces
animaux sont répandus par milliards dans tous les
fourrés et tous les bois de l'île ; dans certains endroits,
en particulier sur les bords des fleuves, dans les jungles
marécageuses des collines et des montagnes peu élevées, impossible de faire un pas sans être assailli par
elles. Non seulement elles rampent partout sur le sol,
à la recherche d'une proie, mais encore elles grimpent
sur les buissons et les arbres, d'où fréquemment elles
se laissent choir sur la tête et le cou du passant, en
sorte que si d'ordinaire elles s'attachent surtout aux
jambes, elles peuvent tout aussi bien atteindre leur
proie d'un bond ! Une fois repues, elles sont bien de la
grosseur d'une de nos petites sangsues médicinales,
mais à jeun elles ont à peine un demi-pouce de long,
sont minces comme un fil et percent avec une grande
facilité le tissu des bas. Parfois on sent immédiatement
leur morsure, d'autrefois non. Ainsi un soir que je me
trouvais à une réunion, je ne remarquai leur présence
qu'en voyant des filets de sang rouge rayer mon pantalon blanc.

Une goutte de citron suffit pour faire lâcher prise à
la sangsue ; aussi dans les terres basses ne s'aventure-

t-on jamais à la promenade sans un petit citron dans sa poche. Il m'est arrivé fréquemment de le remplacer par quelques gouttes d'acide phénique ou d'alcool, dont j'avais toujours sur moi une provision afin de pouvoir collectionner des bestioles. Quant aux suites des morsures, elles sont très diverses. Les personnes à l'épiderme fort délicat (auxquelles j'ai le malheur d'appartenir), ont à se plaindre durant quelques jours de violentes déman- geaisons à l'endroit piqué et souvent il se produit tout autour de la piqûre une inflammation plus ou moins forte. Comme il arrive d'être piqué derechef par une sangsue à un de ces endroits déjà irrités et enflammés, la plaie s'envenime au point de devenir quelquefois dangereuse. Quand, en 1815, les Anglais firent la con- quête de Kandy, ils furent obligés de marcher durant des semaines à travers les jungles épaisses du maré- cageux pays des collines, et ils perdirent un nombre considérable de soldats, uniquement à cause des atta- ques féroces de nuées de ces sangsues. Dans les endroits où ces bêtes foisonnent en trop grande quantité, les Européens sont obligés, pour s'en garantir, de porter des « leachgaiters » particuliers, espèce de bas ou de guêtres en caoutchouc ou en étoffe très épaisse, qui commencent au-dessus du soulier et finissent au-dessus du genou. Pour me protéger contre les attaques de ces animaux malfaisants, j'avais soin, quand j'allais dans la jungle, de tracer sur le bord de mes hautes bottes de chasse, une ligne circulaire avec l'acide phé- nique, ligne qui fut toujours respectée. Néanmoins le grand nombre des sangsues dans certains districts de l'île, celui de tiques (*Ixodes*) dans d'autres, rend le séjour de ces endroits presque intolérable à la longue.

Il y a dans le jardin de Péradénia, de même d'ailleurs que dans toutes les parties de l'île abondamment arrosées, bien d'autres fléaux encore. Ce sont les nuées de moustiques et de mouches à dard. Aussi les moustiquaires autour des lits sont-ils partout de rigueur. Mais plus dangereux mille fois que ces insectes ennuyeux sont les scorpions venimeux et les mille-pieds, dont je collectionnai plus d'un magnifique spécimen. Les premiers ont un demi-pied de longueur, les seconds jusqu'à un pied tout entier !

Le jardin des Fougères constitue certainement une des plus belles parties du parc de Péradénia. A l'ombre d'arbres élevés au superbe dôme de verdure, sur les bords frais d'un ruisseau gazouillant, se presse tout un monde de fougères, petites et grandes, délicates et massives, herbacées et arborescentes, de fougères comme on n'en saurait rêver de plus ravissantes, de plus gracieuses ! La structure élégante, que nous admirons dans le charmant éventail penné des fougères de nos climats, se reproduit ici dans une infinie variété d'espèces les plus diverses, à commencer par les plus simples et à finir par les plus complexes. Tandis que telles fougères naines, d'une délicatesse si charmante, pourraient être prises pour des mousses mignonnes, les gigantesques fougères arborescentes, dont les troncs noirs et élancés sont couronnés d'un splendide panache de feuilles, atteignent à la taille du plus fier palmier.

De même que les fougères, les palmiers-fougères ou

Cycadeae, les charmantes *Sellaginellae* et les lycopodes sont dignement représentés à Péradénia par un choix très riche d'espèces intéressantes, depuis les plus mignonnes, rappelant les mousses, par la fragilité délicate de leur structure jusqu'aux robustes espèces géantes, arborescentes, faisant songer aux lycopodes disparus de la période houillère. En général, plus d'un groupe végétal, de cette partie du jardin, évoqua devant moi l'image de cette flore fossile, si admirablement dépeinte par le génie d'Unger dans ses tableaux du monde primitif. C'est vraiment ici que le botaniste peut contempler à l'aise les principaux représentants des familles les plus caractéristiques de la flore tropicale.

Si je voulais signaler encore quelques objets qui m'ont particulièrement frappé, je devrais nommer en premier lieu les lianes, ensuite les banians. Quoique les plantes rampantes et grimpantes de toute espèce foisonnent dans l'île entière, Péradénia en possède néanmoins quelques spécimens admirables, comme il est rare d'en rencontrer, par exemple : les *Nitis*, *Cissus*, *Purtada*, *Bignonia*, *Ficus* et autres au tronc colossal. De même certains banians (*Ficus indica*) aux monstrueuses racines aériennes et les espèces parentes du figuier (*Ficus galaxifera*, etc.), comptent certainement parmi les arbres les plus beaux, les plus majestueux que j'aie vus à Ceylan.

Un des plus vieux banians, dont la majestueuse couronne reposait sur d'innombrables piliers, présentait un spectacle des plus étranges. Dépouillées en grande partie du riche ornement de leur feuillage, ses branches dénudées semblaient ployer sous le poids de gros fruits jaunâtres. Mais quel fut mon étonnement quand, en m'approchant, je vis un de ces fruits se détacher et s'envoler en battant des ailes. C'étaient de gigantesques chauves-souris (*Pteropus*) appartenant à ce groupe curieux de chauves-souris frugivores, exclusivement propre à la zone tropicale du vieux monde (Asie, Afrique). Quelques coups de fusils bien visés abattirent une demi-douzaine de ces animaux et firent envoler avec des glapissements aigus le reste de l'essaim, composé d'une centaine d'individus pour le moins. Les chauves-souris blessées se défendirent de leur mieux à coups de dents et de griffes, et ce ne fut pas sans quelque peine que j'en vins à bout avec mon couteau de chasse. Sous le rapport de la grandeur, de la couleur et de la forme, en particulier de celle de la tête, le corps de ces « chiens ou renards-volants » présente une grande analogie avec le renard. Mais comme chez toutes les chauves-souris, leurs membres sont reliés par une grande membrane, qui leur permet de voler avec autant d'adresse que de rapidité. Leur vol, très différent de celui de nos chauves-souris, rappelle celui de la corneille. Le *Pteropus* se nourrit de fruits, ce qui fait de lui un animal fort nuisible ; il est en particulier friand du suc sucré des palmiers et souvent, dans les récipients, qu'ils fixent au tronc des palmiers pour en recueillir le suc, les Cingalais trouvent des chauves-souris de cette espèce en état d'ivresse. Ce penchant n'a rien d'étonnant si l'on songe à l'étroite

parenté qui relie le tronc phylogénétique des mammifères à celui des singes et par conséquent de l'homme.

Je trouvai dans le poil de cette chauve-souris, poil
fauve comme celui du renard, de gros insectes parasites (*Nycteribia*), d'une forme très particulière, semblable à celle de l'araignée et appartenant au groupe
des *Pupipara* ou « pupipares ». Comme les puces, ce
sont des diptères ou mouches, qui par suite d'une vie
parasitaire, se sont déshabituées du vol et dont les ailes
se sont atrophiées, faute d'usage. Leurs larves atteignent un développement si avancé, même au sein de
l'organisme maternel, qu'immédiatement après leur
naissance, elles tissent leur cocon pour le quitter
bientôt. Les grands nyctéribes de la chauve-souris
courent rapidement sur le corps de leur hôte ; ils en
firent autant sur ma main, quand je cherchai à
les capturer, essayant de se cacher dans les vêtements ou s'accrochant avec leurs grosses pinces à ma
peau.

Mais il était dit que ce jour-là je ferais une autre connaissance zoologique intéressante, quoique d'un genre
fort dangereux. Dans l'après-midi, pendant que tombait une violente averse et que j'étais occupé à mettre
dans l'alcool un énorme mille-pieds noir, voilà qu'un
grand serpent à lunettes, le redouté *Cobra di ca-
pello* (*Naja tripudians*), pénétrant par la porte du
jardin restée ouverte, se glissa dans ma chambre. Je
ne le voyais point, quoiqu'il ne fut plus qu'à un pied
de distance, et mon attention fut éveillée seulement par
mon domestique, qui se précipita dans ma chambre en

criant : « Cobra ! cobra ! » Avec son aide je me rendis
facilement maître de la bête venimeuse, d'une taille
fort respectable — elle mesurait plus d'un mètre de
long — et je la logeai dans un bocal d'alcool où se trouvait déjà auparavant un amphibie semblable au serpent, le remarquable et curieux fouisseur aveugle
(*Caecilia*).

VII

Kandy.

Parmi les rares villes que possède Ceylan, c'est à peine si la petite Kandy mérite le nom de ville ; mais elle jouit d'une notoriété particulière, qu'elle doit en partie à sa position actuelle de capitale de la province centrale et montagneuse de l'île, en partie à son titre d'ancienne résidence des rois indigènes de Kandy, mais surtout à la circonstance qu'elle renferme dans ses murs un vieux temple, où se trouve la « sainte dent » de Bouddha, une des reliques les plus vénérées de la religion bouddhiste.

En outre, j'avais lu dans l'excellent ouvrage sur Ceylan d'Emerson Tennent, œuvre vraiment capitale, une description enthousiaste de Kandy, de sa situation incomparable et de ses délicieux environs. Cet éloge pompeux est répété sur tous les tons par les voyageurs plus récents, qui d'ailleurs dans leurs descriptions ne font que copier Tennent. J'avais donc la tête fort montée, quand je quittai Péradénia, le 6 décembre, par une belle matinée ensoleillée, pour aller visiter Kandy, située à la distance de trois milles anglais.

Plus d'une fois déjà, dans le cours de mes nombreux voyages, j'avais eu l'occasion de me convaincre que les endroits trop célèbres, de longue date consacrés par la mode et dont l'éloge passant de bouche en bouche est obligatoire pour chaque voyageur, sont en réalité à peine dignes d'être visités. En revanche que d'endroits ravissants, mais inconnus, n'excitent point l'admiration, uniquement parce qu'ils ne sont pas indiqués dans le *Guide du voyageur*. C'est ce qui m'advint à Ceylan pour la ville si surfaite de Kandy ; aussi je tiens à déclarer tout d'abord, que d'un bout à l'autre cette visite ne fut pour moi qu'une série de désillusions.

La fière « cité royale » de Kandy mériterait bien plutôt le nom de « modeste village », car ses quelques rues contiennent plus de huttes cingalaises en terre que de bungalows européens. D'ailleurs ici, de même qu'à Colombo, à Galla, à Matura et dans les autres bourgades de l'île, huttes et bungalows constituent les unes la « ville noire » (Pettah), les autres la « ville blanche » (le Fort). Les deux voies principales et parallèles, ainsi que les quelques rues de moindre importance, avec lesquelles elles se croisent à angle droit, sont tirées au cordeau. Le « lac délicieux » situé au pied de la ville et vanté comme son principal ornement, n'est qu'un petit étang, de forme rectangulaire, creusé de main d'hommes et dont les rives trop régulières sont plantées d'allées également trop alignées au cordeau. Si on s'élève un peu au-dessus de la vallée, au fond de laquelle la ville et le lac se trouvent encaissés, si on gravit par une de ces allées tracées en

grand nombre pour la promenade sur les collines environnantes, on embrasse une vue d'ensemble très cor-
recte et artificielle, mais rien moins que pittoresque.
Une grande prison, nouvellement bâtie, avec ses murs
d'enceinte, nus et hauts, édifice trop lourd, trop massif
pour tout ce qui l'environne, vient surtout gâter le
paysage. Les collines verdoyantes, les unes cultivées, les
autres naturellement boisées, qui encadrent la vallée et
au-dessus desquelles se dressent çà et là des montagnes
plus hautes, n'ont rien non plus de bien attrayant, ni
sous le rapport de la beauté des lignes, ni sous celui
d'un groupement pittoresque. Aussi, l'album, que j'avais
apporté avec un si riant espoir, ne s'enrichit à Kandy
d'aucun nouveau dessin, car avec la meilleure volonté
du monde, je ne pus y trouver aucun site digne d'une
aquarelle.

Ce qu'il y a, selon moi, de plus joli à Kandy, c'est le
délicieux jardin qui entoure le palais tout moderne du
gouverneur. Disposé avec beaucoup de goût sur la pente
d'une colline, ce jardin contient, à côté de quantité d'arbres magnifiques, un certain nombre de belles plantes
de luxe, mais certainement il ne saurait lutter avec les
trésors botaniques de Péradénia. Quant au palais lui-
même, où je fus plus tard cordialement invité par le
gouverneur et où je passai une soirée fort agréable, il
ne contient qu'un petit nombre de pièces, mais elles sont
vastes, bien aérées, meublées avec élégance et entourées
de belles colonnades et de vérandahs. Malheureusement,
une multitude de serpents, de scorpions et autres vermines tropicales, en particulier des nuées de sangsues,

doivent rendre le séjour de cette résidence passablement désagréable.

Le bâtiment, décoré du nom de « palais du vieux roi », est situé à quelque distance de la ville, sur les bords du lac. C'est un mélancolique édifice, un sombre rez-de-chaussée, rongé par la moisissure, qui, ni au dedans, ni au dehors, ne présente rien de particulier, si ce n'est pourtant les couches épaisses de champignons et autres cryptogames, qui tapissent ses épaisses et humides murailles en pierre.

Une pièce ouverte et entourée de colonnes, autrefois « la salle d'audience du roi », se trouve actuellement utilisée pour les séances publiques de la cour de justice du district.

Le célèbre temple de Bouddha lui-même, relié par un mur à ce palais royal et entouré d'un fossé rempli d'eau ne répondit guère à l'idée que je m'en étais faite d'après sa réputation. Il est de proportions moyennes, mal entretenu et sans aucune valeur artistique. Ses fresques, fort primitives, et ses ornements sculptés dans le bois et dans l'ivoire, sont exactement pareils à ceux des autres temples de Bouddha; Kandy n'ayant été élevée à la dignité de capitale des rois de Ceylan, qu'à la fin du seizième siècle, et le palais aussi bien que le temple ne datant que de 1600, ni l'un ni l'autre de ces monuments ne présente donc l'intérêt d'une haute antiquité. La fameuse « dent de Bouddha », cachée précieusement sous une cloche d'argent, dans une tourelle octogone du temple à toit pointu, n'en possède guère davantage. Cette dent précieuse, objet, depuis plus de deux mille ans, de la vénération et du culte de millions d'hommes superstitieux et adorée encore aujourd'hui, cette dent, qui a joué un si grand rôle dans l'histoire de Ceylan (voir l'excellente *Histoire de Ceylan*, par Emerson Tennent), n'est en somme qu'un morceau d'ivoire de deux pouces de long sur un pouce de large, grossièrement taillé en forme de doigt. Il existe plus d'un exemplaire de cette dent authentique de Bouddha, ce qui, naturellement, n'enlève rien à sa sainteté.

De Kandy, j'entrepris avec mes deux amis, les botanistes Trimen et Ward, une excursion à Fairyland, située à quelques milles de distance, pour y rendre visite au prédécesseur de Trimen, le docteur Thwaites. Durant trente années, ce dernier avait été à la tête du Jardin botanique de Péradénia, et sa retraite une fois obtenue, c'est dans la calme solitude du haut pays qu'il alla goûter un repos si bien mérité. Caché dans une gorge alpestre fort élevée, le petit bungalow du docteur Thwaites, situé à huit milles au sud de Kandy, est entouré de plantations de café. Jusqu'alors, je n'avais pas encore eu l'occasion de voir des plantations de ce genre ; mais comme ensuite il m'est arrivé de voyager pendant des journées entières au milieu d'elles, je ne m'arrêterai pas ici à les décrire.

Le docteur Thwaites est l'éminent auteur de la première flore de Ceylan, publiée à Londres en 1864, sous le titre : *Enumeratio Plantarum Zeylaniae*. Près de trois mille plantes vasculaires diverses, par conséquent la trentième partie de toutes les espèces végétales alors connues sur le globe, se trouvent décrites dans cet ou-

vrage. Mais, depuis lors, on a découvert à Ceylan beaucoup de nouvelles espèces, en sorte que, d'après l'éva-
luation du docteur Gardner, l'île posséderait près de
cinq mille espèces — dans tous les cas, bien plus que
n'en compte l'Allemagne.

L'exemplaire de la flore de Ceylan, que j'avais apporté
avec moi, avait appartenu auparavant à un botaniste
allemand de Potsdam, Nietner. Dans sa jeunesse,
Nietner était venu dans l'île en qualité de jardinier.
Grâce à son intelligence et à un travail persévérant, il
y avait acquis plus tard une considérable plantation de
café et, durant un quart de siècle, il contribua par son
activité, en particulier par la découverte d'insectes nouveaux, à faire avancer l'histoire naturelle de Ceylan.
Malheureusement, il mourut bien vite après son retour
dans la patrie. Sa veuve, qui habite actuellement
Potsdam, et qui me donna beaucoup de renseignements
précieux et de conseils utiles pour mon voyage projeté,
m'avait fait don de plusieurs livres ayant appartenu à
son défunt mari. Parmi ces derniers, se trouvait la
Flore, du docteur.Thwaites, avec une dédicace de l'auteur. C'est avec un vif plaisir que le vieux savant revit
cet ancien exemplaire de son ouvrage, avec la dédicace
écrite de sa main. C'était certainement le premier emporté de Ceylan en Allemagne par un botaniste, et
revenu dans l'île avec un zoologiste!

VIII

La route de Galla à Colombo.

Pendant les deux premières semaines de mon séjour à Ceylan, ma vie ne fut qu'une admiration, un étonnement de tous les jours, et elle passa comme un songe. A Colombo, je m'étais familiarisé avec les principaux traits de la nature et de la race cingalaise; à Péradénia, j'avais admiré l'étonnante plasticité de la flore tropicale. Il me restait à m'occuper du but principal de mon voyage, savoir l'étude de la faune marine des Indes, si variée et si mal connue. J'aspirais surtout à étudier, sur les rivages de Ceylan, la classe zoologique dont je m'occupais spécialement depuis une trentaine d'années, les Monères et les Radiolaires, les Éponges et les Coraux, les Méduses et les Siphonophores; j'étais fondé à croire que, sous l'influence du soleil tropical et du climat de l'Inde, ces types animaux auraient revêtu des formes nouvelles.

Les conditions d'où dépend le parfait développement de ces classes zoologiques sont souvent toutes particulières et il n'est nullement indifférent de les étudier sur telle côte ou sur telle autre. Non seulement les qualités

de l'eau de la mer — la salure, la pureté, la température, les courants, la profondeur, — mais aussi et souvent dans une large mesure, la constitution du rivage
voisin influent considérablement sur le développement
de la faune marine, suivant, par exemple, que ce
rivage est rocheux ou sablonneux, calcaire ou schisteux,
riche ou pauvre en végétation. Un afflux plus ou moins
grand d'eau douce, un ressac plus ou moins violent,
peuvent favoriser le développement de certains groupes
d'animaux marins, s'opposer à celui de certains autres.
Quant aux animaux marins qui m'intéressaient particulièrement, savoir : les Radiolaires, les Méduses, les
Siphonophores, ils se multiplient surtout dans les baies
profondes et tranquilles protégées par des promontoires
rocheux, là où l'eau douce ne se déverse qu'en petite
quantité, où les courants charrient quantité d'animaux
flottants. C'est là la raison de la célébrité zoologique,
dont jouissent depuis une dizaine d'années dans la Méditerranée, le havre de Messine, le golfe de Naples, la
baie de Villafranca.

Or, un coup d'œil jeté sur la carte des Indes suffit
pour constater que, dans ce pays, ces baies abritées sont
extrêmement rares, moins nombreuses et plus petites
que sur les rivages si découpés de notre incomparable
Méditerranée. Sur les côtes de Ceylan, on ne compte
guère que trois baies de ce genre : au sud-ouest, les
deux beaux havres de Galla et de Belligemma; au nord-
est, le superbe et vaste golfe de Trincomalie avec ses
nombreuses îles. Déjà, Nelson avait signalé ce dernier
golfe comme un des meilleurs mouillages du monde.

Le gouvernement anglais, si habile à reconnaître et à utiliser, dans le monde entier, les points les plus utiles à sa suprématie, ne manqua point, après avoir pris possession de Ceylan, de faire de Trincomalie un port de guerre et de le fortifier de son mieux. Déjà les Hollandais avaient construit, sur les promontoires qui protègent la baie, deux·petits ouvrages : le fort Frédéric au nord-est, et le fort Ostenbourg au sud. Les Anglais ont beaucoup fait pour accroître l'importance de ces fortifications et celle de la petite ville de Trincomalie. Pourtant, la tâche est loin d'être achevée, surtout si l'on considère que Trincomalie est le port le plus important et le plus sûr de toute l'Inde anglaise. Dans la guerre que, tôt ou tard, l'empire britannique devra soutenir pour la possession des Indes, cette place forte jouera sûrement un très grand rôle.

L'ampleur, la profondeur du golfe de Trincomalie, ses rivages sinueux, les îles nombreuses et boisées qui en protègent l'entrée, disent assez que la faune marine doit y être très développée. En effet, nombre de groupes d'animaux marins y sont plus riches en espèces que partout ailleurs dans l'île, spécialement les mollusques et les radiés, qui vivent sur les rochers (les mollusques et les échinodermes). Depuis longtemps d'ailleurs, cette station est célèbre par sa richesse conchyliologique, par la beauté, l'éclat, l'élégance de ses coquillages. Aussi, quelques zoologistes qui, dans ces derniers temps, ont exploré Trincomalie, y ont découvert beaucoup de nouvelles espèces. C'était donc cette baie, qui tout d'abord devait m'occuper ; il aurait fallu y pêcher pendant un mois; malheureusement, il y avait à cela d'insurmontables empêchements.

Aujourd'hui encore, Trincomalie est fort mal relié à la capitale de l'île, aussi bien par terre que par mer. La voie ferrée entre Kandy et Trincomalie, est toujours à l'état de projet, Kandy étant située presque à égale distance des côtes occidentale et orientale et étant déjà reliée depuis quelques années à la première, par le chemin de fer de Colombo, il semble nécessaire de prolonger ce chemin jusqu'à la côte orientale, surtout en raison de la haute importance stratégique de Trincomalie et de l'excellence de son port, très peu utilisé encore au point de vue commercial. Quant à présent, on ne va de Kandy à Trincomalie que par une route difficile, en traversant pendant des journées entières, d'épaisses forêts désertes. En outre, justement au commencement de décembre, au moment où je songeais à entreprendre ce voyage, l'état de la route était particulièrement mauvais; les pluies diluviennes de la mousson sud-occidentale avaient emporté plusieurs ponts et rendu impraticables de longues portions du chemin. Il était à craindre que les chariots à bœufs, qui devaient transporter mes seize caisses d'instruments, etc., ne restassent embourbés ou n'arrivassent à Trincomalie qu'avec de grandes difficultés et de graves avaries.

Par malheur, la chose n'était pas plus facile du côté de la mer. Deux fois par mois, le gouvernement expédie autour de l'île un petit vapeur côtier, le *Serendib*, qui commence son voyage une fois par le

nord, une autre fois par le sud. C'est par ce petit
vapeur que les stations principales de la côte sont
mises en communication régulière et directe; les seuls
autres moyens de transport sont des bateaux à voile
rares et peu sûrs. Mais par malheur, juste au moment
où j'avais besoin du *Serendib* pour me transporter à
Trincomalie, ce navire avait subi, dans une tempête,
des avaries et avait dû être remorqué à Bombay pour
y être réparé. Force me fut donc de renoncer à visiter
Trincomalie au moins pour le moment. Mais plus tard,
à mon grand regret, d'autres empêchements ne me
permirent pas de réaliser cette partie de mes plans.

Il ne me restait plus qu'à établir mon laboratoire
zoologique sur la côte sud-occidentale, soit à Galla,
soit à Belligemma. Galla ou pointe de Galle est le
port le plus important de l'île; jusqu'à ces dernières
années, c'était la grande escale de tous les navires, le
rendez-vous des voyageurs européens dans l'Inde;
j'aurais eu l'avantage d'y trouver la civilisation européenne, toute facilité pour y faire construire les accessoires nécessaires et, en outre, j'y aurais joui d'un
incessant commerce avec des Anglais cultivés. J'étais
sûr de pouvoir pêcher dans ce vaste et beau port avec
des embarcations européennes, sûr de faire sur les
célèbres bancs de coraux de Galla une abondante ré-
colte d'animaux marins intéressants, sûr de pouvoir les
étudier et les empaqueter avec une facilité et une
commodité relatives. Enfin, d'autres zoologistes m'a-
vaient frayé la voie en explorant la localité et en étudiant la faune locale; le beau travail de Ransonnet

spécialement renferme d'importantes observations sur les bancs de coraux de Galla.

A Belligemma, les conditions étaient tout autres. Située à quinze milles au sud de Galla, à mi-chemin entre ce port et Matura, l'extrémité méridionale de l'île, la baie de Belligemma, belle et bien abritée, semble à première vue très analogue à Galla, aussi bien à cause de ses bancs de coraux que par toutes les autres conditions topographiques et zoologiques ; mais elle a été peu visitée, peu explorée et possédait le grand attrait de la nouveauté, de l'inconnu. La végétation tropicale et tout le pittoresque de ces contrées y avaient encore plus de splendeur et de richesse qu'à Galla et dépassait tout ce que j'avais vu et lu. Mais ce qui me charmait surtout, c'était qu'à Belligemma je pourrais, pour quelques mois, m'affranchir entièrement des entraves et du convenu de notre civilisation ; j'avais le droit d'espérer que là, au milieu de l'exubérante nature tropicale, je pourrais tout à mon aise en goûter la beauté ; que, vivant au milieu d'une population primitive, je réussirais à me faire une idée de l'éden paradisiaque, berceau rêvé de notre espèce. En effet, Belligemma n'est qu'un grand village cingalais habité par des pêcheurs, des bergers, des paysans ; ses quatre mille habitants à peau brune, parmi lesquels il n'y a pas un Européen, ne vivent pas pour la plupart dans le village même, c'est sur le bord de la baie si pittoresque, sur un vaste terrain plat, au milieu d'un superbe bois de cocotiers, que sont disséminées la plupart de leurs huttes. Enfin seul, dans le solitaire et paisible

refuge de Belligemma, je pouvais espérer que mes
travaux auraient plus de suite, que je ne serais pas
dérangé, comme dans la société de Galla, par un flot
d'amis bienveillants et de nouvelles connaissances. En
revanche, je devais m'attendre à rencontrer à Belligemma, pour l'établissement de mon laboratoire zoologique et l'exécution de mes travaux, plus de difficultés
qu'à Galla, peut-être même des obstacles insurmontables.

Après bien des hésitations, après avoir mûrement
pesé les raisons pour et contre, je me décidai en fin de
compte pour Belligemma, et je n'eus pas à regretter
mon choix. De ma vie je n'oublierai les six semaines
que je passai en ce lieu, ni les délicieuses impressions
que j'y ressentis; dans la guirlande de mes souvenirs
indiens, ceux de Belligemma sont les fleurs les plus
suaves, les plus variées. Sans doute, à Galla, j'aurais
trouvé plus de facilités pour mes travaux zoologiques,
mais pour bien comprendre la nature, pour étudier
l'homme, j'étais mieux dans le charmant Belligemma.

Je voulais faire un long séjour dans ce solitaire
village de pêcheurs; de nombreux préparatifs me
furent naturellement nécessaires. A Belligemma, on ne
peut loger que dans la « Rest-House », et on n'y doit
pas rester plus de trois jours; il me fallut donc
demander l'autorisation d'y séjourner plusieurs mois.
Le gouverneur de Ceylan, sir James Longden, auquel
j'étais spécialement recommandé par le gouvernement
anglais et que je dois remercier ici pour la bienveillance de son accueil, non seulement me fit accréditer

auprès du gouverneur de la province méridionale, mais
en outre il enjoignit dans la même pièce à tous les
employés du gouvernement de m'aider autant qu'il
serait en eux. Grâce à l'ordre admirable, à la discipline exemplaire qui règne dans le gouvernement des
colonies anglaises comme dans la mère patrie, cette
recommandation officielle est un talisman inappréciable
et absolument nécessaire. Cela est vrai tout particulièrement pour Ceylan, puisque cette île est indépen-
dante du gouvernement indien et dépend directement
du ministère des colonies à Londres ; le gouverneur
jouit d'un pouvoir à peu près absolu et fait assez peu de
cas des décisions de son parlement, qui a simplement
voix consultative. C'est à ce gouvernement absolu,
tout à fait en dehors du constitutionalisme anglais,
que l'on attribue la plupart des imperfections, qui dé-
parent l'administration de cette belle île. L'une des
principales est que le gouverneur ne doit pas rester en
place pendant plus de quatre ans, ce qui suffit à peine
pour apprendre à connaître l'île. Mais il importe de
remarquer que parmi les 2 millions et demi d'habitants de l'île, il n'y a guère que 3,000 Européens, ce
qui sous beaucoup de rapports rend avantageuse la
concentration des pouvoirs en une seule main. L'expérience m'apprit bientôt qu'à Ceylan, comme dans la
plupart de leurs colonies, le sens pratique des Anglais
les a bien inspirés et que leur administration est plus
circonspecte et plus intelligente que celle de la plupart
des autres nations civilisées.

Après m'être muni à tout hasard de recommandations

pour Galla, et avoir fait maintes emplettes en vue de
mon séjour à Belligemma, je chargeai mes seize caisses
sur un grand chariot à deux roues traîné par des
bœufs ; ce véhicule devait en huit jours porter le tout
à Galla. Ces chariots sont à peu près les seuls moyens
de transport usités à Ceylan partout où il y a des
routes. Les plus grands d'entre eux peuvent porter sur
leurs fortes roues jusqu'à quarante quintaux, et sont
traînés par quatre paires de robustes bœufs à bosse
(*zébus*), de la plus grande taille. Ce n'est pas sur le
front des animaux qu'est fixé le joug, mais simplement
sur le cou, immédiatement en avant de la bosse grais-
seuse, qui sert de point d'appui. Le chariot tout entier
est recouvert d'un toit cylindrique formé de palmes de
cocotiers entrelacées, afin de mettre le chargement à
l'abri des pluies torrentielles de ce pays. En avant et
en arrière, des nattes tissées avec les mêmes feuilles
ferment le chariot. La charge doit être habilement
distribuée, de manière que le centre de gravité tombe
sur l'essieu. Le conducteur s'assied en avant sur le
timon, immédiatement en arrière des bœufs ou entre
eux ; sans cesse il les excite par ses cris ou en frottant
leur queue. Des centaines de ces chariots, tantôt à
deux, tantôt à quatre zébus, circulent perpétuellement
sur les routes. Entre ces véhicules, mais d'une allure
plus rapide, parfois même au trot accéléré, circulent
de petits cabriolets traînés aussi par des bœufs ; des
« bullok-bandy » ou « hackary »; ce sont de légères
voitures à deux roues de la même forme que le chariot,
mais attelées d'élégants bœufs de course.

Le 9 décembre, je quittai l'amical asile de Whist-Bungalow, accompagné par les vœux cordiaux et les bons conseils de mes chers hôtes. Dans toutes les relations de voyage à Ceylan, la description de la route de Colombo à Galla forme un chapitre charmant. Il y a quelques années encore, tous les vapeurs postaux touchaient d'abord à Galla, et la première excursion du voyage consistait toujours à aller de Galla à la capitale ; c'était donc pendant ce trajet que les étrangers faisaient connaissance avec les beautés de la nature à Ceylan. Il faut dire que, dans cette région, ces beautés sont éclatantes ; le bois de cocotiers avec l'infinie variété de ses aspects charmants, que j'avais pu contempler dans mon excursion à Kaduwella, occupe une large zone du littoral dans le sud-ouest de l'île. Tantôt la route serpente à travers le bois, tantôt elle court sur la plage rocheuse ou sablonneuse, parfois elle s'enfonce dans d'épaisses forêts ou franchit sur des ponts les nombreux petits cours d'eau, qui se jettent dans la mer sur cette côte.

Tout récemment encore, la route tout entière de Colombo à Galla se faisait en voiture ; mais actuellement on peut en parcourir le premier tiers en chemin de fer. La voie ferrée longe aussi la côte, se dirige presque en ligne droite vers le sud à travers le bois de palmiers, et se termine provisoirement à Caltura. La continuation de la ligne jusqu'à Galla, qui serait pour cette dernière ville d'une telle importance, est différée par le gouvernement, de peur que Galla ne se relève trop et ne prenne le pas sur la capitale Colombo. Le

commerce entre les deux villes étant très actif et
chaque jour plus considérable, on ne saurait avoir
d'inquiétude au sujet des revenus de la ligne. Malheureusement la préoccupation de favoriser Colombo aux
dépens de Galla empêche le gouvernement et même
les principaux souscripteurs de la voie ferrée d'ac-
corder la concession. De là, à ce sujet, un concert de
plaintes, que l'on entend partout. Force est donc au
voyageur, ou de louer très cher un véhicule particulier
ou de se confier à l'omnibus postal qui, tous les jours,
fait le service aller et retour entre Galla et Caltura ;
mais c'est là un moyen de transport coûteux et des
moins commodes.

Quoique cet omnibus s'appelle pompeusement « Royal-
Mailcoach » et étale sur ses portières les armoiries anglaises avec la fameuse devise : « Honni soit qui mal
y pense ! » tout cela semble une amère ironie, quand
on considère l'état de la voiture et des chevaux con-
damnés à la traîner. A première vue le léger véhicule
semble à peine capable de loger une demi-douzaine de
voyageurs, mais il arrive qu'on y en entasse le double.
Sur chacune des deux étroites banquettes d'un intérieur fort exigu et aussi sur la banquette placée à
l'arrière de la voiture, on empile trois voyageurs, quoique chaque banc soit déjà trop petit pour deux personnes. La meilleure place est encore en avant sur le
siège du cocher, protégé par un large auvent. De là on
jouit à son aise du magnifique paysage, qui s'étale de
tous les côtés, et l'on est à l'abri des pénétrantes et
rien moins qu'agréables exhalaisons, que dégagent dans

l'étroit intérieur les Cingalais entassés et oints d'huile de cocos. Enfin, le prix de la place pour un voyage de cinq heures en omnibus est, pour chaque Européen « blanc », de 15 roupies, soit 30 marks, 6 marks par heure ! L'indigène de couleur ne paie que demi-place.

Ce qu'il y a de plus repoussant dans cet omnibus et dans tous ceux du même genre à Ceylan, c'est le traitement infligé aux pauvres chevaux. Il semble bien que les bons Cingalais n'ont jamais soupçonné que le dressage des chevaux est un art, que les chevaux de trait ont besoin d'une éducation. A leurs yeux, tout cela va de soi et les animaux ont héréditairement l'instinct de traîner les voitures. Sans avoir subi aucun dressage, les chevaux, accoutrés d'un harnais aussi incommode que peu pratique, sont attelés à la voiture et tourmentés de mille manières jusqu'à ce qu'ils courent de désespoir. Comme d'ordinaire les cris et les coups de fouet ne suffisent pas pour arriver à ce résultat, on a recours aux tortures les plus variées : avec des crochets on irrite successivement les narines, dont la sensibilité est si grande ; les oreilles sont liées à un bâton et tordues, comme si on voulait les arracher ; une demi-douzaine de gamins s'attellent à des cordes attachées aux jambes de devant de l'animal et frappent à coups de bâton sur les jambes de derrière ; si tous ces supplices ne réussissent pas à mettre en mouvement le pauvre animal, on va jusqu'à lui placer sous le ventre une torche allumée. En résumé, on a recours à toutes les tortures dont la sainte Inquisition se servit autrefois pour convertir les infidèles ; quand, une fois juché sur le

siège du cocher, j'étais témoin de ces honteuses cruautés
sans pouvoir les empêcher, je me demandais toujours
pour quels péchés ces pauvres chevaux étaient ainsi
torturés. Peut-être des pensées semblables naissaient-
elles dans la tête noire du cocher ou du palfrenier, le
plus souvent adeptes du sivaïsme et de la doctrine de la
métempsycose. Peut-être pensaient-ils se venger en
torturant les âmes des princes, des guerriers cruels,
qui avaient jadis tourmenté leurs peuples !

Soit en vertu d'idées de ce genre, soit à cause d'un
manque complet de compassion, soit parce que l'on
suppose, comme il arrive encore parfois en Europe, que
les animaux ne sentent rien, toujours est-il que pour
les Cingalais ces mauvais traitements infligés aux animaux et d'autres du même genre sont de simples diver-
tissements. Ainsi partout on grave sur la peau des
zébus vivants et en caractères gigantesques le nom de
leur propriétaire. Dans les villages où l'on relaye,
l'arrivée de la poste est le grand événement du jour et
toute la population accourt curieusement, en partie
pour examiner et critiquer les voyageurs, en partie
pour assister à l'intéressant spectacle du changement
de chevaux et participer activement au martyre des
bêtes de rechange. Quand une fois on a réussi à faire
partir les chevaux, ils prennent d'ordinaire le grand
galop accompagnés par les cris perçants des gamins
jusqu'au moment où la respiration leur manque, puis
ils se mettent à trotter languissamment. Couverts de
sueur, l'écume à la bouche, tremblants de tous leurs
membres, ils arrivent au bout d'une demi-heure à la

station voisine, où on les dételle de leur chariot de
torture. Naturellement, cette manière de voyager
n'est ni agréable ni sans danger pour le voyageur, qui
se confie à la fragile diligence postale. Souvent le véhicule verse ou casse ; il n'est pas rare que les chevaux
s'emportent à travers champs ou poussent en reculant
la voiture, soit dans un fourré de bananiers, soit dans
un fossé ; dans ces moments critiques, il fallait me tenir
prêt à sauter à terre du haut du siège du cocher. On
ne comprend pas comment le gouvernement anglais,
d'ordinaire si fort ami de l'ordre et de la décence,
tolère ces mauvais traitements si scandaleux infligés
aux animaux, et surtout n'édicte pas un règlement
tutélaire en faveur des pauvres chevaux de sa « poste
royale ».

Grand Bouddha, toi qui t'es si fort évertué à consoler
notre temps d'exil dans cette vallée de douleur et surtout à adoucir le sort des êtres souffrants, quelle bévue
tu as commise ! Quel service tu aurais rendu à l'humanité et à l'animalité souffrantes si, au lieu de défendre si déraisonnablement de tuer les animaux,
tu avais édicté la prescription si sage de ne pas les
faire souffrir ! D'ordinaire, les Cingalais observent avec
assez de soin le premier commandement, nonobstant
d'assez nombreuses exceptions. Il ne leur déplaît pas
que le naturaliste les débarrasse des singes et des
roussettes, qui volent leurs bananes et leurs mangues ;
ils voient sans peine le planteur tuer les éléphants qui
dévastent leurs rizières, les léopards qui déciment leurs
chèvres, la martre des palmiers, qui saccage leurs

poulaillers. Mais, en ce qui les concerne, les actes de ce genre leur font horreur, et ils évitent soigneusement de tirer eux-mêmes un animal. Aussi les membres de la caste des pêcheurs sont pour la plupart catholiques; ils ont renoncé au culte de Bouddha afin d'être libres de tuer les poissons.

En raison de l'opiniâtre rébellion opposée à leurs bourreaux par les chevaux indiens, en raison de leur habitude de s'ébrouer à l'improviste, aussi de la rapidité de leur galop, il faut au conducteur une grande dextérité. Cocher et palefrenier doivent être perpétuellement sur leurs gardes. L'endurance et l'agilité du second sont merveilleuses ; tout nu, sauf une ceinture disposée en guise de pantalon, et un cor de poste en sautoir, un turban blanc sur la tête, le noir Tamil court à côté de la voiture pendant une bonne partie de la route, tirant la bride tantôt d'un côté, tantôt de l'autre; et bondissant sur le timon, quand l'attelage est lancé à toute vitesse. Vient-on à rencontrer un autre chariot, ou la route décrit-elle une courbe trop forte, notre homme saisit rapidement la tête des chevaux et d'une brusque poussée il la détourne du côté libre de la route. Si la voiture doit passer sur un des longs ponts de bois construits sur les larges fleuves, le palefrenier arrête brusquement les chevaux dans leur course trop rapide et il les guide à pas lents sur les traverses vacillantes et cliquetantes. Que, comme il arrive souvent, un enfant traverse la route, ou qu'une vieille femme ne réussisse pas à éviter l'attelage, le palfrenier saute à la tête des chevaux et les refoule vigoureusement

en arrière. En résumé, il doit toujours être sur le qui-
vive et prêt à agir.

Quoique, durant les soixante-dix milles qui séparent
Colombo de Galla, le paysage ait toujours le même
caractère, le regard ne cesse d'être charmé et ne se
lasse pas. Les bois de cocotiers ont tant d'attrait, les
arbres se groupent, se massent de tant de manières
qu'on ne se rassassie pas de les contempler. L'ardeur du soleil tropical n'incommode guère, car elle
est tempérée par les fraîches brises marines et par
l'ombre des bois. Sans doute, l'élégante frondaison des
cocotiers, leurs feuilles, pennées comme celles de la
plupart des autres palmiers, ne donnent point l'ombre
épaisse et froide de nos forêts du nord; en effet, quoique
atténués, les rayons solaires filtrent à travers les
feuilles. Mais souvent, les tiges élancées des palmiers
disparaissent sous les spires des poivriers et d'autres
plantes grimpantes; entre les frondaisons des cocotiers,
ces plantes balancent comme de superbes guirlandes
artificielles leurs thyrses grêles et chargés de feuilles,
et retombent comme de magnifiques lampes. Beaucoup
de ces plantes grimpantes sont ornées de fleurs splendides : ce sont d'admirables liliacées aux fleurs d'un
rouge rosé, diverses papilionacées, etc. En outre, entre
les palmiers, qui dominent tout, poussent beaucoup
d'autres arbres, par exemple, le noble manguier, l'imposant arbre à poivre avec son épaisse couronne de feuilles
d'un vert sombre. Le tronc élancé du *Carica papaya*
surgit comme une colonne, étalant en élégant diadème
ses feuilles larges, palmatiformes, régulières et gra-

cieuses. Diverses espèces de jasmins, des orangers, des citronniers se montrent çà et là couverts de fleurs odoriférantes.

Les jolies, les idylliques cabanes des Cingalais sont disséminées au milieu des arbres, les unes blanches, les autres de couleur brune. On croirait voyager à travers un interminable village situé dans un jardin de palmiers, si la route ne traversait, de temps à autre, d'épais fourrés auxquels succède tout à coup quelque rustique bazar, autour duquel se pressent les cabanes d'un populeux village.

Ailleurs, la route longe le bord de la mer et surtout passe sur les rochers même du rivage. Parfois, on traverse une plage sablonneuse, parsemée de monticules rocheux, souvent couverts d'étranges et pittoresques pandanus. Les pandanus (*Pandanus odoratissimus*), sont des plantes tropicales par excellence. Très voisins des palmiers, les pandanus sont aussi appelés palmiers en spirales ou, improprement, pins en spirales (*Screw-Pines*). Bas, cylindrique, haut habituellement de 20 à 40 pieds, le tronc du pandanus est souvent incurvé, bifurqué et se ramifie à la manière d'une torchère. Chaque rameau se termine par une épaisse touffe de grandes feuilles spadiformes, analogues à celles des dracaenias et des yuccas. Ces feuilles, teintes en vert de mer ou en vert sombre, s'incurvent élégamment et sont disposées en spires, de sorte que le rameau qui les supporte est contourné en spirale régulière. A la base de chaque touffe de feuilles pendent des grappes de fleurs blanches d'un parfum exquis, ou des fruits volumineux,

rouges, analogues à l'ananas. Mais ce qui est surtout
curieux, ce sont les nombreuses et grêles racines
aériennes, sortant du tronc en maint endroit et se rami-
fiant dichotomiquement; arrivées au sol, elles s'y
implantent et soutiennent la frêle tige de l'arbre, qui
semble juché sur des échasses. Rien de plus fantastique
que ces pandanus, quand, grimpés sur leurs échasses,
ils dominent les fourrés, ou quand ils s'implantent dans
les fissures des rochers ou rampent au milieu d'eux sur
le sol.

Le sable blanc de la plage, parsemé de noires saillies
rocheuses, est animé par des crabes alertes, auxquels
leur agilité a fait donner le nom d'ocypodes. De nombreux Bernards-l'hermite (*Pagurus*) se promènent gra-
vement au milieu de leurs cousins aux pieds légers, traî-
nant derrière eux, avec beaucoup de dignité, la coquille
dans laquelle ils cachent leur train postérieur mou et
sensible. Çà et là, des rôdeurs, d'élégants hérons, des
pluviers, d'autres habitués des plages s'adonnent à la
pêche et font une active concurrence aux pêcheurs cingalais. Ces derniers font leur métier, tantôt isolément,
tantôt en troupes; le plus souvent plusieurs canots
naviguent de conserve avec de grands filets, que l'on
tire en commun sur le sable. C'est, au contraire, au
milieu des vagues écumantes du ressac, que les pêcheurs
isolés vont chercher leur proie; on a plaisir à voir ces
hommes aux corps nus et bronzés, protégés seulement
contre les rayons solaires par un large chapeau de paille;
se plonger hardiment au milieu des vagues et capturer
le poisson avec un petit filet à main. La fraîcheur du

bain paraît leur agréer tout autant qu'à leurs enfants,
que l'on voit jouer par bandes sur la plage et qui, dès
l'âge de six à huit ans, sont déjà passés maîtres dans le
noble art de la natation.

Pendant des heures entières, on suit une étroite lisière
sablonneuse qui, comme une bande de coton jaune ou
blanc, contourne les sinuosités ou les larges baies
du rivage, tranchant sur le bleu profond de l'océan
Indien et la verdure légère des bois de cocotiers. Un
des charmes de cette lisière sablonneuse, c'est que les
cocotiers, serrés les uns contre les autres, inclinent au-
dessus d'elle leurs troncs sveltes, comme si leurs élégantes couronnes de feuilles pennées se disputaient la
fraîcheur des brises marines et l'éclatante lumière du
soleil. Au pied des arbres poussent les plus belles fleurs
des plages, parmi lesquelles trois espèces ressortent
particulièrement, savoir : les pieds de chèvre (*Ipomea
pes capri*) aux feuilles bilobées, aux fleurs d'un violet
rouge; une élégante balsamine (*Impatiens*), d'un rouge
rosé, et le superbe lis infundibuliforme de Ceylan (*Pan-
cratium ceylanicum*); les splendides corolles blanches
de ces lis se balancent en touffes sur des tiges de 6 à
8 pieds. Après ces espèces, on remarque surtout de
splendides caladiums, aroïdées, dont les grandes feuilles
sagittiformes parent le chemin. Si la chaleur est vraiment intolérable ou s'il survient une averse, les Cingalais n'ont, pour se garantir, qu'à s'abriter avec une
feuille de ces caladiums; ces feuilles, qui valent mieux
qu'un parapluie de soie ou de coton, sont en outre très
élégamment ornées de veines brillantes et de taches

pourprées. On le voit, dans ce paradis ensoleillé, les parasols même, ou plutôt les « en-tout-cas », croissent au bord des routes

Une des principales beautés de cette superbe route de Galla à Colombo, ce sont les nombreuses embouchures fluviales, qui brisent la continuité du bois de cocotiers et les vastes lagunes, qui, surtout dans la moitié septentrionale du trajet (entre Colombo et Caltura), mettent en communication les cours d'eau dans le voisinage de la côte. Les premiers maîtres de l'île, les Hollandais, trouvaient de tels charmes à ces lagunes, qui leur rappelaient la patrie, qu'ils en firent un réseau de canaux sur lequel ils voyageaient de préférence. Sur ces lagunes, circulent de nombreux bateaux de transports, rappelant les « bateaux de hâlage » de la Hollande, et ils facilitent beaucoup le mouvement commercial. Depuis que les Anglais ont, de préférence, adopté les routes de terre, ces canaux sont fort mal entretenus, mais les bambous et les palmiers de leurs rives, les ravissants ilots, les rochers, semés à profusion sur leurs bassins miroitants, sont charmants à voir pour le voyageur qui passe. Le paysage est surtout délicieux quand, sur le fond de la sombre verdure des bois épais, se détachent des files de cocotiers aux troncs élancés ; comme l'a si bien dit Humboldt : « C'est un bois sur un bois. » Au fond du tableau, les collines s'étagent comme à plaisir, dominées çà et là par les hautes cimes du massif montagneux et surtout par le majestueux sommet du pic d'Adam.

A l'embouchure des grands cours d'eau, fort nom-

breux sur cette route, le pays, d'un aspect en général
si riant, revêt un caractère plus sévère ; là ce sont les
sombres bois de mangliers qui dominent, formant sur
la rive des fourrés impénétrables, en entrelaçant leurs
racines aériennes ; jadis, ces bois étaient peuplés de crocodiles ; aujourd'hui, les incessants progrès de la civilisation ont refoulé ces animaux dans le cours supérieur
des fleuves. De ces cours d'eau, le principal est le Kalu-
Ganga, « le fleuve Noir », que plus tard je remontai
presque jusqu'à sa source ; dans la dernière partie de
son cours, il est aussi large que le Rhin à Cologne.
C'est à l'embouchure du Kalu-Ganga, que se trouve
Caltura, gros village, où s'arrête provisoirement la voie
ferrée. A l'extrémité méridionale de Caltura, un superbe
figuier des Banians (ou de Benjamin), forme au-dessus
de la route un arc de triomphe ; le gigantesque figuier
(*Ficus Indica*) a jeté, par-dessus la route, des racines
aériennes, devenues grosses comme des troncs d'arbre
et qui, avec le tronc principal, forment une haute voûte
gothique, d'autant plus pittoresque que de nombreuses
fougères parasites, des orchidées, des vignes sauvages
et d'autres plantes grimpantes y pullulent. Durant une
autre visite à Caltura, je découvris un autre arbre extraordinaire, un gommier, dont les racines ressemblant à
des piliers torses juxtaposés forment un vrai labyrinthe ;
une bande de gamins espiègles jouaient à cache-cache
entre les racines. Un autre endroit charmant, c'est la
maison de poste de Bentoke, où la « poste royale »
s'arrête une heure, pour laisser les voyageurs se reposer
et déjeuner. Le pays est renommé pour le goût exquis

de ses huîtres, que l'on déguste avec du vinaigre. La maison de poste est dans une situation charmante, sur une colline, au milieu de hauts tamariniers ; de là, on a une vue superbe sur la mer étincelante et sur un pont construit à l'embouchure d'un fleuve. Au-dessous du pont, j'assistai à la pêche aux huîtres après le déjeuner, puis je pus flâner encore un quart d'heure à travers le pittoresque bazar du long village de Bentoke. Le commerce du bazar est tout à fait en harmonie avec la simplicité des huttes indiennes, le primitif costume des indigènes à moitié nus ; tout cela est encore idyllique. Les plus importantes marchandises sont le riz et le curry, principaux aliments de la population, et le bétel et l'aréca, substances de luxe fort recherchées. Tous les articles en vente sont élégamment disposés sur des feuilles fraîches de bananiers dans des échoppes, dont l'entrée sert à la fois de porte et de fenêtre ; là, on trouve étalés pêle-mêle, des tas de noix de coco, de superbes régimes de bananes, des ananas parfumés, les racines amidonifères de l'Yam, du Colocosia, etc. ; on remarquait surtout les gigantesques fruits de l'arbre à pain, pesant souvent 30 à 50 livres et ceux du Jaquier, très analogues aux premiers, les mangues si exquises et les délicats ananas (le « Custard-Apple » des Anglais). Tandis que, dans ces fruiteries souvent ornées de fleurs par les Cingalais, nous humions le parfum de ces nobles fruits, notre odorat fut subitement affecté par une autre émanation aussi intense, mais rien moins que parfumée elle provenait de tas d'animaux marins, les uns frais, les autres secs ; c'étaient surtout des poissons et des crus-

tacés; parmi ces derniers, on recherche surtout de
grandes crevettes « shrimps », appelées à Ceylan
« Prawns », qui jouent un rôle important dans l'assaisonnement du curry.

On se tromperait fort, si l'on s'attendait à trouver dans
les marchés cingalais, le brouhaha et l'incessant mouvement qui règnent d'ordinaire sur les marchés des
autres peuples. Quand on a vu l'animation de la charmante *Piazza delle erbe* à Vérone, l'agitation de *Santa
Lucia*, à Naples, on est porté à croire qu'un tumulte
bien autre doit régner dans un bazar tropical à Ceylan.
Point du tout! Le caractère si doux, si paisible des Cingalais se manifeste même dans leurs relations commerciales. Aussi bien le marchand que l'acheteur semblent
s'intéresser très médiocrement à leurs transactions; ils
n'y mettent pas plus de passion que n'en mérite la
valeur des pièces de cuivre avec lesquelles on peut
payer les plus beaux fruits. Disons en passant, qu'il faut
une centaine ou une vingtaine de ces pièces d'un cent
ou de cinq cents, pour faire une roupie (deux marks) et
qu'elles portent en effigie un cocotier. Pourtant, les
Cingalais ne sont nullement indifférents à la valeur de
l'or, quoiqu'il leur soit bien moins nécessaire qu'à la
plupart des autres peuples. En effet, il n'est guère de
coin du globe où la bonne mère Nature ait été aussi pro-
digue de ses dons les plus précieux, que dans cette île
privilégiée; elle y a vidé sa corne d'abondance. Au prix
d'un léger effort, le plus pauvre cingalais peut se procurer la quantité de riz indispensable pour vivre; 10 ou
15 cents suffisent; la terre et la mer sont si prodigues,

l'une de fruits, l'autre de poissons, que cette faible somme suffit aussi pour le curry et les divers échanges.

Pourquoi les Cingalais iraient-ils troubler leur vie par le travail ? Ils ont pour cela trop de nonchalance ou de philosophie pratique. Aussi, les voit-on partout, soit couchés dans leurs huttes et y goûtant un agréable repos, soit accroupis par terre et babillant par groupes. Le mince travail exigé par la culture de leur petit coin de jardin est bien vite fait, et le reste du temps est consacré au plaisir. Ce plaisir lui-même n'est rien moins qu'excitant et passionné. Sur toutes les occupations, sur l'existence tout entière de cette heureuse race, sont répandus une paix, un calme charmants, quelque chose de tout à fait rare et attrayant pour nous autres, Européens surmenés du dix-neuvième siècle.

Bienheureux Cingalais! Pour vous, nul souci ni du du lendemain, ni d'un lointain avenir. Ce qui vous est nécessaire pour vivre, vous et vos enfants, cela vous tombe pour ainsi dire dans la bouche; votre luxe, vous l'obtenez presque sans peine. Vous ressemblez vraiment « aux lis des champs », qui croissent autour de vos cabanes; ils ne sèment pas; ils ne moissonnent pas, et pourtant le ciel les nourrit! Aucune ambition politique ou militaire ne vous hante; aucun souci relatif à la concurrence croissante, à la hausse ou à la baisse du change, ne trouble votre sommeil. Les biens précieux qu'ambitionnent les civilisés, savoir : un titre de conseiller intime ou une décoration, vous sont inconnus, et votre vie n'en est pas moins heureuse! Je suis même

14

tenté de croire que vous ne nous enviez pas nos mille
besoins superflus ; il vous suffit d'être des hommes simples, des hommes de la Nature, de vivre dans un paradis et d'en jouir ! Avec quel bonheur vous vous cou-
chez pour rêver sous le toit de palmes de vos cabanes,
en regardant la lumière se jouer entre les feuilles pennées des cocotiers en éventail ; quelle jouissance vous
trouvez à mâcher du bétel en jouant avec vos gracieux
enfants, à prendre un bain rafraîchissant en plein air,
sur le bord d'un fleuve, n'ayant d'autre souci, quand
vous faites ensuite votre toilette, que de rendre aussi
luisant que possible, l'élégant peigne d'écaille que vous
fichez dans votre chevelure bouclée ! Quel homme civilisé ne devrait pas, au milieu des soucis qui le rongent,
envier votre naïf état de nature et votre paix paradisiaque ?

Telles étaient mes réflexions, quand, arrivé à la dernière station avant Galla, je contemplais, pendant le
relais, les paisibles Cingalais savourant l'existence dans
leurs huttes à l'ombre des bananiers. La rude « lutte
pour l'existence » semblait absente, du moins en apparence. Je fus tiré de mes rêveries par mes deux domp-
teurs de coursiers, qui m'invitèrent à remonter sur mon
siège élevé. Les nobles Malabars m'apprirent ensuite,
dans un détestable anglais, que le moment était venu
de songer au pourboire d'usage ; à Galla, on serait
trop occupé et on aurait trop peu de temps pour vaquer
à cette importante formalité. Comme j'avais remarqué
qu'un Cingalais de distinction, descendu avant moi
avait donné, comme pourboire, à chacun des quéman-

deurs un « doppel anna », petite pièce d'argent de 25 pfennigs, je crus attester suffisamment ma haute valeur « d'homme blanc » en payant le quadruple de cette somme, c'est-à-dire 1 schilling. Mais le cocher et le palefrenier refusèrent avec indignation leur shilling et me firent une dissertation des plus flatteuses sur la distinction de ma peau blanche. Le fond de leur raisonnement était, que jamais un « gentleman » ne leur donnait comme pourboire moins du double (une roupie); mais qu'un homme aussi blanc que moi, ayant des cheveux si blonds devait sûrement appartenir à la plus haute caste et conséquemment devait payer bien davantage encore. Quelque flatteur que fut pour moi ce tarif, je ne crus pas devoir me soumettre à cette abusive « taxe blanche »; je leur donnai à chacun une roupie et j'eus encore la satisfaction de m'entendre dire que l'on me tenait pour un parfait « gentleman ». En comparaison des rares jouissances, que m'avait procurées ce voyage de cinq heures en voiture, je trouvai que le prix de ma place, 17 guldens, était fort modéré et, en dépit de la chaleur et de la fatigue, ce fut à regret que, vers quatre heures, j'aperçus le phare de Galla. Bientôt la diligence roula bruyamment sur le vieux pont-levis, s'engagea sous une longue et sombre voûte et s'arrêta devant l'élégant « Hôtel-Oriental » de Punto-Galla.

IX

Punto-Galla.

Sur une langue de terre rocheuse, échancrée par un large havre, s'ouvrant au sud, est située la fière et belle ville de Punto-Galla ou Punto de Galla. C'est, depuis une lointaine antiquité, l'une des plus importantes et des plus célèbres villes de Ceylan. Son nom cingalais *Galla* signifie « rochers » et n'a aucun rapport avec le mot latin *Gallus*, contrairement à ce qu'en avaient cru les premiers dominateurs européens, les Portugais. La preuve de cette fausse interprétation nous est fournie aujourd'hui encore par un coq sculpté dans la pierre des remparts et portant la date de 1640.

Au témoignage de plusieurs auteurs de l'antiquité classique, Galla était déjà, il y a deux mille ans, une importante ville de commerce et vraisemblablement ce fut pendant bien longtemps la plus grande et la plus riche cité de l'île. Les deux moitiés orientale et occidentale de l'ancien monde se donnaient là la main ; les marins arabes, venant de la mer Rouge et du golfe Arabique, commerçaient à Galla avec les Malais de l'archipel de la Sonde et les Chinois de l'extrême Orient. Le Tarsis oriental des anciens Phéniciens et Hébreux ne peut avoir été que Galla ; les singes et les paons, l'ivoire et l'or des marins de la légendaire Tarsis, sont désignés par les anciens écrivains hébreux par les mêmes noms usités aujourd'hui encore par les Tamils de Ceylan. Enfin, la description détaillée qu'ils nous donnent du port commercial de Tarsis ne convient, dans toute l'île, qu'à la remarquable « Pointe-Rocheuse » dite Punto-Galla.

L'avantageuse position de Galla, près de l'extrémité méridionale de Ceylan, au sixième degré de latitude nord, son climat, sa topographie, surtout son beau havre ouvert seulement au sud, sont de si excellentes conditions qu'ils assurent à cette belle ville la prééminence naturelle, comme entrepôt commercial, sur toutes les villes maritimes de l'île. Mais les efforts que fait le gouvernement anglais pour donner à la capitale Colombo la suprématie, surtout la facilité plus grande des communications entre Colombo et l'intérieur de l'île, sa proximité des districts caféiers du centre, ont fait récemment beaucoup de tort à Galla. Comme je l'ai déjà remarqué, dans ces dernières années, la plus grande partie du commerce s'est transportée à Colombo et le beau port de Galla n'est plus ce qu'il a été jadis. Néanmoins Galla tient toujours le second rang commercial après Colombo et sert naturellement de débouché aux riches produits de la province méridionale, surtout à ceux si variés que l'on tire du cocotier : l'excellente huile de cocos, les fibres solides du brou de la noix dont on fait des cordes, des tissus ; le sucre de palme, dont on extrait l'arak par fermentation et distillation, etc.

Anciennement le commerce des pierres précieuses fut
aussi important à Galla que celui des graphites ou
« plombagines » dans les temps modernes. Si l'on se
décidait enfin à prolonger la voie ferrée de Caltura à
Galla et à faire sauter avec de la dynamite les rochers
et les bancs de coraux, qui portent préjudice à l'excellent port de Galla, cette ville pourrait retrouver sa
prospérité passée et briller d'un nouvel éclat.

La situation de Punto-Galla est charmante, et il est
naturel que les anciens voyageurs aient vanté et minu-
tieusement décrit ce point où jadis débarquaient les
Européens. La ville européenne, « la ville blanche »,
« le Fort », occupe toute la crête de la langue de terre
dont j'ai parlé, et qui se dirige du nord au sud ; les
maisons en pierres et à un seul étage, dont les toits en
tuiles débordent, sont entourées de vérandahs à colonnes. Les gracieux jardins, qui séparent les maisons, ne servent pas peu à l'ornement de la ville et il
en est de même des larges allées ombreuses, plantées
de *Thespesia populnea* et d'*Hibiscus Rosa sinensis*.
Cette dernière espèce, qui à Punto-Galla remplace nos
rosiers, a de belles feuilles luisantes d'un vert vif et de
superbes fleurs rouges ; pourtant les Anglais l'appellent
prosaïquement fleur de soulier (*Shoe-flower*), parce
que par la cuisson ses fruits deviennent noirs comme
un soulier.

Parmi les monuments publics de Punto-Galla on remarque l'église protestante, jolie construction gothique
bâtie sur le point le plus élevé du Fort. Sous sa haute
voûte, reposant sur des murs épais, entourée de beaux

arbres, règne une délicieuse fraîcheur. C'était pour moi
un véritable réconfort de pouvoir, par une brûlante
matinée dominicale, au retour d'une excursion lointaine, chercher dans cette grotte ombreuse un refuge
contre les traits d'Hélios.

En face de l'église s'élève la « maison de la Reine »
(*Queen's-House*) ancienne résidence du gouverneur
hollandais d'abord, anglais plus tard. Les voyageurs d'un
rang élevé ou munis de recommandations spéciales y
jouissaient de l'hospitalité du gouverneur. Aussi, dans
les anciennes relations de voyage, le palais du gouverneur de Galla et ses alentours sont tout d'abord décrits
et admirés. Deux voyageurs allemands, Hoffmeister et
Ransonnet, y ont séjourné. Depuis quelques années
cependant la « maison de la Reine » appartient à des
particuliers, à la première maison commerciale de la
ville, dont la raison sociale est Clark, Spencer et Cᵉ.
J'étais chaudement recommandé au chef actuel de cette
maison, M. A. B. Scott, par mon ami St., et j'en reçus
la plus cordiale hospitalité. M. Scott mit à ma dispo-
tion deux des vastes et belles salles de la maison de la
Reine y compris leurs fraîches vérandahs et fit tout
son possible pour me rendre agréable et profitable mon
séjour à Galla. Non seulement je me trouvai bientôt
comme chez moi dans l'admirable famille de M. Scott,
mais je pus y voir ce qu'est réellement un négociant
anglais, dont l'instruction variée et élevée répond tout
à fait à la haute situation qu'il occupe. M. Scott est
actuellement consul de plusieurs nations, et il est à
regretter qu'il ne le soit pas de la nôtre. Le consul

allemand actuel de Galla, M. Vanderspaar, ne sait pas
un mot d'allemand, ne s'intéresse en aucune façon à
l'Allemagne et les anciens voyageurs nous apprennent
que déjà son père et son grand-père se distinguaient
par les mêmes qualités négatives. Que, dans un but
scientifique, on put entreprendre un voyage sous les
tropiques, c'est une chose qu'ils n'arrivaient pas à
comprendre. Au contraire, M. Scott a vécu des années
en Allemagne, a longtemps fréquenté l'école commerciale de Brême ; il parle parfaitement l'allemand et fait
grand cas de la littérature et de la science allemande.
Comme en ce moment j'avais le bonheur de représenter
cette dernière, je pus largement profiter des grandes
ressources dont disposait M. Scott. Aussi je retombai
dans mes hésitations. Devais-je accepter les offres bienveillantes qui m'étaient faites, et au lieu d'aller à Belligemma, installer pour quelques semaines mon laboratoire zoologique dans la « maison de la Reine » ? Sans
doute, au milieu de tout le confort européen, au sein
d'une aimable famille, j'aurais été bien mieux que
parmi les Indiens, dans la maison de repos de Belligemma, et il m'aurait été plus facile et plus commode
de poursuivre mes recherches scientifiques. Pourtant le
désir d'aller à Belligemma me hantait toujours ; j'y
voyais un avantage qui compensait tout, celui de pouvoir étudier la vraie nature de Ceylan et de ses indigènes beaucoup mieux qu'au milieu de la civilisation
de Galla.

Les quelques jours, que je passai alors à Galla, au-
quels il faut ajouter un court séjour, à mon retour de

Belligemma, chez M. Scott, me permirent, grâce à l'aide intelligente de mon hôte, d'apprécier suffisamment les environs de Galla et la richesse de ses superbes bancs de coraux. Constamment j'avais à ma disposition, pour mes excursions sur terre, un des deux équipages de M. Scott; pour mes excursions maritimes, une excellente embarcation montée par trois Malabars. Enfin, M. Scott me mit en relation avec plusieurs Anglais de distinction, qui m'aidaient de diverse manière dans mes recherches; je suis surtout particulièrement redevable au capitaine Bayley et au capitaine Blyth.

La première promenade à faire, en arrivant à Galla, est le tour des remparts élevés du Fort. Ces remparts, solidement construits en briques par lés Hollandais, se dressent de tous côtés à pic au-dessus de la mer ; de là on a à l'est une magnifique vue de la totalité du port, des collines boisées qui l'enserrent et que domine la chaîne bleuâtre des montagnes lointaines. Au sud et à l'ouest, on aperçoit au-dessous de soi les superbes bancs de coraux, qui entourent la langue de terre rocheuse sur laquelle est construit le Fort et qui, à marée basse, laissent voir les fleurs animées qui les parent. C'est surtout dans le voisinage du phare, à l'angle sudouest du Fort, que l'on peut voir deux beaux bancs de coraux.

On sort du Fort par deux vieilles et sombres portes, dont les pilastres, comme la plus grande partie du rempart, sont revêtus d'une riche végétation de fougères et de mousses. Par la porte orientale on débouche

immédiatement sur le quai du port et sur le môle, se
dirigeant directement vers l'est. Par la porte du nord
au contraire on arrive sur une verte esplanade gazon-
née servant aux jeux et exercices et séparant le Fort
de Pettah ou « la ville noire ». Celle-ci est formée uniquement par les cabanes et bazars des indigènes ; une
partie de Pettah s'étend à l'est vers le quai, le reste se
prolonge sur le rivage et la route de Colombo. Ces
deux quartiers se continuent insensiblement avec les
hameaux et les cabanes isolées, disséminées de tous
côtés dans les bois de cocotiers ou au milieu des jardins
sur les collines. Sur une de ces collines, dans une
belle situation, s'élève l'église catholique. Elle tient à
une école catholique et à un établissement de missionnaires ; le supérieur, le père Galla, successeur du révérend père Miliani souvent mentionné par les voyageurs,
était un Triestin, fort aimable et excellent musicien ; il
aimait beaucoup à causer avec moi, dans sa chère
langue italienne, de Trieste et de la Dalmatie. Le jardin
bien cultivé de la mission est, comme la plupart des
jardins, dans les paradisiaques alentours de Galla,
riche en magnifiques spécimens de la flore tropicale ;
il y a de quoi ravir tout botaniste, tout amateur des
plantes.

Mais, selon moi, l'endroit le plus ravissant des envi-
rons de Galla est la villa marine du capitaine Bayley.
Homme entreprenant et doué d'aptitudes variées,
M. Bayley était d'abord capitaine au service de la *P. and
O. Company* dont il est maintenant l'agent. Avec un
sentiment exquis de la nature, il a, pour y établir son

home, choisi la plus belle situation du pays. A peu près au milieu da la vaste courbe circonscrivant au nord le beau havre de Punto-Galla, deux hauts récifs de gneiss s'avancent dans la mer; autour d'eux sont semés quelques petits îlots rocheux couverts de bosquets touffus de pandanus. L'un de ces récifs, le plus oriental, a été acheté par le capitaine Bayley, qui, avec autant de goût que de connaissance pratique du pays, y a construit un petit château entouré d'un jardin, un vrai « miramar de Galla ». Des fenêtres occidentales de la villa et de sa terrasse on a sur la ville qui est en face, sur le port qui sépare la ville de Galla, une vue incomparable. Le phare, sur le rivage, l'église protestante au milieu du Fort font un effet charmant, surtout quand ils sont baignés dans la lumière dorée du matin. Entre eux et la ville sont placées comme à souhait les sombres et pittoresques îlots, que revêt la fantastique et luxuriante végétation des pandanus ; sur le rivage de ces îles sont construites quelques huttes de pêcheurs cingalais. Les rochers déchiquetés, noirs, sauvages, entassés autour de la villa forment un premier plan étrange; mais on peut à volonté reposer sa vue sur un coin du ravissant jardin, plein des plus belles plantes tropicales.

Parmi les plantes qui ornaient ce jardin, j'étais surtout intéressé par quelques spécimens d'un palmier d'Égypte, l'*Hyphaene thebaica*. Le tronc puissant de ce palmier n'était pas, comme il arrive d'ordinaire dans cette famille, une sorte de colonne élancée, il se ramifiait dichotomiquement, comme le *Dracoena*, et chaque branche supportait une couronne de feuilles flabelliformes. Déjà, au village arabe de Tur, au pied du Sinaï, j'avais fait connaissance avec ce beau palmier, qui croît surtout dans la Haute-Égypte, et dans mes *Coraux d'Arabie*, j'en ai publié un dessin (1876, pl. IV, p. 28). Combien je fus surpris de le retrouver à Ceylan, mais si changé, que j'hésitais à le reconnaître ! La nécessité de s'adapter à un milieu absolument différent avait transformé le palmier égyptien. Son stipe était au moins d'un volume double; ses rameaux bifurqués étaient beaucoup plus nombreux et plus serrés; ses feuilles flabelliformes étaient beaucoup plus grandes, plus épaisses, plus touffues; les fleurs et les fruits même, du moins à m'en rapporter à mes souvenirs, avaient gagné en volume et en beauté. Sous l'action du climat de Ceylan toute la physionomie de ce bel arbre avait changé et, dans ses traits essentiels, elle avait perdu de sa noblesse. Et la raison de cette métamorphose, il fallait la chercher dans le changement de milieu, surtout dans l'humidité plus grande, qui, dès l'époque de la germination, avait agi sur une espèce habituée à l'aride climat du désert africain. Ces beaux arbres étaient sortis de graines apportées d'Égypte et, dans l'espace de vingt ans, ils avaient atteint une hauteur de 30 pieds !

Une notable partie du jardin de la villa est occupée par des fougères géantes. Justement le climat de l'île est très favorable aux fougères, et le capitaine Bayley avait réuni aux plus belles espèces indigènes un certain nombre des plus curieuses espèces exotiques. Là, on pouvait d'un coup d'œil contempler toutes les élégantes

variétés des feuilles pennées de ces élégants cryptogames ; ni les superbes fougères arborescentes, ni les
sélaginelles, ni les lycopodes ne faisaient défaut. Un
autre charme encore, c'était les plantes grimpantes,
tombant du toit ; les vignes, les orchidées, les broméliacées, les bégonias, etc.

Le Miramar de Galla présente d'ailleurs autant d'intérêt pour le zoologiste que pour le botaniste. En bas,
dans la cour, se trouve une petite ménagerie, conte-
mant quantité de mammifères et d'oiseaux rares (entre
autres une autruche de la Nouvelle-Hollande, beaucoup
de hibous et de perroquets et un animal indigène à
écaille nommé *manis*). Le capitaine Bayley me fit don
de ce dernier, ainsi que de quelques poissons rares et
plus tard, vers Noël, il eut la bonté de m'envoyer à
Belligemma un couple d'intéressants loris (*Stenops*).
Mais il y avait quelque chose de plus intéressant encore
que ces animaux si rares, c'étaient les magnifiques
coraux foisonnant partout sur les rochers voisins.
Tout, jusqu'au petit port arrangé par le capitaine pour
abriter sa barque, jusqu'au môle où l'on débarquait,
en était couvert. Aussi peu d'heures me suffirent-elles
pour enrichir considérablement ma collection de coraux. Un autre avantage, c'est que la faune si variée
des innombrables bancs de corail de Galla se trouve ici
resserrée dans un espace très étroit : oursins noirs gigantesques, étoiles de mer rouges, écrevisses et poissons de toute espèce, gastéropodes bigarrés, mollusques, vers étranges de diverse classe, en un mot tout
un monde mélangé, qui vit sur les récifs des coraux et

entre leurs branches. C'est ce qui rend cette villa,
dont son propriétaire, transféré à Colombo, désire se
défaire, très propre à une station zoologique, d'autant plus qu'elle n'est située qu'à une demi-heure de
la ville.

En longeant la côte rocheuse dans la direction orientale vers la baie de Galla, puis en gravissant quelque
peu, on arrive à un point très élevé surnommé à bon
droit « Bella-vista », d'où l'on voit se dérouler le panorama splendide de la ville et du port. C'est ici qu'un
membre du clergé protestant, le révérend Marx a
acheté une jolie villa et établi une mission. Le mur de
montagnes, qui se dresse vers le sud et abrite le port
à l'est, est très boisé. Ce mur se termine par un pic rocheux abrupt, situé vis-à-vis du phare et que jadis on
avait l'intention de fortifier, ce à quoi on a renoncé
depuis. Quelques canons de bronze se voient encore au
milieu d'un fouillis de plantes grimpantes et une troupe
joyeuse de singes se livrait à ses ébats, quand j'y
grimpai un dimanche dans l'après-midi. Un sentier
étroit menant vers le sud, le long des rochers abrupts
de la côte, me conduisit dans un bois très épais de
magnifiques pandanus et de plantes grimpantes. Ce bois
est coupé par un ravin profond, dans lequel coule un
ruisseau rapide, qui va se jeter tout près de là dans la
mer. Mais, avant d'arriver à son embouchure, il remplit
de ses eaux une petite anse naturelle, formée par les
rochers, et qui est pour les indigènes un lieu de bains
favori. En sortant du bois, j'aperçus un groupe de
Cingalais des deux sexes, qui barbotaient dans ce

« bassin de natation » et qui ne firent aucune attention
à moi.

Au pied du pic rocheux dont nous avons parlé, en
face de la tour du phare, se trouve une autre anse naturelle, toute semblable, mais plus vaste et que l'on a
encore artificiellement agrandie. Cette anse a reçu le
surnom de « Watering place », parce que c'est à ses sources abondantes que la plupart des navires s'approvision-
nent d'eau potable. De sauvages dattiers épineux *(Phœ-
nix sylvestris)*, des asclépiadées aux fleurs blanchâtres,
des euphorbes arborescentes d'un vert gris couvrent à
profusion les parois abruptes et rocheuses, servant de
cadre au bassin. L'*Euphorbia antiquorum* ressemble
à un gigantesque cactus à girandoles et ses branches
roides sont disposées en forme de verticilles réguliers.
De même que son voisin le pandanus, perché sur ses
échasses, l'*Euphorbia* est une des plantes les plus curieuses de ce bois.

Les riantes vallées, qui au nord de la ville s'étendent
entre des collines boisées, ont un caractère tout différent de celui des montagnes sauvages et rocheuses,
qui bornent Galla au sud-est. Ici on retrouve le cachet
idyllique de la côte sud-ouest. La plus charmante excursion à faire dans cette direction est sans contredit
celle de la colline de Wackwelle; une belle route carossable conduit à travers des bois de cocotiers, vers la
cime. Comme c'est un endroit privilégié pour les pique-
niques des citadins, un spéculateur avisé y a établi
depuis peu un restaurant et prélève sur chaque visiteur,
quand même celui-ci ne consommerait rien, la somme

de 6 pences pour la jouissance du point de vue. L'œil
y embrasse le panorama de la riche vallée boisée du
Gindura, fleuve qui se jette dans la mer à une demi-
heure de la ville, vers le nord. Semblable à un ruban
d'argent, le fleuve serpente au milieu des rizières d'un
vert éclatant, les « Paddy-Fields », arrosées par les
eaux saumâtres de la vallée. De beaux arbres embellissent les pentes environnantes peuplées de quantité de
singes et de perroquets. Au fond on aperçoit les montagnes bleuâtres du haut pays. Parmi celles-ci, c'est
le majestueux « Haycock » qui, par sa forme particulière, joue le rôle principal dans le paysage; il
ressemble à une meule campaniforme et c'est de là
qu'il tire son nom. Cette cime qu'on aperçoit de fort
loin sert de point d'orientation aux vaisseaux qui
arrivent.

Mais dans les environs immédiats de Punto-Galla
il y avait pour moi quelque chose de plus intéressant
encore que ce délicieux jardin naturel, c'étaient les
jardins sous-marins de coraux, qui entourent son
Fort. Aujourd'hui encore je regrette de n'avoir pu consacrer plusieurs semaines au lieu de quelques jours trop
courts à l'étude de ce lieu intéressant. Sous ce rapport,
le peintre viennois Ransonnet fut plus heureux que
moi. Muni des meilleurs moyens auxiliaires, en particulier d'une excellente cloche à plongeur, il put, durant
des semaines, explorer les bancs de coraux de Galla,
dont il a donné d'admirables dessins dans son ouvrage
illustré sur Ceylan (*Braunschweig*, Westermann, 1868).
Sur les quatres planches coloriées, pour lesquelles il

avait pris des esquisses au fond de la mer, sous la
cloche à plongeur, il a très exactement reproduit le
tableau de la vie animale, si riche, qui foisonne dans
ce monde mystérieux.

Depuis plus de neuf ans, déjà à dater du printemps
de 1873 où j'explorai à Tur, sur la côte de la presqu'île
du Sinaï, les coraux de la mer Rouge et où je réussis à
jeter un coup d'œil dans ces féeriques jardins sous-
marins, le monde organique si merveilleux qui les
peuple avait excité en moi un intérêt des plus vifs.
J'avais essayé dans mes leçons populaires sur les
Coraux d'Arabie (Berlin, 1876, avec cinq planches
coloriées), de donner brièvement une idée de l'organisation de ces animaux étranges et de l'existence qu'ils
mènent en commun avec quantité d'autres êtres vivants.
Les coraux de Ceylan, explorés d'abord à Galla, ensuite
étudiés de plus près à Belligemma, évoquèrent vivement dans ma mémoire ces souvenirs enchanteurs, et
me fournirent en même temps une foule de nouvelles
observations. La faune marine de Ceylan est, en général,
proche parente de celle de la mer Rouge et toutes les
deux ont en commun quantité de genres et d'espèces.
Néanmoins la diversité et la richesse des formes organiques sont bien plus grandes dans le vaste lit de
l'océan Indien, car sa ligne côtière a bien plus de déve-
loppements variés que celle du golfe arabique, si ren-
fermé et où les conditions de la vie sont très uniformes.
Aussi en dépit des traits communs de ressemblance, je
trouvai aux bancs de coraux de ces deux régions une
physionomie respective particulière. Tandis que ceux

de Tur se distinguent par des tons chauds et colorés
d'orange, de jaune, de rouge, de brun, c'est au contraire
la couleur verte, avec les gradations et les nuances les
plus variées, qui prédomine dans les jardins de coraux
de Ceylan. A côté d'alcyoniens d'un vert jaunâtre on
trouve des hétéropores d'un vert de mer, à côté d'antho-
phylles d'un vert de malachite les millépores d'un vert
d'olive, à côté des madrépores et des astracées d'un
vert d'émeraude les montipores et les méandrines d'un
vert brun.

Déjà Ransonnet (voir l'ouvrage cité ci-dessus, p. 134)
avait fait la remarque fort juste, que la couleur prédo-
minante à Ceylan est le *vert*. Non seulement un tapis
de verdure d'une fraîcheur éclatante recouvre presque
toute l'année « l'île éternellement verte », mais encore
les animaux des différentes classes qui la peuplent sont
en grande partie colorés en vert. Quantité d'oiseaux et
de lézards les plus communs, de papillons et de scarabées se distinguent par le vert brillant de leur robe. Il
en est de même des nombreux animaux marins, appartenant aux classes les plus diverses, en particulier des
poissons et des écrevisses, des vers (*Amphinomes*) et
des actinies. Même les animaux, qui ailleurs ne revêtent jamais ou très rarement la livrée verte, en sont
affublés ici ; tel est le cas pour quantité d'étoiles de
mer (*Ophiura*), d'oursins, d'holothuries, de mollusques
gigantesques (*Tridacna*) et de *Lingula*, etc.

C'est la doctrine darwinienne de la sélection, en particulier la loi de l'adaptation, de la « sélection homo-
chrome », c'est-à-dire de la sélection des couleurs sym-

pathiques, que j'ai exposée dans mon *Histoire de la création naturelle* (VII, p. 235), qui nous fournit la clef du phénomène. Moins la couleur de la robe d'un animal se distingue de celle de son milieu et plus il a de chance d'échapper à ses ennemis, plus il lui est facile de s'approcher de sa proie sans en être aperçu, mieux enfin il est protégé et favorisé dans la lutte pour l'existence. La sélection naturelle tend donc constamment à accentuer cette similitude entre la couleur dominante des animaux et celle de leur milieu, puisque cette similitude est évidemment avantageuse à ceux-ci. Les bancs de coraux verts de Ceylan avec leurs habitants, verts aussi pour la plupart, sont donc un argument aussi fécond pour la théorie que les animaux terrestres de même couleur, peuplant les forêts éternellement vertes de l'île. Mais pour ce qui est de la pureté et de la splendeur de cette couleur verte, les premiers l'emportent de beaucoup sur les derniers.

On se tromperait pourtant, si de cette prédominance de la couleur verte, on concluait à la monotonie fatigante du coloris. Loin de là, ici on ne s'en lasse jamais, car, d'une part, les gradations et les nuances sont d'une variété, d'un charme infinis, et de l'autre, parce que des êtres vivants de toutes couleurs sont disséminés sur ce fond vert. Comme le vert sombre de la forêt rehausse encore l'éclat des couleurs si vives de quantité d'oiseaux et d'insectes rouges, jaunes, violets et bleus, ainsi les couleurs éclatantes de beaucoup d'animaux marins tranchent pittoresquement sur le vert des bancs de coraux. Les petits poissons et les crustacés, qui cherchent leur nourriture entre les branches de l'arbre de corail, se distinguent en particulier par leurs magnifiques couleurs, ainsi que par les dessins charmants et étranges dont ils sont ornés. D'ailleurs certains coraux, et des plus beaux, sont diversement et richement teintés, — beaucoup de pocillopores sont d'un rose rouge, certains coraux en étoiles sont rouges et jaunes, — on voit beaucoup d'hétéropores et de madrépores violets et bruns, etc. Malheureusement ces couleurs splendides sont très fugitives et disparaissent dès qu'on a retiré les animaux de l'eau, parfois même il suffit pour cela d'un simple attouchement. Ces animaux, doués d'une grande sensibilité, brillent des couleurs les plus vives alors qu'ils étalent leurs tentacules corolliformes et deviennent à peine visibles, troubles ou incolores dès qu'ils les rentrent subitement.

Si l'œil est ravi par l'éclat des couleurs des bancs de corail et de la faune qui les habite, il n'est pas moins attiré par la beauté et la variété des formes qu'affectent ces animaux. Chaque corail étoilé, pris isolément, ressemble à s'y méprendre à une fleur régulière et l'aspect général de l'agrégat ramifié rappelle celui d'une plante, mieux encore d'un arbuste ou d'un arbre. C'est pourquoi on classait autrefois les coraux dans le règne végétal, et il a fallu bien du temps pour que l'on arrivât à reconnaître la nature animale de l'agrégat.

Mais jamais ces jardins sous-marins ne présentent un coup d'œil aussi fantastique, aussi enchanteur, que quand par une mer calme, au moment du reflux, on se promène en barque au milieu d'eux. Dans le voisinage

immédiat du port, la mer est si peu profonde, que la
quille du bateau effleure les extrémités des formations
calcaires élevées par ces polypes, et l'eau est d'une
transparence si cristalline que même du haut des remparts on distingue nettement chaque branche isolée.
Une profusion de formes les plus étranges et les plus
charmantes se trouve resserrée ici dans un espace fort
restreint, en sorte qu'au bout de quelques jours je pus
faire une admirable collection.

Le jardin, que mon aimable hôte avait mis à ma disposition pour y faire sécher mes coraux, présenta
pendant quelques jours l'aspect le plus bizarre. Les superbes végétaux des tropiques avaient l'air de rivaliser
pour un prix de beauté et de coloris avec les étranges
êtres aquatiques, qui gisaient accumulés parmi eux, et
l'œil de l'heureux naturaliste errait enivré de la faune
à la flore, ne sachant à laquelle décerner le prix. Si les
coraux tirés du fond des mers, semblaient imiter ici à
l'infini les formes variées des plus belles plantes, les
orchidées, les amomées affectaient en revanche celle
des insectes. Les deux grands règnes du monde organique paraissaient s'être prêté mutuellement leurs
formes.

C'est avec l'aide des plongeurs, que je me procurai
les coraux recueillis à Galla et plus tard à Belligemma.
Les plongeurs de Ceylan me firent l'effet d'être aussi
adroits, aussi courageux que ceux de Tur, dans le golfe
Arabique. Avec le lourd poinçon de fer, dont ils sont
armés, ils attaquent les dépôts calcaires des plus grands
bancs de corail en les entamant par en bas, à l'endroit

où ils adhèrent au rocher ; ensuite ils hissent prestement les morceaux détachés jusqu'à la barque. Certains de ces fragments pèsent de 50 à 80 livres et il
faut beaucoup de soins et de peines pour les embarquer
sans les endommager. Quelques-unes de ces branches
de corail sont si friables qu'elles se cassent par leur
propre poids dès qu'on les retire de l'eau et malheureusement ce sont les formes les plus élégantes qui
sont les plus fragiles ; impossible de les transporter
chez soi intactes. Tel est le cas par exemple pour certains turbinariés, dont les branches en formes de feuilles
sont enroulées en une gaine conoïde, et les hétéropores
dentelés, affectant la forme d'un énorme bois de cerf
ramifié.

Mais pour jouir complètement de la beauté exquise
des récifs de coraux, il ne suffit pas de les regarder
d'en haut, alors même que la marée basse vous pousse
directement sur eux et que votre barque en touche les
extrémités. Pour cela il faut se plonger dans l'élément
liquide. A défaut d'une cloche à plongeur, j'essayai
d'explorer le fond en nageant et de tenir les yeux
ouverts sous l'eau, ce qui me réussit après un peu d'exercice. Quel reflet mystérieux a cette clarté verdâtre, qui
règne dans le monde sous-marin ! L'œil était ravi
par ce merveilleux effet de lumière, si différent des
« teintes rouges » de notre monde terrestre. Cette
lueur voilée prêtait un charme plus attrayant encore
aux milles formes vivantes qui foisonnent dans ces
jardins féeriques. Le plongeur peut vraiment se croire
transporté dans un monde nouveau. Quelle multitude

d'organismes étranges, de poissons, de crustacés, de gastéropodes, de testacés, de radiés, de vers, etc., se nourissant exclusivement de la chair du polype de corail, entre les branches duquel ils ont élu leur domicile ! Par suite de l'adaptation à un genre de vie si particulier, ces mangeurs de coraux, auxquels on peut bien appliquer le nom de « parasites », revêtent les formes les plus bizarres et sont pourvus d'armes offensives et défensives de toute espèce.

Mais de même que sous les tropiques il n'est pas donné au naturaliste « d'errer impunément sous les palmiers », ce n'est qu'à ses risques et périls qu'il lui est permis de nager au milieu des récifs de coraux. Les océanides, à la garde desquelles ces féeriques et humides jardins sont confiés, préparent mille dangers à l'intrus téméraire. Les coraux couleur de feu (*Millepora*), de même que les méduses, qui nagent parmi eux, brûlent au toucher, comme l'ortie la plus forte. La piqûre des nageoires munies d'aiguillons de quantité de poissons à cuirasses (*Synanceia*) est aussi douloureuse et aussi dangereuse que celle du scorpion. Beaucoup de crabes blessent cruellement avec leurs pinces. Les oursins noirs (*Diadema*) transpercent les mollets de leur dard long d'un pied et munis de fins crochets. Quand ce dard se brise et reste dans les chairs, il inflige de cruelles blessures. Mais c'est surtout en capturant le polype du corail, que l'on endommage sérieusement son épiderme. Les milliers d'arêtes et de dards pointus dont l'agrégat calcaire est hérissé, occasionnent aussi quantité de petites blessures, dans les efforts que l'on fait pour détacher les fragments et les monter dans l'embarcation. Jamais de ma vie je n'avais eu l'épiderme aussi entamé et déchiré que durant ces quelques jours où je me livrai à Punto-Galla à la pêche du corail. J'en portai les traces pendant plusieurs semaines. Mais que sont pour le naturaliste ces souffrances passagères, en comparaison des jouissances goûtées, des images merveilleuses, qu'une exploration de ce genre laisse pour la vie entière !

X

Belligemma.

Bella gemma! « Belle pierre précieuse ! » Que de fois n'ai-je pas rêvé de toi ! Depuis tantôt plusieurs mois que je t'ai quittée, que de fois n'ai-je pas évoqué ta ravissante image et ne me suis-je pas enivré des plus doux souvenirs ! Et plus tard, quand le temps et l'éloignement auront jeté sur tes adorables contours leur voile mystérieux et diaphane, le charme de ce tableau ne fera que croître. Sans exagération, si Ceylan est digne d'être appelée le diadème de l'Inde, tu es bien, toi, la perle la plus précieuse, la plus éclatante de ce diadème : *Bella gemma della Taprobane !*

A présent je dois faire appel à l'indulgence de mon lecteur et lui avouer en toute sincérité, que le nom de Belligemma non seulement s'écrit un peu différemment de *Bella gemma*, mais veut même dire toute autre chose. Le nom cingalais du village est à proprement parler Weligama, ce qui signifie : village de sable (*Weli*, sable, *gama*, village). Mais comme les Anglais prononcent toujours « Belligemme », je n'eus qu'à substituer un *a* à un *i* pour obtenir le terme italien, qui exprime si bien la rare beauté de l'endroit. Dans mes

souvenirs tout au moins, l'image de « Bella gemma »
reste toujours unie à l'idée d'une pierre précieuse naturelle, d'une splendeur incomparable, tandis que la
plage sablonneuse, d'où l'on a tiré le nom de « Weli-
gama » recule à l'arrière-plan.

Naturellement, m'étant décidé à établir à Belligemma
pour une couple de mois mon laboratoire zoologique,
je cherchai à recueillir à Punto-Galla et à Colombo
tous les renseignements possibles sur les conditions
particulières du lieu. Les informations obtenues se ré-
duisirent en somme à peu de chose : j'appris seulement
que le village était pittoresquement situé au milieu
des bois de cocotiers, que la baie très bien abritée était
riche en récifs de coraux et que l'auberge tenue par le
gouvernement était passable. Le côté négatif de mes
renseignements consistait dans l'affirmation que Belligemma ne possédait ni habitants européens, ni trace
de confort ou de civilisation européenne. Tout cela,
comme je le vis, était d'une exactitude parfaite. Aussi
un voile mystérieux, comme une teinte d'aventure et
d'inconnu, planait sur mon futur séjour, et, je dois
l'avouer, ce ne fut pas sans ce malaise, conséquence de
l'incertitude et de l'isolement complet, que le 12 décembre, je dis adieu dans Punto-Galla à la civilisation
européenne. Déjà à Colombo, et plus encore à Kandy,
j'avais pu me convaincre qu'à Ceylan la nature vierge
et la culture européenne se côtoient de la façon la plus
bizarre, que souvent quelques lieues à peine séparent
l'impénétrable forêt primitive de la cité peuplée. Je
devais m'attendre à trouver ce contraste plus tranché

encore dans la partie méridionale de l'île. Il ne me
restait donc qu'à mettre mon espoir dans l'efficacité de
la protection officielle du gouvernement, d'un côté, de
l'autre, dans la chance qui m'avait favorisé durant tout
mon voyage et ne m'avait jamais abandonné dans les
aventures périlleuses où il m'était arrivé de m'embarquer.

Ainsi soutenu par l'espoir et l'attente, je montai le
matin du 12 décembre dans la légère voiture, qui devait
me conduire le long de la côte méridionale de Galla à
Belligemma. Il était cinq heures du matin et l'obscurité régnait, quand je quittai le Fort et traversai le
Pettah, longeant la baie dans la direction sud. Couverts
de grands châles en cotonnade blanche, les Cingalais,
étendus devant leurs huttes sur des nattes de palmier,
étaient plongés dans un doux sommeil. Aucun bruit ne
se faisait entendre ; un calme profond, une solitude
complète régnaient dans cet admirable paysage. Mais
un seul coup de la baguette magique du soleil levant
et le tableau changea du tout au tout. Les premiers
rayons de l'astre brillant éveillèrent la vie et le mouvement dans le bois endormi. Les oiseaux perchés sur
les cimes des cocotiers entonnèrent leurs chansons ;
quittant leurs nids, les charmants écureuils se mirent
à courir le long des troncs élancés et le paresseux « ca-
bragoya » (*Hydrosaurus*), le gigantesque lézard vert,
étendit sa masse inerte sur les bords des fossés remplis
d'eau. Dans les jardins plus éloignés de la ville, les
singes agiles gambadaient autour des arbres fruitiers,
auxquels ils venaient de dérober leur déjeuner. Enfin

la population commença aussi à bouger et les familles cingalaises venaient sans se gêner, prendre leur bain du matin le long des grandes routes.

Au nombre des impressions, étranges par leur nouveauté, qui frappent l'Européen dans la zone tropicale, il faut compter l'absence du crépuscule, de cette transition entre le jour et la nuit, qui dans nos pays joue un rôle si considérable dans les phénomènes de la nature, aussi bien que dans la poésie. A peine l'astre rayonnant, qui un moment auparavant versait des flots d'or et de pourpre sur le paysage, a-t-il plongé dans l'océan azuré, que la nuit, une nuit noire, étend un sombre manteau sur la terre et sur l'onde, et c'est d'une manière tout aussi soudaine que le lendemain matin reparaît le jour. Ici, l'aurore, la déesse aux doigts roses, a perdu son empire. Mais en revanche quel éclat dans ce jour naissant, quelle splendeur dans cette lueur matinale, qui joue et se brise en mille rayons dans les panaches légers des palmiers ! Les innombrables gouttes de rosée tremblent comme des perles au bout des feuilles pennées ou bien s'étalent sur la large surface d'un vert luisant des feuilles du bananier et du *pothos* comme autant de miroirs reflétant la lumière. La brise matinale venant de la mer apporte une fraîcheur délicieuse et agite légèrement ces splendides formes végétales. Partout éclate une vie jeune et exubérante, pleine de sève et de puissance.

La route, longue de quinze milles, qui s'étend de Punto-Galla à Belligemma, a le même caractère que la

grande route Galla-Colombo, décrite dans les pages
précédentes et dont elle n'est du reste que le prolongement méridional. Seulement, à mesure que l'on avance
vers le sud, les bois de cocotiers revêtent, s'il est possible, une magnificence, une richesse de sève végétale
plus merveilleuse encore. Les superbes guirlandes formées par les innombrables plantes grimpantes courant
entre les sveltes palmiers, me semblaient plus belles,
plus touffues; les bouquets de palmiers, de papayers et
les arbres à pain se pressant autour des cabanes, les
charmants manihots et les buissons d'ignames éparpillés dans leur voisinage, les caladiens et les calacas-
siens croissant sur le chemin, tout me semblait ici plus
exubérant de sève, plus grandiose encore que dans
les forêts, que j'avais traversées jusque-là. En outre le
bois parsemé de petits étangs, tout émaillés de lotus et
d'autres plantes aquatiques, était sillonné dans tous les
sens par des ruisseaux gazouillants, aux rives tapissées
de ravissantes fougères. De loin en loin des échappées
sur les falaises rocheuses couvertes de palmiers hélicoïdes, de pandangs touffus, et sur la riante côte sablonneuse, où foisonnaient de beaux liserons rouges,
des lis blancs et quantité d'autres fleurs charmantes. A
l'embouchure des petits fleuves côtiers, qui traversaient
notre route, apparaissaient de nouveau les bambous
superbes et les sombres mangroviers ; de loin en loin
le palmier-nipa sans tronc (espèce très rare) dressait
au-dessus de l'eau son gracieux panache.

L'œil ne se lassait point de contempler la beauté
de cette flore tropicale et je fus étonné quand, au bout

de quelques heures d'une course rapide, mon cocher tamil, désignant dans le lointain un promontoire rocheux, s'écria : « Voilà Weligama ». Bientôt les huttes éparpillées sur la route devinrent plus nombreuses ; elles finirent par former une rue, des deux côtés de laquelle s'étendaient des rizières d'un vert tendre, coupées de temps à autre par de charmants petits bois. Les murs étaient construits principalement en beaux blocs de corail. A gauche, au tournant de la route, apparut sur une éminence un majestueux temple de Bouddha, surnommé Agrabouddha-Ganni, but célèbre de pèlerinage depuis un temps immémorial. On aperçoit à droite de la route et sculpté en relief dans le noir rocher, à l'ombre d'un palmier-kittul, la colossale statue d'un roi, célèbre dans les annales de Ceylan, Cutta-Raja. Le corps athlétique est revêtu d'une cuirasse et la tête couronnée d'une mitre. D'après les vieilles chroniques, ce roi n'aurait pas été seulement un conquérant, mais le bienfaiteur de l'île, dans laquelle il aurait introduit entre autre choses l'usage de la noix de coco. Bientôt nous passâmes devant un petit bazar et quelques pas plus loin la voiture s'arrêtait devant la « rest-house » de Belligemma, que j'étais si impatient de voir.

Une foule curieuse, au teint basané, se pressait devant la porte du jardin. Parmi ces indigènes, je remarquai un groupe composé des notables du lieu, en grande tenue. Se conformant aux ordres du gouverneur, le président du district, ou pour lui donner son titre officiel, « l'agent du gouvernement », avait averti la com-

mune de Belligemma de mon arrivée prochaine, en lui
enjoignant de me faire un bon accueil et de me prêter
tout le concours qui dépendrait d'elle. Le chef du village
ou « mudlyar », homme de grande taille, âgé d'une
soixantaine d'années, aux favoris épais et à la mine
bienveillante et cordiale, s'approcha de moi et prononça,
en mauvais anglais, un petit speech de bienvenue ; il
me dit, en termes courtois et dignes, que tout son
« korle » ou arrondissement se trouvait très honoré de
ma visite ; que les 4,000 indigènes à face bronzée, qui
en composaient la population, feraient tous leurs efforts
pour me rendre agréable mon séjour parmi eux et que
lui-même serait à toute heure à mes ordres. Un formidable bruit de tambours et de timbales produit à l'arrière-plan par des joueurs de tam-tam, vint ajouter un
caractère de solennité officielle à ce discours de bienvenue.

Quand j'eus répondu et remercié de mon mieux, commença la présentation des dignitaires, formant le cortège d'honneur du mudlyar : ce fut d'abord le second
chef (aretschi), le collecteur et ensuite le médecin. Après
ces fonctionnaires du gouvernement vint le tour de
plusieurs habitants notables du village, lesquels, à
l'envi, me firent leurs souhaits de bienvenue et m'offrirent leurs services. Un roulement de baguettes sur le
tam-tam à la fin de chaque discours, servait à en sou-
ligner l'éloquence. Le médecin et le collecteur, parlant
tous les deux correctement l'anglais, me servaient d'in-
terprètes et m'aidaient à comprendre ces harangues
cingalaises. La foule écoutait dans un silence recueilli,

tout en inspectant avec un vif intérêt ma personne et mes paquets.

Cette réception solennelle avait un caractère d'autant plus étrange, que l'extérieur de tous ces braves notables de Belligemma présentait le mélange le plus comique du costume européen et du costume cingalais; le premier semblait plus spécialement réservé pour la partie supérieure du corps, le second pour la partie inférieure. Si on procédait à l'examen de l'honorable assemblée par en haut, l'œil était d'abord désagréablement frappé par le chapeau anglais à cylindre, certainement le plus laid et le moins pratique de tous les couvre-chefs. Mais voyant, que, dans toutes les occasions de gala, l'affreux cylindre est pour les Européens l'emblême du parfait gentleman et que les chaleurs mêmes ne dispensent pas de son usage, les Cingalais considèreraient comme un crime de lèse-étiquette de ne pas s'en affubler. Leur bonne face brune, ombragée à peine par ce chapeau à bords étroits, est ornée d'une paire d'épais favoris noirs, se séparant au milieu du menton, et encadrée par les deux bouts pointus d'un col de chemise blanche ; un mouchoir en soie bariolée entoure le cou et s'épanouit en superbe nœud de cravate. L'habit noir à pans étroits et le gilet blanc de rigueur orné de boutons en pierres éclatantes et de colifichets en or ne manquent pas non plus. Mais en revanche, au lieu du pantalon, la partie inférieure du corps des Cingalais est couverte du vêtement véritablement national, du *comboi* rouge ou rouge bigarré. C'est une espèce de large tablier, rappelant un peu le jupon rouge des

paysannes allemandes. Les gracieux petits pieds, qui
sortent en dessous, dédaignent toute chaussure, ou tout
au plus sont protégés par des sandales.

Après cette réception cordiale, de si bon augure, mon
nouveau protecteur me fit pénétrer, avec ce cortège de
gala, dans le délicieux jardin de la maison qu'entourait
un mur blanc et bas. L'aspect de la maison dépassa
mon attente ; j'avais devant moi un bâtiment fort pré-
sentable, en pierres, à un étage, autour duquel courait
une vérandah dont la colonnade blanche soutenait un
toit saillant en tuiles rouges. Au milieu de la vaste et
belle pelouse, devant la façade orientale, s'élevait un
arbre magnifique, un teck, dont le tronc arrondi, élancé
comme une colonne, atteignait 80 ou 90 pieds de haut.
Les légumineuses grimpantes, qui s'enroulaient autour
de l'arbre, retombaient sur ses branches en festons
gracieux. Du côté sud de la maison une couple de
vaches paissaient paisiblement sur une pelouse, à
l'ombre d'une demi-douzaine de vieux arbres à pain de
toute beauté. Le tronc puissant et noueux, la cime
majestueuse, composée de rameaux largement étalés,
rappelaient nos plus beaux chênes allemands, tandis
que les feuilles colossales, très découpées, d'un vert
sombre et luisant et les fruits énormes d'un vert clair,
donnaient à ces arbres exotiques un aspect bien plus
fier et plus imposant.

A travers les sombres cimes de ces géants s'ouvraient
de riantes échappées sur la baie ensoleillée et circulaire
de Belligemma, sur laquelle glissaient quantité de barques aux voiles déployées, revenant de la pêche ; en

face, au sud, un long promontoire rocheux, couvert de
jungles et de bois de cocotiers. Les huttes d'un village
de pêcheurs, nommé Mirissa, tranchaient nettement
sur la plage blanche et sablonneuse et tout près de la
« rest-house », à la distance à peine de deux minutes,
apparaissait une charmante petite île rocheuse, Gan-
Duva, toute entière couverte d'un superbe bois de
cocotiers.

En nous approchant de la maison, nous pénétrâmes
dans le verger, où se pressaient les bananiers et les gracieux manihots. A l'ouest, ce jardin s'étendait derrière
la maison jusque sur le versant d'une colline très
boisée. Un petit bâtiment, situé au pied de cette colline
et réservé à l'étable pour les vaches et aux hangars aux
provisions, me parut pouvoir être utilisé pour y loger
mes collections. Du côté septentrional, où elle formait
un versant à pic, la colline était couverte d'un grand
parc ou plutôt d'un bois épais, peuplé de singes et de
perroquets, tandis que des fourrés d'arbustes luxuriants
et tout un riche tapis de plantes grimpantes couraient
sur ses flancs.

Subjugué dès le premier coup d'œil par la ravissante
situation et les environs idylliques de mon futur logis,
tout impatient de pénétrer dans l'intérieur, je voulus
gravir le large perron de la façade orientale. Mais là
encore m'attendait un speech de bienvenue, récité
moitié en anglais, moitié en pâli, par le maître de ma
nouvelle habitation, le vieux gardien de la « rest-
house ». Les bras croisés sur la poitrine, son torse brun
fortement courbé, s'inclinant presque jusqu'à terre, le

digne vieillard s'approcha de moi d'un air cordial et
chercha à me rassurer sur la vie frugale, qui m'attendait à Belligemma. Il tâcherait, disait-il, de me procurer
tout ce que le village pouvait offrir en fait de riz et de
curry, de fruits et de poissons ; les noix de coco et les
bananes ne manqueraient pas ; en général, je jouirais
de tout ce qu'il serait possible de se procurer. Toutes
ces belles choses et bien d'autres encore furent expri-
mées dans un discours bien tourné et semé de temps en
temps de sentences philosophiques. Tandis que j'exa-
minais cette bonne grosse face, ce nez court, large,
retroussé, surmonté de deux petits yeux, ces lèvres
épaisses, cette grande barbe argentée et touffue, je
pensai à un buste bien connu de Socrate, rappelant
beaucoup une tête de satyre, et comme je ne pus jamais
retenir le nom cingalais et fort long de mon hôte, je le
baptisai incontinent de celui de Socrate. Plus tard, je
reconnus combien ce surnom avait été judicieusement
appliqué, car, sous plus d'un rapport, le digne vieillard
était bien réellement philosophe ; en outre, la propreté
et lui étaient un peu brouillés ensemble, ce qui, si je
ne me trompe, était aussi le cas pour son homonyme
grec.

Il était dit que, dès mon entrée dans ce rustique
logis, je serais assailli par les souvenirs de l'antiquité
classique. Quand, après avoir gravi le perron, je pénétrai à la suite de mon hôte dans la principale pièce de
la « rest-house », j'y aperçus, dans l'attitude de la
prière, une charmante figure au corps nu et bronzé, aux
bras étendus. Que pouvait-ce être, sinon la célèbre

BELLIGEMMA.

statue du garçon en prière, le fameux « adorateur » ?
Quel fut donc mon étonnement en voyant cette ravissante statuette en bronze s'animer tout d'un coup et
venir s'agenouiller devant moi en silence, les bras
pendants, les yeux levés, avec une expression sup-
pliante ; sa tête charmante se courbait avec humilité
vers la terre, en sorte que les belles boucles de sa chevelure noire balayaient le sol. Socrate se hâta de
m'apprendre que ce garçon était un paria, appartenant
à la classe infime des « rodiahs », qu'il avait perdu ses
parents de bonne heure et avait été recueilli charitable-
ment par lui, le gardien de la « rest-house ». Mon hôte
ajouta que ce garçon serait tout particulièrement préposé à mon service, qu'il n'aurait désormais d'autre
devoir que d'être à mes ordres, qu'en somme c'était un
brave enfant, qui s'acquitterait avec zèle de ses nouvelles fonctions. Je demandai le nom de mon charmant
petit page, et l'on me répondit qu'il s'appelait Gamameda (ou Village-Central, du mot *gama*, village, et
meda, milieu). Naturellement, ce nom éveilla celui de
Ganymède ; le beau favori de Jupiter ne pouvait certes
pas avoir des formes plus élégantes et plus fines, plus
d'harmonie et de noblesse dans ses membres gracieux
et bien proportionnés. Comme d'ailleurs, Gamameda
montra une dextérité toute particulière en s'acquittant
de son emploi d'échanson, comme il ne me laissa jamais
ouvrir moi-même une seule noix de coco, ni me verser
un verre de vin de palmier, il réunissait bien tous les
titres pour mériter ce nom de Ganymède.

Parmi bien des figures charmantes, qui, dans mes

souvenirs, animent le paradis de Ceylan, aucune ne m'est restée aussi chère, aussi sympathique que celle de Ganymède. Non seulement ce brave garçon s'acquittait avec le soin le plus scrupuleux des devoirs de son service, mais il ne tarda pas à me témoigner un attachement, un désir de m'être agréable dont je fus très touché. Jusqu'alors, en sa qualité de membre de la caste honnie des « rodiahs », le pauvre Ganymède, en butte, dès sa naissance, au mépris profond de ses concitoyens, avait supporté plus d'une brutalité, plus d'un mauvais traitement. A l'exception du vieux, qui d'ailleurs, lui aussi, le traitait assez rudement, personne ne s'était jamais occupé du pauvre garçon. Ce fut donc pour lui un sujet d'étonnement aussi bien que de satisfaction, de se voir tout d'abord traité très affectueusement. Il se montra surtout sensible à un service bien insignifiant, que j'eus occasion de lui rendre. Quelques jours avant mon arrivée, une épine lui était entrée dans le pied; quand il avait cherché à l'en extraire, elle s'était cassée et un fragment en était resté dans la plaie. Au moyen d'une opération assez délicate, je parvins à extraire l'épine et à cicatriser la plaie au bout d'un temps fort court par l'application de l'acide phénique. Depuis lors, dans sa reconnaissance, Ganymède s'attacha à mes pas comme mon ombre, cherchant à prévenir mes moindres désirs. A peine étais-je levé le matin, qu'il était là avec une noix de coco toute ouverte à mon intention et dont il m'offrait le jus laiteux et rafraîchissant, constituant mon premier déjeuner. A table, il ne me quittait pas des yeux et devinait toujours d'a-

vance ce que j'allais demander. Durant mon travail, il
nettoyait mes instruments anatomiques et les verres de
mon microscope. Mais il était surtout heureux s'il pouvait m'accompagner dans le bois de cocotiers ou sur la
plage, quand j'allais dessiner, collectionner, pêcher ou
chasser. Et plus tard, quand je lui permis de porter la
boîte à couleurs, l'appareil photographique, les armes de
chasse ou la boîte à herboriser, avec quel air rayonnant
il me suivait, quel regard superbe il jetait sur les Cingalais émerveillés, qui ne voyaient en lui qu'un rodiah
méprisable, tout à fait indigne d'une telle faveur! Le
plus vexé était mon interprète, l'envieux William ; il
rechercha toutes les occasions pour déprécier mon
brave Ganymède, mais il s'aperçut bien vite que je ne
laisserais pas faire de tort à mon favori. C'est au zèle
infatigable de cet enfant et à son agilité, que je dois une
foule des plus jolis objets de mes collections. Avec cet
œil perçant, cette adresse manuelle et cette souplesse
de mouvements, qui distinguent un enfant cingalais,
Ganymède excellait aussi bien à prendre un papillon au
vol qu'à saisir un poisson à la nage, et l'agilité avec
laquelle à la chasse il grimpait sur un arbre ou bon-
dissait dans la jungle pour en rapporter le gibier, était
vraiment digne d'admiration.

Quoique la démarcation entre les castes soit loin d'être
aussi stricte et rigoureuse dans l'île que sur le continent de l'Inde et quoique la caste des rodiahs, à laquelle appartenait Gamameda, soit d'origine purement
cingalaise, elle est néanmoins fort méprisée par les
habitants de Ceylan, presque à l'égal des parias. Les

membres de cette caste s'adonnent principalement à
des métiers réputés vils, au nombre desquels, chose
étrange, on compte le blanchissage. Un Indien de caste
supérieure croirait déroger, s'il entretenait des rapports
familiers avec un rodiah. Mais on dirait que la nature
a voulu, en bonne mère, réparer cette dure injustice à
l'égard d'un de ses enfants ; non seulement elle a doué
le pauvre rodiah méprisé des qualités si précieuses de
patience et de sobriété, mais encore elle lui a donné en
partage un autre avantage enviable : une rare élégance
de formes, qu'un costume très élémentaire permet d'admirer tout à l'aise. Les enfants aussi bien que les jeunes
gens et les jeunes filles rodiahs, se distinguent presque
tous des autres Cingalais, par une stature plus haute
ainsi que par la noblesse de leurs traits. Ne serait-ce
pas là la cause de l'envie et de la haine, qu'ils inspirent
à ces derniers ?

C'est au sexe fort en général, qu'appartient à Ceylan
la palme de la beauté ; les garçons en particulier se
distinguent par l'expression mélancolique et charmante
de leur visage au noble type aryen, expression surtout
empreinte dans une bouche finement modelée et dans
des yeux sombres, d'une profondeur étrange, qui pro-
mettent plus que ne tient le cerveau. Le fin ovale du
visage, encadré d'une profusion de longues boucles d'un
noir de corbeau, ajoute encore au charme de l'ensemble.
Comme les enfants des deux sexes (tout au moins dans
les villages) jusqu'à l'âge de huit ou neuf ans vont
tout nus, ou à peine vêtus d'un pagne roulé autour des
reins, on ne saurait imaginer des figures mieux adap-

tées à ce paysage édénique. C'est à se croire en présence
des œuvres les plus exquises de la statuaire grecque,
mais animées du souffle de la vie. A la quatrième
page de son ouvrage sur Ceylan, Ransonnet a très
bien rendu ce type caractéristique dans une esquisse
représentant un garçon Siniapu de quatorze ans.
Gamameda avait le même type, si ce n'est que ses
traits, encore plus doux et plus féminins, faisaient rêver
à l'image idéale de Mignon.

Mais dans la vieillesse, surtout chez les femmes, ce
type perd son charme suave et fait place à une certaine
expression de dureté ou de stupidité ; parfois aussi les
os de la face font saillie d'une manière fort désagréable.
Le vieux Babua, troisième personnage hiérarchique
dans la « rest-house » et cuisinier en chef, qui me fut
présenté à son tour, était un véritable spécimen de
cette laideur hideuse. Ce vieillard hagard, aux membres anguleux, ne répondait guère au type ordinaire du
cuisinier gras, bien nourri ; il rappelait bien plutôt nos
ancêtres quadrumanes. Quand il ouvrait sa large
bouche et quand son visage décharné, d'un jaune de
bronze, grimaçait un sourire, la ressemblance entre lui
et un vieux babouin était frappante. Par un hasard des
plus comiques, le nom de babouin est, on le sait, le
nom spécifique d'une certaine espèce bronzée de pa-
pions (*Cynocephalus Babuin*). Du reste la vieille « tête
de chien » avec ses mâchoires inférieures proéminentes
et son front bas (peut-être avait-il quelques gouttes
de sang nègre dans les veines) était bien l'être le plus
inoffensif et le plus doux de l'univers. Quand il avait

imaginé quelque nouvelle espèce de *curry*, comme
assaisonnement au riz qu'il me servait deux fois par
jour et quand j'avais approuvé le plat, son ambition était
pleinement satisfaite. Pourtant un peu plus de propreté
dans sa cuisine primitive ne lui aurait pas nui, et dans
un autre domaine il en était de même pour Socrate.

A ces trois habitants permanents de la « rest-house »
il faut ajouter un quatrième esprit familier, très utile
pour moi, mon interprète William. Il y avait à peu
près un mois, que je l'avais pris à mon service à Punto-
Galla. Les amis, que j'avais parmi les Anglais, m'a-
vaient fortement engagé à emmener à Belligemma tout
un personnel de serviteurs selon l'usage du pays : un
interprète, un piqueur, un valet de chambre, etc., etc.
Mais j'avais été trop suffisamment édifié sur les soucis
et les embarras, qu'entraînent dans l'Inde de nombreux
serviteurs, pour me laisser séduire par une division du
travail poussée si loin. Aussi fus-je enchanté de trouver
dans William un homme tout disposé à cumuler les
fonctions d'interprète, de valet de chambre et de préparateur. Il avait servi durant quelques années comme
soldat et comme ordonnance, avait de bons certificats
et était en somme un aide passable, adroit et plein de
bonne volonté. Mais en sa qualité de Cingalais pur sang,
il avait une répugnance prononcée pour toute espèce de
travail, en particulier de travail fatigant ; aussi s'ar-
rangeait-il de manière à y consacrer le plus de temps
et le moins de force possible. Pour lui, comme pour tout
jeune Cingalais, l'intérêt principal de la journée se
concentrait dans l'édification artistique de sa coiffure.

Laver et peigner ses longs cheveux noirs, les sécher, les oindre d'huile de coco, les tresser et ensuite les rouler en les fixant à l'aide d'un grand peigne en écaille, tel était pour William l'important drame en six actes, auquel il consacrait plusieurs heures chaque matin, après quoi il avait naturellement besoin de quelques autres heures de repos pour se refaire de ce grand effort. Il s'acquittait, il faut le dire, fort consciencieusement de ses principales attributions d'interprète et de valet de chambre; mais s'agissait-il de quelque travail mécanique, demandant un effort, il en repoussait avec indignation la seule idée, pour bien prouver qu'il n'était pas un « coolie ». D'ailleurs adroit pour toutes les occupations domestiques très faciles, dont il était chargé, il m'était surtout utile dans mes travaux microscopiques.

Mes lectrices désireraient probablement avoir quelques détails sur la partie féminine des habitants de la « rest-house » de Belligemma; malheureusement, il m'est impossible de satisfaire leur curiosité, et cela pour la bonne raison que le beau sexe faisait absolument défaut dans la « rest-house ». Non seulement la cuisinière Babua et la femme de chambre William, mais encore la blanchisseuse, qui, chaque semaine, venait prendre mon linge et après l'avoir lavé le faisait sécher sur les pierres de la rive, toutes appartenaient au sexe mâle, comme c'est presque toujours le cas dans la domesticité de l'Inde. En général, les femmes ne se faisaient presque pas voir à Weli-Gama; mais nous en reparlerons plus tard.

XI

Un laboratoire zoologique à Ceylan.

A peine arrivé à Belligemma, mon premier soin fut
de m'installer aussi confortablement que possible dans
ma nouvelle résidence et d'organiser mon laboratoire
zoologique. Les quatre esprits familiers, mis à mon
service, me secondèrent dans cette tâche. La maison
ne renfermait que trois pièces spacieuses, dont celle
du milieu, la « dining room » était réservée, comme
salle à manger et comme salon de conversation, à l'u-
sage de tous les hôtes de passage (en particulier des
employés du gouvernement en voyage) ; une grande
table à manger, deux bancs et plusieurs chaises en formaient tout l'ameublement. De chaque côté de la salle
se trouvait une grande chambre pour les étrangers,
avec un de ces énormes lits indiens où le dormeur, qui
rêve, peut s'allonger impunément sur le dos, sans courir
le risque de toucher le bord du lit du bout de ses
orteils. Un grand moustiquaire, tendu au-dessus, avait
pu rendre autrefois des services essentiels ; mais il y a
longtemps qu'il ne faisait plus qu'en évoquer le souvenir. Les matelas étaient dans un état analogue et me
disaient dans un langage aussi clair que possible, que

je ferais mieux de m'abstenir de leur usage et de me
contenter, à l'exemple des indigènes, d'une simple natte
en palmiers. Outre le lit gigantesque, chaque chambre
contenait encore un petit lavabo et une couple de
chaises. Les larges fenêtres béantes dans le mur blanc
avaient, selon l'usage du pays, au lieu de vitres, des
jalousies en bois, peintes en vert. Le sol était couvert
de dalles en pierre. La belle pièce bien claire, exposée
au sud, que je choisis, offrait par sa porte donnant sur
la vérandah une vue superbe sur la baie. J'aurais bien
voulu réserver cette pièce uniquement pour le travail
et en faire mon laboratoire zoologique, tandis que celle
exposée au nord m'aurait servi de chambre à coucher.
La chose malheureusement n'était pas possible, cette
dernière pièce devant rester libre, afin de pouvoir être
mise à la disposition des voyageurs.

Vu la simplicité élémentaire de l'ameublement, je
dus avant tout chercher à me procurer quelques meubles
de première nécessité, sans lesquels il ne fallait pas
songer à travailler dans ces grandes pièces vides. Il me
fallait d'abord de grandes tables, des bancs, ensuite
s'il était possible, des commodes et des armoires. Mais
cela présentait des difficultés et quoique mes nouveaux
amis me prêtassent un concours des plus actifs, le laboratoire nouvellement installé laissait beaucoup à désirer.
Le chef du village me procura des planches, lesquelles
disposées sur mes caisses vides offrirent un emplacement pour mes bocaux et mes ustensiles. Le sous-chef
me fournit de grandes vieilles tables; le collecteur,
homme très agréable et très cultivé, me prêta deux

petites armoires ou almeiras, fermant à clef, où je pus
enfermer les instruments les plus précieux, les préparations chimiques et les poisons ; le maître d'école
enfin contribua à mon installation en me cédant les
rayons de sa bibliothèque. En général, ces braves gens
firent de leur mieux et fournirent à mon laboratoire
quantité de petits objets, dont celui-ci avait grand
besoin. Pour prix de ces légers services, il ne fallut
d'abord que satisfaire leur curiosité ; malheureusement
plus tard celle-ci prit de telles proportions, qu'elle me
devint fort à charge en me dérobant une grande partie
du temps précieux, que j'aurais voulu consacrer entièrement à mes travaux.

Outre ces meubles de première nécessité — mais qui
pour la plupart des Cingalais constituent un luxe tout
à fait superflu — je ne trouvai à Belligemma rien de
ce qu'il faut pour une installation. Je pus donc me
féliciter d'avoir apporté d'Europe des ustensiles de ménage et les objets les plus indispensables à mes travaux zoologiques. Il y avait bien dans le village des
individus faisant le métier de charpentiers et de serru-
riers, auxquels j'aurais pu recourir plus souvent. Seulement les outils primitifs, dont ils se servaient, non
moins que leur admiration stupéfiée à la vue de quelques instruments élémentaires que j'avais apportés,
révélaient suffisamment le degré inférieur de leur ha-
bileté professionnelle. Je reconnus que le mieux était
encore de faire tout moi-même, car chaque fois que
j'avais recours à l'aide d'un de ces artisans cingalais,
j'étais obligé, l'ouvrage achevé, de le refaire de nou-

veau. Encore moins fallait-il songer à confier à ces mains inhabiles la réparation des instruments, qui malheureusement en avaient souvent besoin.

Malgré ces difficultés, je réussis pourtant, au bout de quelques jours, à transformer ma chambre en un laboratoire assez bien outillé pour satisfaire aux exigences de la zoologie marine de nos jours. Microscopes et instruments zoologiques étaient à leur place ; une douzaine de grands bocaux et quelques centaines de petits s'alignaient sur les planches, et l'alcool, que j'avais apporté, était versé dans des flacons, où j'ajoutai de l'huile de térébenthine et de l'huile de thym pour les préserver de la convoitise de mes serviteurs. L'une des armoires fut réservée à ma pharmacie domestique ainsi qu'aux cartouches, aux boîtes à munitions et à ce que j'appellerai volontiers la cuisine infernale, c'est-à-dire mes ustensiles micro-chimiques et photographiques, et aux poisons servant à préparer et à conserver les animaux, etc. Dans l'autre armoire je logeai mes livres, les objets de papeterie ainsi que ceux qui me servaient pour le dessin, l'aquarelle et la peinture à l'huile, en un mot toute espèce d'instruments délicats et fragiles. Les pieds des armoires et des tables plongeaient dans des plateaux en terre pleins d'eau (semblables à ceux de nos pots à fleurs) afin de mettre mes trésors à l'abri des invasions dévastatrices des termites et des fourmis. Un coin de la chambre était occupé par les filets et les engins de pêche, un autre par les armes, les fusils de chasse et les boîtes à herboriser, le troisième par les appareils

de dragage et les boîtes en fer-blanc. Le lit gigantesque, qui durant plusieurs jours avait servi de table
à préparation, occupa le quatrième coin. Quelques douzaines de boîtes vides, destinées à recevoir des collections futures, ainsi que les caisses en fer-blanc contenant les habits et le linge, furent rangées le long des
murs, sur lesquels furent suspendus à des clous les
baromètres, les thermomètres, les balances, ainsi
qu'une quantité d'objets divers, nécessaires à l'ouvrage
quotidien. Au bout de quelques jours, je me trouvais
presque aussi bien organisé dans la « rest-house » de
Belligemma, que je l'avais été vingt-deux ans auparavant dans mon laboratoire maritime de Messine,
aménagé pour une installation de six mois, et quinze
ans auparavant dans celui de Lanzerote, aux Canaries,
avec la différence pourtant que cette fois je possédais
un outillage zoologique et artistique bien plus complet.
Le confort domestique était en revanche bien plus
élémentaire et avait un cachet tout primitif. Mais
l'idée que je me trouvais seulement à 6° de latitude de
l'équateur et que jamais Ceylan n'avait possédé un
laboratoire aussi bien pourvu pour les recherches de
zoologie marine, me consolait de bien des privations et
stimulait l'ardeur avec laquelle je m'adonnais au
travail.

Tous les zoologistes, qui dans ces dix dernières
années se sont livrés sous les tropiques à des investigations sur la structure et l'évolution des organismes
marins inférieurs, ont vivement ressenti et déploré les
difficultés de toute espèce, que des travaux de ce genre

rencontrent dans ces régions, Quoique j'y fusse préparé d'avance, je dois reconnaître qu'à Ceylan ces difficultés étaient encore plus grandes et plus nombreuses,
que je ne l'avais supposé. Non seulement le climat
avec sa chaleur humide entraîne toute espèce d'in-
fluences pernicieuses, mais le séjour même dans un
village perdu, au milieu d'une population à demi-sau-
vage, où manquent tous les moyens auxiliaires fournis
par la civilisation, crée à chaque pas des obstacles
aux recherches méthodiques ainsi qu'à la formation
des collections. Que de fois n'ai-je pas songé avec un
soupir de regret aux avantages et aux facilités de
toute espèce dont j'avais toujours joui dans mes innombrables excursions zoologiques sur les côtes de la Méditerranée !

Une des grosses difficultés, qui surgit de prime-
abord, ce fut de me procurer un bateau de pêche convenable, ainsi que de bons bateliers et des pêcheurs
habiles. On ne se sert à Belligemma, comme en général
partout sur les côtes de Ceylan (à l'exception des
grandes villes) que des canots à balanciers, dont j'ai déjà
parlé (voir le chapitre sur Colombo). Ces canots de
20 à 25 pieds de long sont, comme je l'ai déjà dit, si
étroits (à peine un pied et demi de large) qu'une grande
personne ne peut y allonger ses deux jambes librement;
on y reste donc comme encastré. Mon ami, le professeur Vogel, de Berlin, qui s'était servi ici de bateaux
de ce genre, les désigne très justement dans la charmante description qu'il a publiée de son voyage, sous
le nom de «casse-jambes». Dans ce tronc d'arbre creusé,

il ne peut être question de travail : impossible d'y faire
un pas, d'avoir la liberté de mouvement nécessaire
pour draguer ou pour traîner les filets. Aussi dus-je
tout d'abord renoncer à ce dernier exercice. Un autre
désavantage de ces bateaux, c'étaient les deux pièces
« du balancier » caractéristique, les deux tiges parallèles de bambou, qui partant à angles droits d'un côté du
bateau, sont reliés à leurs extrémités par une traverse
plus grande (parallèle au bateau) ; celle-ci, éloignée de
8 ou 10 pieds du corps de l'embarcation, glisse à plat
sur la surface de l'eau et empêche le canot, haut et
étroit, de chavirer. Ce dernier y gagne donc en stabi-
lité, mais perd considérablement en vitesse. En outre,
le canot ne peut accoster ou s'approcher d'un objet
quelconque que par un seul côté, et il faut un temps
considérable pour le faire virer de bord. Pas de vrai
gouvernail ; il est remplacé par une rame ordinaire,
qui, employée tour à tour aux deux extrémités du
canot (finissant également en pointe) aide à le diriger. Les petits bateaux marchent à deux rames, les
grands à trois ou quatre. On se sert en outre d'une
grande voile attachée à un mât de moyenne grandeur.
Cette voile rend de grands services avec un temps favorable ; le léger canot, étroit et tirant peu d'eau, ne
rencontre qu'une faible résistance et glisse rapidement
sur la surface de la mer. Il m'est arrivé de filer parfois
dans une pirogue de ce genre avec une vitesse de dix
à douze mille marins par heure, comme sur un rapide
vapeur. Si le vent gonfle trop la voile et couche le
bateau sur le côté, les marins se précipitent du côté

17

opposé et avec l'agilité des singes passent sur la poutre, qui flotte parallèlement au bateau, afin de la lester et de servir de contrepoids à la force du vent.

Dans ce canot à balancier, impossible d'emporter même une caisse contenant de grands bocaux, ou les engins indispensables pour la pêche des animaux marins pélagiques et surtout pour celle de la méduse. Il fallut commencer par m'arranger dans le bateau un siège où je pusse être assis confortablement et me mouvoir en liberté ; ce siège se composait de planches posées transversalement et dépassant de beaucoup les bords. Sur les deux côtés on assujétit à l'aide de cordes en filaments de coco, les deux caisses où j'avais placé quatre grands bocaux et une douzaine de petits. Des cordes de même genre servaient aussi à fixer et à lier les diverses parties du canot. Les indigènes ne se servent dans la construction de leurs embarcations ni de clous, ni même de la moindre parcelle de fer, les seuls matériaux employés sont le bois et les fibres de la noix de coco. Jusqu'aux planches qui rehaussent les deux bords du tronc d'arbre creusé à la hauteur de 3 ou 4 pieds, tout est assujetti au moyen de ces fibres. C'est également avec ces filaments solides, fournis par la coquille de la noix de coco, que je remplaçai les cordes et les liens dans tous mes travaux.

Pour tout ce qui touchait l'arrangement de mon embarcation, l'enrôlement et l'instruction de l'équipage, je trouvai le concours le plus précieux dans le sous-chef du village, Aretschi Abayawira, auquel je suis redevable d'ailleurs de bien d'autres services. Déjà l'agent

du gouvernement du district méridional m'avait fait
l'éloge de ce brave homme et m'avait spécialement recommandé à ses bons soins. Je trouvai en lui un Cingalais fort éveillé, âgé de quarante ans à peu près et
doué d'une intelligence peu commune ; le cercle de ses
connaissances et de ses intérêts était bien plus large
que celui de la plupart de ses compatriotes. Rien en
lui de la stupidité, de la paresse et de la nonchalante
indifférence caractérisant ces derniers ; il montrait au
contraire une vive prédilection pour la civilisation et
employait tous ses efforts pour en faire goûter les
avantages dans le cercle de son activité. Il parlait assez
couramment l'anglais et dans ses paroles perçait un
esprit naturel et une rectitude de jugement, qui m'é-
tonnaient parfois. Oui, il y avait dans Aretschi l'étoffe
d'un philosophe à un plus haut degré que chez le vieux
Socrate de la « rest-house » et je me rappelle avec un
vif plaisir les entretiens intéressants que nous eûmes
sur divers sujets d'un intérêt général ; dégagé des superstitions et de la terreur des esprits, préjugés qui
dominent si complètement ses coréligionnaires bouddhistes, il avait les yeux ouverts sur les merveilles de
la nature ; il était même arrivé à cette liberté de la
pensée, qui permet d'embrasser la causalité des phénomènes. Aussi fut-il tout heureux de trouver par moi la
solution de bien des problèmes pour lui inexplicables.
Je crois le voir encore cet homme élancé, au visage
bronzé, dont les traits réguliers devenaient si expres-
sifs et dont les yeux noirs s'allumaient, quand je lui
expliquais quelques phénomènes de la nature. Je crois

l'entendre, me demandant de sa voix douce et musicale, avec un air de respect mêlé d'affection, de répondre encore à telle ou telle autre question. Tous les côtés aimables et bons du caractère du peuple cingalais, le naturel doux, affable et paisible, la distinction innée, se trouvaient réunis à un haut degré dans Aretschi. Aussi quand j'évoque le souvenir de mon beau paradis verdoyant, avec sa population aux formes sveltes et bronzées, Aretschi et Ganymède en résument pour moi le type idéal. Le neveu d'Aretschi, enfant de dix ans, qui étudiait à l'école normale de Colombo pour devenir instituteur et qui se trouvait pour le moment en vacances à Belligemma, était aussi un charmant garçon à la mine éveillée ; il me rendit mille petits services dans maintes occasions.

Avec le concours d'Aretschi, je raccolai quatre des meilleurs pêcheurs et bateliers de Belligemma pour monter mon embarcation et m'aider dans mes explorations maritimes. Je payais mes hommes 5 roupies (25 francs) par excursion ; mais les jours où ils plongeaient pour pêcher du corail, ainsi que ceux où nous restions une demi-journée en mer, j'ajoutais à cette somme encore une couple de roupies. J'eus de grandes difficultés les premiers jours avec mon équipage, et quand je pêchais à la surface de la mer avec le filet pélagien aux mailles si fines et leur montrais les petites méduses et les polypes, les siphonophores et les cténophores, dont la capture m'intéressait en particulier, je voyais clairement à leur mine qu'ils me prenaient pour un sot. Peu à peu pourtant, avec de la patience, les

choses s'arrangèrent; mes marins finirent par comprendre mes intentions et travaillèrent avec zèle à
enrichir mes collections. Parmi eux, il en était deux
surtout, doués d'une grande adresse, qui me furent fort
utiles dans la pêche du corail, quand il fallait plonger
auprès des récifs. C'est à eux que je suis redevable de
la plus grande partie des magnifiques coraux, couverts
d'animaux marins si curieux, que je rapportai à Belligemma.

Mais les difficultés, que présentaient pour la pêche
pélagienne le canot et son équipage, n'étaient rien à
côté de celles créées par le climat de Ceylan, cet ennemi
redouté et invincible, qui dans la région tropicale
entrave tous les travaux et paralyse tous les efforts de
l'Européen. Dès ma première excursion dans la baie de
Belligemma, j'en ressentis l'action implacable. A cause
d'une quantité de préparatifs et de dispositions qui
nous avaient retenus, neuf heures sonnaient au moment
où nous nous embarquâmes. Du haut d'un ciel bleu,
sans nuages, le soleil tropical dardait un éclat implacable et par un calme plat versait sur le miroir immobile de la mer des torrents de lumière ; l'œil ne pouvait en soutenir les reflets et pour pouvoir tenir les
yeux ouverts, je fus obligé de mettre mes lunettes
bleues. Néanmoins, je donnai ordre à mes rameurs de
pousser au large, avec l'espoir d'y trouver une température moins élevée. Mais la chaleur y était encore
plus intolérable et allait toujours en croissant. La surface bleue de la mer, que n'agitait aucun souffle, semblait une masse liquide de métal fondu. A peine avais-je

pêché pendant une heure dans ce bain de vapeur, que je me sentis complètement épuisé ; mes forces étaient à bout, mes oreilles tintaient ; une sensation croissante de pesanteur à la tête me faisait redouter un coup de soleil. J'eus alors recours à un expédient, dont je m'étais déjà servi dans des conditions analogues. Comme mon léger vêtement était déjà complètement mouillé à cause de la posture incommode dans laquelle je pêchais, je me fis jeter plusieurs seaux d'eau salée sur la tête ; j'y posai ensuite un mouchoir mouillé en guise de compresse et par dessus j'assujettis mon chapeau de sola à larges bords. Ce moyen donna le meilleur résultat et à partir de ce jour je l'employai quotidiennement, dès que la chaleur atteignait son maximum, entre dix et onze heures du matin, et provoquait une sensation de pesanteur à la tête. Avec une température de 22 à 26° R. presque invariable dans l'atmosphère aussi bien que dans l'eau, il est tout aussi agréable qu'utile de rafraîchir la tête par cette évaporation constante. Il en est de même pour les habits mouillés, que l'on peut garder ici pendant plusieurs heures, ce que l'on ne saurait faire sans danger dans nos climats froids.

La richesse de la baie de Belligemma en animaux pélagiques se révéla dès la première excursion. Les bocaux où je logeais les organismes flottant à la surface de l'eau et capturés avec mon filet de gaze, furent remplis en peu d'heures. Parmi des milliers de crustacés et de salpas nageaient de gracieuses méduses et de superbes siphonophores. D'innombrables larves de gastropodes et d'animaux à coquilles se mouvaient

rapidement au moyen de leurs petites voiles ciliées,
cernées par les papillons de mer voltigeant autour d'eux
et par les ptéropodes ; les larves des vers, des crustacés et des coraux étaient en masse la proie des vers
à dard ou sagittaires. Presque tous ces organismes sont
incolores et transparents, comme l'eau de mer où se
livre leur dur combat pour l'existence. D'après les
théories de la sélection darwinienne, la transparence,
qui distingue ces organismes pélagiques, ces organismes « en verre » ne serait que le résultat de ce combat.
Je connaissais le genre, sinon l'espèce, de la plupart
de ces animaux, car quand on a pêché dans la Méditerranée, où la vie animale est si riche, et en particulier'dàns le fameux détroit de Messine avec un filet de
gaze et dans des conditions favorables, on prend souvent de cette « gelée pélagique », brève appellation qui
peut s'appliquer à l'ensemble de ces organismes si
variées. Pourtant au milieu de vieilles connaissances,
je remarquai un certain nombre de formes nouvelles,
fort intéressantes sous certains rapports et qui sollici-
taient une prompte investigation microscopique. En
conséquence, après avoir pêché pendant deux heures,
j'ordonnai à mes gens de retourner à terre et l'allure
du canot étant fort douce, je pus durant le trajet
examiner à loisir mon précieux butin. Mais, hélas ! je
constatai avec un vif regret qu'une demi-heure à peine,
quelquefois un quart d'heure après la capture, la plupart de ces animalcules délicats mouraient. Leurs
corps transparents se dissolvaient rapidement et formaient au fond des bocaux une masse blanchâtre

et pulvérulente. Avant d'atteindre la côte, l'odeur propre aux animaux mous en décomposition se faisait déjà sentir d'une manière fort sensible. Ce phénomène de décomposition, qui ne se manifeste dans la Méditerranée, dans des conditions analogues, qu'au bout de cinq à dix heures, se produit ici, à une température supérieure de 8 à 12° R. à celle de la Méditerranée, au bout d'une demi-heure.

Sous l'empire de ces préoccupations, je pressai autant que possible la marche de l'embarcation, en sorte qu'avant midi nous fûmes de retour. Mais ici un autre ennui nous attendait. En dépit de la chaleur accablante de midi, presque toute la population de Belligemma se pressait sur le rivage, afin de satisfaire sa curiosité, vivement excitée par mes procédés de pêche, nouveaux pour elle. Chacun tenait à voir ce que je rapportais ou plutôt pourquoi j'étais allé pêcher et de quelle manière j'allais consommer le produit de ma pêche, car il était bien entendu pour ces braves gens qu'on ne prend des animaux marins que pour les manger. On s'imagine donc l'étonnement des curieux, au milieu desquels je me frayais péniblement un chemin, en n'apercevant au fond des grandes fioles que la masse blanchâtre de la gelée pélagique, et au-dessus à peine quelques animalcules microscopiques flottant dans l'eau. Comme me le raconta plus tard mon fidèle Aretschi, ce fut en vain qu'il s'était efforcé d'expliquer à ses compatriotes que le seul but de ma pêche était de faire des collections et des observations scientifiques ; ils se refusèrent absolument à le croire et ne compri-

rent même pas ses explications. La plupart voyaient
dans tout cela des sorcelleries, par exemple, la préparation mystérieuse de quelque breuvage magique;
d'autres esprits pratiques penchaient à croire que je
cherchais de nouvelles espèces de condiments de curry
pour assaisonner le riz, les plus éclairés enfin me tenaient purement et simplement pour un sot d'Europe.

Et voilà encore un quart d'heure précieux de perdu,
avant que j'aie pu atteindre, à travers cette foule
obstruant ma route, la « rest-house », qui pourtant
était peu éloignée. A peine arrivé au logis, je n'eus
rien de plus pressé que de classer cette foule d'objets
charmants et de les répartir dans des bocaux différents.
Malheureusement les neuf dixièmes au moins de ces
êtres délicats étaient avariés, bons à rien, et dans le
nombre étaient précisément la plupart des animaux,
dont les formes nouvelles m'intéressaient tout particulièrement. Les organismes composant le dernier
dixième étaient eux-mêmes si avariés que la plus
grande partie ne tarda pas à mourir. Quelques heures
encore et tout n'était qu'un amas de cadavres! Les
jours suivants, je cherchai, à l'aide des précautions les
plus minutieuses, à éviter l'action pernicieuse du soleil
tropical, mais tous mes efforts ne donnèrent qu'un
mince résultat. Il était simplement impossible, par
n'importe quel moyen, d'obtenir une température convenable de l'eau contenue dans les bocaux. Je ne tardai
pas à me convaincre, que la première condition pour
faire des études de la faune des mers, dans un climat
aussi chaud que celui de Ceylan, serait d'aménager des

récipients frais et des milieux frais. Comme la glace est aujourd'hui moins chère à Colombo, car au lieu de l'apporter à grands frais d'Amérique on la fabrique sur place à la machine, et cela en grande quantité, il ne serait pas difficile d'établir dans cette ville des bocaux froids et des aquariums rafraîchis. Mais pour tout cela il serait indispensable d'avoir des ressources considérables, que je ne possédais point.

Une autre condition importante pour le succès des travaux zoologiques, c'est d'avoir à sa disposition un laboratoire non seulement frais et bien aménagé, mais en outre éclairé par des fenêtres pourvues de vitres. Cet article manque presque complètement à Ceylan. Dans la « rest-house » de Belligemma, de même que dans la plupart des édifices de l'île, les vitres sont remplacées par des volets en bois ou par des jalousies. Presque toujours ces volets ont une large fente, afin de laisser passage au courant d'air et d'ordinaire il y a d'autres fentes du même genre impossibles à boucher, dans le plafond, aussi bien qu'entre les battants des portes. En général, rien de plus pratique et de plus agréable que ces fissures, permettant continuellement à l'air de se renouveler et de rafraîchir l'appartement ; mais tel n'est point le cas pour le naturaliste, travaillant au microscope, car ces fissures laissent pénétrer toute espèce d'animaux volants ou rampants, aussi nuisibles qu'incommodes. Les nuées de moustiques et de mouches, de fourmis et de termites sont en particulier intolérables. Le courant d'air enlève les papiers, couvre les instruments de poussière et procédant parfois à la façon d'un

ouragan, jette tout pêle-mêle. Non moins préjudiciable
pour les travaux au microscope, surtout pour ceux qui
exigent un grossissement considérable, est l'aménagement des fenêtres, qui ne donnent point une lumière
satisfaisante. Souvent l'irruption simultanée du soleil
et du vent ne me permettait de trouver aucune place.
convenable pour ma table de travail, ni dans la chambre
trop obscure, ni sous la vérandah trop aérée ; d'ailleurs
le toit en auvent de cette dernière projetait trop d'ombre
et avait par conséquent des inconvénients.

A ces difficultés et à d'autres, ayant le même caractère local et contribuant à entraver mes travaux de
zoologiste, il faut ajouter encore celles que me susci-
taient mes relations avec les indigènes et en particulier
leur curiosité sans bornes. Ces braves gens n'avaient
naturellement vu de leur vie d'instruments et d'appareils dans le genre de ceux que j'avais apportés ; ils
désiraient savoir à quoi pouvait bien servir chaque
objet et ils étaient surtout curieux de voir comment et
en quoi consistaient mes occupations. En général, mes
moindres faits et gestes étaient pour eux un sujet inépuisable d'entretien et de curiosité. Comme tous les
peuples primitifs, les Cingalais sont sous certains rapports de véritables enfants ; ils le sont d'autant plus
que les conditions fortunées du paradis terrestre qu'ils
habitent et où la nature est d'une richesse exubérante,
facilitent pour eux la lutte pour l'existence et leur
épargnent tout travail difficile. Des jeux inoffensifs et
un babil incessant constituent leur principale occupation ; on comprend que chaque objet nouveau devienne

pour eux une source de vif intérêt. Quand je me plai-
gnis à quelques personnes considérables de cette
affluence de badauds, envahissant mon appartement et
y stationnant sans fin, la majorité se retira, mais ce fut
pour céder la place à ces notables eux-mêmes, qui
eurent l'air de s'installer chez moi à demeure. Le « docteur » s'intéressait tout particulièrement à mes microscopes ; le « collecteur » à mon appareil de peintre ; le
« président du tribunal » était curieux de voir mes
instruments anatomiques (peut-être comme instruments
de torture) ; le « maître d'école » examinait mes livres ;
le « maître de poste » mes coffres, etc., etc. Tous ces
objets et mille autres furent tour à tour soumis à
l'examen le plus minutieux ; on les tourna, les re-
tourna, tout en m'accablant de questions stupides sur
leur but et leurs propriétés. Enfin, mes collections, qui
allaient toujours en grossissant, étaient pour tous un
objet de vive curiosité. J'avais cru que le meilleur
moyen de la satisfaire c'était d'établir régulièrement
à certains jours et à des heures déterminées, des espèces
de conférences où j'exhibais devant le public mes collections en les accompagnant des explications nécessaires. Cet expédient m'avait parfaitement réussi
autrefois sur les bords de la Méditerranée. Malheureusement ici, d'abord mon auditoire ou bien ne me com-
prenait pas, ou bien le plus souvent ne croyait pas un
mot de mes explications ; ensuite je pus me convaincre
facilement que la curiosité enfantine des habitants de
Belligemma n'avait rien à voir avec la véritable curiosité scientifique. En vrais enfants de la nature, ils ne

saisissaient guère l'enchaînement étiologique des phénomènes et ne s'y intéressaient pas.

Ce serait fatiguer inutilement le lecteur que d'in-
sister davantage sur les obstacles de divers genres
avec lesquels j'eus à lutter pour poursuivre mes travaux dans le laboratoire primitif de Belligemma. Privé
du secours d'un préparateur intelligent et instruit,
abandonné à mes propres forces, je fus parfois impuissant à écarter certains de ces obstacles, et perdis une
notable partie de mon temps si précieux à faire des
travaux préparatoires, dont il n'aurait même pas été
question sur les côtes de la Méditerranée. En outre le
temps si étroitement limité de mon séjour ne me permettait pas de poursuivre la série des recherches
coordonnées sur l'histoire de l'évolution, que je m'étais
proposé de faire. Je finis donc par me réconcilier avec
un fait qui d'abord m'avait si désagréablement déçu
dans mon attente ; je veux parler de la pauvreté relative,
qu'offrait la baie de Belligemma en espèces nouvelles
ou remarquables. Grâce aux nombreuses recherches
faites dans le cours de ces dix dernières années, en
particulier à celles de l'expédition du Challenger, on
est arrivé à la certitude que les habitants des océans
divers diffèrent moins entre eux que les habitants terrestres des divers continents. Mes recherches à Belligemma fournirent de nouvelles preuves à l'appui de
ce fait. Je trouvai, il est vrai, un grand nombre de
formes animales nouvelles, sous certains rapports fort
intéressantes, surtout parmi les groupes des animaux
marins inférieurs : radiolaires et infusoires, éponges

et coraux, méduses et siphonophores. Mais, dans ses caractères généraux, cette faune que j'étudiais, celle vivant à la surface de l'eau, aussi bien que celle des côtes, est reliée par une proche parenté au monde maritime tropical de l'océan Pacifique, déjà suffisamment connu (par exemple celui des îles Philippines et des îles Fidji).

Les autres côtes de l'Inde peuvent, il est vrai, être plus riches en formes marines variées et originales que ne le sont celles de Ceylan. A mon avis, les pluies torrentielles, qui y tombent quotidiennement, pourraient contribuer à amener ce résultat. Tandis que la flore de l'île doit son exubérance et sa richesse à cette circonstance, le développement et l'expansion de la faune s'en trouvent au contraire enrayés de mille manières. Les innombrables fleuves, qui entraînent quotidiennement des masses de terre rouge dans la mer, en rendent l'eau fort trouble dans la plupart des régions côtières et en diminuent la salure. Par conséquent, l'eau y perd cette pureté et cette limpidité, qui sont des conditions vitales essentielles pour quantité d'animaux marins, en particulier pour les organismes pélagiques.

Si, en dépit de ces obstacles de toute sorte, mes collections zoologiques augmentèrent rapidement et si je réussis à emporter de Belligemma, pour des travaux futurs, des matériaux bien plus riches que je n'en avais jamais recueillis dans ma vie, je dois surtout cet heureux résultat au dévouement infatigable de mon fidèle Ganymède. Il prenait un intérêt passionné à mes collections et ne se lassait point de les enrichir d'ani-

maux marins et terrestres de toute espèce. Par son
entremise, je réussis à recruter un certain nombre
d'enfants, fils de pêcheurs, qui se mirent à fouiller
pour moi la plage et les récifs et bientôt un commerce
régulier d'objets d'histoire naturelle s'établit entre moi
et les petits Cingalais. Parfois, aux heures que j'avais
fixées, je voyais apparaître toute une troupe de charmants vauriens au corps nu et bronzé. L'un m'apportait une couple de poissons ou de crabes aux couleurs
bizarres, un autre une belle étoile de mer, le troisième
un scorpion noir ou un mille-pieds, le quatrième quelques papillons ou quelques scarabées à la robe éclatante. Ces scènes en faisaient revivre dans ma mémoire
d'autres du même genre, dont j'avais joui autrefois
sur les côtes de la Méditerranée, surtout à Naples et à
Messine. Mais quelle différence entre la conduite de
mes petits marchands de Belligemma et celles des
petits pêcheurs italiens. Ces derniers vociféraient en
vantant avec emphase leurs marchandises et avec une
vivacité et une éloquence naturelle arrivaient à débiter
tout d'une haleine des harangues longues et fleuries ;
ils demandaient aussi invariablement dix fois le prix
des choses et n'étaient jamais satisfaits, même de la
plus grosse rétribution. Les petits Cingalais au contraire s'approchaient de moi avec timidité et respect,
et déposant en silence leur offrande à mes pieds,
attendaient ce que je voudrais bien leur donner. En
général ils étaient satisfaits de quelques pièces de
menue monnaie en cuivre, mais se montraient surtout
enchantés, si, pour payer quelque objet convoité qu'ils

m'apportaient, je leur donnais un des articles d'échange
que j'avais apportés avec moi et dont il sera question
plus tard.

Malheureusement, par manque de temps et plus
encore de moyens auxiliaires, il me fut impossible de
conserver en bon état tous les objets intéressants d'histoire naturelle, que je recueillis ainsi à Belligemma.
Ici encore j'avais contre moi les particularités du
climat tropical et les ravages causés par les insectes
dévastateurs. Les préparations, que je voulais sécher,
eurent particulièrement à souffrir de ces deux fléaux.
Sécher n'importe quoi dans ce climat si chaud et si
humide est un problème des plus difficiles. L'humidité
de l'air est telle que les objets déjà séchés se couvrent
de moisissure et se décomposent lentement, d'autres
ne parviennent jamais à sécher complètement, malgré
les soins que l'on en prend. J'eus beau suspendre chaque
jour au soleil, durant des semaines entières, les peaux
des oiseaux et des mammifères que j'avais préparées
avec un soin infini, la nuit venue elle se pénétraient
d'humidité.

Mais les ennemis les plus redoutables de mes collections furent sans contredit les insectes destructeurs,
dont le nombre est légion, en particulier les nuées de
fourmis et de termites. Contre leur agression point de
refuge ! Quand même il n'y aurait point dans toutes
les pièces de ces larges fentes à air, que l'on ne bouche
jamais afin de maintenir la ventilation de l'appartement et par lesquelles naturellement toute espèce de
vermine volante et rampante pénètre avec facilité, il

serait encore difficile de se prémunir contre ces fléaux des tropiques. Aucun mur n'est capable de résister aux attaques en masse de ces milliers de mandibules et de tenailles puissantes ; on se voit assailli par le toit, par les murs latéraux aussi bien que par le sol, car ces bestioles sont d'excellents ingénieurs et s'entendent à faire des mines et des contre-mines. Souvent en se réveillant le matin on est frappé à la vue de petits tas de terre de forme conique, que les fourmis et les termites ont détachés durant la nuit d'entre les carreaux du sol et dont le soir il n'y avait pas de traces. Avec quelle rapidité ces terribles ennemis viennent à bout, dans le courant de quelques jours, de leur œuvre de destruction, c'est ce que j'appris aux dépens de mes pauvres collections de préparations sèches et cela avant qu'un mois se fut écoulé. J'avais travaillé pendant quatre semaines à dessécher des papillons et des coléoptères, des peaux d'oiseaux et de mammifères, des fruits, des échantillons de bois, des fougères et autres plantes intéressantes. Ces trésors furent déposés dans une pièce où ils semblaient bien en sûreté et que j'allais visiter presque chaque jour, afin d'exterminer dès que je les voyais apparaître les colonnes d'avant-garde des fourmis et des termites. A force de camphre, de naphte et d'acide phénique prodigués à profusion, je me flattais de pouvoir préserver mes précieuses collections. Quelques excursions plus longues qu'à l'ordinaire, que j'entrepris à la fin de la quatrième semaine, et un travail pressé m'empêchèrent pendant une couple de jours de faire ma visite d'inspection. Quelle fut ma

18

consternation, quand, au bout de trois jours, je pénétrai dans mon musée si bien abrité ! La plus grande
partie de mon trésor n'était plus qu'un amas de débris
et de poussière. Des légions entières de grosses fourmis
rouges avaient pénétré par le toit ; des corps entiers
d'autres fourmis, petites et noires, s'étaient introduits
à travers les murs, tandis que des masses de termites
blancs avaient fait irruption par le sol. C'était une
véritable invasion, dont les effets étaient désastreux
pour moi. Dès ce moment je renonçai presque tout à
fait à faire des collections d'objets desséchés et ne me
préoccupai plus que de conserver autant d'objets que
possible dans l'alcool et dans le liquide de Wickers-
heim. En dépit de ses qualités si vantées, cette dernière solution me fut de peu d'utilité. J'eus aussi beaucoup de difficultés au sujet de l'alcool, la provision que
j'avais apportée s'étant vite épuisée et l'arack préparé
par les indigènes étant de qualité fort inférieure. D'un
autre côté, l'esprit de vin de qualité supérieure, que
l'on se procure dans les villes, est d'un prix si exorbi-
tant à cause de l'impôt élevé dont il est grevé, que je
ne pouvais l'employer que dans des proportions fort
restreintes. En outre le plaisir de faire ces préparations
alcooliques se trouvait considérablement diminué par la
fatigue qu'il y avait à souder les boîtes en fer-blanc,
tâche qui retombait également sur moi. Quelque élémentaire que paraisse ce travail en théorie, il est fort
pénible en pratique, au moins dans les conditions primitives dans lesquelles je me trouvais à Belligemma.
Tenir durant des heures entières par une température de

22° à 24° R. un fer à souder incandescent devant son visage en sueur, c'est là certainement une torture infernale, d'autant plus qu'il faut dépenser une somme considérable d'efforts musculaires pour souder les grosses boîtes. Aujourd'hui encore je pense avec horreur à ce travail pénible, qui me faisait parfois prendre en exécration la collection toute entière ! Il est vrai aussi que le prix de ces trésors si chèrement acquis en est doublé. Les trente caisses d'objets d'histoire naturelle, que je remplis à Belligemma et auxquelles j'en adjoignis plus tard vingt autres à Punto-Galla, sont une ample récompense de mes peines.

Plus d'une espérance partielle, liée à mon laboratoire zoologique de Belligemma, se trouvait, il est vrai, déçue ; mais en revanche, j'y gagnai beaucoup au point de vue d'une conception générale de la nature des tropiques, et les six semaines que je passai ainsi dans une solitude absolue, au milieu des Cingalais, me fournirent une riche moisson d'impressions et d'observations intéressantes.

XII

Six semaines parmi les Cingalais.

Une fois vaincues les mille difficultés inséparables d'une première installation, la vie de tous les jours dans la « rest-house » de Belligemma suivit un cours paisible et régulier, et j'eus à supporter bien moins de privations que je ne l'avait craint d'abord. Les quatre esprits familiers, mis à mon service, s'acquittaient de leur tâche d'une manière fort satisfaisante et si parfois quelque chose faisait défaut, le bon Ganymède se mettait en quatre pour me le procurer. Sollicité à la fois par une foule d'occupations diverses, ayant mes collections d'histoire naturelle à former, mes travaux de laboratoire à poursuivre, en même temps qu'à enrichir mon album d'esquisses nouvelles, pour lesquelles les ravissants environs de Belligemma offraient des sujets inépuisables, je n'étais naturellement préoccupé que d'une seule pensée : celle d'utiliser de la meilleure manière possible le temps précieux et si limité, dont je pouvais disposer.

Ayant présents à la mémoire les sacrifices pécuniaires, que je m'étais imposés pour entreprendre mon voyage, je me disais chaque matin en me réveillant que le jour

qui commençait représentait au moins la valeur de
cinq livres sterling, que j'étais tenu par conséquent
d'abattre pour le soir une somme de besogne correspondant à un chèque d'une centaine de marcs. Je me
fis donc une loi de ne pas perdre une heure de temps
et surtout de renoncer absolument à la sieste durant
les heures chaudes de la journée, coutume invétérée du
pays. Ces heures furent précisément celles où je tra-
vaillais d'ordinaire de la façon la plus assidue et la plus
active.

Comme Belligemma est située à moins de six degrés
de l'équateur et que dans les jours les plus courts de
l'année la différence entre le jour et la nuit est de
moins d'une heure, je pouvais quotidiennement consacrer deux bonnes heures à mes travaux. Je me levais
régulièrement à cinq heures du matin, avant le lever
du soleil et j'avais déjà pris mon premier bain frais,
quand Hélios montait au-dessus du bois de palmiers du
cap Mirissa, juste en face de notre maison. Sous la
vérandah, d'où j'avais l'habitude de contempler le
spectacle de l'irruption instantanée du jour, je trouvais
déjà Ganymède, qui m'attendait avec une noix de coco
ouverte, dont le jus laiteux et rafraîchissant constituait mon premier breuvage du matin. Pendant ce
temps, William secouait et brossait mes vêtements,
afin de les débarrasser des mille-pieds, des scorpions
et d'autres intrus désagréables. Bientôt après apparaissait Socrate, venant d'un air plein de dignité me servir
mon thé avec une grappe de bananes et le pain de
maïs du pays. J'avais été obligé à Ceylan de renoncer

à l'usage du café, mon breuvage de prédilection, car le noble liquide de Moka est si mauvais dans cette île, dont les districts caféïers constituent pourtant la richesse principale, qu'on lui préfère généralement le thé, qui y est d'une qualité supérieure. La cause de cette mauvaise qualité du café doit tenir principalement à ce que dans l'île les grains de café ne sèchent jamais complètement et n'atteignent qu'en Europe le degré de dessication nécessaire pour permettre une préparation soignée.

A sept heures du matin, mes bateliers venaient d'ordinaire chercher les filets et les récipients pour l'excursion quotidienne en bateau. Celle-ci durait le plus souvent de deux à trois heures. A mon retour, je m'occupais à répartir mon butin dans les flacons et les bocaux de diverse grandeur et à sauver ce qui pouvait l'être des quelques animaux marins encore survivants. Les formes les plus importantes étaient examinées au microscope et dessinées. Ensuite venait mon second bain et à onze heures le « breakfast » ou second déjeuner, dont le plat de résistance était toujours le « curry and rice » national. Le riz lui-même était invariablement cuit à l'eau ; mais Babua appliquait toutes les facultés que la nature marâtre n'avait que parcimonieusement octroyées à son petit cerveau, à varier continuellement la préparation du curry, c'est-à-dire des épices servant d'assaisonnement ou de ragoût au riz. Chaque jour il s'évertuait à m'éblouir par quelque nouveauté : tantôt le curry était *doux* (c'est-à-dire peu épicé ou même sucré) ; tantôt *brûlant*, très assaisonné

de poivre de Cayenne et d'autres fortes épices du même
genre) ; tantôt cet étrange ragoût, ce *mixtum-compo-
situm*, empruntant son caractère au règne *végétal*, se
composait principalement de noix de coco, de fruits et
de légumes variées, tantôt au règne animal (les viandes
de diverses espèces dominent dans sa composition). Ce
dernier genre de curry provoquait surtout mon étonnement, Babua semblant croire que toutes les classes
d'animaux devaient m'intéresser en ma qualité de
zoologiste et que leur utilisation pour le *curry* était un
important problème zoologique.

Quand, par exemple, le dimanche, les vertébrés
étaient représentés dans le *curry* par des poissons délicats, le mardi suivant c'était des crevettes, plus exquises
encore, qui les remplaçaient à titre d'arthropodes. Si,
le mercredi, les spécimens les plus relevés des mollusques avaient été les calmars (*Sepia* et *Loligo*), ils
cédaient la place, le jeudi, à des limaçons cuits, parfois
même à des huîtres rôties. Le vendredi, l'intéressante
classe des radiés ou échinodermes était représentée par
les paquets d'œufs des oursins ou par les holothuries
(Trépang) à la peau coriace. Le samedi, j'aurais pu
m'attendre à voir nager dans la sauce du *curry* les
zoophytes, méduses, coraux, spongiaires ou gastréadés.
Mais évidemment notre cuisinier tenait pour l'ancienne
classification zoologique et il rangeait ces zoophytes
parmi les plantes, car il les remplaçait par des animaux
volants ; tantôt c'était des chauve-souris ou des oiseaux,
tantôt de gros scarabées nasicornes ou des papillons de
nuit. Le dimanche nous réservait naturellement quelque

surprise ; on nous servait dans un *curry* de première classe soit un poulet indien, soit un gras iguane, parfois même un serpent que d'abord je pris pour une anguille. Évidemment, Babua croyait à la proche parenté des oiseaux et des reptiles et il lui était indifférent de servir sur la table les formes les plus récentes ou les plus anciennes des sauropsides. Heureusement pour mes préjugés européens, je mis du temps à voir combien était variée la composition zoologique du *curry ;* d'ordinaire je m'en apercevais seulement après l'avoir ingurgité avec une tranquille résignation. En outre, il entrait dans la constitution de l'épaisse sauce du *curry* une telle masse d'épices, sous forme de fragments de racines, de feuilles et de fruits, que pour en démêler les éléments il fallait recourir à un minutieux examen anatomique, ce à quoi naturellement je ne songeai pas tout d'abord.

Les première semaines, je me demandai si je pourrais supporter pendant une couple de mois ce régime du *curry and rice* national. Mais il m'arriva ce qui advint à Leipzig, à Gœthe, pour l'épaisse bière de Marsebourg ; au commencement, à peine y pouvais-je goûter, par la suite je n'y renonçai pas sans peine. Déjà dans le courant de la deuxième semaine, faisant de nécessité vertu, je commençai à trouver le goût du *curry* sinon agréable, au moins fort intéressant ; et, au bout d'un mois, j'étais devenu tellement Indien par l'adaptation gastronomique que je désirais des variétés nouvelles de *curry*, et que pour m'en procurer je vendais le produit de ma propre chasse ; d'où de nouvelles

formes de *curry*, qui jetaient dans l'étonnement Babua
lui-même et où figuraient les singes et les roussettes.

Dans toutes les circonstances, je trouvai une grande
consolation dans les admirables fruits, qui, tous les
jours, resplendissaient sur la table de la « rest-house »
et qui me dédommageaient amplement de toutes les
misères du *curry*. Tout d'abord, je suis redevable aux
superbes bananiers (*Pisang*), ces nobles présents des
régions tropicales, qui méritent si bien leur nom de
« figuier du paradis » (*Musa sapientum*). Si partout
sous les tropiques ces incomparables plantes sont extrêmement précieuses et paient mille fois à l'homme les
quelques soins qu'il leur donne, cela est surtout vrai
pour Ceylan. Là, en effet, on est dans le « paradis des
Lémuriens ! » Les prosimiens ou lémurs, qui vivaient
avec moi dans la « rest-house » (*Stenops gracilis*) ne
me permettaient pas d'en douter ; c'était la savoureuse
« figue de paradis » qu'ils préféraient à tout autre aliment. Les Cingalais cultivent quantité de variétés de
bananiers. Les bananes les plus exquises sont les
« doigts de ladies », si dorées, si menues, guère plus
grosses que les doigts d'une dame et dont le goût est
particulièrement délicat. Au contraire, par leur forme,
leur grandeur et leur couleur, les gigantesques bananes
aqueuses ressemblent à une grosse concombre et sont
particulièrement propres à apaiser la soif. C'est pour leur
richesse en fécule et leurs qualités nutritives que sont
appréciées les grosses bananes-pommes de terre, dont
trois ou quatre morceaux suffisent pour calmer la faim.
Les bananes-ananas sont remarquables par leur arome

suave, les bananes-cannelle par leur goût épicé, etc.
D'ordinaire le noble fruit du bananier se mange cru,
mais on le consomme aussi cuit, rôti, confit, frit dans
la graisse et c'est toujours excellent. Il n'existe pas sur
la terre de fruit aussi agréable, aussi nourissant et aussi
abondant. Un seul bananier porte une grappe de fruits
composée de plusieurs centaines de bananes et cet
arbre superbe, avec sa magnifique couronne de feuilles
d'un vert vif, ayant une dizaine de pieds de long est
une plante annuelle! La beauté du figuier de paradis
rivalise avec la bonté de ses inestimables fruits; il pare
de la plus charmante manière toutes les huttes indiennes.
S'il m'était donné d'introduire dans mon jardin d'Europe une seule des belles plantes tropicales, c'est à la
superbe *Musa sapientum*, que je donnerais la préférence. Cette « Muse des sages » est le vrai joyau végétal
des savants.

Après la banane dont, trois fois par jour, je man-
geais plusieurs morceaux à Belligemma, le plus bel
ornement de ma table était les magnifiques ananas (ils
valent 2 pfennigs la pièce), puis la noble mangue
(*Mangifera indica*), fruit vert, ovoïde, ayant un
quart ou un demi-pied de long; sa chair crêmeuse,
d'un jaune d'or, se distingue par un arome délicat,
rappelant pourtant vaguement la térébenthine. Les
fruits de la fleur de la passion (*Passiflora*) me paru-
rent très agréables; ils se rapprochent des groseilles
à maquereau. Je fus moins enchanté des célèbres
pommes de cannelle, du fruit écailleux de l'*Annona
squamosa* et de l'amande indienne, la dure noix du

Terminalia catappa. Il est curieux que les pommes et les oranges soient à Ceylan d'une si médiocre qualité ; les dernières sont vertes, fibreuses et insipides ; cependant leur infériorité et celles d'autres fruits est due surtout au manque de soins convenables. Les Cingalais sont trop nonchalants pour se donner la peine de cultiver leurs arbres fruitiers.

A Belligemma, quand j'avais savouré mon modeste et frugal déjeuner dans la « rest-house », je consacrais d'ordinaire les heures chaudes du jour, de midi à quatre heures, à des travaux anatomiques et microscopiques, soit à observer, dessiner, soit à préparer ou empaqueter divers objets. Dans la soirée, de quatre à six heures, j'avais l'habitude de faire une excursion dans les charmants alentours de la station ; tantôt je les esquissais dans des aquarelles, tantôt j'essayais d'en éterniser une image par la photographie. Entre temps je chassais, dans les bois, des singes et des oiseaux, je recueillais des insectes et des coquillages ou j'explorais les récifs de coraux de la plage pour enrichir de cent manières ma collection. Chargé de trésors, je regagnais le logis une demi-heure ou une heure environ après le coucher du soleil. D'ordinaire il me fallait encore une heure pour emballer les objets recueillis, dépouiller et préparer les animaux tués, serrer les plantes dans l'herbier, etc.

Ce n'était guère avant huit heures que je faisais mon second repas principal, le « dinner ». Cette fois encore, c'était le « curry and rice », qui constituait le plat le plus important. Pourtant on me servait encore d'ordi-

naire soit un poisson, soit quelque crustacé, que je
dégustais avec délices, puis des œufs, un plat farineux
et pour terminer des fruits exquis. Naturellement le
poisson ne manquait pas à Belligemma. L'espèce la
plus délicate était sûrement le *Cybium guttatum*,
grand poisson plat aux nageoires épineuses, de la famille des scombéroïdes. Mais les familles des *Cata-
phractés*, des *Squammipennes*, des *Labroïdes*, avaient
aussi de savoureux représentants. Je ne donnerai pas
autant d'éloges aux raies bizarres et aux requins dont
de gigantesques exemplaires figuraient chaque jour
sur ma table. Babua, qui les relevait par une sauce
fortement épicée, comptait sans doute sur l'intérêt phylogénétique qu'avaient pour moi ces antiques « poissons primitifs », les ancêtres des vertébrés supérieurs,
sans en excepter l'homme.

Vous le voyez, lecteur bénévole, en lisant mes menus
de Belligemma, j'étais en bon chemin pour devenir un
parfait végétarien. Sans doute Socrate essayait parfois
de me régaler d'un bifteck et d'une côtelette de mou-
ton ; mais quels animaux fournissaient ces plats ? Je
garderai pour moi mes soupçons à ce sujet.

Pourtant j'avouerai que, pour suppléer à la viande
de boucherie européenne, je recourais parfois aux
produits de ma chasse. Parmi les mets délicats, que
me procurait mon fusil et au premier rang, figuraient
des rôtis de singe ; fraîchement tué et mariné dans le
vinaigre, ce noble gibier était excellent et j'en vins
à regarder le cannibalisme comme un vrai raffine-
ment de gourmet. La chair de la roussette (*Pteropus*),

qui exhalait une véritable odeur de musc me parut
moins appétissante. Au contraire, un grand lézard
(*Monitor dracoena*) avait à peu près le goût du veau ;
et la soupe aux serpents rappelait assez bien la soupe
à l'anguille. Parmi les volatiles, c'était le pigeon sauvage et la corneille, le canard sauvage et le héron qui
servaient de succédanés aux poules. J'ai encore à énumérer toutes les appétissantes variétés des *Frutti di
mare :* coquillages, oursins, holothuries, etc. Mon
menu à Belligemma était donc beaucoup plus varié
qu'on n'aurait pu le croire à première vue. Pour le superflu, mon cher hôte de Punto-Galla, M. Scott, m'avait
muni de diverses conserves européennes, de marme-
lades écossaises, d'extrait de Liebig, etc., de même
qu'il avait eu soin de me pourvoir des boissons nécessaires.

Tout d'abord cette question de la boisson me parut
importante et délicate. En effet, dans les plaines de
Ceylan, l'eau potable est presque toujours mauvaise et
malsaine, tandis que dans les montagnes les sources
les plus belles, les plus fraîches ruissellent de tous
côtés. La grande quantité de pluie, qui journellement
tombe dans l'île, charrie incessamment dans les fleuves
une masse de particules terreuses, de débris végétaux ;
enfin les eaux stagnantes des lagunes sont souvent
en communication avec les cours d'eau. La règle générale est de ne boire l'eau qu'après l'avoir fait bouillir,
sous forme de thé léger, ou en la coupant avec du
claret et du whisky. Quant à ce dernier, mon ami
Scott m'en avait envoyé une quantité plus que suffi-

sante. Pourtant ma boisson favorite fut bientôt le lait
des noix de coco, que je trouvai toujours aussi agréable
et rafraîchissant que sain.

Quand le soir mon frugal dîner avait été expédié de
bonne heure, je faisais habituellement une courte et
solitaire promenade sur la plage, où je me récréais à
voir les bois de cocotiers illuminés par de superbes
scarabées luisants et des mouches phosphorescentes.
Puis je me mettais encore à écrire quelque notice ou à
lire à la lueur de ma lampe à l'huile de coco. Mais
d'ordinaire je me sentais vite si accablé de fatigue, que
vers neuf heures je me mettais au lit après l'avoir
soigneusement secoué, comme je faisais le matin de
mes habits, afin d'en chasser les scorpions et les mille-
pieds. Les grands scorpions noirs (longs de six pouces)
sont ici si abondants qu'un jour je pus en réunir une
demi-douzaine en une heure. Les serpents sont aussi
fort nombreux, L'élégant serpent-fouet à la robe verte
est partout suspendu aux branches des arbres et sur le
toit des huttes ; la nuit, le grand serpent-rat (*Cory-
phodon, Blumenbachii*) donne la chasse aux rats et
aux souris. Si inoffensif que soit cet animal, il est toujours désagréable de voir une couleuvre de 5 pieds de
long, emportée par l'ardeur de la chasse, tomber par
les lucarnes du toit dans les chambres et parfois même
dans votre lit.

Du reste, mon repos nocturne était très peu troublé
par la faune variée de Belligemma ; j'en excepte pourtant le hurlement du chacal, le cri désagréable d'un
hibou, l'oiseau du diable (*Syrnium indiani*) et ceux

de quelques autres oiseaux de nuit : le coassement
d'une élégante petite rainette, qui se tapit dans les
grands calices des fleurs, ressemblait à un tintement
de clochettes et agissait sur moi comme une de ces
mélodies dites dormeuses. C'était bien plutôt les préoccupations qui éloignaient de moi le sommeil, je songeais
aux incidents de la veille et à ceux qui pourraient sur-
venir le lendemain. Tous les objets que j'avais vus,
toutes les observations que j'avais faites, lors de ma
dernière excursion, revivaient dans mon souvenir, et
je faisais de nouveaux plans pour le jour suivant. Mes
divers travaux zoologiques dans mon laboratoire, mes
essais d'aquarelliste et de photographe créèrent vite
entre moi et la brune population, surtout cingalaise, de
Belligemma de nombreux rapports. Tout d'abord le
« native doctor » avait réclamé mon aide dans quelques opérations chirurgicales, de sorte que ma réputation ayant ainsi grandi, j'avais une clientèle aussi
brillante, mais moins profitable que celle de plus d'un
de mes chers collègues en Allemagne. Parfois on disait
que j'étais un magicien, un sorcier habile à extraire des
plantes des boissons magiques et à tirer de l'or des
animaux marins. On me faisait relativement à mon
art mystérieux les plus incroyables questions. Dans
mes excursions à l'intérieur du village et dans les environs, j'étais accompagné par des bandes d'indigènes
de tout âge. Pour eux, tout ce que je faisais ou entre-
prenais était intéressant et en tout ils soupçonnaient
quelque mystère.

Les négociations avec les indigènes relativement aux

objets d'histoire naturelle devinrent bientôt très amu-
santes et très fructueuses ; je leur dois plus d'une belle
pièce de ma collection. Parmi les divers objets de ma
pacotille c'était surtout les instruments de fer, couteaux,
ciseaux, tenailles, marteaux, etc., qui étaient recher-
chés ; mais les perles de verre, la bimbloterie, les bijoux
de pacotille avaient aussi du succès. Mais ce qui était
surtout prisé — et cela parle en faveur du sens artistique des Cingalais — c'était des images coloriées ;
j'en avais apporté environ deux cents, qui avaient le
plus grand succès. Ces œuvres d'art étaient les images
bien connues dont s'amusent nos enfants : des images
de Neu Ruppin ou d'Épinal. Elles me coûtaient
5 pfennigs la pièce ; mais elles excitaient une vraie
convoitise et je regrettai de n'en être pas mieux
pourvu. Les petits cadeaux d'hospitalité étaient aussi
fort estimés ; et rien n'était plus propre à dédommager
mes amis basanés, surtout les deux petits chefs, des
monceaux de noix de cocos, de bananes, de mangues
et d'autres nobles fruits qu'ils apportaient chaque jour
à la « rest-house ». Bientôt toutes les principales huttes
du village furent ornées de ces rares échantillons de
la peinture allemande ; quelques chefs des villages
voisins venaient même m'offrir des fruits et des fleurs,
afin d'obtenir les images ardemment désirées de Neu
Ruppin. On aimait surtout les images militaires : les
hulans prussiens, les hussards hongrois, l'artillerie
française, les soldats de la marine anglaise, etc. Puis
venaient les figures de théâtre, les formes fantastiques
d'Obéron et de Titania, de la *Dame blanche*, de la

Somnambule et de l'*Anneau des Niebelungen*, de R. Wagner. Les animaux domestiques : chevaux, bœufs, moutons, n'occupaient que le troisième rang. Les sujets les moins estimés étaient les paysages, les scènes de genre, etc. Plus les couleurs étaient bariolées et voyantes, plus elles étaient belles !

Grâce aux cadeaux mutuels et aux échanges, je fus bientôt en fort bons termes avec la population de Belligemma ; et quand je traversais le village à pieds ou dans un chariot traîné par des bœufs, j'avais à distribuer des saluts à droite et à gauche pour répondre aux respectueuses révérences de mes amis basanés, qui s'inclinaient en croisant les bras sur la poitrine. Dans ces promenades à travers le village et dans les visites que je fis à d'autres villages cingalais, rien ne me frappa davantage que la rareté du beau sexe, spécialement des jeunes filles de douze à vingt ans ; même parmi les enfants qui jouent encore, les garçons sont de beaucoup les plus nombreux. De bonne heure on habitue les filles à rester dans l'intérieur des huttes et à s'y occuper de travaux domestiques. En outre, elles se fanent de très bonne heure. Souvent mariées à dix ou douze ans, elles sont déjà des vieilles femmes à vingt ou trente ans. Les grand'mères de vingt-cinq à trente ans ne sont pas rares. Une cause plus importante encore est la disproportion des naissances masculines et féminines chez les Cingalais. Pour dix naissances mâles il n'y a en moyenne que huit à neuf naissances féminines. Le beau sexe est donc aussi le plus rare à Ceylan ! Rarement aussi il est réellement beau !

C'est bien là sûrement une des causes de la polyandrie des Cingalais. En dépit des efforts persévérants du
gouvernement anglais pour empêcher la polyandrie,
elle est toujours fort répandue, surtout dans les districts
écartés de l'Inde. Il n'est pas rare que deux ou trois
frères aient une femme en commun ; il y a même des
dames, qui ont de huit à douze maris reconnus. De là,
des relations domestiques fort complexes et des conséquences au sujet desquelles on raconte force histoires
curieuses ; mais en tout cela, il est bien difficile de
séparer le vrai du faux.

Le vieux Socrate, avec lequel je m'entretins longuement un jour de cette polyandrie, m'étonna par une
nouvelle théorie de l'hérédité, trop remarquable pour
que je la passe sous silence. Elle a été omise dans l'énu-
mération des lois de l'hérédité, que j'ai faite au neuvième chapitre de mon *Histoire naturelle de la création* et est trop originale pour ne pas intéresser vivement
tous les darwiniens. Mon devoir est d'avertir que Socrate était né dans les hautes terres de Kandy, et à ce
qu'il disait dans une caste supérieure. C'était avec un
air de dédain tranquille qu'il passait au milieu des habitants de Belligemma, avec lesquels il était manifestement en fort mauvaises relations depuis quelques années
qu'il habitait le village. Il m'avertit tout d'abord de
leur perversité en général et il leur disait sans cesse
des choses désagréables. « Sans doute, cette corruption
n'a rien d'étonnant », disait-il tout à coup avec un
visage sévère et en haussant les épaules; « en effet,
monsieur, vous devez savoir que ces gens des basses

terres ont plusieurs pères et comme on hérite toujours
des défauts de son père, il est bien naturel que cette
race soit perverse. »

Lorsque pour la première fois et le jour même de
mon arrivée, Socrate me mit en garde contre le détestable naturel de ses compatriotes, j'en ressentis quelque
inquiétude, un peu calmée d'ailleurs, quand il m'assura
ingénûment que, pour lui, il était le meilleur des
hommes et que je pouvais avoir en lui une confiance
aveugle. Mais à ma grande surprise, le chef du village,
quand il m'honora de sa visite, me parla à peu près
dans les mêmes termes et en confidence de lui et des
autres, et le jour suivant, une demi-douzaine de notables me firent des variations sur le même thème en me
rendant visite ! Chacun d'eux me mettait en garde
contre ses concitoyens ; c'était pour la plupart des
mauvais drôles, menteurs, voleurs, mauvaises langues, etc. Seul l'orateur faisait exception et je pouvais
avoir une entière confiance en son amitié.

Si ces curieuses confidences ternissaient déjà à mes
yeux l'innocence paradisiaque, dont je m'étais plu à
parer les Cingalais dans mes rêves, les rapports du
juge ou, comme il disait, du président du tribunal, la
noircirent bien plus encore. Ce dernier m'affirma en
gémissant que constamment et du matin au soir le
village entier réclamait son intervention juridique. En
réalité, la salle du tribunal — c'était, comme l'école,
une échoppe ouverte — contenait toujours une vingtaine,
parfois plus d'une centaine d'habitants du village, qui
demandaient justice. Mais j'eus le loisir de m'assurer

que la plupart des litiges avaient pour objet des injures, des calomnies, des larcins, spécialement des vols commis dans les jardins. En effet, les Cingalais sont fort enclins au vol, à la fourberie, mais ce sont surtout des menteurs de première classe. En revanche, ils sont très peu portés à la violence ; rarement ils se rendent coupables de blessures et de tentatives d'assassinat ; chez eux le vol à main armée et le meurtre sont tout à fait exceptionnels. Généralement exempts de passions violentes, ils ont un tempérament extrêmement flegmatique.

Les Cingalais sont grands amateurs de danse et de musique, mais d'une manière qui ne va guère à notre goût. Leurs principaux instruments sont des cymbales, le tam-tam, dont la peau est frappée à tour de bras avec de grosses baguettes de bois, enfin un chalumeau et un instrument à cordes très primitif, puisqu'il n'a qu'une seule corde (monocorde). Le soir, dans le voisinage de la « rest-house », quand je me dirigeais vers l'endroit où ces instruments faisaient vacarme, je trouvais d'ordinaire devant un feu allumé sous les palmiers une troupe d'une demi-douzaine ou même d'une douzaine de gaillards basanés et nus, qui s'étaient peint sur le corps des lignes blanches, jaunes et rouges et bondissaient à la ronde en faisant d'étonnantes cabrioles. Tout autour, à une certaine distance, une foule attentive suivait des yeux avec un extrême intérêt ces grotesques exercices. Vers Noël, qui, pour les bouddhistes, est aussi la fête du jour de l'an, ces nocturnes « danses du diable » deviennent plus fréquentes et prennent une signification religieuse. Alors les principaux artistes portaient une extravagante parure de plumes bariolées ; en outre, une paire de cornes sur la tête et une longue queue ; grande joie pour la jeunesse. Il arrivait souvent à une troupe de ces démons de parcourir le village, en sautant et criant, même durant le jour, escortés de leur musique ; tandis que maintes fois, la nuit, des troupes de buveurs se livraient à de véritables orgies.

Le 19 décembre, le chef de Déna-Pitya, village voisin, fit les apprêts d'une fête bouddhique. En ma qualité d'hôte distingué, je fus invité, et dans l'après-midi on vint me chercher en cérémonie. Une douzaine de vieux prêtres bouddhistes, à la tête rasée, en talar jaune, me reçurent sous un énorme figuier sacré et avec des chants étranges me conduisirent dans le temple, élégamment décoré de guirlandes. Là on me montra la grande statue de Bouddha, richement ornée de fleurs odorantes et l'on m'expliqua les scènes de la vie de Bouddha, peintes sur les murs. Ensuite on me conduisit sur une espèce de trône dressé en face du temple, sous un bouquet de bananiers, et la représentation commença. Un orchestre composé de cinq tam-tams et d'autant de flûtistes fit un vacarme à « éveiller les pierres ». Puis deux danseurs, juchés sur des échasses de 12 pieds de haut, exécutèrent les plus étonnantes évolutions. Pendant ce temps, les sœurs du chef, belles jeunes filles de douze à vingt ans, à la noire chevelure bouclée, faisaient circuler des rafraîchissements, du toddy ou vin de palme dans des coquilles de cocos, des pâtisseries sucrées, des fruits.

D'un long discours que me fit alors le chef, je ne compris malheureusement pas un mot ; je devinai cependant qu'il faisait sonner bien haut l'honneur que je lui faisais en ce jour. La même idée fut exprimée en pantomime par une bande de dix danseurs nus, bariolés et diaboliquement parés, qui firent autour de mon trône les bonds les plus frénétiques. Enfin, à l'heure du départ, au soleil couchant, quand je regagnai mon chariot à bœufs, je le trouvai rempli de superbes bananes et de noix de cocos, présents de ces bonnes gens à leur hôte.

Immédiatement après avoir été président d'honneur d'une véritable et charmante fête bouddhique, il me fallut jouer un rôle analogue dans la fête annuelle de la mission Wesleyenne ! Le lendemain matin, 20 décembre, arriva inopinément en voiture, de Punto-Galla, le président de la mission locale Wesleyenne (congrégation religieuse assez analogue à celle de nos frères Moraves). Il me dit que ce jour-là même leur école terminait son année scolaire par une distribution de prix et que je ne pourrais leur faire un plus grand plaisir qu'en distribuant les prix aux enfants. J'eus beau m'en défendre, force me fut d'accepter. Après avoir, la veille, rendu hommage au grand Bouddha, je ne pouvais désobliger le bon M. Wesley. Dans l'après-midi, je me rendis à la petite maison d'école ouverte, où environ cent cinquante enfants, vêtus de blanc, les uns de Belligemma, les autres des villages voisins, étaient réunis. On commença par quelques chants, qui donnaient une assez pauvre idée du savoir musical du magister bronzé ; les cent cinquante enfants (environ quatre-vingt-dix garçons et soixante filles) semblaient chanter en même temps cinquante mélodies diverses. Mais ils cherchaient manifestement à compenser le manque d'harmonie par l'éclat et la hauteur des sons. Au contraire, l'examen qui suivit et qui portait sur l'histoire biblique et la grammaire anglaise fut très satisfaisant. Les cahiers d'écriture et d'arithmétique n'étaient pas mauvais non plus, surtout si l'on considérait qu'ils avaient été rédigés à six degrés de latitude nord de l'équateur. Puis, le révérend N... fit un discours de circonstance, qu'il termina en me priant de distribuer les prix, au nombre de trente, aux élèves les plus diligents. J'appelais les noms sur une liste et à chaque appel, un petit Cingalais venait, le visage rayonnant, recevoir sa récompense : un livre anglais ou un abécédaire à images. La cérémonie se termina par une distribution générale de café et de gâteaux. Mes amis de Galla et de Colombo, qui finirent par être informés des occupations extraordinaires auxquelles je me livrais, firent à ce sujet force plaisanteries.

Mais la cérémonie la plus curieuse à laquelle j'assistai pendant mon séjour à Belligemma, fut celle des funérailles d'un vieux prêtre bouddhiste ; cela se passa le 13 janvier. A Ceylan, tandis que le commun des mortels est simplement inhumé et parfois même dans le jardin ou le bois de cocotiers derrière l'habitation, les prêtres seuls ont les honneurs de la crémation. Il s'agissait cette fois du plus ancien et du plus considéré des prêtres du village, aussi un grand bûcher de troncs de palmiers avait été édifié près du principal temple

au milieu du bois de cocotiers. Quand avec des chants
funèbres le corps eut été promené à travers le village
dans une haute bière, jonchée de fleurs, une troupe de
jeunes prêtres bouddhistes en toge jaune le hissèrent
sur le bûcher, qui pouvaient avoir 13 pieds de hauteur. Les quatre angles du bûcher étaient soutenus par
quatre troncs de cocotiers enracinés dans le sol et entre
eux une toile blanche était tendue en baldaquin. Après
diverses cérémonies, des chants funéraires, des prières,
vers cinq heures du soir, aux sons bruyants du tam-tam,
le feu fut mis au bûcher. La foule basanée, composée
de plusieurs milliers d'individus, qui, tout autour du
bûcher, remplissait le bois de cocotiers, suivait anxieu-
sement les progrès de l'incinération, mais surtout elle
épiait le moment où les flammes atteindraient le baldaquin. Le courant d'air chaud, qui montait du bûcher,
gonflait comme une voile cette toile horizontalement
tendue et qui creva avant d'être atteinte par les
flammes. Mais quand cela arriva, mille cris d'allégresse
troublèrent le silence du bois ; l'âme du grand-prêtre
s'envolait en ce moment vers le ciel. Alors commença
la partie joyeuse de la cérémonie. Des gâteaux de riz,
du vin de palmes circulèrent dans la foule et l'on
s'adonna à une bruyante et joyeuse ivresse autour du
bûcher, qui achevait de brûler.

Ces fêtes et quelques excursions dans les environs
troublèrent seules la monotone tranquillité de ma vie
dans la « rest-house » de Belligemma. Parfois un fonc-
tionnaire anglais en tournée d'inspection dans la province s'arrêtait quelques heures dans la « rest-house »,

quelquefois il y soupait avec moi le soir, puis se
remettait en route. Les visites les plus ennuyeuses
étaient celles des maîtres d'école cingalais, qui, attirés
par la renommée de mon laboratoire, venaient de fort
loin me voir à titre de collègues et voulaient tout voir
et tout savoir. En définitive, je n'étais qu'un maître
d'école et conséquemment je devais le plus grand respect aux gens de ma caste. Mais la variété du *præceptor
cingalensis* avec laquelle je dus faire connaissance,
n'était guère de mon goût, et j'étais content quand
j'avais pu me débarasser de ce compagnon indiscret,
présomptueux et pourtant très ignorant. Du reste, je
rencontrai plus tard quelques exemplaires du genre
plus agréables et plus instruits.

De toutes les visites indiscrètes que je reçus, la plus
singulière m'arriva à l'époque de Noël. Un soir, je che-
minais tardivement et fort las revenant d'une excursion
lointaine à Boralu, quand, avant d'arriver à la « rest-
house », je rencontrai Socrate; d'un ton mystérieux, il
me chuchotta à l'oreille que quatre « ladies » étrangères
m'attendaient depuis une heure. En effet, en entrant
dans l'obscure salle de la « rest-house », je vis, assises
sur le banc, quatre dames vêtues à l'européenne, mais
au grand dommage du bon goût. Je fus épouvanté,
quand à la lueur vacillante de la lampe à l'huile de
cocos, je contemplai le visage de quatre vieilles sor-
cières, plus laides et plus ridées les unes que les autres.
Si elles n'avaient été que trois, on aurait pu les
prendre pour les trois Phorcyades de la classique
nuit des Walpurgis et, à l'exemple de Méphistophélès,

j'aurais dû leur souhaiter la bienvenue. Heureusement cela me fut épargné; en effet, la plus âgée des quatre grâces à la peau foncée — elle pouvait avoir une cinquantaine d'années — me dit poliment et en assez bon anglais qu'elles étaient les sœurs du chef d'un village voisin, mais que leur grand-père maternel était un Hollandais. C'était la curiosité scientifique, qui leur faisait désirer de voir ma collection et de se faire photographier. Je les priai de revenir un autre jour, le matin. A dire vrai, je ne pus me décider à les photographier; mais en leur faisant une démonstration scientifique du laboratoire, je réussis à apaiser leur zèle scientifique.

XIII

Basamuna et Mirissa.

Dans les environs immédiats de Belligemma et sur
les collines plus lointaines qui s'y rattachent, les belles
vues abondent et le caractère tropical, à la fois idyllique
et grandiose du sud-ouest de l'île, se montre dans toute
sa beauté. Les nombreuses excursions que je fis dans
ce district, avec Ganymède et William le plus souvent,
comptent parmi mes meilleurs souvenirs.

Par sa situation, sa grandeur et sa forme, la charmante baie de Belligemma est une reproduction presque
exacte de celle de Punto-Galla ; elle est seulement d'un
tiers plus grande. Toutes deux à peu près demi-circu-
laires, s'ouvrent au sud et leur goulet est protégé à
l'est et à l'ouest par un promontoire montagneux.
A Belligemma, le rayon du demi-cercle de la baie
mesure un peu plus d'un mille marin ; il est un peu
plus petit à Galla ; le goulet de la première baie a un
mille et demi de large ; celui de la seconde un mille
seulement.

Le promontoire occidental du havre, dont l'analogue
porte le fort à Galla, est représenté à Belligemma par
la pointe Basamuna, formant un groupe de collines
extrêmement pittoresques, dont la roche d'un rouge

sombre est étrangement ornée de bouquets de pandanus.
Au contraire, dans les deux localités, le promontoire
oriental est plus élevé et plus large; à Galla, on y a
construit le fort de Wateringpoint; à Belligemma, on y
remarque le beau bois de Mirissa.

La frappante analogie de ces deux superbes baies est
encore accrue par la ressemblance des plages dont le
sable blanc est bordé d'un magnifique bois de cocotiers,
interrompu çà et là par des rochers rouges et bruns sur
lesquels sont bizarrement jetés des bouquets de pandanus. A Galla et à Belligemma, on aperçoit dans un
lointain bleuâtre les chaînes alpestres des hautes terres,
desquelles se détachent Hay-Cock et le pic d'Adam.
L'analogie se retrouve encore dans les étonnantes formations coralines des deux ports. De même qu'à Galla,
les plus grands, les plus riches bancs de corail s'étendent autour du fort, au pied du promontoire occidental,
ainsi à Belligemma, ils sont situés autour des récifs de
Basamuma. D'ailleurs, ces bancs sont moins étendus à
Belligemma, où le port a aussi plus de profondeur et
moins d'écueils. Aussi on à peine à comprendre comment le superbe havre de Belligemma n'est pas utilisé
depuis longtemps et comment une belle et riche cité
commerçante n'a pas encore remplacé son pauvre
village de pêcheurs. Si j'avais à fonder une colonie
dans l'Inde, c'est à Belligemma que je donnerais la
préférence!

Basamuna, le promontoire occidental, était le but
favori de mes promenades. Dans l'après-midi, entre
trois et quatre heures, quand j'avais terminé mes tra-

vaux zoologiques, plongé dans l'esprit-de-vin le butin
récolté le matin dans la mer, je serrais promptement
le microscope et les instruments, j'accrochais au cou de
Ganymède la cartouchière et la boîte à herborisation.
William se chargeait du fusil et du filet à papillons,
quant à moi, je prenais la boîte à aquarelles et l'album.
Le récif de Basamuna n'est qu'à une demi-heure de la
« rest-house », située elle-même à l'extrémité méridionale du village, vers le milieu de la côte occidentale
de la baie de Belligemma. Le chemin le plus court pour
s'y rendre longe la plage, en passant près de quelques
huttes de pêcheurs sur la lisière du bois de cocotiers.
L'éternel ressac des vagues a fortement miné le rivage
argileux, et chaque jour il déracine quelques nobles
cocotiers ; leurs blancs cadavres émergent, supportant
la touffe brune de leurs racines lavées par la mer et
ressemblant à une tête chevelue. Quantité de crabes
(*Ocypode*) et de Bernards-l'hermite (*Pagurus*) vivent
sur le rivage. Ce n'est pas dans des coquillages marins
que ces derniers abritent leur train postérieur si mou,
ils préfèrent la coquille à gorge rouge du grand limaçon
des palmiers (*Helia haemastoma*). Dans les très basses
marées, on peut circuler à pied sec autour des rochers
escarpés du cap occidental, sur les bancs de coraux
découverts où l'on fait souvent beaucoup d'intéressantes
captures : de beaux coquillages, des mollusques, des
oursins, des étoiles de mer, laissés à sec. Mais à marée
haute, il faut passer derrière le cap, à travers le bois
de palmiers, où sont disséminées des huttes ombragées
par des arbres à pain et des bananiers.

Au sortir du bois de cocotiers, on se trouve subitement dans une profonde solitude, au milieu des rochers de porphyre d'un rouge sombre, des écueils aux
formes capricieuses au pied desquels gronde la mer
courroucée. Ces rochers sont presque entièrement couverts de pandangs, qui, par leurs formes originales, leur
groupement bizarre, semblent être des créations d'un
Gustave Doré. Semblables à de gigantesques serpents,
leurs troncs incurvés s'entrelacent, s'appuyant, comme
sur des échasses, sur de longues et grêles racines
aériennes, et s'épanouissant, à leur partie supérieure,
en rameaux échevelés, menaçant le ciel; une touffe de
feuilles roulées en spirale termine chacun de ces rameaux. Par un beau clair de lune, ces arbres fantastiques, projetant des ombres longues et confuses, ont
un aspect infernal, et l'on comprend bien que les superstitieux Cingalais n'osent pas s'aventurer au milieu
d'eux. Moi-même, je dois l'avouer, ce ne fut pas sans
quelque émotion, que, malgré mon fusil double et mon
revolver, je traversai ce diabolique fourré de pandanus, par un beau clair de lune, entre dix et onze heures
du soir; d'autant plus que le fidèle Ganymède m'avait
supplié de n'en rien faire. Poussées par un âpre vent
d'ouest, les vagues se brisaient avec un bruit de tonnerre sur les noirs rochers, et leur écume d'argent était
projetée à la hauteur d'une maison; au-dessus de nos
têtes de sombres nuages amoncelés couraient sur le
ciel obscurci. Le passage subit de l'ombre ténébreuse
des nuages au magique éclat de la lune projetait sur
les cimes feuillues, sur les troncs entrelacés des lueurs

indécises, et donnait au paysage un aspect terrifiant.

Une fois hors du fourré de pandanus de Basamuna, si l'on se place sur le promontoire rocheux, on voit, à gauche, l'entrée de la baie de Belligemma; au sud, dans le lointain, les cocotiers de la pointe Mérissa; à droite, se déroule une élégante sinuosité du rivage, bordé d'un bois épais de cocotiers; et à l'extrême pointe septentrionale, une île ravissante, couverte d'un bois touffu. Du côté du village, dont vous sépare une colline boisée, rien n'arrête le regard vers l'est, aucune trace de l'homme ne vient troubler l'impression d'absolue solitude se dégageant du magique spectacle de la mer. Sans obstacles, le regard parcourt l'immense miroir azuré de l'océan Indien; il lui faudrait franchir 30° de longitude à l'ouest pour rencontrer de nouveau la terre, et cette terre ferait avec Ceylan le plus frappant contraste, ce serait la côte aride, stérile et sablonneuse du pays des Somalis. Mais ma pensée volait plus loin encore, vers le nord-ouest. Le radieux soleil s'abaissait toujours de plus en plus à l'horizon teinté d'une lueur violette; les ravissantes heures du soir approchaient; « les heures augustes pendant lesquelles le paisible désir du marin s'envole vers la patrie lointaine et chérie ». Mes pensées se reportaient alors vers ma douce Thuringe, vers ma maison, vers la chambre tranquille où, le soir, autour de la lampe, des êtres aimés causeraient peut-être du voyageur explorant les rivages brûlants de l'Inde, pendant qu'autour d'eux une épaisse couche de neige couvrirait d'un blanc manteau la montagne et la vallée. Quel contraste avec ce qui m'entourait! En ce moment, le soleil, d'un rouge éclatant, se plongeait dans l'océan et baignait les rochers, sur lesquels nous étions assis, d'une vraie mer de flammes. Comme les nuages rosés semblaient délicats, légers! Quel superbe aspect avait la plage dorée avec sa ceinture de palmiers! Mais à peine avait-on le temps de suivre dans leur métamorphose les rapides jeux de lumière, tant le crépuscule dure peu. En un instant, tout était ténèbres, et nous nous acheminions à tâtons à travers le bois de palmiers vers la « rest-house ».

Le cap oriental de la baie, en face de Basamuna, le noble promontoire de Mirissa, a un charme analogue, mais pourtant autre. Pour y aller de la « rest-house » en bateau à voiles, un quart d'heure suffit, si le vent est bon, tandis qu'il faut plusieurs heures, si l'on contourne à pied la baie, le long du rivage; en outre, il faut aussi alors traverser l'embouchure du fleuve Polwatta, qui se jette dans la partie nord-est de la baie. Par une belle et fraîche matinée, le 6 janvier, je partis pour la première fois pour Mirissa, muni de provisions pour toute la journée, car je voulais, de Mirissa, entreprendre quelques excursions. Le petit village de pêcheurs de Mirissa, le « village des mollusques », situé immédiatement au pied du cap montagneux du même nom, tire son nom des nombreux mollusques (moules et huîtres), qui couvrent les rochers de son rivage. Au moment où nous approchions du village, les habitants étaient fort occupés d'un grand banc de petits poissons assez semblables à des sardines; tous les canots disponibles entouraient le banc, et tout le monde, jeunes et

vieux, travaillait, avec de petits filets à mains, à recueillir autant de butin que possible. Nous contour-
nâmes le pittoresque promontoire, sur lequel de puissants blocs carrés, de couleur brune, forment une
sauvage falaise ; nous voguâmes encore un mille environ, et atterrîmes de l'autre côté du cap, dans une
petite anse abritée. Puis, accompagné de Ganymède, je
montai sur le haut du cap, la cime, la « Pointe de Mirissa » à travers un beau bois, bordé de bouquets de
pandanus, et dont les superbes arbres (pour la plupart
des Cédrelées et des Terminaliers) supportent de magnifiques guirlandes de plantes grimpantes. Sur ces
arbres vivent quantité de singes et de perroquets, mais
tellement craintifs que j'avais peine à m'en approcher
à portée de fusil. Vers midi, comme nous revenions sur
la plage, nous remarquâmes près de notre embarcation
un groupe d'indigènes ; à leur tête était leur chef,
homme de quarante ans, de bonne mine, et à l'air doux
et avenant ; s'approchant respectueusement de moi, ce
dernier m'offrit une belle corbeille pleine de mangues,
d'ananas, d'oranges et d'autres nobles fruits de son
jardin, le tout orné de fleurs odorantes, de jasmin, de
plumiera et de laurier-rose. En termes aussi aimables
que polis, il m'invita à venir dans sa cabane faire le
repas de midi, au lieu de rester sur le rivage dans le
bois de cocotiers. Quand je l'eus remercié en acceptant,
il envoya en avant quelques-uns des siens pour faire les
préparatifs nécessaires, tandis que je disais à William
et à deux de mes bateliers de les suivre avec la corbeille contenant nos provisions froides. Pour moi, en

attendant, je me rafraîchis en prenant un excellent
bain froid.

Au bout d'une heure, le chef reparut, suivi d'une
troupe de charmants enfants parés de fleurs. Par un
sentier sinueux, il me conduisit à travers le bois de
cocotiers jusqu'à une partie du village cachée dans le
bois et que je n'avais pas remarquée. Traversant un élégant jardin, sur un chemin jonché de fleurs, nous arrivâmes à une jolie cabane, construite entièrement en
bambous et couverte de feuilles de palmiers. La porte
était élégamment ornée à la jolie mode cingalaise avec
des feuilles de palmiers sectionnées et entrelacées. Sous
le large auvent de roseaux, formant autour de la cabane
une ombreuse vérandah, on avait, avec des troncs de
palmiers et des planches, improvisé une grande table
couverte de superbes feuilles de bananiers d'un vert vif.
Le dîner apporté par nous était servi, mais, en outre,
une grande soupière de riz et de *curry*, ainsi que des
huîtres fraîches, des bananes douces, présents de notre
brun amphytrion. L'excursion que j'avais faite par la
chaleur, le bain qui l'avait suivie avaient aiguisé mon
appétit, et j'attaquai vivement les mets sans me soucier
ni de la nombreuse famille du chef entourant la table
et suivant avec la plus grande attention tous mes mouvements, ni des bruns indigènes, qui, rassemblés en
dehors du jardin, me regardaient de loin.

Après ce repas original, qui me sembla du nectar et
de l'ambroisie, mon aimable hôte me pria d'écrire mon
nom et celui de mon père sur une feuille de bananier
fixée à la porte de la cabane. Puis il me présenta toute

sa famille, pas moins de seize enfants (neuf garçons et sept filles), tous plus vifs les uns que les autres. Seuls, les plus âgés, ceux qui approchaient de douze ans, étaient à demi-vêtus; pour les plus jeunes, une ficelle roulée autour des hanches et supportant en avant, à la partie médiane, une pièce de monnaie d'argent, symbolisait le vêtement. Les bras et les jambes étaient ornés d'anneaux d'argent. Là, je pus étudier *de visu*, le développement des formes des Cingalais sur une série de beaux types, d'autant plus intéressants que justement la population de ce point de la côte est célèbre pour la pureté de son sang et a en effet subi peu de mélanges. Par leurs formes élégantes, leur beauté peu commune, la petitesse de leurs pieds et de leurs mains, les filles les plus âgées répondaient assez aux exigences esthétiques des poètes Cingalais, suivant lesquels la perfection plastique exige la réunion de trente-deux qualités : avant tout, la longue chevelure noire et bouclée, les yeux en amande, les lèvres grosses, les seins comme de jeunes noix de coco, etc. La peau était d'un brun de cannelle, avec diverses nuances, plus claire chez les petits enfants. L'heureuse mère de ces seize beaux enfants, une bonne grosse matrone de quarante ans, fut manifestement très flattée, quand, par l'intermédiaire de William, je lui manifestai la satisfaction esthétique que m'avait donnée sa belle famille.

Dans l'après-midi, je me laissai conduire par le chef et les plus âgés de ses fils à une chapelle de Bouddha, distante d'environ une heure, et près de laquelle il y avait un très vieux figuier sacré ou « boga » (*Ficus religiosa*). C'était en effet un superbe exemplaire de l'espèce, et, en comparaison, les autres vieux arbres du bois semblaient de grêles arbrisseaux. Son gigantesque tronc se bifurquait en deux puissantes branches, d'où tombaient comme un manteau verdoyant, des buissons entiers de longues lianes. D'autres plantes grimpantes, épaisses et entrelacées, recouvraient les fortes racines; à côté de cet arbre, la blanche coupole d'un dagoba et la petite chapelle de Bouddha semblaient des édifices lilliputiens. Tout autour, le sol était orné de beaux spécimens de *pothos*, parmi lesquels l'étrange *Amorphophallus* se distinguait par son spadice élevé et rouge ainsi que par ses puissantes feuilles pennées et en éventail.

L'après-midi était bien avancé, quand je revins au village, où nous trouvâmes encore devant la cabane du chef, du lait de coco et des bananes pour nous rafraîchir. Toute la population nous fit la conduite, quand nous retournâmes à notre bateau. Ce ne fut pas sans regret que je me séparai de notre bon hôte, qui nous avait montré dans leur plein développement les plus aimables côtés du caractère cingalais; je regrettai bien de ne pas avoir apporté quelques images de Neu-Ruppin, pour lui mieux exprimer ma reconnaissance, et à leur défaut, je fis cadeau à mon aimable amphytrion de mon couteau de poche et de l'un des bocaux que j'avais apportés pour recueillir des animaux marins.

Peu avant le coucher du soleil, nous doublâmes de nouveau le cap Mirissa, et à l'entrée de la baie de Belligemma, nous eûmes un spectacle que je n'oublierai

jamais. A l'est, du côté de Mirissa, se dressait perpen-
diculairement comme une ligne de bastions nettement
dessinés; en pleine lumière, leur couleur rouge pouvait rivaliser avec celle des briques nouvellement
cuites. Ce sont ces rochers, qui, sur les vieilles cartes,
ont servi à dénommer la localité la « Red-Bay ». En ce
moment, à la lueur du soleil couchant, ces rochers lui-
saient comme des charbons ardents, tandis que leur
ombre portée était d'un bleu de cobalt éclatant. Je
compris alors pourquoi les habitants de Mirissa appe-
laient ces rochers « Ratu-Pana », les « lampes rouges ».
A l'orient, au-dessus de ces rochers incandescents, le
ciel était d'un vert pâle, sur lequel flottait une cohorte
de nuages circulaires teintés du rose le plus délicat,
des nuances de l'aurore. Enfin, le vert-brun si chaud
des bois de cocotiers et de pandanus, le vert si sombre
et les tons violets de la surface de la mer brochaient
sur le tout; c'était un concert de couleurs tropicales si
magnifique que je n'en avais jamais vu et n'en ai
jamais revu un pareil.

Dans la barque même, je fis de ce spectacle une
esquisse qui n'a d'autre valeur que celle d'être un me-
mento de ces riches couleurs. Mais qu'en diraient nos
critiques des expositions de tableaux de Berlin? Qu'en
penserait cette foule si sage, qui condamne les paysages dès qu'ils ont trop d'effet, dès que la vivacité des
teintes et la plénitude des formes ne ressemblent plus à
celles de notre pauvre Allemagne du nord? N'a-t-on
pas tout d'une voix dédaigné le superbe tableau, dans
lequel Ernst Körner, cet habile paysagiste, avait repré-

senté avec autant de vérité que d'éclat un coucher de
soleil à Alexandrie ? Et pourtant entre ce tableau et la
vue féerique de Mirissa, il y a autant de différence
qu'entre la pauvre végétation de l'Égypte et la flore
exubérante de Ceylan ! Mais peut-être ce qui ne fleurit
pas sur les bords de la Sprée n'a-t-il pas le droit d'exister dans l'Inde. Bien des fois on a qualifié « d'excessifs »
les effets de couleur d'Édouard Hildebrand ; ils sont
pourtant plutôt trop faibles que trop forts. Mais pour
croire à la réalité de ces splendeurs, il faut les avoir
vues !

XIV

Kogalla et Boralu.

Parmi les excursions un peu lointaines, que je fis autour de Belligemma, celles de Kogalla et Boralu m'ont surtout laissé d'agréables souvenirs, et elles valent bien que je leur consacre quelques lignes. Par son étendue et sa beauté, Kogalla-Wewa, la « lagune des rochers », l'emporte sur beaucoup de vastes lagunes situées entre Colombo et Matura, le long de la côte sud-occidentale, et reliant entre eux quantité des cours d'eau qui s'y jettent. Cette lagune se trouve à mi-chemin entre Punto-Galla et Belligemma et a une étendue considérable, car elle émet des bras de divers côtés. Partout, ses rives sont formées par des collines couvertes de bois épais, sur lesquelles d'innombrables cocotiers balancent leur couronne de palmes. De nombreuses petites îles, tantôt rocheuses et nues, tantôt couvertes de palmiers ou d'arbustes, donnent au paysage une variété et un charme tout particuliers. Les cabanes idylliques des Cingalais, sont dispersées en fort grand nombre dans les bois, sur la sombre verdure desquels elles se détachent. Partout la végétation est d'une fraîcheur et d'une splendeur incomparables.

Ce fut par une belle matinée de dimanche (le 18 décembre) qu'avant le lever du soleil, je partis de Belligemma afin d'arriver de bonne heure à Kogalla. Mon
cher hôte de Punto-Galla, M. Scott, avec qui j'avais
rendez-vous, m'avait déjà envoyé son léger cabriolet,
attelé d'un fringant poney, et un de ses serviteurs.
Nous roulâmes rapidement sur la route de Galla, à travers les villages idylliques, dont les habitants se levaient
et prenaient leur bain ordinaire du matin sur la route
même. Dès que les jeunes rayons du soleil se réflé-
chirent sur les bois de palmiers tout étincelants de rosée, tout se mit à revivre, et je pus jouir encore une
fois d'une de ces matinées des tropiques, si fraîches, si
charmantes, et qui m'avaient si souvent ravi. Comme
je me trouvai une heure trop tôt au lieu du rendez-
vous, j'eus tout le loisir d'explorer le bois magnifique.

M. Scott arriva avec un de mes compatriotes, M. Reimers, marchand hambourgeois, établi à Singapore.
Pour se distraire, M. Reimers avait entrepris une
excursion à Ceylan et Bombay, et si bien combiné son
voyage, qu'avant de partir pour retourner à Singapore,
il put nous donner un jour; tous trois, nous chemi-
mânes encore un peu à travers le jardin de palmiers,
et nous nous arrêtâmes devant une cabane sur la rive
de la lagune de Kogalla. Là nous attendait un double
canot, que son équipage cingalais avait orné de la manière la plus élégante avec des guirlandes de fleurs et
des festons de branches de cocotiers entrelacées. Ces
doubles canots, très usités sur les lacs et les grands cours
d'eau de Ceylan, consistent en deux troncs d'arbres creu-

sés, de seize à vingt pieds de longueur, et reliés parallèlement à une distance de quatre à six pieds l'un de
l'autre par de solides traverses. Ces traverses supportent un plancher. A droite et à gauche, une demi-
douzaine de minces tiges de palmiers-aréca, perpendiculairement fixées, soutiennent une large natte de
pandang faisant toit. Les intervalles entre les supports
sont élégamment garnis de feuilles de palmiers-éven-
tails (*Borassus*). De chaque côté de cette petite mai-
son-jardin flottante, des bancs bien ombragés forment
des sièges fort agréables. Six ou huit forts avirons
sont placés dans les canots, dans la partie qui déborde
la plate-forme en avant et en arrière.

L'étroit bras du lac, d'où nous partîmes, débouche
dans la baie principale, qui semble à demi bloquée
par trois énormes rochers tout nus. Ces blocs granitiques, que l'on désigne sous le nom des « Trois-Frères »
(*Tuna malaja*), sont le séjour favori d'innombrables
crocodiles, qui s'y chauffent, la gueule ouverte. Aucun
nageur ne se hasarderait impunément au milieu des
terribles gardiens qui veillent à cette porte. La baie
principale est encadrée de masses épaisses de verdure,
au-dessus desquelles s'élèvent de charmantes collines
couronnées de palmiers. Mais l'attrait principal du lac,
ce sont les délicieux îlots dont il est émaillé et qui, eux
aussi, sont couverts de bois luxuriants de cocotiers.
Les nobles palmiers forment sur chacun de ces petits
îlots de gigantesques bosquets, dont les puissants panaches semblent s'élancer à la conquête de l'air et de la
lumière. Leurs troncs blancs, si sveltes et si gracieu-

sement inclinés, se projettent dans toutes les directions, en sorte que sur les rives ils se penchent presque
horizontalement au-dessus du miroir de l'eau, tandis
que dans l'épaisseur du bois ils dressent verticalement
leurs têtes vers l'azur du ciel. La charmante petite île
Gan-Duwa, située tout en face de la « rest-house »,
vraïe perle des environs de Belligemma, fournit le type
le plus achevé de ces îlots-bouquets.

Nous débarquâmes sur l'un d'eux, afin de visiter la
famille fortunée, dont l'humble hutte se cache dans ce
splendide bosquet de cocotiers. Trois enfants nus,
occupés à chercher des coquillages parmi les rochers,
s'enfuirent épouvantés à notre approche et coururent
avec des grands cris vers leur mère. Celle-ci, charmante
jeune femme, avec un quatrième enfant dans les bras,
parut tout aussi émue que ses bambins à la vue de ces
visiteurs inattendus et s'enfuit précipitamment avec
eux dans la direction de la hutte de bambou. Alors de
derrière cette hutte apparut le mari, qui en ce moment
était occupé dans son jardin à recueillir des patates
douces. C'était un jeune et robuste Cingalais, presque
nu, n'ayant qu'un pagne étroit roulé autour des reins.
Avec une grâce naturelle, il nous souhaita le bonjour et
nous demanda si nous voulions accepter quelques noix
de coco pour nous rafraîchir. Sur notre réponse affir-
mative, il grimpa lestement sur un des arbres les plus
élevés et de là nous jeta une demi-douzaine de beaux
fruits dorés de l'espèce appelée « cocotier-roi ».
A l'ardeur brûlante du soleil, ce breuvage frais, semblable à une limonade, nous parut exquis. Ensuite notre

Cingalais nous présenta sur une grande feuille de caladium une belle grappe de bananes douces et nous
introduisit dans son petit jardin, où il avait réuni les
plus belles plantes tropicales cultivées. Quand nous
lui demandâmes si ce jardin suffisait à nourrir sa
famille durant l'année, il nous répondit qu'il s'occupait
en outre de la pêche du poisson et des crustacés et que
l'argent résultant de l'excédent de cette pêche et des
produits de son verger suffisait amplement pour acheter
du riz ainsi que les objets nécessaires à l'usage domestique ; il n'avait besoin de rien de plus ! Sort digne
d'envie ! Cette famille vit dans sa petite île de cocotiers
comme dans un paradis, sans redouter un voisin
envieux qui viendrait troubler sa sérénité et son calme
bonheur !

De là, nos rameurs prirent plus au large, vers un
rocher proéminent, où d'une masse de sombre verdure
s'élançait la coupole du dagoba d'un temple bouddhique.
Des marches en pierre conduisaient vers le temple, dont
l'autel était jonché de jasmin et d'autres fleurs odorantes, offrande de mains pieuses. Les fresques gros-
sières de ce temple, ainsi que la colossale statue drapée
de jaune du Bouddha couché, ne se distinguaient en
rien de la forme conventionnelle. En revanche, les
habitations des prêtres, éparses derrière le temple, à
l'ombre d'un gigantesque boga, avaient un caractère
tout à fait rustique et du haut des rochers rouges,
coupés à pic, formant une terrasse naturelle, on jouis-
sait d'une vue superbe sur le lac. Quelques énormes
palmiers-kittul (*Caryota*) et un superbe groupe d'arécas

et de palmiers-talipots ne contribuaient pas moins que
les festons touffus des plantes grimpantes de toute
espèce, tombant de la cime de quelque majestueux
Anacardium, à embellir le paysage.

La chaleur était devenue excessive, quand vers midi,
je donnai à mes rameurs l'ordre de retourner vers la
hutte du chef de Kagalla ; semblable à une plaque de
métal poli, le miroir immobile du lac réfléchissait les
rayons verticaux du soleil. Nous fûmes donc fort agréablement surpris de trouver une fraîcheur délicieuse
dans l'intérieur un peu obscur de la hutte, blottie à
l'ombre épaisse des arbres, et l'excellent dîner, préparé
par les serviteurs de l'aimable M. Scott, acheva de nous
remettre. Après le repas, tandis que mes amis faisaient
leur sieste, j'entrepris seul une excursion sur la rive
opposée du lac. J'y découvris un autre temple bouddhique, tout aussi grand que le premier, et j'y cueillis
de magnifiques orchidées et des amomées (muranta-
cées), dont les rivages étaient tapissés. Là encore j'enrichis mon album de quelques croquis charmants. Mais,
hélas ! ce fut au prix de mon sang que je payai ce
plaisir, car les terribles sangsues pullulaient dans le
gazon de la rive.

Non moins ravissant et peut-être plus grandiose
encore que ce lac dans les rochers, le « Kogalla-Newa ».
est un autre lac, que je visitai plus d'une fois durant
mon séjour à Belligemma. C'était le « lac aux Cailloux »
ou « Boralu-Wewa ». Je dois à mon excellent Aretschi
d'y avoir passé plus d'une journée délicieuse. Il possédait dans le voisinage de ce lac un vaste morceau de

terrain, qu'il avait planté en partie d'arbres fruitiers, d'espèces diverses, en partie de « limon grass » et où travaillaient de trente à quarante hommes. La route, qui y conduit de Belligemma, s'enfonce vers l'est, au cœur d'un pays luxuriant et accidenté, s'étendant sur l'espace de plusieurs milles, jusqu'au pied des montagnes.

La première merveille de la nature que l'on trouve sur cette route, à un mille de Belligemma, c'est un gigantesque cocotier, dont le tronc fourchu divisé dans le haut en trois branches énormes, semble avoir trois dômes, phénomène fort rare. La seconde merveille se trouve à un mille plus loin, sur les rives du fleuve de Polwatta. En deçà du pont jeté sur le fleuve s'élève tout à côté du temple de Bouddha, un magnifique figuier des banians (*Ficus indica*), très vieux, autour duquel s'enroulent capricieusement des guirlandes de lianes, tandis que de l'autre côté du pont, près du petit village de Déna-Pitya (c'est-à-dire champ des bœufs), s'élève un arbre de la même espèce, mais plus énorme encore, véritable géant végétal, selon toute probabilité un des plus grands qui existent. La cime splendide de l'arbre, à l'ombre de laquelle un village de cent huttes trouverait un abri protecteur, repose sur d'innombrables troncs gigantesques, dont chacun à part constituerait un arbre digne d'admiration et qui ne sont en réalité que des racines aériennes, projetées vers le sol, par les branches horizontales du tronc principal. Quantité de racines aériennes, qui n'ont pas encore atteint le sol, pendent dans les interstices et servent à expliquer l'origine de ces géants aux troncs multiples. Une ombre épaisse règne constamment sous cet impénétrable dôme de verdure, dont le feuillage touffu ne laisse pas pénétrer le moindre rayon de soleil. On comprend que les habitants du village bouddhiste ne s'approchent de l'arbre sacré qu'avec un respect religieux.

Le village de Déna-Pitya possède une merveille naturelle d'une tout autre espèce dans la personne d'une femme d'une cinquantaine d'années, à laquelle manquent complètement les cuisses. La partie supérieure du corps est robuste et bien conformée, mais elle repose directement sur les jambes, qui s'articulent directement avec les os iliaques. Cette anomalie d'organisation est d'autant plus étrange que la femme qui la présente a donné naissance à trois enfants bien constitués, qui, pourtant, de même que la mère, n'ont que quatre doigts à chaque pied. Il est à regretter que nous n'ayons pu examiner le sujet de plus près.

En continuant la route de Déna-Pitya, plus loin vers l'est, et cela après avoir parcouru deux milles, on atteint les fameuses mines de pierres précieuses, qui étaient exploitées encore au siècle dernier, mais qui aujourd'hui semblent épuisées. Pourtant durant mon séjour à Ceylan, on y trouva un diamant, qui fut payé à l'heureux mineur 400 livres sterling (10,000 francs). A la suite de cette trouvaille, les mineurs affluèrent de nouveau vers ces puits. Au moment où je visitais les mines, cent soixante à cent quatre-vingts travailleurs, éparpillés dans trente ou quarante puits, étaient occupés à laver la terre et à la passer par le tamis.

Avant d'atteindre Déna-Pitya, la route de Boralu prend la direction nord-est ; elle traverse tantôt de charmants bois de palmiers, tantôt des jungles luxuriantes, tantôt des « paddy-fields » d'un vert clair, tantôt enfin des prairies marécageuses, peuplées de gracieux hérons blancs et où des buffles noirs paissent dans la vase. Après avoir fait quelques lieues, on atteint le délicieux lac de Boralu, dont le rivage sinueux force la route tantôt à décrire des coudes, tantôt à le suivre en ligne droite. La plus luxuriante végétation vient encadrer ses rives ; à l'arrière-plan, s'élèvent partout des collines très boisées. Au milieu du lac un petit îlot solitaire, également boisé. Des promontoires bizarrement découpés, contribuent à donner au paysage un charme original. Mais le véritable secret de la fascination qu'il exerce, c'est son caractère solitaire et sauvage, c'est l'absence de la main de l'homme, que ne trahit même pas cette route créée par lui et dérobée à l'œil par de hauts et épais buissons.

Le lac lui-même et ses environs possèdent une faune riche et variée. Chaque fois que j'y allais, je trouvais de gigantesques lézards verts de 6 à 7 pieds de longueur, se chauffant au soleil (*Hydrosaurus salvator*). Une fois j'y rencontrai un énorme serpent, de près de 20 pieds de longueur (*Python molurus*). Malheureusement le monstre se jeta dans l'eau avant que j'eusse eu le temps de braquer sur lui mon fusil. En revanche, quel gibier intéressant présentaient les singes, dont on entendait partout les voix aiguës. J'y tuai plus d'un beau spécimen du « rilawa » (*Macacus sinicus*), au poil d'un jaune brun, et aussi de l'énorme et noir « vagabond » (*Presbytis cephalopterus*). Mais la chasse la plus productive était sans contredit celle des oiseaux aquatiques de toute espèce : poules d'eau, hérons, ibis, flamants, pélicans. Le soir, avant le coucher du soleil, des nuées de ces oiseaux arrivaient à tire d'ailes sur le lac, afin d'y prendre leurs quartiers de nuit ; un jour j'en abattis une demi-douzaine dans l'espace d'un quart d'heure. Les buissons du rivage, où s'épanouissaient en profusion les spathes d'un jaune d'or du cassia et les roses purpurines du mélastoma servaient aussi d'abri aux oiseaux.

Non loin de l'extrémité septentrionale du lac et séparé de celui-ci par des collines boisées, se trouvait le jardin rustique d'Aretschi, endroit délicieux où j'ai passé quatre jours. Presque cachée au fond d'une luxuriante plantation de bananiers, la primitive hutte de roseaux, qui m'abritait, était située sur le penchant d'une colline abrupte, d'où l'œil plongeait sur un magnifique paysage accidenté : vertes prairies, sombres masses de verdure, nappes d'eau bleuâtre et collines, se confondant à l'arrière-plan avec la chaîne bleue des montagnes des terres hautes. Les huttes, éparpillées dans les bois, restaient cachées à la vue, et l'impression de solitude profonde que l'homme ressentait dans cette forêt, semblait augmenter par le spectacle de la vie animale éclatant avec exubérance dans ce coin de terre sauvage et écarté. J'y chassai quantité d'oiseaux charmants, des singes, des roussettes, des lézards gigantesques, et une fois j'abattis même un grand porc-épic, de plus de trois pieds de long (*Hystrix leucura*). Les papillons et les coléoptères à la riche robe éclatante n'y manquaient pas non plus, et les prairies marécageuses des bords du lac étaient souvent entièrement tapissées de l'étrange plante insectivore (*Nepenthes distillatoria*). Je trouvais fréquemment quantité d'insectes emprisonnés dans les gracieux récipients longs de six pouces, suspendus au bout des feuilles et munis d'un élégant petit opercule. Des oiseaux-mouches au plumage brillant (*Ampelidae*), de délicieux oiseaux à miel (*Nectariniae*), s'ébattent dans les calices parfumés des fleurs, à la manière des colibris auxquels ils ressemblent.

Par la splendeur grandiose et la variété de leur végétation, les forêts des environs de Boralu surpassaient toutes celles que j'avais vues jusqu'alors, dans les diverses parties des terres basses de Ceylan. En errant autour du limpide « lac aux cailloux », j'arrivai dans une des plus belles parties de cette forêt. A un certain endroit en particulier, elle forme un fourré impénétrable, où les plantes grimpantes enlacent, comme d'un réseau enchevêtré, de gigantesques troncs en décomposition, et en serpentant de l'un à l'autre, interdisent absolument l'accès de ce chaos végétal ; impossible d'y faire un pas, même la hache à la main. Aristolochiées, piperacées, pieds de vigne et de poivre sauvages, bauhinias et bignoniacées grimpent et foisonnent en un réseau si serré entre les branches des arbres, que c'est à peine si un rayon isolé de lumière parvient à le percer et à arriver jusqu'au sol. Les troncs eux-mêmes sont tapissés de fougères parasites, d'orchidées, etc.

21

Mon album sur mes genoux, je passai plus d'une heure
charmante dans cette solitude admirable, essayant de
reproduire quelque recoin de cette forêt vierge; mais
ne sachant, le plus souvent, auquel donner la préférence
et désespérant surtout de rendre le charme magique
de ce lieu enchanteur, je renonçai à mes tentatives.
L'appareil photographique ne me servit pas non plus à
grand'chose, les sombres masses compactes de ces
arbres enchevêtrés ne donnant sur les clichés photographiques qu'un fouillis confus de branches, de racines
aériennes, de feuillage, etc., au lieu du coup d'œil
harmonieux et charmant dont on jouit en réalité.

Aretschi cultivait sur les collines arrondies, qui
avoisinaient son jardin, le « limongrass », herbe très
sèche qu'il faisait distiller pour en obtenir l'huile
essentielle fort estimée pour son parfum. L'air à l'en-
tour était pénétré de cet arome de citron. Les ouvriers
occupés à distiller, ou bien chargés du soin de la belle
plantation de bananiers, vivaient dans des huttes pittoresquement éparpillées sous les ombrages impénétrables
de la forêt, à l'ombre de quelque immense arbre à pain
ou de quelque jacquier. Des bouquets de sveltes cocotiers, de palmiers-aréca, de loin en loin quelque talipot
ou quelque palmier-kittul, dont les panaches légers
émergeaient de l'immense dôme de verdure de la forêt,
trahissaient seuls l'emplacement des humbles huttes
de bambou. Bien souvent, j'en visitai quelques-unes,
m'entretenant avec leurs inoffensifs habitants et j'arrivais presque à envier l'existence calme et heureuse de
ces hommes de la nature, si simples, si doux, si satis-

faits de leur sort. C'étaient tous des Cingalais pur sang, au teint couleur de cannelle, aux formes sveltes et élégantes, dont le vêtement se bornait à un étroit pagne blanc. Les charmants enfants à la mine éveillée, m'aidaient avec ardeur à collectionner les plantes et les insectes, pendant que les gracieuses filles aux yeux noirs tressaient des couronnes de fleurs et ornaient ma petite voiture à bœufs de superbes guirlandes. Et quand, bien tard dans la soirée, on avait attelé le bœuf aux pieds agiles et quand une fois je m'étais hissé avec quelque peine auprès d'Aretschi, la petite cariole à deux roues, où il y avait à peine place pour deux, partait au grand trot; c'était un plaisir tout particulier pour ces bambins que de nous accompagner en courant pendant un bon bout de chemin. Souvent pendant que nous roulions sur les ravissantes rives du lac, une troupe de vingt à trente enfants, jolis à croquer, courait derrière la voiture, sans se lasser, en poussant des cris joyeux et en agitant dans l'air des feuilles de palmier. Je ne pouvais assez admirer l'agilité et la force de jarret qui leur permettaient de fournir une course aussi longue.

Quand nous rentrions sous le sombre dôme de la forêt, les gamins allumaient des torches de palmier et couraient devant la voiture pour éclairer la route. Parfois, à un coude du chemin, nous recevions tout à coup sur la tête une pluie odorante de fleurs, et un éclat de rire sonore, parti du fourré épais, y trahissait la présence de petites dryades malicieuses, qui venaient de nous jouer ce tour. Une de ces dryades, jeune fille de seize ans, nièce d'Aretschi, aurait pu servir, pour la perfection et la beauté exquise de ses formes, de modèle à un statuaire. Parmi les garçons, beaucoup pouvaient rivaliser avec Ganymède sous le rapport de la beauté. L'un d'entre eux s'accrochait toujours, durant la course, au timon de la cariole et de là s'élançait sur le dos du zébu. Au milieu de ces jeux, la troupe folâtre nous suivait pendant un certain temps, puis l'un après l'autre, tous disparaissaient dans les ténèbres de la nuit. A la place des torches, je voyais étinceler quantité de superbes coléoptères luisants et de mouches à feu, la forêt de palmiers semblait s'illuminer jusque dans ses profondeurs, tandis que, plongé dans des souvenirs délicieux, je roulais avec Aretschi vers la paisible « rest-house » de Belligemma.

XV

Matura et Dondéra.

Ma plus longue excursion de Belligemma fut celle
que j'entrepris vers la fin de mon séjour à la pointe
méridionale de Ceylan, au célèbre cap Tonnerre (*Don-
dera-Head*). Dans les environs, à la distance de quelques milles à peine de ce cap, est située sur les bords
du « fleuve bleu des sables » (*Nilwella Ganga*) la ville
de Matura. Le chemin de Belligemma à Matura, que le
matin du 18 janvier je franchis en trois heures, dans
un léger véhicule, n'est que la continuation de la superbe
route de palmiers conduisant de Galla à Belligemma ; il
présente la même richesse de paysages magnifiques et
variés.

Matura, la plus méridionale des villes de Ceylan, a
été au dix-septième siècle, sous la domination des Hollandais, un centre commercial riche et animé, entrepôt
principal du commerce de la cannelle de la province
méridionale. Aujourd'hui encore, la plupart des édifices de la ville, surtout ceux qui se distinguent par
leur élégance, datent du temps des Hollandais, entre
autres le Fort, qui s'élève à l'embouchure du fleuve,
sur la rive gauche ou orientale. Ce fleuve majestueux

est aussi large que l'Elbe, près de Dresde; un joli pont
en treillage de fer, tout neuf, réunit les deux rives. A
l'extrémité occidentale de ce pont, sur la rive droite,
se trouve l'antique fort hollandais de l'Étoile, « Star-
Fort ». J'acceptai la gracieuse hospitalité, que m'offraient dans leurs logis casematés les employés anglais,
logés dans la vieille forteresse. Ces employés, trois
jeunes gens à l'air éveillé, avaient arrangé fort confortablement les pièces du rez-de-chaussée, dont les massives murailles en pierre entretenaient une fraîcheur
agréable; ils avaient pittoresquement orné les murs de
gravures sur bois découpées dans les journaux illustrés
de l'Europe, d'armes cingalaises, d'ustensiles, de peaux
de bêtes, etc. Une vieille et massive porte hollandaise,
au-dessus de laquelle on lit encore : « Redoute van Eck »,
conduit dans un charmant jardin plein de fleurs, où
de ravissantes plantes grimpantes tapissent et égayent
les sombres murs des casemates ainsi que le puits qui
occupe le centre du jardin. Deux singes apprivoisés, un
vieux pélican et quantité de petits oiseaux présentent
un continuel sujet d'amusement et de distraction.

Grâce à un bain vivifiant, suivi d'un déjeuner anglais,
offert par mes hôtes, déjeuner qui me parut plus suc-
culent encore après le régime végétarien auquel j'étais
soumis à Belligemma, je me sentis, une couple d'heures
après mon arrivée, si bien reposé et restauré, que je
résolus d'utiliser le reste de la journée pour une excursion à Dondéra. Je fis cette course en voiture, accompagné du chef cingalais Hangakuhn, la notabilité indigène la plus marquante que l'île possède actuellement. Ce

dernier rejeton mâle de la race aujourd'hui éteinte des antiques rois de Kandy, habite à Matura un palais élégant, on pourrait presque dire somptueux, situé à l'embouchure du fleuve. Une semaine auparavant, Hangakuhn était venu à Belligemma me faire une visite; il m'avait apporté en don quantité d'oiseaux rares et charmants et m'avait invité à aller le voir à Matura. Son accueil fut aussi cordial que magnifique. Il insista pour m'accompagner lui-même à Dondéra et nous nous y rendîmes dans un élégant phaéton anglais, attelé de deux superbes étalons australiens. Une espèce de hérault, un Tamil majestueux, à la peau noire, coiffé d'un turban rouge et revêtu d'un uniforme chamarré d'argent, courait au-devant de la voiture.

La délicieuse route de Matura au cap Dondéra, éloigné de 5 milles de la ville, va dans la direction est, et suit pendant quelque temps la rive gauche du fleuve Nilwella, à travers le Pettah ou la pittoresque « ville noire », s'étendant à l'est du Fort. Les collines boisées, qui s'élèvent entre le fleuve et le lac, sont émaillées de villas et de jardins florissants, appartenant soit à de riches cingalais, soit à des fonctionnaires anglais. Plus loin, la route rejoint les bords du lac et les jungles y alternent avec des bois de cocotiers. Ces derniers atteignent non loin d'ici leurs limites orientales, car à quelques milles plus loin, commencent les districts maritimes, déserts arides et brûlants, coupés de marais salins, qui s'étendent au-dessus de Hambangtotte le long de la côte est, jusqu'à Batticaloa.

De bien loin, avant d'arriver au Dondéra-Head ou

cap Tonnerre, tout couvert d'un beau bois de palmiers,
on l'aperçoit dans le lointain, comme une langue de
terre bleuâtre se projetant dans la mer. Ce cap, situé
sous le 5° 56' de latitude nord, est le point le plus méridional de Ceylan. Depuis plus de deux mille ans, les
temples qui s'élèvent dans cette partie méridionale de
l'île, ont été un lieu de pèlerinage très fréquenté, le
plus célèbre peut-être après le pic d'Adam. Des milliers
de pèlerins y affluaient chaque année pour y faire leurs
dévotions. Tour à tour, selon que les Cingalais indigènes
ou les conquérants venus du Malabar, dominaient dans
l'île, ces temples étaient consacrés tantôt à Bouddha,
tantôt à Vichnou. Il y trois siècles encore, le temple
principal était un magnifique édifice hindou, aux proportions si colossales, que, vu de la mer, il faisait l'effet
d'une ville entière, avec ses milliers de colonnes et de
piliers, ornés d'or et de pierres précieuses. Mais en
1587, toutes ces magnificences furent détruites par les
barbares Portugais, qui emportèrent dans leur patrie un
riche butin. Aujourd'hui encore, les restes des innombrables colonnes, qui jonchent le sol, donnent une idée
des proportions gigantesques de ce temple. Dans un coin
de ce qui fut autrefois l'enceinte de ce sanctuaire, à
l'ombre séculaire de quelque *bogaha* ou figuier sacré,
s'élève encore une grande dagoba.

Sur la pointe de l'étroite langue de terre, qui constitue l'extrémité la plus méridionale du cap Dondéra,
se voit aussi un petit temple en ruine. Ses colonnes oc-
tangulaires en porphyre rouge se dressent dans un
abandon solitaire sur le granit nu des rochers, au mi-

lieu des brisants, sur lesquels la mer écume et déferle
avec rage. Dans le bassin naturel formé par les rochers
et tout couvert de beaux coraux, je recueillis durant la
marée basse quantité de charmants animalcules marins.
Du haut de cette guérite solitaire et rocheuse, en suivant la ligne des côtes parsemées de cocotiers, l'œil
embrassait vers l'ouest tout le pays jusqu'à Matura et
vers l'est jusqu'à Tangalla ; au nord, l'horizon était fermé
par les sombres masses vertes des forêts impénétrables,
tandis qu'au sud le regard plongeait sans obstacle dans
l'infini de la mer. Un vaisseau parti d'ici toutes voiles
dehors dans la direction du pôle sud, ne toucherait à
aucune terre connue et devrait naviguer longtemps
avant de rencontrer une terre quelconque de ce côté du
pôle. Sans les énormes masses de glace accumulées au
pôle sud, notre vaisseau fantastique pourrait traverser
sans obstacle l'hémisphère sud et ce n'est que dans l'hémisphère nord, dans le voisinage d'Acapulco, au
Mexique, qu'il entrerait pour la première fois dans un
port. M'abandonnant au cours de mes pensées, je restai
longtemps assis en silence sur ce promontoire, le point
sud extrême de l'île, qui se trouvait en même temps
être le point le plus méridional que j'eusse touché de
ma vie. Je fus tiré de ma rêverie par l'arrivée d'un
grand nombre de prêtres de Bouddha, en toges jaunes,
qui venaient nous inviter, le chef et moi, à visiter le
temple paré comme pour une fête. Après l'avoir vu, nous
allâmes examiner encore une ruine antique et très originale, située plus haut, au milieu de la forêt. C'était
une construction cyclopéenne, faites d'énormes blocs

carrés. Nous ne revînmes à Matura que tard dans la soirée.

La journée suivante (19 janvier) fut consacrée à une longue excursion en mer. Le chef Hangakuhn avait mis à ma disposition une grande et bonne barque à voiles, montée par huit rameurs et avec laquelle je pus m'aventurer assez loin dans la mer, bien au delà du cap Tonnerre. Le temps était superbe, le soleil éclatant; une forte mousson nord-est enflait si bien la grande voile carrée de notre bateau, que deux de nos marins furent obligés de passer sur le tronc servant de balancier, afin d'empêcher l'embarcation de chavirer. La rapidité avec laquelle nous filions vers le sud, ne saurait être comparée qu'à celle d'un rapide vapeur; je l'évaluai à 10 ou 12 milles marins par heure. La facilité qu'a cet étroit canot à fendre les vagues, ou plutôt à glisser sur leurs crêtes, se montra ici dans tout son éclat. A mesure que la barque s'éloignait de l'île, les massifs bleuâtres des montagnes des terres hautes surgissaient toujours plus beaux, plus grandioses, au-dessus des forêts de cocotiers des côtes, et, dominant toutes les autres cimes, se dressait le fier sommet du pic d'Adam.

Glissant avec cette rapidité sur les vagues écumantes, nous nous trouvions, au bout de quatre heures de navigation, à la distance de 40 ou 50 milles marins de la pointe méridionale de Ceylan, quand nous aperçûmes au loin une large ligne scintillante, qui s'étendait sur l'espace de plusieurs milles, à peu près dans la direction de la mousson, c'est-à-dire du nord-est au sud-ouest. Je

conjecturai que ce devait être un courant pélagique, une
de ces bandes étroites et unies qui, dans la Méditerranée
aussi bien que dans l'Océan, sillonnent souvent la surface mobile de l'eau et doivent leur origine à d'énormes
agrégats d'animaux marins. Ma conjecture se confirma,
quand le canot eut atteint la bande en question, et j'eus
la bonne chance de m'emparer d'un butin aussi riche
qu'intéressant. Une masse épaisse d'animaux pélagiques, méduses, siphonophores, cténophores et salpas,
sagittaires et ptéropodes, sans compter une quantité
de larves de vers, d'astéries, de crustacés, de mollusques, etc., nageaient en foule autour du bateau, en
sorte qu'en peu de temps, je remplis jusqu'aux bords
tous les récipients que j'avais avec moi. Je regrettai
de n'en avoir pas emporté davantage, afin de pouvoir
faire main basse sur plus de trésors zoologiques, parmi
lesquels il y avait beaucoup de formes nouvelles, non
encore décrites.

Chargé des produits de cette pêche miraculeuse, suf-
fisants à me fournir des matériaux pour des travaux
scientifiques durant plusieurs années, je ne revins que
le soir à Matura. Quel beau souvenir j'emportai du 5° de
latitude nord! Mes bateliers cingalais surent mettre si
bien à profit la mousson nord-est, que nous revînmes
à terre avec la même rapidité et débarquâmes à l'embouchure du fleuve Nilwella. Rien de pittoresque comme
cette embouchure vue de la mer : elle se trouve tout
près d'un îlot rocheux où il n'y a que deux cocotiers
solitaires, l'un dressant verticalement sa tête, l'autre
inclinant légèrement la sienne vers le sol. Les deux rives

du fleuve sont couvertes de forêts. Le lendemain, je fis
encore une promenade dans le même bateau et j'admirai
de nouveau la richesse luxuriante de cette nature
vierge.

De retour à Belligemma, il me restait à accomplir la
plus rude tâche qui me soit incombée à Çeylan, celle
de dire adieu à ce ravissant coin de terre, où j'avais
passé les six semaines les plus intéressantes et les plus
heureuses de ma vie. Aujourd'hui encore le souvenir de
ce moment est si douloureux, qu'il me semble le revivre
une autre fois. Le voilà donc vide et désert ce coin
chéri, qui, durant tout ce temps, m'avait servi de
cabinet de travail, de salon, de chambre à coucher, de
laboratoire, de musée et d'atelier de peinture, coin bien
étroit et où pourtant s'était concentré pour moi tout
un monde d'impressions délicieuses et intéressantes!
Dehors, dans le jardin, sous de gigantesques arbres de
teck stationnaient déjà deux grands chariots à bœufs,
chargés de transporter à Punto-Galla mes trente caisses,
remplies de collections. Auprès de la porte d'entrée se
pressait toute la population basanée du village, pour
laquelle, durant tout mon séjour, je n'avais cessé d'être
un sujet d'étonnement et de curiosité insatiable. Je dis
adieu à chacun des notables et avant tout aux deux
chefs. D'un air tout piteux, le bon Socrate m'apporta
pour la dernière fois des bananes, des mangues, des
ananas et des noix kadschu, choisis parmi les meilleurs
de son jardin. Pour la dernière fois, Babua grimpa sur
mon palmier favori pour me régaler encore de son fruit
sucré. Mais l'adieu le plus douloureux fut celui que je

dis à mon fidèle Ganymède. Le brave garçon sanglotait
en me suppliant de l'emmener en Europe. C'est en vain
que, plus d'une fois déjà, j'avais repoussé cette demande
et lui avais parlé du climat glacial et du ciel gris de
nos tristes pays septentrionaux ; il embrassait mes
genoux en me jurant qu'il me suivrait partout sans
hésiter. Je fus obligé de m'arracher par force à l'étreinte
du pauvre enfant, et quand, monté en voiture, j'agitai
pour la dernière fois mon mouchoir en signe d'adieu à
tous ces chers amis à face brune, j'eus presque la sensation de l'homme exilé du paradis : *Bella gemma !*
« Belle pierre précieuse ! »

XVI

Les districts caféiers des hautes terres.

J'avais résolu de consacrer le dernier mois de mon
séjour à Ceylan à visiter les *hautes terres*. Par sa flore,
sa faune, son climat, aussi bien que par le caractère
général qu'y revêt la nature, cette partie de l'île est si
différente des *terres basses*, que ces deux régions
auraient pu tout aussi bien appartenir à deux parties
distinctes du globe. Quand au bout d'une journée de
voyage, on se trouve transporté dans les forêts vierges
des hautes terres, à six mille pieds au-dessus des jardins et des bosquets de palmiers des terres basses, la
différence de climat et de paysage n'est pas moindre
que si on passait des forêts du Brésil aux hauts plateaux
du Pérou, ou des oasis de dattiers de l'Égypte sur les
cimes fleuries de nos Alpes.

Les hautes terres de Ceylan occupent près de la quatrième partie de son sol et s'élèvent à la hauteur
moyenne de 4 à 6,000 pieds au-dessus du niveau de la
mer; seuls, les sommets les plus hauts atteignent à
7 ou 8,000 pieds. La moitié septentrionale de l'île est
presque entièrement plate. C'est dans la moitié méridionale que se trouvent les terres hautes, formant un

massif assez abrupt et isolé, les versants est et sud
sont plus escarpés que les versants nord et ouest. L'anneau aplati des terres basses, qui enclave les montagnes et les sépare de la mer, est deux fois aussi large
du côté est que de celui de l'ouest. S'il survenait un
abaissement de sol de quelques centaines de pieds, les
trois-quarts de l'île seraient submergés, tandis que le
dernier quart, c'est-à-dire les terres hautes, émerge-
rait seul au-dessus de l'Océan avec ses flancs escarpés.
Le solide squelette rocheux de l'île est composée presque
exclusivement de roches cristallines, parmi lesquelles
domine le gneiss. Dans certains endroits le gneiss est
remplacé par le granit, en d'autres, par le trachyte et
le basalte.

Encore au commencement de notre siècle, les terres
hautes de Ceylan étaient en grande partie inexplorées.
Sur la carte publiée en 1813 par l'ingénieur du gouvernement Schneider, les deux tiers au moins du royaume
de Kandy restent en blanc. Quand, en 1817, le docteur
Davy (frère du célèbre physicien) entreprit une exploration sérieuse de ce massif, il se heurta à des difficultés incroyables. Presque nulle part de route et partout un gigantesque et impénétrable manteau de forêts
vierges, que jamais n'avait foulé les pieds d'un Européen. Les éléphants, les ours, les léopards, les san-
gliers, les cerfs, régnaient seuls en maîtres dans ces
forêts. Aucune trace d'êtres humains, à l'exception des
hordes sauvages des Weddahs, qui aujourd'hui vont en
s'éteignant. Pas le moindre bout de chemin, frayé à
travers ces solitudes ; pas le moindre pont jeté sur les

ruisseaux et les torrents sauvages qui, au fond des inaccessibles gorges alpestres, formaient quantité de chutes et de cascades.

C'est dans un espace de temps relativement restreint, dans le courant d'une quinzaine d'annéés, que le caractère des terres hautes s'est complètement modifié. Le gouverneur de Ceylan, l'honorable sir Edward Barnes, fut le premier à créer, en 1825, une plantation de café dans les terres hautes, dans le voisinage de Péradénia. Il fut démontré par là que les conditions du sol et du climat y étaient des plus favorables pour des plantations de ce genre. Stimulés par l'exemple, entraînés en partie par la perspective de gros bénéfices à réaliser, en partie par l'attrait romantique de la vie alpestre, toute une légion de planteurs envahirent les montagnes. Ce fut une véritable invasion : en moins d'une vingtaine d'années la hache et le feu eurent transformé une grande partie des forêts vierges en plantations cultivées. Sur les versants rapides des montagnes des forêts entières furent détruites : les rangs supérieurs des arbres gigantesques qui croissaient sur les flancs alpestres, une fois coupés au pied par la hache, tombaient sur les rangées inférieures d'arbres déjà entaillés. Sous l'énorme pression de ces puissantes masses végétales, que les plantes grimpantes reliaient fortement en un tout compact, ces derniers roulèrent à leur tour, et alors en avalanche formidable, les géants séculaires se précipitèrent dans la vallée. On mit le feu à ces forêts couchées dans la poussière et de cette manière on obtint le terrain le plus fécond pour les nouvelles plantations. Les bénéfices réalisés furent si considérables et en général, grâce à un concours particulièrement favorable de conditions commerciales et politiques, le moment était si propice à la culture du café, que nous la voyons, vingt ans à peine après ses premiers commencements, prendre, en 1845, un essor rapide et atteindre un état très florissant.

Naturellement les revers et les crises inséparables de ce genre de spéculation, ne manquèrent pas de se produire. Ici, comme dans les mines d'or de l'Australie et de la Californie ou dans les puits à diamants du sud de l'Afrique, il faut inscrire à côté de résultats brillants, obtenus par les favorisés, un grand nombre d'entreprises auxquelles manquèrent soit les capitaux, soit les connaissances ou l'esprit de conduite des entrepreneurs, en sorte que dans l'espace de cinq ans, entre 1842 et 1850, plus de cinq millions de livres sterling de fortunes individuelles furent engloutis par de malheureuses entreprises de ce genre. En outre, des ennemis nombreux et redoutables, propres à toutes les cultures, ne tardèrent pas à sévir dans ces plantations nouvelles, en y occasionnant de grands ravages. Ces fléaux appartenant soit au règne animal, soit au règne végétal, soit à celui des protistes, sont d'abord les dangereux rats-gollunda (*Golunda-Ellioti*), ensuite le redoutable coccus du café (*Lecanium-Coffeae*), enfin divers parasites végétaux. Les dégâts s'accrurent encore dans le cours de ces dernières dix années par l'apparition d'un ennemi plus terrible que tous les précédents : le champignon microscopique. La maladie des feuilles du caféier occa-

sionnée par ce parasite, s'est montrée si rebelle à tout
remède et a pris des proportions si considérables, que,
dans beaucoup de plantations, la culture du café a dû
être abandonnée. L'arbre à thé et l'arbre à quinquina
(*Cinchona*) remplacèrent dans ces cas le caféier avec un
résultat très brillant.

Que ce soit le café, le thé ou le *cinchona* qui devienne
dans l'avenir le principal objet de la culture dans les
districts caféiers de l'île, une chose est hors de doute :
c'est que dans les hautes terres de Ceylan les conditions de sol et de climat sont particulièrement favorables à la culture de ces plantes et peut-être de bien
d'autres tout aussi utiles. Encore quelque temps et sauf
quelques exceptions isolées, les terres hautes seront
transformées en un vaste pays de plantations et de cultures. Déjà de nos jours, on voit le réseau des districts
caféiers empiéter chaque année davantage sur la nature
vierge et envahir même les recoins isolés ; aussi pour
pouvoir me faire une idée de cette zone alpestre à l'état
primitif et virginal, je fus obligé de m'enfoncer très
loin dans la montagne. Mais là même, presque partout,
je rencontrai côte à côte avec la forêt primitive, des
terrains qu'on venait de défricher avec la hache et
le feu.

C'est au concours amical du docteur Trimen, directeur
du jardin de Péradénia, que je dois d'avoir pu réaliser
un de mes vœux les plus chers, celui de visiter la partie
la plus sauvage, la plus primitive des terres hautes.
Déjà, durant ma visite à Péradénia, le docteur et moi
nous nous étions entendus pour nous retrouver à la

moitié de février à Nurellia, un des lieux de villégiature
d'été les plus célèbres dans les terres hautes, et entreprendre de là une excursion à Horton-Plain. Ce côté
sud-est du plateau, le plus sauvage et le moins visité,
conduit à un endroit presque à pic, dominant un précipice de 5,000 pieds. On le désigne sous le nom de
« Bout-du-Monde ». De là, nous comptions descendre
vers les collines de Billahuloya, nous diriger ensuite à
l'ouest pour nous rendre à Ratnapura, « la ville des
pierres précieuses », nous embarquer sur le pittoresque
fleuve Noir ou Kalu-Ganga et naviguer ainsi jusqu'à
son embouchure, qui se trouve sur la côte occidentale,
près de Caltura. Mon ami Trimen avait bien voulu se
charger de tous les préparatifs de l'expédition. Comme
nous avions à passer près d'une semaine dans une
partie tout à fait inhabitée et sauvage des montagnes,
où le froid était vif, il fallut emporter avec soi des
vivres, des couvertures, des lits, des tentes, en un mot
un bagage nécessitant une caravane d'une vingtaine de
coolies tout au moins. En attendant l'époque fixée pour
notre rendez-vous, je résolus de consacrer la première
moitié de février à une excursion dans la région occidentale des terres hautes et de visiter le célèbre pic
d'Adam.

A mon retour à Colombo, à la fin de janvier, je me
mis à faire, à Whist-Bungalow, les préparatifs nécessaires pour l'expédition projetée. Mais la première
semaine de février fut absorbée presque tout entière
par un spectacle intéressant, que de nos jours on ne
voit plus guère qu'à Ceylan et là même à l'état de rare

exception, je veux parler d'un « corral d'éléphants ».
On appelle ainsi la capture et l'apprivoisement d'un
troupeau d'éléphants sauvages, auxquels les éléphants
domestiques font la chasse et qu'ils aident à réduire en
captivité. Autrefois, du temps où les troupeaux sauvages de ces animaux étaient fort nombreux à Ceylan,
au point d'en être incommodes, et où les éléphants
apprivoisés étaient encore employés à la construction
des routes et à beaucoup d'autres travaux, les cor-
rals étaient très fréquents. Aujourd'hui, le nombre et
l'importance de ces animaux ont considérablement diminué et comme l'organisation d'un corral est des
plus compliquées et entraîne de grands frais, il n'y
en a plus que de loin en loin, à l'occasion de quelque
solennité particulière. En ce moment, l'occasion était
fournie par la présence à Ceylan des deux fils du
prince de Galles, qui en revenant de leur tour du
monde s'étaient arrêtés pour quelques semaines dans
l'île. Plus de 3,000 chasseurs furent occupés pendant
trois mois à relancer les éléphants dans les forêts primitives, afin de les pousser dans la direction du corral
de Lambugama. Là, on avait construit à la hâte, pour
les hôtes nombreux venus pour assister à la fête, un
village entier, composé de maisons en troncs d'arbres,
un « corral-town », comme on l'appelle. C'est dans
les trois premiers jours de février qu'eut lieu cette
chasse si intéressante, à la suite de laquelle plusieurs
éléphants sauvages furent pris et garottés. Mais je
m'abstiendrai de décrire ici cette chasse curieuse, me
réservant de le faire à une autre occasion, car cette

description me détournerait trop de mon véritable sujet.

Pour la même raison, je passerai sous silence la première partie de mon voyage dans les hautes terres, depuis Péradénia jusqu'à Gampola et Dickoya, ainsi que l'ascension du pic d'Adam. Je gravis cette célèbre montagne, une des cimes les plus remarquables du globe, le 12 février, par un temps admirable et je me propose bien de raconter un jour en détail cette intéressante excursion. Ce fut de Saint-Andrews, la plantation de café la plus élevée dans la région sud-ouest de la montagne et située directement au pied du pic d'Adam, que je commençai mon ascension et c'est là que je redescendis. Le propriétaire de la plantation, M. Christie, chez qui je trouvai un accueil hospitalier pour une couple de jours, voulut bien m'accompagner jusqu'à la cime de la montagne sacrée.

De là, je me dirigeai au nord-est, vers le point central des hautes terres, afin de passer quelques jours à Nurellia, la station sanitaire la plus recherchée des Anglais. La distance entre Saint-Andrews et Nurellia est de 45 à 50 milles anglais. Il y a quelques années encore, il fallait faire la plus grande partie de la route à travers des forêts épaisses ; aujourd'hui, les forêts ont presque partout cédé la place aux plantations de café et de *cinchona*. Favorisé par un beau temps assez frais, je franchis la distance qui sépare Saint-Andrews de Nurellia en deux jours de marches forcées, accompagné seulement de deux coolies tamils, qui portaient mes bagages. Le premier jour (13 février), je fis

24 milles anglais, en marchant depuis six heures du matin jusqu'à huit heures du soir; le second jour, j'en fis 20. Comme nous étions dans la saison la plus fraîche, au moins dans cette partie de l'île et que le thermomètre ne marquait à midi que 24 ou 26° Réaumur, et cela à l'ombre, je pus, sauf un court repos, utiliser aussi pour la marche les heures les plus chaudes de la journée. Pour me rafraîchir, j'avais eu cette fois encore recours à un mouchoir mouillé, assujetti sur la tête et sur la nuque sous les larges bords de mon chapeau-sola; tous les quarts-d'heure je m'arrêtais pour baigner ma compresse dans l'eau fraîche des ruisseaux, roulant en abondance de tous côtés.

De vastes plantations, composées d'une seule et unique plante, présentent sous les tropiques à peu près le même aspect uniforme, que nos champs de blés ou nos vignobles d'Europe; aussi redoutais-je, je l'avoue, la monotonie de cette course de quelques jours à travers les plantations. Mes craintes ne se réalisèrent point et je trouvai la route bien plus agréable que je ne m'y attendais. Le terrain de ce plateau alpestre était sans cesse coupé de ravins profonds où au fond, dans un admirable cadre formé par les fougères et la végétation splendide des jungles, roulaient des cours d'eau mugissants, tombaient avec fracas de belles cascades. Sur quelques-uns des ravins étaient jetés des ponts neufs et solides; dans d'autres endroits les ponts étaient remplacés par de simples troncs d'arbres, sur lesquels on passait d'un bord à l'autre. Parfois une liane, tordue comme une corde et tendue de l'une à l'autre rive, servait de rampe ; mais parfois aussi il fallait se risquer sur ce tronc vacillant sans le moindre appui. Gare alors au vertige et à l'étourdissement causé par le fracas du torrent sauvage, qui, bien loin sous vos pieds, bondit et écume au fond du précipice sur les rocs pointus. Mes anciens talents de gymnaste, qui, depuis des années, ne trouvaient pas d'emploi, se réveillèrent à cette occasion et me furent fort utiles.

De temps en temps, la route qui va tantôt en montant, tantôt en descendant, s'engage dans quelque vallée profondément encaissée, au milieu de véritables murailles rocheuses, dont les flancs abrupts et inaccessibles gardent encore des vestiges des antiques forêts vierges. L'imposant aspect de ces géants, dont les troncs se dressent en superbes et sveltes colonnes, tandis que leurs splendides dômes de verdure laissent retomber un faisceau inextricable de lianes enchevêtrées, permet de juger de l'incomparable magnificence de cette végétation, immolée par les empiètements de la culture humaine, qui ne connaît ni bornes, ni entraves. Parfois, c'était à l'aide de la hache, que nous étions obligés de nous frayer une route à travers d'épais fourrés ; je pouvais à mon aise admirer de plus près les diverses formes végétales qu'ils renferment, en particulier les espèces variées de laurier, de myrte, de rubiacées, etc. Les feuilles de ces arbres de montagne sont pour la plupart sèches, semblables à du cuir d'un vert sombre, brun ou noirâtre. De luxuriantes guirlandes de plantes grimpantes de toute espèce courent

entre les arbres, dont les troncs disparaissent complètement sous une somptueuse parure d'orchidées et de
broméliacées de toute espèce. Parmi les lianes, on remarque le pandang grimpant (*Freycinetia*), dont la
touffe de feuilles disposées en spirale laisse surgir une
aigrette de fleurs d'un rouge de feu. Les beaux palmiers des terres plates ont disparu ; à leur place
s'élèvent partout les merveilleuses fougères arborescentes, un des produits les plus gracieux, les plus ravissants de la flore tropicale. Des fougères de ce genre
au tronc noir comme du charbon et gros comme le
bras (*Alsophila*) s'élancent du fond des ravins pleins
d'ombre et atteignent à 20 ou même à 30 pieds de haut,
tandis que leurs panaches, largement étalés, se com-
posent de plusieurs éventails de 8 à 10 pieds de longueur chacun. Des fougères mignonnes aux mille
formes, ainsi que leurs cousines, les délicates et charmantes *Sélaginelles* tapissent à profusion tous les
rochers.

Tandis que ces ravins boisés coupaient si pittoresquement le paysage ondulé des districts caféiers et que
leurs rocs couverts d'une végétation splendide offraient
un premier plan admirable, les chaînes bleuâtres des
montagnes de l'arrière-plan, en particulier le cône
élancé du pic d'Adam, dominant tous les autres, présentaient un spectacle non moins beau. C'est surtout
dans le pays accidenté de Maskilia, si riche en cascades
et en torrents, que le Pic constitue le plus admirable
fond de paysage.

D'ailleurs les plantations de café elles-mêmes pré-

sentent un coup d'œil fort riant. Tandis que dans les
terres basses, le caféier, que les Cingalais cultivent isolément auprès de leurs huttes, est un arbre élancé de
20 à 30 pieds de hauteur, dans les plantations des
terres hautes, on trouve que le meilleur rapport est
obtenu en taillant beaucoup la plante et en la rédui-
sant à l'état d'arbuste étalé, n'ayant pas plus de 3 ou
4 pieds de haut. Les charmantes feuilles de la plante,
si luisantes et d'un vert si sombre, forment un dôme
épais, sur lequel se détachent gracieusement les touffes
de fleurs blanches et parfumées, ainsi que les fruits
d'un rouge sombre, fort analogues à des cerises. Sur
de vastes espaces où le café régnait autrefois seul, on
trouve aujourd'hui à côté de lui l'arbuste à thé, si
parfumé, et le bel arbre de *cinchona*, tous les deux
avec leur délicieuse parure blanche. Les jeunes feuilles
des arbres du quinquina sont colorées d'un rouge vif ;
les tiges droites se distinguent par leur solidité et leur
résistance. Un jeune pied de ce genre, que je déterrai
moi-même au pic d'Adam, me servit d'excellent bâton
de voyage pour toute mon excursion alpestre.

Ce qui nous frappe le plus dans ces plantations, ce
sont certainement les travailleurs noirs ou coolies
tamils. Ils appartiennent à la race pure des Dravi-
diens, que l'on confondait autrefois avec la population
indo-aryenne, mais qu'aujourd'hui on en a séparée à
juste titre. Les Tamils diffèrent tout autant des Cingalais proprement dits et ne se mêlent pas à ces derniers.
Leur langage n'a rien de commun avec la langue pali,
parlée par les populations aryennes, en sorte que les

linguistes modernes n'ont pu saisir aucun lien de parenté entre les deux idiomes. Selon la plupart des anthropologistes, les Tamils seraient originaires du Malabar ; ils seraient les derniers vestiges des populations indigènes de l'Inde, refoulées de plus en plus par les Aryas, venus du nord. A Ceylan, au contraire, ce sont les Tamils, qui ont joué le rôle de conquérants, repoussant devant eux les populations cingalaises de race aryenne, établies dans l'île avant eux. Aujourd'hui, non seulement ils occupent presque exclusivement la partie septentrionale de l'île, ainsi qu'une partie considérable de l'est, mais encore ils se sont de plus en plus répandus aux dépens des indolents et mous Cingalais, dans les parties centrales des hautes terres. Chaque année, un nombre considérable (il y a trente ans, ce nombre était de 50,000, aujourd'hui il atteint le chiffre de 200,000) de Tamils ou d'habitants du Malabar quittent dans la saison d'hiver la côte de Coromandel, traversent le détroit d'Adam, pour venir travailler durant six ou huit mois dans les plantations et s'en retournent avec leurs économies pour le reste de l'année dans leur patrie continentale.

Les Tamils se distinguent des Cingalais proprement dits par la structure physique, par les traits du visage et par la couleur de la peau, aussi bien que par le caractère, le langage, le culte, les mœurs et les coutumes. Tandis que les seconds sont presque tous bouddhistes, les premiers professent pour la plupart le culte de Siva. La couleur de la peau du Tamil est toujours sombre, d'une teinte de café brun, tirant sur le noir. Chez le

Cingalais, au contraire, elle est couleur cannelle foncée, tirant sur le brun jaune clair. Chez les deux races, les cheveux longs, plats ou légèrement bouclés (jamais laineux), sont tout à fait noirs. La barbe est moins fournie chez le Tamil que chez le Cingalais et les traits du visage du premier s'éloignent plus considérablement du type des races méditerranéennes de l'Europe. Le front est plus bas, les narines plus larges, les lèvres plus épaisses et plus proéminentes, le menton plus fort, les yeux ont une expression sérieuse et sombre. Rarement j'ai vu les Tamils rire et presque jamais ils ne s'abandonnent à la gaieté expansive des Cingalais. La charpente osseuse du Tamil est plus svelte, plus solide que celle du Cingalais. Un système musculaire plus développé lui permet des efforts persévérants, et il peut exécuter avec facilité des travaux pénibles, pour lesquels le Cingalais n'est point fait. Le type doux, parfois efféminé, fréquent chez le Cingalais adulte, surtout dans le sexe mâle, fait défaut chez le Tamil; même les femmes de cette race semblent avoir plus de nerf et de vigueur. Mais il ne faudrait pas en conclure que le corps des Tamils ait une apparence athlétique ou massive; tout au contraire, leurs formes sveltes et gracieuses et les proportions harmonieuses de leur corps, répondent si parfaitement aux exigences de la beauté artistique, qu'il est impossible de ranger sous ce rapport le Dravidien parmi les races inférieures de l'humanité. C'est bien plutôt du type idéal grec qu'il se rapproche. Comme les vêtements que portent les Tamils dans les plantations se bornent, pour les hommes, à un léger turban et à un pagne étroit roulé autour des reins (une sorte de caleçon de bains) et pour les femmes à un tablier court et à un fichu lâchement noué sur le sein, ou bien à une courte jaquette blanche, que l'on ôte presque toujours dans l'ardeur du travail, le touriste a plus d'une occasion d'admirer, en errant à travers les plantations, la beauté de leurs formes. Ajoutons à cela que leurs mouvements sont empreints d'une certaine grâce naturelle, mises en relief par les attitudes les plus diverses que leur imposent les travaux pénibles de toute espèce, dont ils sont chargés dans les plantations. Combien ces modèles, sortis des mains de la nature, seraient plus précieux pour un sculpteur et lui révèleraient mieux la beauté et l'harmonie du corps humain, que ne peuvent le faire les attitudes forcées et artificielles des modèles de nos salles d'académies, modèles dénichés avec tant de peine et qui ne présentent en somme qu'un spécimen de l'homme physique atrophié par la civilisation!

Acceptant l'invitation cordiale d'un planteur anglais, M. Talbot, je couchai chez lui le 15 février, à Wallaha. Comme dans la région alpestre de Ceylan (à l'exception de quelques endroits fréquentés), il n'y a ni hôtels, ni auberges, le voyageur ne peut compter que sur l'hospitalité des planteurs anglais, qui, du reste, la pratiquent largement, avec beaucoup de bonne grâce, comme chose toute naturelle. D'ailleurs, la plupart des plantations étant éparpillées au milieu des solitudes alpestres, tout visiteur est le bien-venu et l'hôte fraîchement débarqué d'Europe et qui peut donner des nouvelles

toutes récentes sur la patrie aimée, est sûr d'obtenir
l'accueil le plus amical. Aussi l'hospitalité gracieuse,
dont partout on a fait preuve à mon égard, compte-
t-elle parmi les souvenirs les plus agréables de mon
voyage. Rien ne répare aussi bien les forces du voyageur, que l'incomparable confort anglais. Après une
marche de dix à douze heures à travers les plantations,
quand on n'a fait que gravir ou descendre par des sentiers rocailleux et ensoleillés, et cela même durant les
quatre ou six heures les plus chaudes de la journée,
auprès desquelles nos pires chaleurs caniculaires ne sont
rien, qu'il est doux de trouver un bain rafraîchissant,
un souper exquis, une causerie agréable, arrosée d'un
verre de vin généreux, et pour couronner le tout, un
lit moelleux! Malheureusement ces jouissances sont
souvent empoisonnées par le joug tyrannique de l'étiquette anglaise, dont certains planteurs, trop bien
élevés, ne peuvent se départir, même au milieu des solitudes des hautes terres tropicales. Je me rappelle
encore avec terreur un certain soir où, exténué par une
longue course en plein soleil, j'atteignis une plantation
tout à fait isolée, dont le maître m'accueillit avec beaucoup de cordialité et me fit entendre clairement qu'on
attendrait pour se mettre à table que j'eusse le temps
de passer mon habit et de mettre ma cravate blanche.
Quoique je fusse obligé de confesser qu'il m'avait été
impossible d'emporter dans ma petite valise de touriste
le « black evening dress » à travers mes courses dans
les montagnes, le maître du logis ne se fit pas moins
un devoir de revêtir en mon honneur l'habit de rigueur,

et sa femme, le troisième convive du dîner, apparut
aussi en toilette de gala.

A part certaines formalités de ce genre, qui nous semblent fort étranges à nous autres Allemands, peu céré-
monieux de nature, j'ai emporté de mon séjour au
milieu des planteurs britanniques des hautes terres de
Ceylan, l'impression la plus agréable. La vie solitaire
que mènent ces gens, marquée par plus d'une priva-
tion, est remplie tout entière par un travail assidu.
Aussi se tromperait-on beaucoup, si on les comparait
aux propriétaires féodaux esclavagistes de l'Amérique
du Sud, et si l'on s'imaginait qu'ils acquièrent leur
fortune uniquement en exploitant le travail de leurs
Tamils noirs. Ici, il s'agit de bien autre chose : il faut
être actif et vigilant, avoir l'œil au guet depuis l'aube
jusque bien tard dans la soirée. Partout je trouvais le
planteur assistant aux travaux, dès la pointe du jour ;
une grande partie de la journée se passe à parcourir
les terrains cultivés, souvent très vastes, à donner des
instructions au nombreux personnel de serviteurs et
de surveillants, à tenir la comptabilité, la correspon-
dance, etc., etc. Le succès dépend en grande partie
d'une sage et prudente direction, quoique naturellement
les conditions favorables du lieu, du temps, etc., y
soient pour beaucoup. Les plantations étant en général
très éloignées les unes des autres, il n'y a presque
point de relations de voisinage et les femmes surtout
sont tout à fait abandonnées à elles-mêmes. Pour beaucoup d'entre elles, ce manque absolu de société n'est
que maigrement compensé par la liberté illimitée dont

elles jouissent dans l'enceinte de leurs vastes domaines et par le contact direct avec la nature grandiose qui les entoure et qui offre pourtant une source de jouissances élevées pour un esprit capable de les goûter.

Le « bungalow » ou habitation du planteur est en général un édifice en pierre à un étage, couvert d'un large toit en saillie, autour duquel court une vaste vérandah. Entouré d'ordinaire d'un charmant jardin, le bungalow est disposé à l'intérieur avec tout le confort anglais, que comportent les circonstances. Dans le voisinage immédiat de la maison, on trouve presque toujours des bosquets de l'*Eucalyptus globulus* australien, très recherché à cause de son action salutaire contre l'humidité. Des bosquets de ce genre sont aussi éparpillés dans la plantation.

Les huttes habitées par les Tamils sont d'ordinaire à quelque distance des dépôts de café et finissent souvent par former de petits villages. De nos jours, on s'occupe activement à construire partout de bonnes routes et le temps n'est pas éloigné où, grâce au développement rapide des plantations de café, la plus grande partie des hautes terres sera sillonnée dans toutes les directions par des routes carrossables.

XVII

Nurellia.

L'endroit le plus fréquenté, le plus renommé des
hautes terres de Ceylan, la station d'été favorite des
habitants de l'île, c'est Nurellia (on écrit Nuwara-Ellya,
c'est-à-dire «la ville de la lumière»). Nurellia est située
au centre d'une vallée alpestre, elliptique, en forme de
conque, que l'on traverse dans l'espace d'une heure ou
deux ; des chaînes de montagnes d'une altitude de
1,500 à 2,000 pieds, enclavent la vallée de tout côté.
Quant au plateau lui-même, son altitude est de 6,000 à
6,200 pieds. Par son climat, aussi bien que par le caractère du paysage, Nurellia diffère complètement des
terres basses et rappelle bien plutôt les montagnes de
la Méditerranée. Quoique à midi le soleil tropical y fasse
encore rayonner une chaleur de 20 à 25° R., les nuits
sont constamment fraîches et dans les matinées de
printemps il arrive souvent que l'herbe se couvre de
givre et qu'une mince couche de glace se forme à la
surface de l'eau, exposée à l'air, dans des récipients.
Presque tous les jours, on est obligé, matin et soir, de
faire du feu dans les cheminées, que l'on trouve partout dans les maisonnettes basses et en pierre des hautes
terres.

Quand on se rappelle que Nurellia est situé sous le 7° degré de latitude nord, une température moyenne de 12 à 13° R. à une altitude de 6,000 pieds au-dessus du niveau de la mer, semble fort basse. C'est à la situation isolée de Ceylan, à l'évaporation très forte qui s'y fait durant le jour, ainsi qu'à la fraîcheur des nuits, résultant de la perte de la chaleur par rayonnement que l'on est redevable de cette température basse de Nurellia et en général de la température relativement très modérée des hautes terres. L'air y est constamment imprégné d'humidité. Des brouillards épais règnent dans les vallées alpestres, parfois durant tout un jour. La pluie y tombe en grande quantité. Partout sur les flancs des montagnes jaillissent des sources abondantes, souvent des ruisseaux et des torrents, qui font naître autour d'eux une végétation florissante et vont alimenter le petit lac, occupant une grande portion de la partie sud du plateau.

Cet excès de fraîcheur et d'humidité, ces brouillards et ces nuages, ces pluies et ces tempêtes ne font qu'augmenter l'impression d'austère mélancolie, que produisent les contours uniformes de ces chaînes alpestres isolées, la teinte sombre de ces forêts d'un vert foncé; ces prairies marécageuses où le sol détrempé a des reflets d'un vert brunâtre. Aussi, parfois le voyageur pourrait se croire transporté à la distance de 50 degrés de latitude plus au nord, dans les hautes terres de l'Écosse. Quant à moi du moins, plus d'une fois, je ressentis dans les marécages alpestres de Nurellia l'impression de mélancolie rêveuse, que j'avais éprouvée

plusieurs années auparavant (en automne 1879) en
parcourant les Highlands de l'Écosse. Je croirais volontiers que la ressemblance frappante, qui existe sous
le rapport du climat et de la nature entre l'Écosse et
Nurellia, est pour beaucoup dans la prédilection que lui
témoignent les colons venus de la Grande-Bretagne.
Tout leur y parle de la patrie lointaine : dans la maison
le feu qui brûle dans la cheminée; au dehors la course
rapide des nuages floconneux, qui, des sombres forêts
des montagnes, descendent sur les marécages des vallées et sur le miroir cristallin du petit lac, dont l'eau
est d'une température glaciale.

Pourtant cette vallée alpestre, si solitaire, si bien
cachée au cœur des forêts dans la région la plus élevée
des hautes terres, était connue depuis plusieurs siècles
des habitants indigènes des terres basses. En 1610, un
ancien roi de Kandy trouva dans ces lieux solitaires
une retraite sûre contre les conquérants portugais.
Mais ce ne fut qu'en 1826 que les Européens y péné-
trèrent pour la première fois. Ces premiers Européens
qui découvrirent la vallée de Nurellia, étaient des officiers anglais, que les hasards d'une chasse à l'éléphant
amenèrent dans cette région. Ils firent une description
si enthousiaste de la beauté de cette vallée alpestre,
que sir Edward Barnes, qui était alors gouverneur de
l'île, s'y fit immédiatement construire un bungalow et
y fonda pour les troupes britanniques une station sanitaire, qui fut ouverte dès 1829.

Il est certain que l'air frais et vivifiant des montagnes agit d'une manière extraordinairement salutaire

sur les organisations européennes, étiolées par un long
séjour dans la région chaude des terres basses; aujour-
d'hui surtout que, grâce au chemin de fer et à la diligence, on est transporté de Colombo à Nurellia en
vingt-quatre heures, la métamorphose se fait comme
par un coup de baguette. Le plaisir inattendu que procure la fraîcheur au dehors et la douce chaleur d'un
feu de cheminée dans l'intérieur des appartements, la
sensation agréable et inusitée d'un plaid ou d'un par-
dessus hors de la maison, et celle qu'on éprouve le soir
à se glisser dans un lit bien chaud dont on tire la cou-
verture jusque sur ses oreilles, tout cela forme pour le
colon anglais un contraste si délicieux, si *homelike*,
avec le déshabillé obligatoire dans le climat torride des
terres basses, qu'il n'est pas étonnant d'entendre dans
toutes les villes de Ceylan un éloge enthousiaste de Nurellia. Si nous avions été transportés de l'Allemagne
du nord à Nurellia, il est probable que nous n'aurions
pas été si ravis de cette ressemblance frappante avec
nos froides et humides régions.

Mais il faut reconnaître que les mérites de Nurellia,
comme station sanitaire, ont été surfaits. Ce climat
froid et humide, où il n'est pas rare que par les journées claires d'hiver, la température fasse en six heures,
des sauts de plus de 20° Réaumur (le matin 3 à 4°, à
midi 20 à 25°) expose naturellement à des refroidisse-
ments subits et violents et n'est rien moins que favorable pour quantité de maladies, en particulier pour
les catarrhes et les rhumatismes. J'ai aussi entendu
dire que souvent des maladies étaient provoquées uni-

quement par ce brusque changement de climat entre
Colombo et Nurellia. Néanmoins, la célébrité de l'endroit, comme station salubre, bien loin de diminuer,
tend à s'accroître, en partie grâce à des réclames habilement lancées, en partie grâce aux conditions secon-
daires dont nous avons parlé. Le nombre des maisons
de campagne ou « cottages » anglais, éparpillées sur le
gazon des vallées ou au pied des hauteurs boisées, va
chaque année en augmentant et probablement peu de
temps se passera avant que Nurellia soit devenue une
ville assez considérable, habitée naturellement pendant
le tiers ou le quart de l'année, durant la saison sèche,
de janvier à avril. Plus tard, aussi longtemps que dure
la mousson sud-ouest, les pluies abondantes et conti-
nuelles en rendent le séjour impossible.

Cette dernière circonstance permet de douter, que
l'idée de fonder à Nurellia un grand établissement d'é-
ducation pour les enfants de race européenne nés à
Ceylan, puisse être couronnée de succès, comme l'es-
pèrent beaucoup de personnes. A ces inconvénients, il
faut ajouter la cherté extrême des loyers, et en général
des conditions matérielles de la vie. Nulle part, à
Ceylan, ma maigre bourse de citoyen d'Iéna ne fut
aussi rudement saignée que dans la détestable auberge
de Nurellia. Je payai, par exemple, 50 pfennigs un œuf
de poule, 2 marks une livre de beurre, et quelque
chose d'équivalent pour un verre de mauvaise bière.
Quoique tout gentleman européen, établi dans les
chaudes cités de la côte, rêve de passer la belle saison
à Nurellia, comme on rêve à la patrie, il y songe à

deux fois avant de faire une si forte brèche à son budget.

Il est curieux de constater, comment ici, sous le 7e degré de latitude nord, la vie dans une « station de bains de première classe » éveille exactement les mêmes besoins artificiels, les mêmes extravagances de la mode, que sous le 50e degré de latitude nord, dans les villes de bains à la mode de l'Europe septentrionale. Le sexe fort rivalise avec le sexe faible dans l'exhibition de toilettes riches et élégantes, mais absolument dépourvues de goût. Les enfants y sont souvent affublés de façon à ressembler d'une manière frappante à leurs ancêtres quadrumanes, exhibés sur un théâtre de singes. Les résidents européens les plus riches et les plus considérés, cherchent à s'éclipser mutuellement par le luxe de leurs équipages à la promenade, aussi bien que par celui de l'ameublement de leurs cottages. Aussi voit-on déjà surgir à Nurellia, au milieu des marchés où les Cingalais vendent des bananes et du riz, ces boutiques de luxe, propres à nos villes de bains, où d'adroits filous font payer aux baigneuses dix fois le prix de leurs articles, punition bien méritée pour leur stupide engouement de la mode. Ces mœurs artificielles d'une station de bains fashionable au milieu de la nature sauvage des hautes terres de Ceylan, dont les forêts sont encore peuplées d'éléphants, d'ours et de léopards, faisaient sur moi un effet d'autant plus comique que j'arrivais encore tout plein des souvenirs de la vie si primitive et si simple, que j'avais menée tout récemment au milieu de mes Cingalais de Belligemma.

L'illusion de se trouver dans une station de bains
européenne est encore augmentée par les menus des
repas, cherchant à copier autant que possible ceux des
tables d'hôte de nos villes balnéaires. A sa grande surprise, l'Européen voit servir à Nurellia des pommes de
terre nouvelles en robe de chambre, assaisonnées de
beurre frais, des légumes verts, des choux, des hari-
cots, etc. Ces nobles légumes de l'Europe viennent
presque aussi facilement dans les jardins et les champs
de Nurellia que chez nous, et quant aux pommes de
terre — objet de première nécessité pour la race germanique — le même champ peut, avec un engrais convenable (de la poussière d'os), en donner jusqu'à quatre
récoltes par an. Malheureusement, il faut payer ces
comestibles quatre ou six fois leur prix ! Mais il faut
voir à table l'enthousiasme avec lequel l'Anglais, en
dépit de son flegme britannique, parle de ces pommes
de terre et de ces légumes excellents, du feu dans la
cheminée et de son confortable pardessus. On voit une
fois de plus que ce sont bien les contrastes de la vie qui
en font le charme !

D'ailleurs, l'analogie frappante que présente la vallée
si vantée de Nurellia avec le nord de l'Europe, analogie
qui lui vaut les sympathies les plus vives des colons
européens, établis à Ceylan, n'est en grande partie
qu'apparente et un examen plus attentif des lieux ne
tarde pas à révéler des divergences notables. Ces divergences tiennent autant au climat qu'à la végétation,
facteurs d'une importance capitale, chaque fois qu'il
s'agit de déterminer le caractère d'un pays. Le climat

de Nurellia, aussi bien que des hautes terres de Ceylan en général, se distingue par des particularités qui lui sont propres et qui s'expliquent, comme nous l'avons vu, par la situation de l'île, au sud de l'extrémité méridionale de l'Inde antérieure. Par suite de conditions toutes locales, les vents alizés, le vent sec soufflant en hiver ou mousson du nord-est, et le vent humide de l'été ou mousson sud-ouest, déterminent ici deux saisons, caractérisées par un abaissement de la température, avec la seule différence que les pluies de la seconde sont plus violentes et plus persistantes que celles de la première. J'ai pu constater que dans les hautes terres comme sur la côte sud-ouest de Ceylan, la saison dite sèche est un simple euphémisme. Durant les trois semaines que j'ai passées dans les hautes terres, des averses d'une violence toute tropicale, qui, en dépit des parapluies et des manteaux, ne laissaient pas un fil de sec sur ma personne, tombaient fréquemment, surtout dans les après-midi.

La flore de Nurellia, au premier coup d'œil, toute semblable à celle de l'Europe du Nord, ne tarde pas aussi, quand on l'examine plus attentivement, à révéler des dissemblances essentielles. Les prairies marécageuses sub-alpestres d'un vert brun, qui occupent presque entièrement le fond des vallées, sont comme les nôtres presque exclusivement couvertes de laîches et de joncs (*Carices* et *Juncaceae*), parmi lesquels on rencontre disséminées quantité de vieilles connaissances : violettes, campanules, renoncules, muguets, valérianes, cérastes, spergules, baies des ronces, digi-

tales, etc. Mais tout à côté croissent des fleurs exotiques, inconnues à nos climats, de superbes et grosses
balsamines dont la fleur est fort étrange, des orchidées
capricieusement bariolées, des restiacées semblables à
des scabieuses, de grosses gentianes violettes avec leurs
filaments jaunes (*Exacum*), surtout des lobélies élancées dont les grappes de fleurs rouges ont plusieurs
pieds de long. Si, longeant le cours du ruisseau, nous
pénétrons dans les gorges pleines d'ombre, nous y
découvrons quelques plantes tropicales qui achèvent
de dissiper nos illusions européennes ; tout d'abord la
magnifique fougère arborescente (*Alsophila*), la gigantesque fougère à parasol (*Angiopteris*), les remarquables arbrisseaux du *nillu* (*Strobilanthus*) et les roses
des Alpes arborescentes (*Rhododendron arboreum*) de
toute beauté : ces dernières forment des arbres de 20 à
30 pieds de haut, dont les branches portent d'admirables bouquets gigantesques de grosses fleurs d'un rouge
de sang.

　La forêt, qui, avec ses masses compactes de feuillage
d'un vert sombre, fait de loin presque l'effet d'une forêt
de conifères, accuse des différences bien plus tranchées
encore. Elle se compose de beaucoup d'espèces d'arbres,
appartenant pour la plupart aux familles des myrtes,
des lauriers, des bruyères, des guttifères et des magno-
liacées. Quoique par la structure de leurs fleurs et par
leurs fruits, ces arbres se rattachent à des familles très
diverses, ils se ressemblent néanmoins beaucoup par
leur port et par leur mode de croissance. Les feuilles
semblables à du cuir, d'un vert sombre ou d'un vert

brun, sont souvent tomenteuses sur leur face inférieure.
Le tronc droit et élancé comme une colonne, qui parfois rappelle notre pin du sud de l'Europe, se ramifie
supérieurement en quantité de branches fourchues,
supportant un dôme large et plat, étalé en parasol. C'est
surtout l'arbre gutta (*Callophylum*), remarquable par
la forme disposée en spirale de son écorce rudimentaire
et dont certains beaux spécimens ont des troncs de
80 à 90 pieds de haut et de 10 à 12 pieds d'épaisseur,
qui rappelle notre pin d'Europe. Ces forêts des froides
régions des terres hautes sont aussi riches que celles
des régions chaudes des terres basses en parasites végétaux, en plantes grimpantes et à vrilles, seulement
les genres et les espèces y sont différents. En outre,
un épais manteau de mousses feuillues tapisse les troncs
des arbres.

Parmi les forêts situées dans le voisinage immédiat
de Nurellia, plusieurs sont aujourd'hui d'un accès très
facile, grâce aux routes ou tout au moins aux sentiers
qu'on y a frayés pour les promeneurs. Les hôtes raf-
finés de Nurellia, qui viennent commodément faire leur
promenade de l'après-midi dans la forêt, peuvent se
sentir chatouillés par l'idée que la nuit, dans cet endroit
même, à la distance à peine d'une heure de leur logis,
une troupe d'éléphants sauvages traverse leur sentier,
ou que les léopards y ont déchiré un sanglier. Du reste,
l'exubérance sauvage de la végétation y est telle, que
les gardes forestiers sont continuellement obligés d'é-
monder avec la hache les arbres bordant les sentiers
tracés dans la forêt, pour maintenir ceux-ci praticables.

Les quatre jours que je passai à Nurellia furent consacrés à des excursions intéressantes, faites aux quatre coins de l'horizon. Le 16 février, je fis l'ascension de la plus haute montagne de l'île, le Pedro-Talla-Galla, situé à l'est, et je fêtai sur son sommet le quarante-huitième anniversaire de ma naissance. Cette cime, la plus élevée de Ceylan, et atteignant 8,200 pieds au-dessus du niveau de la mer, ne domine que de 2,000 pieds le plateau de Nurellia. Son nom, qui signifie « montagne aux tissus de nattes », lui vient des joncs croissant en quantité à sa base richement arrosée, joncs que l'on utilise pour tresser des nattes.

Parti de Nurellia par une riante matinée de printemps, toute ensoleillée, je fis en deux heures mon ascension, accompagné d'un seul coolie tamil, qui portait mon attirail de peintre et notre déjeuner. L'étroit sentier, d'abord un peu roide, ensuite plus doux, à mesure que l'on monte, menait presque jusqu'à la cime à travers les forêts, franchissant plus d'une fois des torrents écumants et des chutes d'eau. L'objet le plus curieux que je rencontrai en gravisssant, ce fut l'énorme lombric, fameux dans les hautes terres de Ceylan. C'est le géant de son espèce ; long de cinq pieds, gros comme le pouce, il est d'un beau bleu d'azur. Ce fut là aussi que j'aperçus pour la première fois le beau coq des bois alpestres (*Gallus Lafayetti*) ; je le retrouvai plus tard en profusion au « Bout-du-Monde ». Le grand singe gris cendré des hautes terres (*Presbytis ursinus*) se montrait aussi, mais il était si facile à effaroucher que je ne réussis jamais à le tenir au bout de mon fusil. Un

épais manteau de forêts, coupé çà et là par des marécages d'un jaune rougeâtre, revêtait les flancs du
Pedura, presque jusqu'à la cime. Une végétation vraiment alpestre et même sub-alpestre fait défaut à Ceylan.
La ligne des neiges ne pourrait y commencer qu'à
14,000 ou 15,000 pieds de hauteur.

La vue que l'on a de la cime nue de la montagne est
tout à fait grandiose; elle embrasse la plus grande
partie de l'île jusqu'à la mer, que l'on distingue à peine
à l'ouest et à l'est comme un mince filet d'argent. Du
côté de l'est, au-dessus des vallées de Badula, se dresse
le beau pic de Namuna, tandis qu'à l'ouest le pic d'Adam
domine toutes les autres cimes. Malgré son caractère
imposant, le panorama que l'on découvre du Pedura,
de même que celui du pic d'Adam, a un certain cachet
d'uniformité, qu'il doit aux massifs de montagnes boisées d'un vert sombre, où les torrents et les ruisseaux
innombrables font l'effet de fils d'argent, et où n'appa-
raissent que de loin en loin les éclaircies de terrains
cultivés au feuillage d'un vert plus tendre et plus
délicat. Ce qui ravit l'âme dans cette solitude profonde
des bois et des montagnes, c'est la sensation sublime
que donnent les hauteurs. C'est aussi le sentiment
d'avoir à ses pieds une des îles les plus charmantes et
les plus riches du globe. De grand matin, l'horizon
était encore pur et clair sur la cime du Pedura; mais
bientôt les brouillards commencèrent à monter des
vallées et à former des masses épaisses de nuages. Durant plusieurs heures je contemplai cet intéressant
spectacle; en général, je ne crois pas que nulle part

dans nos montagnes, on puisse étudier aussi bien là formation des nuages, que dans les hautes terres de Ceylan.

Le temps me favorisa également le 17 février. Parti le matin de Nurellia, je fis sur une belle route carrossable une course de cinq lieues dans la direction sud et traversai le pont de Uda-Pussilawa pour me rendre sur le bord sud-est du plateau. Arrivé là, je gravis un sommet d'où l'on avait une vue splendide vers le sud sur Hakgalla. Cette « montagne à mâchoires », la plus belle de toutes celles de Ceylan par sa forme, ressemble par l'harmonieux ensemble de ses masses, ainsi que par les courbes fines de ses contours, au fameux Monte-Pellegrino de Palerme. Les gorges profondes et boisées du pays, au fond desquelles se précipitent avec fracas de superbes cascades, se distinguent par la riche magnificence de leurs fougères arborescentes.

Le jour suivant, je fis encore vers le nord de Nurellia une excursion intéressante, dans le pays de Rambodde, en suivant la grande route de Kandy. D'abord, le chemin monte durant deux heures, jusqu'au col de Rambodde, à peu près à 7,000 pieds d'altitude au-dessus du niveau de la mer. Du point culminant on a une vue magnifique, d'un côté vers le sud, sur la vallée entière de Nurellia, avec le beau pic de Kakgalla à l'arrière-plan et le miroir limpide du lac à ses pieds; de l'autre, vers le nord, sur les gorges boisées de Kotmalli et au delà, dans le lointain sur les collines ondulées du district de Pussilawa. Au-dessus de ces dernières, tout au milieu, se dresse le double cône

imposant de l'Alla-Galla. Décrivant maints lacets, la
route descend rapidement vers Rambodde ; je la suivis
pendant plusieurs milles, perdu tantôt dans la contemplation des charmantes cascades, se précipitant à
chaque pas des deux côtés de l'étroite vallée, tantôt
admirant la luxuriante végétation, en particulier les
splendides fougères arborescentes, disséminées sur les
bords ces ruisseaux. La forêt touffue, qui couvrait, il y
a quelques années à peine, les flancs des montagnes,
avait presque partout cédé la place aux plantations de
café. Des chariots attelés chacun de quatre zébus blancs
et vigoureux, chargés de transporter à Nurellia les
vivres et les articles de luxe, sillonnaient sans cesse la
route.

Le 19 février, je profitai d'une éclatante matinée de
dimanche pour gravir de grand matin la chaîne de
montagnes qui borne à l'ouest la vallée de Nurellia. Du
sommet, je jouis d'une vue charmante sur le pic d'Adam
et la chaîne de Dimbula, qui le reliait à celle sur
laquelle je me trouvais. Je dus redescendre vers midi
pour me rendre à l'invitation du gouverneur, qui était
arrivé depuis quelques jours à Nurellia avec sa femme;
il habitait une charmante « villa royale » ou « queen's
cottage » entouré d'un délicieux jardin. Un parterre
superbe de roses, de violettes, de tulipes, d'œillets et
d'autres plantes de nos jardins d'Europe, en pleine floraison, y charmait les regards. On y trouvait aussi de
magnifiques cerisiers et d'autres arbres fruitiers d'Europe ; tous étaient couverts d'une riche parure de
feuilles et de fleurs, mais ne donnaient point de fruits.

C'est là que je retrouvai le docteur Trimen. Il avait
terminé tous les préparatifs pour notre grande excursion dans les montagnes, en sorte que dans l'après-midi
du même jour, nous pûmes commencer notre expédition vers « le Bout du Monde ». Pourtant ce jour-là,
nous ne poussâmes que jusqu'à Hakgalla, c'est-à-dire
à une distance de deux heures dans la direction du sud,
où disparaissait toute trace de route ou de civilisation
en général. Là, à une hauteur de 6,000 pieds, immédiatement au pied du versant méridional des admirables montagnes dont j'ai parlé plus haut, se trouvait le
jardin botanique destiné aux plantes alpestres des tropiques, succursale du grand jardin de Péradénia, et
placé de même que celui-ci sous la direction du docteur
Trimen. Quelques heures de la soirée furent employées
à parcourir le jardin, à visiter les écoles d'horticulture
où l'on cultivait diverses espèces de café et de cinchona,
à admirer les magnifiques fougères arborescentes et les
échantillons de pothos, dont on avait obtenu quelques
spécimens gigantesques. De la terrasse de ce jardin
alpestre, le plus élevé de Ceylan, on jouit d'une vue
admirable sur les majestueux escarpements rocheux
du pic de Namuna, qui, du côté de l'est, dominent seuls
la vallée de Bodula. Nous passâmes la nuit dans la maison du jardinier écossais, l'avant-poste le plus avancé
de la culture européenne dans cette partie des hautes
terres de Ceylan.

XVIII

Au Bout-du-Monde.

Le vaste et solitaire plateau alpestre s'étendant au sud de Nurellia jusqu'au bord du plateau central de Ceylan, sur la frontière septentrionale duquel le jardin de Hakgalla se trouve jeté comme un poste isolé, porte le nom de « Horton-Plain », en l'honneur de lord Horton, qui en fit la découverte. Aujourd'hui encore la plus grande partie de ce plateau est couverte de forêts vierges et de prairies, tantôt sèches, tantôt maréca-geuses, appelées *patnas*. Les léopards, les ours, les éléphants sauvages, règnent seuls dans ces solitudes. L'échine ondulée du plateau, sillonnée partout de cours d'eau innombrables, est bosselée de collines arrondies, parfois de pics élevés, se dressant à 7,000 ou 8,000 pieds de haut. Sur le bord méridional, le plateau est presque partout taillé à pic et la partie la plus sauvage de ce précipice porte le nom caractéristique de « World's End », « le Bout-du-Monde ». Ces escarpements rocheux de près de 5,000 pieds et qui semblent coupés perpen-diculairement, présentent un coup d'œil merveilleux sur les florissantes vallées des terres basses du sud, qui se trouvent immédiatement à leurs pieds. Cet admi-

rable endroit est considéré comme le point le plus sauvage de l'île, mais il n'est que rarement visité par les
Européens.

Non loin de ce point romantique, au milieu d'une
solitude sauvage, s'élève une hutte déserte en pierre,
aux murs solides. C'est la « Horton-Plain's Resthouse »,
bâtie par le gouvernement pour servir de refuge aux
employés en tournée. Nous avions projeté, le docteur
Trimen et moi, de passer une semaine dans cette cabane,
pour faire des excursions dans cette région, d'une
beauté si sauvage, et que le docteur n'avait pas encore
eu occasion de visiter. Les préparatifs une fois terminés, la clef de la « rest-house » et l'autorisation du
gouvernement dans nos poches, nous quittâmes Hakgalla, le 20 février de grand matin, et nous nous mîmes
en route de fort joyeuse humeur et le cœur plein d'attente.

Sans parler des vivres nécessaires pour huit jours,
nous devions emporter avec nous des lits, des couvertures, des tentes, des armes, etc., et quantité d'appareils et de récipients pour collectionner les plantes et
les animaux, aussi nous fûmes obligés d'amener une
vingtaine de porteurs, chargés du transport de ces objets.
En outre, le docteur et moi, nous avions chacun un
serviteur et le docteur avait amené de l'établissement
de Péradénia plusieurs personnes, chargées du soin de
collectionner et de préparer les plantes. C'étaient tous
des Cingalais, à la peau brune, tandis que le reste de
notre escorte se composait de noirs, originaires du
Malabar, ou de « coolies tamils ». En y comprenant le

cuisinier et le guide, notre caravane se composait d'une trentaine d'individus.

Comme il arrive toujours dans l'Inde, quand il s'agit de mettre en mouvement une grande caravane, quelques heures furent perdues avant que l'ordre s'établit dans nos rangs. Debout et équipés avant le lever du soleil, nous aurions dû être depuis longtemps en marche ; malheureusement, au moment de nous mettre en route, une chose ou une autre manquait toujours à nos bagages. Quand enfin tout notre monde fut prêt et quand on partit, le « coolie aux poules », qui portait un grand panier contenant deux ou trois douzaines de ces volatiles, fit un faux pas et quelques poules en profitèrent pour s'échapper du panier par un interstice laissé ouvert, en poussant des gloussements joyeux. Ce fut comme un signal, tous les coolies à la fois jetèrent prestement à bas les fardeaux qu'ils portaient sur la tête et se précipitèrent avec de grands cris à la poursuite des fugitives. Une fois celles-ci rattrapées, on se remit en marche. Mais voilà qu'un sac de riz trop plein crève et les grains blancs se répandent sur le sol. A ce nouveau signal, autre arrêt général, tous se jettent à plat ventre pour ramasser les grains de riz. Quelques poules mettent cette halte à profit et sortant du panier par une nouvelle issue qu'elles viennent de découvrir, se mettent aussi à picorer les grains de riz, mais pour les faire passer immédiatement dans leur estomac. Autre chasse aux poules, d'abord infructueuse et encore une demi-heure de perdue avant que tout rentre dans l'ordre. Des scènes de ce genre s'étant répétées plus d'une fois dans le courant de la journée, il n'est pas étonnant que nous ayons mis plus de douze grandes heures à parcourir les vingt milles anglais, qui séparent Hakgalla de la « rest-house » où nous nous rendions. Heureusement un beau temps printanier nous favorisa durant toute la journée, car avec des pluies violentes nous n'en serions pas sortis si aisément.

Le sentier solitaire, à peine frayé, que nous suivions, traversait tantôt d'épaisses forêts vierges, tantôt de vastes prairies découvertes ou « patnas ». Presque nulle part la forêt et la prairie ne se confondent, il y a entre les deux une stricte délimitation. L'herbe haute et drue, qui couvre presque exclusivement la patna, croît si étroitement serrée, ses racines fortement enchevêtrées présentent une surface si impénétrable, que dans la lutte pour l'existence c'est elle qui a raison des géants de la forêt ; tout embryon d'arbre, né des milles semences partout disséminées, qui essaie de se faire jour entre ces herbes drues et serrées, est aussitôt étouffé par elles. Un seul arbre réussit parfois à sortir victorieux de cette lutte pour l'existence et l'on voit son tronc élancé, surmonté d'un parasol vert sombre, s'élever solitairement dans la patna : c'est le myrte des montagnes, dont les fruits vénéneux ont la forme de poires (*Careya arborea*). Presque toutes ces herbes, qui constituent pour le bétail un détestable fourrage, se distinguent par leurs feuilles sèches, dures et rugueuses, par leurs tiges épineuses et scarieuses en même temps que par leur parfum aromatique. Ce

sont en partie de vraies graminées, en partie des cypé-
racées et des restiacées.

Les épaisses forêts de haute futaie, qui coupent ces
patnas, en formant comme dans l'Amérique du nord
des îlots irréguliers, disséminés au milieu de vastes
pâturages, se distinguent comme tous les bois de ces
régions alpestres, depuis le pic d'Adam jusqu'au mont
Pedura, par le même caractère mélancolique et sombre.
Quoique les arbres de ces bois appartiennent à des
espèces et à des genres fort divers, ils ont néanmoins
un certain air de famille, une physionomie commune et
comme les fleurs et les fruits font souvent défaut, il
devient difficile de les distinguer les uns des autres. Les
feuilles sont pour la plupart semblables à du cuir, d'un
vert brun sombre ou d'un vert noirâtre, quelquefois
luisantes sur leur face supérieure; elles sont d'une
teinte claire, quelquefois d'un vert grisâtre, d'autres
fois avec des reflets argentés ou bronzés sur leur face
inférieure. Les troncs puissants et noueux sont tapissés
de mousses jaunâtres et de lichens; en outre, ils disparaissent sous un fouillis de plantes parasites, parmi lesquelles les orchidées et les légumineuses se distinguent
par la beauté luxuriante de leurs fleurs.

La « rest-house » de Horton-Plain est située à la
même altitude que la cime du pic d'Adam, c'est-à-dire
à 7,200 pieds et par conséquent un millier de pieds plus
haut que la vallée de Nurellia. La montée véritable ne
commence qu'à la seconde partie de la route, durant la
première on marche dans un pays accidenté où le
chemin tantôt monte, tantôt descend. A peu près à la

moitié de la route, on trouve une hutte en roseaux, bâtie
depuis peu par une société de chasseurs ; nous en pro-
fitâmes pour faire une halte d'une heure et pour y
prendre notre repas de midi. A part quelques torrents
sauvages, qu'il fallut franchir sur un tronc d'arbre jeté
d'un bord à l'autre, la route n'offrait point de difficultés
sérieuses.

Après avoir tourné une gorge profonde, au fond de
laquelle tombait en mugissant une belle cascade, nous
atteignîmes le point le plus élevé du plateau, où commencent les forêts caractéristiques de *nillu*, séjour
de prédilection des éléphants sauvages. Les amas de
fumier éparpillés et tout frais, ainsi que les buissons
saccagés et écrasés, prouvaient suffisamment que des
troupes de ces animaux devaient fréquemment visiter
ces lieux. Comme on pouvait s'attendre à chaque
moment à en voir surgir quelques-uns du fond de la
forêt, une émotion très vive s'empara de nos coolies :
aussi au lieu de marcher par petits groupes, à la
débandade, comme ils l'avaient fait jusqu'alors, ils se
formèrent en corps étroitement serré et suivirent le
sentier à la file indienne, l'un marchant sur les talons
de l'autre.

Les bois de *nillu*, que je vis à Horton-Plain dans
tout leur vigoureux développement et qui constituent
une forme très particulière de forêt, doivent leur nom
à diverses espèces d'un genre d'acanthacées nommé
Strobilanthus, que les indigènes appellent *nillu*. Ces
arbustes, aliment préféré des éléphants, sont de petits
troncs minces et élancés, de 15 à 20 pieds de haut, qui

croissent en gerbes, étroitement serrées les unes contre les autres et sont couronnés supérieurement de fleurs en forme d'épis. La plus jolie de ces espèces (*St. pulcherrimus*) se distingue par la teinte de carmin de sa tige et de ses fleurs en aigrettes, et comme ces arbustes constituent dans la forêt alpestre presque toute la masse des taillis, l'effet qu'ils produisent aux derniers rayons du soleil couchant est vraiment magique. Ces arbustes forment exclusivement l'alimentation des éléphants, qui d'ordinaire marchent à la file, se suivant de près, et foulent sous leurs pieds tout ce qu'ils ne dévorent pas. Quand une colonne de vingt à trente de ces colosses a traversé la forêt, elle laisse derrière elle une route d'un mètre au moins de large, aussi commode qu'on peut le désirer. Le lendemain nous suivîmes presque continuellement ces chemins frayés par les éléphants et c'est uniquement en les utilisant qu'il nous fut possible de faire plus d'une excursion intéressante. Il est bien entendu que ces chemins si agréables et si faciles ne sont point dépourvus de danger. Dans le cas ou l'on se heurterait inopinément à une troupe d'éléphants, il serait trop tard pour songer à la fuite; il faut donc avoir l'oreille continuellement au guet.

Le soleil était couché et la nuit commençait à tomber, quand nous débouchâmes d'un de ces bois îlots dans la patna découverte, où à la distance d'un mille on apercevait, comme un point blanc, la « rest-house », but de notre voyage. A cette vue notre caravane fatiguée et quelque peu abattue, sentit renaître son courage. Mais il nous restait encore à descendre et à remonter un

ravin encaissé avant d'arriver à la maison située sur
le versant opposé. Au fond de ce pli de terrain grondait un cours d'eau sauvage, sur lequel au lieu de pont
était jeté un tronc d'arbre. Grande fut notre joie, quand,
malgré l'obscurité, toute la caravane ayant franchi
heureusement ce pas dangereux, nous atteignîmes
enfin le but de notre course. Vite, le feu flamba dans les
cheminées, les pièces désertes de la hutte abandonnée
furent arrangées aussi commodément que possible et le
riz assaisonné d'un curry au poulet fut attaqué avec le
robuste appétit que donne une journée de marche fatigante. La température de 30° R. à midi et au soleil, était
tombée à 8°; enveloppés de couvertures de laine, nous
nous chauffions avec délices devant la cheminée, tandis
que nos coolies, campés au dehors sous des hangars à
demi-ouverts, autour d'un grand feu, se rapprochaient
du brasier autant qu'il était possible sans se rôtir absolument.

Durant notre séjour dans la hutte de Horton-Plain,
le temps, toujours au beau fixe, favorisa les excursions
intéressantes, que nous entreprenions sans cesse dans
les environs sauvages de cette solitude perdue. L'air
vivifiant des montagnes exerçait sur nous son action
bienfaisante; seule, notre peau, endommagée par la
chaleur humide des terres basses, eut beaucoup à souffrir. Notre visage et nos mains étaient gercés, comme
cela arrive chez nous au cœur de l'hiver, en partie à
cause de la sécheresse, inusitée pour nous, de l'air
raréfié, en partie à cause des brusques changements de
température. Tandis qu'aux heures chaudes du jour,

vers midi, le thermomètre indiquait à l'ombre 24 à 26° R., au milieu de la nuit il tombait à 3 ou 4°, et de grand matin nous trouvions la patna couverte de givre. A ce moment de la journée les monts et les vallées étaient d'ordinaire enveloppés de brouillard; mais ce dernier ne tardait pas à disparaître pour céder la place à l'éclat radieux du soleil levant et à un ciel d'un bleu profond. Dans l'après-midi, le ciel se couvrait derechef de grands nuages floconneux, qui pourtant n'amenaient point de pluie; ils se groupaient en masses fantastiques, que les rayons du soleil empourpraient des couleurs les plus vives et les plus belles.

Par la température aussi bien que par le caractère tout automnal qu'y revêt le paysage en ce moment de l'année, vers la fin de la saison dite sèche, le mois de février dans les hautes terres de Ceylan me rappelait beaucoup un bel automne d'Allemagne. La vaste plaine desséchée des patnas, couverte d'ordinaire d'une herbe épaisse et drue, avait plus de teintes jaunes et brunes que de teintes vertes; quelques bandes de terrain aux tons tout à fait foncés, presque noirs, étaient plus ou moins carbonisées. Les pâtres cingalais de ces montagnes, qui chaque année viennent passer avec leurs troupeaux quelques mois sur ces hauteurs, ont l'habitude de mettre le feu aux pâturages avant la saison des pluies, afin d'engraisser le sol. Chaque soir nous jouissions de ce spectacle magnifique de l'incendie se propageant dans la prairie, spectacle auquel le caractère ondulé du plateau et les sombres forêts servant partout de cadre aux patnas, donnaient un cachet encore plus grandiose ! Tantôt semblable à un gigantesque serpent de feu, la flamme rouge montait en zig-zag le long des chaînes de montagnes, tantôt, se répandant rapidement sur une vaste étendue de terrain, elle paraissait une mer de feu, dont la teinte incandescente se reflétait vivement sur le fond sombre des bois noirs et épais, ainsi que sur le ciel, où roulaient de gros nuages lourds. Partout, comme des sources chaudes, jaillissant des flancs des montagnes, d'innombrables petits nuages blancs montaient de la patna et les bandes de lumière rouge et brillante, qui sillonnaient la montagne comme des éclairs, contribuaient à simuler une éruption volcanique.

Quoique chaque soir, de notre « rest-house », nous pussions contempler le feu d'artifice à l'aspect sans cesse changeant, dont ces prairies embrasées nous donnaient le spectacle, jamais nous ne rencontrâmes les pâtres cingalais, qui nous en régalaient ; pas une figure humaine ne venait nous troubler au milieu de la solitude complète dont nous jouissions avec délices.

La poésie allemande se plaît à célébrer le charme si doux, que l'on goûte « au fond des bois », charme dont l'illusion nous console un peu des maux sans nombre que notre civilisation corrompue nous impose à chaque pas. Mais qu'est-ce que la solitude trop civilisée de nos bois, à peine éloignés de quelques lieues d'un village quelconque, en comparaison de cette paix, de cette solitude profonde, complète, que l'on goûte au fond des forêts primitives des hautes terres de Ceylan ? Ici on se sent bien réellement seul, au milieu d'une nature

vierge. Jamais je n'oublierai la douceur pénétrante, le
calme de ces journées solitaires passées à l'ombre des
forêts et dans les prairies ensoleillées du « Bout-du-
Monde ». Comme, absorbé qu'il était par ses occupations
de botaniste, mon ami Trimen faisait le plus souvent
des courses pour son propre compte, j'errais à travers
ces déserts tout seul, ou bien accompagné d'un coolie
tamil, chargé de mes armes et de mon attirail de peintre, et qui ne soufflait mot.

Une circonstance augmente encore l'impression profonde de solitude qu'inspire les forêts de ces régions
isolées, c'est que la vie animale s'y manifeste fort peu
au dehors. Aujourd'hui encore les éléphants sauvages
sont les rois de ces forêts des hautes terres. Pourtant
je n'en rencontrai qu'une seule et unique fois et quant
au grand cerf *rusa* ou « elke » (*Rusa Aristotelis*), qui
doit y abonder, je l'entendis à plusieurs reprises mais
ne le vis jamais. Je n'entrevis pas davantage d'ours, ni
de léopards, carnassiers les plus redoutés de ces forêts.
Pour ces derniers, ainsi que pour la plupart des hôtes
de la forêt, la vie ne commence probablement que vers
la tombée de la nuit et dans la journée ils doivent rester
tapis au fond d'impénétrables fourrés. Même les grands
singes gris (*Presbytis ursinus*), très nombreux dans ces
régions, ne se laissaient voir que rarement, quoique de
grand matin j'entendisse souvent leur voix glapissante.

C'est aussi le matin que l'on entend quelques oiseaux
au chant plaintif et mélancolique, en particulier le beau
pigeon vert des bois et le guêpier. Plus tard le coq des
bois au plumage bigarré est d'ordinaire le seul oiseau

dont la voix trouble le silence des forêts. Ce magnifique
Gallus Lafayetti est proche parent de l'ancêtre pré-
sumé de nos poules domestiques. Le coq se distingue
par un plumage éclatant, par un superbe collier de
plumes rouges et jaunes et par sa queue verte, tandis
que le plumage de la femelle d'un gris verdâtre attire
bien moins les regards. J'écoutais souvent durant des
heures entières la voix plaintive du coq sauvage, plus
mélodieuse mille fois que le coquérico de son parent
civilisé et qui semble tantôt s'éloigner, tantôt se rap-
procher; c'était un tournoi musical, auquel les coqs
rivaux se livraient avec ardeur, afin de captiver les
bonnes grâces des femelles. Je ne réussis que rarement
à tirer sur ces oiseaux; ils sont si prudents, si faciles
à effaroucher, qu'au moindre bruit le concert est interrompu et quand j'eus réussi à en tuer un, un silence de
mort régna longtemps dans la forêt.

Que d'heures je passai ainsi à dessiner, assis sur un
tronc d'arbre, sans entendre le moindre bruit autour
de moi! Sauf les fourmis, la forêt est aussi pauvre en
insectes qu'en oiseaux; on ne voit presque pas de
papillons ni de coléoptères et les quelques espèces que
l'on trouve n'attirent point l'œil. A part le gazouille-
ment de quelques petits ruisseaux ou le murmure des
feuilles agitées par le vent, le bourdonnement monotone de nuées de mouches des bois est le seul bruit qui
vient troubler le silence profond de ces régions, gar-
dées par les esprits des montagnes.

L'impression produite par les formes végétales de ces
forêts vierges n'en est que plus profonde; ces troncs

noueux, enchevêtrés dans un désordre sauvage, ces
branches pointues auxquelles pendent les barbes, longues de plusieurs pieds, des mousses et des lichens d'un
rouge jaunâtre, ce manteau vert de plantes grimpantes,
qui, des larges épaules de ces géants, traîne jusqu'à
terre, tout cela est étrange et grandiose. Souvent tandis
qu'à la partie inférieure du tronc s'enroulent des orchidées parasites aux fleurs parfumées, tantôt blanches,
tantôt bariolées, des gerbes exubérantes d'autres fleurs,
aux couleurs éclatantes, appartenant à des plantes
parasites de diverses familles, couronnent la cime verte
et sombre de l'arbre. Les gracieuses Bambusées (*Arun-
dinaria debilis*), disposées en spirales, constituent une
décoration toute spéciale de ces forêts. Leurs tiges
creuses, sveltes et minces, grimpent haut sur les arbres,
aux branches desquelles elles restent suspendues perpendiculairement, comme des ampoules, avec leurs
pousses de feuilles en touffes d'un vert tendre, d'un si
charmant effet. Mais ici, de même que partout dans les
hautes terres de Ceylan, l'ornement vraiment incomparable du paysage, cé sont les roses des alpes arborescentes (*Rhododendron arboreum*), avec leurs bouquets
gigantesques de fleurs d'un rouge vif, de toute beauté.
Ensuite, parmi les arbres les plus répandus de ces
régions, il faut compter les lauriers et les myrtes, en
particulier les *Eugenias*, puis les rubiacées et les terns-
trœmiacées. En revanche, les arbres propres à nos
forêts, en particulier les conifères, n'existent guère ici.
Cette famille végétale si importante fait complètement
défaut à Ceylan.

C'est du sommet du Totapella-Pik, dont nous fîmes l'ascension le 22 février, par un temps magnifique, que l'on découvre le panorama alpestre le plus vaste et le plus beau, dont nous ayons joui durant nos excursions de Horton-Plain. Ce pic d'une altitude de 7,800 pieds, est situé près du bord oriental du plateau. De sa cime peu boisée et qu'embellissent de superbes mélastomées rouges (*Osbeckia buxiifolia*), on jouit de tous les côtés d'une vue étendue : au nord, les montagnes de Nurellia, de Pédura et de Hakgalla ; à l'est, le pays accidenté de Badula et le pic de Namuna ; au sud, la muraille rocheuse, qui termine le « Bout-du-Monde », enfin à l'ouest le pic d'Adam. Si l'ascension de cette belle cime est possible, c'est grâce aux chemins frayés par les éléphants ; partout où ils manquaient, nos coolies étaient obligés de nous ouvrir, la hache à la main, un passage à travers l'inextricable enchevêtrement des broussailles.

Enfin, le 24 février, nous voilà au « Bout-du-Monde » proprement dit, « World's End », à cet endroit si célèbre quoique rarement visité où, pareil à un mur gigantesque de 5,000 pieds d'altitude, le versant méridional des hautes terres manque subitement sous vos pieds et descend presque verticalement vers les terres basses. L'impression est d'autant plus saisissante qu'on s'y attend moins : c'est en débouchant des profondeurs de la forêt où l'on a marché durant deux heures, que l'on trouve brusquement l'abîme à ses pieds. En bas, sur le tapis de velours vert de la vallée, les fleuves scintillent comme de minces filets d'argent et à l'aide d'une longue vue on distingue par-ci par-là le bungalow de quelque plantation isolée. De la terrasse supérieure de la gorge, dans un cadre admirable de fougères arborescentes, se précipitent des cascades, qui, comme le « Staubbach » de la vallée de Lauterbrunnen, vont se dissoudre en un nuage de poussière avant d'atteindre le fond de la gorge.

C'est en cet endroit le plus sauvage et le plus grandiose de Ceylan que pour la première et la dernière fois de ma vie, j'aperçus des éléphants en liberté. J'en avais vu seulement durant la battue à Lambugama, quand on chassait ces animaux dans la direction du corral. Ici mon attention fut attirée tout d'abord par un bruit de branches brisées, partant du fourré, à cinquante ou soixante pas tout au plus du petit plateau de rochers s'avançant en saillie où je me tenais. Regardant attentivement le point d'où partait le bruit, je découvris dans les massifs verts qui s'agitaient, une troupe d'éléphants composée de dix à douze têtes, et en train de se régaler paisiblement de *nillu*. A l'exception des têtes et des trompes en mouvement, occupées à incliner et à briser les branches, on ne distinguait presque point le corps de ces animaux. Après avoir joui à mon aise de ce spectacle si rare, comme dans l'endroit où j'étais, je me trouvais en parfaite sécurité, je lâchai contre ceux des colosses qui étaient le plus rapprochés, deux coups de feu, naturellement sans en blesser un seul, mon fusil à deux coups n'étant chargé que de chevrotines. Des sons, pareils au bruit d'une trompette, que l'éléphant pousse d'ordinaire quand il est effrayé, un craquement précipité de branches et de buissons, que les puissantes bêtes faisaient plier comme des roseaux, furent la réponse à mon agression et au bout de quelques minutes la troupe entière avait disparu derrière la saillie d'un rocher.

Comme le « Bout-du-Monde » devait être aussi le terme de notre expédition alpestre, nous prîmes de là un sentier rapide, qui descendait en décrivant mille lacets à travers d'admirables gorges boisées et au bout de cinq heures nous atteignîmes Nonpareil, la plantation de café la plus voisine, une espèce d'avant-poste perdu dans le désert. Cette plantation appartenait au capitaine Bayley, l'homme entreprenant et hardi, dont j'avais admiré à Punto-Galla le somptueux petit Miramar ; nous trouvâmes auprès de son fils, qui gérait la plantation, l'accueil le plus cordial. Nous avions projeté de poursuivre notre route dans l'après-midi du même jour, afin de pousser jusqu'à Billahuloya, premier village sur la route qui mène à la vallée ; mais vers les quatre heures, au moment où après un excellent repas, nous nous disposions à partir, une violente pluie d'orage nous obligea à accepter l'invitation pressante de notre hôte et à coucher chez lui.

Mais à cinq heures l'averse était finie et une soirée superbe nous permit de visiter la vaste plantation modèle et de nous promener dans les gorges pittoresques qui l'entourent. Partout, le long des murailles rocheuses et abruptes, tombaient de petites cascades, nées de l'averse que nous venions d'essuyer. Rafraîchie par l'ondée, la végétation luxuriante de l'étroite gorge

brillait d'un éclat plein de fraîcheur ; on ne pouvait
surtout se lasser d'admirer les magnifiques guirlandes
de plantes grimpantes, suspendues comme de vertes
couronnes aux gigantesques rameaux des arbres. Des
singes agiles déployaient leurs talents de gymnastes
en grimpant lestement sur ces derniers. Les magnifiques fougères arborescentes (*Alsophila*), ces palmiers
des gorges alpestres de Ceylan, excitaient surtout notre
admiration. Leurs gracieux panaches ombelliformes,
composés d'éventails gigantesques, et pourtant d'une
délicatesse infinie et du plus beau vert tendre, supportés
par des troncs sveltes et noirs de 20 ou 30 pieds de
haut, forment au-dessus des cascades écumantes le plus
splendide dôme de verdure que l'on puisse imaginer.
Quelques-uns de ces arbres atteignent même à la hauteur inouïe de 45 à 50 pieds. Ce fut pour la dernière
fois que ces fougères gigantesques s'offrirent à ma
vue ; celles que je trouvai encore en descendant, au
bord des ruisseaux, avaient des proportions beaucoup
plus modestes, et plus tard, à mesure que l'on avance
davantage vers les terres basses, elles disparaissent
tout à fait.

XIX

Le fleuve Noir.

Tout plein des impressions grandioses que je rem-
portais de cette course à travers les hautes terres, ce
fut au « Bout-du-Monde » que je dis un dernier adieu
aux montagnes de Ceylan, et le 25 février, je descendis
de Nonpareil à Billahul-Oya, premier village que l'on
trouve en se dirigeant vers la vallée. Ce village est déjà
sur la « grande route du café », c'est-à-dire sur le
chemin par lequel les produits des districts caféiers
sont transportés du sud-est du pays de Badula à Ratnapura. Sur son parcours, on rencontre sans cesse de
grands chariots à bœufs, qui descendent chargés de
sacs de café ou remontent avec les mille objets nécessaires aux planteurs. Près de Ratnapura, le Kalu-Ganga,
le grand « fleuve Noir » de Ceylan, devient navigable.
On y charge le café sur de grands bateaux, qui descendent le fleuve jusqu'à son embouchure, à Caltura, d'où
enfin le chemin de fer le transporte à Colombo.

C'est cette route suivie par les convois de café et que
mon ami lui-même ne connaissait pas encore, que nous
avions choisie, Trimen et moi, pour notre retour à
Colombo. Un char à bœufs devait nous mener jusqu'à
Ratnapura; de là, nous descendrions en bateau le « fleuve
Noir » jusqu'à Caltura, où nous prendrions le train jus-

qu'à Colombo. Ce voyage fut charmant, les deux journées si intéressantes que nous passâmes en chariot et, plus encore, la descente du fleuve nous offrirent une série de tableaux pittoresques et furent le digne couronnement de notre excursion alpestre.

Le petit village Billa-Hul-Oya (textuellement « ruisseau de l'offrande aux flambeaux ») tire son nom d'un superbe torrent alpestre qui, du fond d'une gorge grandiose, formée par le versant méridional des montagnes, se précipite ici en cascade écumante et se réunit à un petit ruisseau arrivant directement du « Bout-du-Monde », ainsi qu'à quelques autres cours d'eau de la montagne. Les lits étroits et rocailleux de ces torrents sauvages ont pour cadre la végétation la plus luxuriante, et au-dessus d'eux se dressent vers le ciel de gigantesques murs de rochers, taillés à pic, qui donnent à la vallée ouverte vers l'ouest un caractère de sauvage grandeur. En descendant de Nonpareil nous avions été si frappés par la beauté de ce paysage, que nous nous décidâmes à passer deux jours dans ces lieux admirables. La « rest-house » du village est fort pittoresquement située à l'ombre d'énormes tamarins, près d'un pont en pierre jeté sur le torrent et pour fond de tableau on a le majestueux amphithéâtre des rochers du « Bout-du-Monde ». La nourriture dans la confortable petite « rest-house » était fort passable, ou peut-être tout nous paraissait-il bon après les privations auxquelles il avait fallu se résigner dans la hutte en pierre de Horton-Plain. C'est à Billa-Hul-Oya, que nous donnâmes la clef des champs à notre caravane de

25

coolies et gardâmes seulement deux serviteurs, qui devaient nous accompagner jusqu'à Caltura. Les coolies retournèrent à Kandy et à Nurellia par la route la plus courte, celle du pic d'Adam.

Pendant que, ravi de la découverte de quelques nouvelles espèces végétales intéressantes, le docteur Trimen se livrait à l'étude de la riche flore des environs de Billahul-Oya, je visitai seul quelques-unes des jolies vallées de l'endroit et j'enrichis mon album d'esquisses nouvelles. Que je regrettai de ne pouvoir passer quelques semaines, au lieu de quelques jours, dans ces lieux enchanteurs ! Car nulle part la végétation des tropiques, que j'admirais pourtant depuis trois mois, ne m'avait paru s'épanouir avec tant de sève et d'exubérance qu'elle le faisait ici, au pied du versant méridional du massif central des hautes terres. Comme en ce lieu rien n'entrave l'action du soleil brûlant des tropiques, tandis que d'un autre côté la température baisse fréquemment sur les montagnes voisines, l'effet combiné de la chaleur et de l'humidité donne à la végétation un essor grandiose et puissant qui, peut-être, n'est dépassé sur aucun autre point du globe. Durant mes longues promenades au bord des torrents et mes explorations des gorges rocheuses et profondes, il m'arriva plus d'une fois de découvrir de vraies merveilles végétales, surpassant tout ce que j'avais vu dans la flore de Ceylan. Les plantes parasites et grimpantes excitaient surtout ma vive admiration. De même que chez nous les sarments délicats et flexibles de la clématite, minces comme des ficelles, serpentent en fes-

tons autour des hêtres et des sapins élancés, ici, des
troncs puissants, large d'un pied, s'enroulent comme
une écorce tordue autour des troncs sveltes et droits
d'autres géants végétaux qui, eux, s'élèvent parfois à
plus de 100 pieds. De la cime des hauts terminaliens et
des dilléniens retombe à terre un riche manteau de
verdure, composé d'un véritable réseau de lianes
entrelacées et émaillé d'une telle profusion de fleurs
d'un jaune d'or que la cime de l'arbre en est toute
parsemée, au point de faire croire que c'est l'arbre
lui-même qui est en floraison. Parmi ces parasites,
incontestablement le plus majestueux de tous est le
célèbre « Maha-Pus-Wael » le « grand grimpeur creux »
(*Entada Pursaetha*); ses gousses mûres ont bien
5 pieds de long et un demi-pied de large et les belles
fèves brunes qu'elles contiennent sont d'une telle
grosseur que les Cingalais les creusent et s'en servent
en guise de gobelets.

Cette végétation des jungles avec ses milliers de
parasites, ne l'emporte pas en splendeur sur la flore
qui partout au bord des torrents écumants tapisse les
rochers. On est frappé tout d'abord par les charmantes
fougères dont les feuilles délicatement pennées, ont
parfois de 10 à 12 pieds de longueur; ensuite viennent
les balsaminées, les aroïdées, les amomées aux fleurs
magnifiques. Mais l'ornement le plus gracieux des torrents, c'est une petite espèce de pandanus (*P. humilis?*),
de palmier nain, que l'on voit croître à profusion entre
les pierres du torrent. Au-dessus des rives bordées de
broussailles, les lianes forment un tissu si serré, si im-

pénétrable, qu'on ne peut avancer qu'en marchant dans le lit même du ruisseau. On y a parfois de l'eau jusqu'à la ceinture, mais par une température de 22 à 24° R. ce bain prolongé est fort agréable et tout à fait vivifiant.

L'excursion que j'entrepris au principal torrent de la vallée offrit des difficultés un peu plus sérieuses. Ce torrent, un des affluents les plus considérables du « fleuve Noir », est composé lui-même de la réunion de quantité de petits ruisseaux. A cause des pluies abondantes tombées les jours précédents dans les hautes terres, les eaux du ruisseau avaient crû considérablement et formaient une série de belles cascades ; avec un bruit formidable les masses d'eau écumante se précipitaient sur les énormes blocs de granit. Ici, il ne pouvait être question de s'aventurer dans le torrent lui-même et pour le traverser je fus forcé d'utiliser les troncs d'arbres jetés d'un bord à l'autre en guise de ponts. Aujourd'hui encore je ressens un léger frisson de terreur au souvenir d'un pont improvisé de ce genre, jeté au-dessus d'une chute d'eau mugissante, à la distance d'une heure de Billahul-Oya. C'était au retour d'une excursion lointaine ; il se faisait tard et pour atteindre la rive opposée avant la tombée de la nuit, je dus me décider à tenter cette périlleuse traversée. Au moment même ou j'étais au beau milieu du torrent qui grondait à mes pieds, pendant que j'avançais lentement et avec toute la circonspection requise sur mon mince tronc d'arbre, le voilà qui se met à vaciller de telle façon que je jugeai prudent d'abandonner ma position verticale, de me baisser et de faire le reste de la traversée à califourchon. Je l'avoue, je ne respirai librement qu'après avoir, grâce à mes talents gymnastiques, réussi à atteindre la rive opposée. J'eus en outre le plaisir de patauger encore une bonne demi-heure dans l'obscurité à travers des champs de riz inondés. Quand enfin j'arrivai à la « rest-house » les vêtements couverts de boue, de longs filets de sang qui rayaient mon pantalon me prouvèrent que les détestables sangsues avaient fait leur œuvre et réellement je dus arracher de mes jambes plusieurs douzaines de ces petites bêtes. Ce terrible fléau, heureusement inconnu dans les hautes terres, recommence à sévir dans ces vallées chaudes et humides. Nulle part à Ceylan je n'en avais vu en telle quantité que dans les bois et les gorges admirables de Billahul-Oya.

Notre voyage en chariot à bœufs de Billahul-Oya à Ratnapura dura deux jours entiers et comme il était nécessaire de faire faire halte à nos bêtes dans les heures chaudes de la journée, il fallait partir dès les quatre heures du matin. Dans ces vallées, la fraîcheur délicieuse de l'air pur du matin, l'éclat incomparable des étoiles brillant sur l'azur foncé du firmament avaient quelque chose de si enivrant que, pour en jouir davantage, nous marchâmes pendant de longues heures à côté de nos robustes zébus, qui traînaient lentement la petite voiture à deux roues. Enfin, l'ardeur toujours croissante du soleil nous força à chercher un abri sous le toit de la voiture fait de nattes de palmiers et où il y avait place pour six ou huit personnes. Nous pouvions donc nous y étendre assez confortablement sur

des nattes, quoique à la longue les cahots de la char-
rette sans ressorts fussent assez pénibles.

Tout le long de ce trajet le paysage est d'une grande
beauté. Durant quelque temps encore, la route court
sur le versant méridional des hautes terres, dont les
gigantesques murs de rochers dominent de bien haut
les chaînes plus basses des montagnes boisées du premier plan. La florissante plaine, qui se déroule toujours
plus vaste à leurs pieds, est couverte de champs de riz,
de plantations de maïs, de cassave, de bananes et d'autres plantes utiles. De charmants bouquets de bois,
disséminés parmi ces plantations, de loin en loin un
village pittoresque, une chute d'eau formée par le torrent toujours grossissant, mettent de la variété dans ce
gracieux tableau, auquel les perroquets et les singes
perchés sur les arbres, les buffles et les hérons disséminés dans les prairies, les alcyons et les grues peuplant les eaux des torrents donnent la vie et le mouvement. Sur la route on rencontre sans cesse des Cingalais, tantôt à pied, tantôt dans leurs chariots à bœufs.

Le premier jour de notre voyage, après un trajet de
huit heures, que la chaleur rendait très fatigant, nous
fîmes halte à midi à Madula, petit village fort pittoresquement situé dans une gorge étroite et boisée. Un
bain dans le torrent voisin, qui roulait de la montagne, me rafraîchit délicieusement; la jouissance de
ce bain ne fut que légèrement troublée par l'agression
de petits poissons (*Cyprinodontes*) attaquant furieu-
sement, en masses serrées, l'intrus qui se permettait
de les déranger. A mon vif regret je ne réussis point à

m'emparer d'un seul de ces agiles petits brigands,
quoiqu'ils quittassent sans cesse leurs cachettes dans
les rochers et cherchassent bravement à me mordre
avec leur petite bouche. Après le repas, je descendis à
quatre pattes dans le lit pierreux du torrent principal,
dont les rivages rocheux et abrupts sont ornés d'un
beau bois de haute futaie, avec sa décoration splendide de plantes grimpantes capricieusement emmêlées.
Semblables à des ponts suspendus en cordages, les
énormes troncs de la vigne sauvage (*Vitis indica?*) pro-
jetaient leurs arches hardies d'un rivage à l'autre et ce
fut un charmant spectacle que de voir une troupe de
singes, effarouchés par mon approche, traverser lestement ces ponts en lianes, en poussant de grands cris.
M'aidant des mains, je rampai encore durant quelque
temps sur les rochers glissants du torrent écumeux et
j'arrivai ainsi à l'endroit où deux arbres gigantesques
(*Terminaliens?*), chargés de guirlandes et de festons
de lianes, se dressaient vers le ciel comme de sveltes
colonnes. Pendant que je prenais l'esquisse de ce
paysage sauvage, des nuages s'étaient amassés au ciel
et une violente tempête éclatait. Des éclairs aveuglants
sillonnaient à chaque moment le fond sombre de la
vallée boisée ; des coups répétés de tonnerre, semblables à de fortes décharges d'artillerie se succédaient
avec une violence si inouïe, qu'il me semblait voir les
énormes blocs de rochers trembler sur leurs bases.
L'averse qui suivit fut si forte, que du haut des arêtes
rocheuses l'eau se précipitait pour ainsi dire dans les
innombrables torrents et un moment je craignis de voir

mon attirail de peintre tout à fait mouillé. Heureusement le figuier, âgé de mille ans au moins, sous lequel
j'avais cherché un refuge, avait un dôme de verdure si
impénétrable, qu'à peine quelques gouttes de pluie réussirent à le percer et que sain et sauf je pus sous son
abri achever mon aquarelle.

Cette pluie torrentielle dura une heure environ.
Quand elle eut cessé et durant mon retour au logis, je
fus sur le point de faire une capture superbe : un
magnifique serpent, de plus de 6 pieds de long se laissa
tomber d'une branche ; mais il disparut prestement
entre les masses épaisses de verdure avant que j'eusse
eu le temps de lui couper la retraite à l'aide de mon
couteau de chasse. En revanche je capturai plusieurs
gigantesques araignées à dard (*Acrosoma ?*) qui éta-
laient leurs pattes minces et velues. Je réussis aussi à
abattre une couple de jolis perroquets verts, dont toute
une nuée s'envola en poussant de grands cris.

Les heures de l'après-midi, qui suivirent cette
averse, furent d'un charme incomparable. Aux rayons
du soleil victorieux, la vallée verdoyante, baignée par
la pluie, semblait couverte de diamants étincelants.
Malheureusement plus tard la pluie reprit de plus belle
et nous força à chercher un refuge sous le toit de la
carriole. Sur la route nous rencontrâmes quantité de
Cingalais : impassibles, ils marchaient sous les torrents
de pluie, uniquement préoccupés de garantir contre
l'humidité leur coiffure et leur peigne, et à cet effet ils
tenaient étendue au-dessus de leur tête une feuille de
caladium. Il était bien tard dans la soirée, quand nous

arrivâmes au grand village de Pelmadula, pittoresquement situé et où nous couchâmes.

Depuis Pelmadula, le pays devient plus ouvert et
plus plat. Les puissants massifs des hautes terres proprement dites reculent à l'arrière-plan; des rangées de
montagnes plus basses leur succèdent. Parmi les pics
élevés et lointains dominant tous ses voisins, se dresse
le pic d'Adam; mais du côté sud où nous sommes, il
est loin de faire un effet aussi grandiose que du côté
est ou nord. La végétation à son tour revêt de plus en
plus le caractère propre à toute la partie sud-ouest de
l'île. De nouveau l'œil est charmé par la beauté élégante
des palmiers, qui font complètement défaut aux hautes
terres.

Étant partis de Pelmadula le 28 février, de très
grand matin, nous fûmes dès midi à Ratnapura; le
temps était beau et nous avions encore quelques heures
à notre disposition pour visiter la ville et ses environs.
Ces derniers sont charmants : la vallée qui s'élargit ici
en une vaste plaine verdoyante, que des montagnes
encadrent de toutes parts, est très bien cultivée. En
revanche, Ratnapura par elle-même ne présente rien
de bien intéressant et si son nom de « Ville aux pierres
précieuses » éveillait des idées de magnificence et de
grandeur, on se préparerait une vive déception. Ce nom
sonore lui vient des pierres précieuses, qui depuis des
siècles font la richesse vantée du pays et que l'on
trouve parmi les galets des ruisseaux et des torrents,
aussi bien que dans le sol marécageux des vallées.
Aujourd'hui encore, Ratnapura possède des mines de

pierres précieuses très célèbres, mais dont le produit
est pourtant loin d'être aussi considérable qu'il l'était
autrefois. Dans la ville, il y a quelques boutiques où
l'on vend de ces pierres et beaucoup d'Indo-Arabes
(*Moormen*) sont occupés à les travailler et à les ciseler.
Pourtant les imitations artificielles commencent même
ici à envahir le marché et il est probable que de nos
jours on vend à Ratnapura (aussi bien qu'à Colombo et
à Punto-Galla) beaucoup plus de cristaux taillés, importés d'Europe, que de vraies pierres précieuses
extraites dans le pays. L'art de l'imitation est aujour-
d'hui poussé si loin, que les minéralogistes et les
joailliers de profession eux-mêmes, ont besoin de se
livrer parfois à une analyse chimique et physique des
plus minutieuses, pour pouvoir distinguer les pierres
fausses des pierres vraies.

Au centre de Ratnapura, sur la rive droite (septentrionale) du fleuve Noir, se trouve une jolie fontaine,
ombragée par de magnifiques et vieux tamarins. A l'est,
sur une colline, s'élève l'ancien fort hollandais, dont
les vastes bâtiments sont aujourd'hui utilisés pour les
tribunaux et pour les bureaux de l'administration. Au
pied de la colline se trouve le marché, c'est-à-dire une
double rangée de huttes à un étage, où les comestibles,
les épices et les ustensiles de ménage s'entassent dans
les boutiques à côté des pierres précieuses. Quelques
huttes groupées le long du rivage et dans la vallée,
verdoyante elle-même comme un beau parc; des bungalows appartenant à des employés européens et entourés de jolis jardins, voilà ce qui, avec le marché et

le Fort, constitue la « Ville aux pierres précieuses ».

Le 1er mars nous commençâmes la descente du fleuve Noir, du Kalu-Ganga, qui ne devient navigable qu'à Ratnapura. C'est après le Mahavelli-Ganga (qui coule à l'est et à son embouchure à Trinkomalie), le fleuve le plus grand, le plus majestueux et le plus beau de Ceylan, quoique le Kélany-Ganga, qui se jette dans la mer à Colombo, soit bien près de l'égaler. Le port de la ville, c'est-à-dire l'endroit où le fleuve commence à être navigable et où sont amarrées quantité de barques, se trouve dans le voisinage même de la « rest-house ». La plupart de ces canots transportent à Caltura les convois de café arrivés des districts de l'est et ils remontent le fleuve à vide ou à peu près, ne portant qu'une légère charge d'articles d'importation. Ces bâtiments de transport sont, soit des canots doubles, composés de deux troncs d'arbres creusés et parallèles, solidement réunis par des poutres transversales soutenant un plancher, soit des barques sans quille, à fond large et plat. L'avant et l'arrière de ces bateaux sont construits de la même façon. Ils sont toujours surmontés d'un large toit confortable en nattes de palmier ou de pandang, nattes supportées par des pieux en bambou et l'espace contenu sous ce toit est assez vaste pour loger huit à dix personnes sur les petits bateaux, vingt à trente sur les grands. Sur ces derniers, on établit parfois des compartiments séparés à l'aide de cloisons en nattes. Quant à nous, notre choix tomba sur un petit canot double à quatre rameurs.

Lorsque les eaux du fleuve sont hautes et le temps

favorable, la navigation tout entière depuis Ratnapura jusqu'à l'embouchure du fleuve à Caltura, peut être effectuée en un jour, tandis que par un mauvais temps et quand les eaux sont basses, il faut y mettre deux ou même quatre jours. Grâce aux pluies abondantes tombées récemment, il y avait eu une crue si rapide, que nous bénéficiâmes de l'avantage des hautes eaux et pûmes faire le trajet en dix-huit heures. Partis de Ratnapura à six heures du matin, nous étions à minuit à Caltura. Pour ma part, je déplorais beaucoup la rapidité de cette navigation, car presque partout sur le parcours, le paysage était si beau, que volontiers j'aurais dépensé le double et même le triple de ce temps pour en jouir à mon aise.

Une journée admirable favorisa notre voyage et je n'oublierai jamais cette série de tableaux splendides défilant devant nous comme dans une lanterne magique. Confortablement étendus sur des nattes de palmier, garantis contre l'ardeur brûlante du soleil par le toit en saillie, mon ami Trimen et moi nous occupions l'avant de l'embarcation, tandis que nos serviteurs et nos bateliers se casaient au centre et à l'arrière. C'est ainsi que nous expédiâmes nos repas peu compliqués, dont le thé, le riz avec du curry, les bananes et les noix de coco firent tous les frais. Quelques boîtes de conserves et des tablettes de chocolat, que nous avions toujours réservées pour plus tard, servirent de régal.

Ce sont les épaisses masses de sombre verdure encadrant les bords du fleuve et se réfiétant dans le noir miroir de ses eaux, qui ont valu au Kalu-Ganga le

surnom de « fleuve Noir ». L'eau est d'un vert
sombre ou d'un brun noirâtre, quand le fleuve est
bas, mais elle devient d'un jaune brun tirant sur le
rouge brun lors de la crue, à cause de l'énorme quantité d'argile jaune ou rouge, que les pluies y charrient.
Les bords rocheux et escarpés, les énormes pierres
groupées de diverses façons, les branches touffues et
les troncs d'arbres déracinés suspendus au-dessus de
l'eau, offrent au paysagiste un premier plan ravissant
pour des esquisses. Au fond, les belles formes des
montagnes, dont les cimes noyées dans la brume
bleuâtre, semblent beaucoup plus élevées qu'elles ne le
sont en réalité.

La plus grande partie des rives du « fleuve Noir » est
couverte d'épaisses forêts, composées surtout d'ara-
liens, de terminaliens, de dilléniens, de bombacées, de
rubiacées, d'urticées, etc. Les masses sombres de ces
feuillages sont égayées de la façon la plus charmante
par la verdure légère et claire du bambou. Le tronc
creux de ce dernier, d'un jaune orange, haut de 40 à
50 pieds, forme des buissons épais, dont les gracieux
panaches, pareils à de gigantesques touffes de plumes
d'autruche, se balancent au-dessus du fleuve, s'inclinant au souffle de la brise. Mais des cocotiers et des
arécas, des talipots et des palmiers-kittul, de loin en
loin une plantation de bananiers et de manioc dénon-
cent aux yeux la présence de l'homme derrière ce
cadre de végétation exubérante et disent clairement
que les rives du fleuve sont bien loin d'être aussi sauvages et désertes que semble l'indiquer l'aspect de leurs

forêts impénétrables. Quelquefois même, une hutte cingalaise apparaît toute solitaire sur quelque cap rocheux et plus rarement encore la blanche coupole d'une dagoba indique au voyageur le voisinage de quelque petit village.

La vie animale contribue aussi à animer et à varier de mille manières les délicieuses rives qui fuyaient devant nous. Dans le voisinage des huttes cingalaises on aperçoit des cochons noirs domestiques, se pressant sur la rive et fouillant la terre entre les racines des arbres. De grands buffles noirs, dont à peine on voit surgir la tête au-dessus de l'eau, ruminent dans la vase sur les bancs de sable ou dans les marécages des rives. Là où nous longions de vastes espaces boisés, des troupes de singes noirs faisaient briller leurs talents de gymnastes en gambadant lestement de la cime d'un arbre à celle d'un autre, tout en poussant de grands cris. De loin en loin surgit un figuier géant, dont les branches hautes et dénudées ploient sous des tas de roussettes. Sur les rameaux baignant dans l'eau se tiennent de magnifiques alcyons, au plumage d'un vert bleuâtre et quand un poisson passe à leur portée, vite ils font un plongeon pour fondre sur leur proie ; sur les bancs de sable et dans la vase du rivage, des bécasses, des hérons, des râles d'eau et d'autres échassiers sont occupés à pêcher. Les cimes des arbres sont animées par des nuées de perroquets verts et rouges. Le ravissant « oiseau de paradis de Ceylan » se montre aussi de temps en temps. Autrefois, dans le fleuve, on rencontrait souvent des crocodiles ; mais aujourd'hui ils sont refoulés par la circulation toujours croissante des barques sillonnant les eaux. A leur place, de gigantesques lézards verts (les *Cabra-Goya*) se chauffent au soleil dans le courant. Les grandes tortues des rivières, qui déposent leurs œufs sur les bancs de sable de la rive, ne manquent pas non plus. Quant aux poissons, l'eau sombre et peu transparente du fleuve n'en laisse guère voir, quoi qu'il soit certain que les siluroïdes et les cyprinoïdes doivent y abonder. De loin en loin, quelque Cingalais solitaire pêche à la ligne ou avec le filet. Parmi les insectes, on remarque de grands papillons aux couleurs magnifiques et des libellules d'eau aux reflets métalliques. Les mouches-piqueuses et les moustiques, véritable fléau dans d'autres saisons, ne nous incommodèrent pas trop durant notre navigation.

L'épisode le plus intéressant de ce charmant voyage, ce fut le dangereux passage des courants ou « rapides », qui constituent, à peu près vers le milieu de la route entre Ratnapura et Caltura, un obstacle sérieux et redouté de la navigation sur le fleuve Noir. Dans cet endroit les eaux du Kalu-Ganga se frayent avec violence leur chemin à travers les barres rocheuses et transversales de son lit; de leur côté, les rivages escarpés se rétrécissent et les eaux refoulées et écumantes s'engouffrent, avec un mugissement formidable, dans les passes étroites formées par les rochers; sur un court espace la chute est assez considérable. A l'endroit le plus dangereux on déchargea complètement notre bateau et on transporta tous les objets à une certaine distance le long de la rive; nous-mêmes nous escaladâmes d'énormes blocs granitiques, qui se trouvaient dans la partie inférieure des rapides. Quelques indigènes, dont le métier consiste à faire descendre et remonter les canots vides sur les eaux écumantes, y stationnent continuellement. Une demi-douzaine de ces derniers, parmi lesquels je remarquai un Tamil noir, espèce de géant de 6 pieds de haut, taillé en hercule, se jetèrent avec de grands cris dans les eaux écumantes et dirigeant avec dextérité notre canot à travers l'étroit défilé, réussirent à le lui faire franchir sans qu'il se heurtât nulle part aux anfractuosités du roc.

Quelques heures en aval des rapides, le lit du fleuve s'élargit et ses eaux coulent paisiblement dans la plaine du pays côtier de l'ouest. La déclivité du terrain y devenant bientôt très faible, nos bateliers ne tardèrent pas à hisser une grande voile carrée, qui permit à la douce brise du soir de faciliter le travail des rames. Quand la nuit arriva, la lune dans son plein versa sa douce lumière sur la vaste nappe des eaux et argenta de ses rayons les hautes cimes des arbres. Ici, dans la partie inférieure de son cours, le fleuve Noir ne paraît pas moins majestueux que le Rhin à Cologne. La voix de la grenouille verte, semblable à une clochette, le clapotement monotone de l'eau agitée par les rames, le cri mélancolique du hibou ou le glapissement d'un singe troublaient seuls le silence profond de la nuit. La nature entière était plongée dans le sommeil, quand, à minuit passé, nous débarquâmes à Caltura.

XX

En route pour la patrie à travers l'Égypte.

Avec la magnifique excursion dans les hautes terres, dont la navigation sur le fleuve Noir fut le digne couronnement, le programme de tout ce que j'avais projeté de voir dans la merveilleuse île de Ceylan, se trouvait rempli au moins dans ses traits essentiels. Il fallait songer au retour dans la patrie. Je serais allé encore bien volontiers visiter l'intéressante ville de Trinkomalie, riche surtout sous le rapport zoologique, ainsi que les célèbres cités en ruines du nord de l'île, Anaradjahpura et Pollanarua. Mais mon congé de six mois allait bientôt expirer; le bateau du Lloyd qui pouvait encore m'amener à temps en Europe quittait Colombo le 11 mars. D'ailleurs, pourquoi ne l'avouerai-je pas : en dépit de toutes les jouissances que je goûtais à Ceylan, le mal du pays commençait à se faire sentir et à mesure que le temps marchait, le retour dans la patrie aimée se présentait sous un jour de plus en plus attrayant.

Aussi, à peine revenu à Colombo, je commençai à emballer le reste de mes collections et à faire mes préparatifs de départ. Notons encore une charmante excursion faite avec le Dr Trimen à Henerakgodde, autre succursale du jardin de Péradénia ; située dans la partie la plus chaude et la plus humide des basses-terres, celle-ci est exclusivement consacrée à la culture des plantes qui réclament le degré le plus élevé du climat tropical. Les superbes spécimens de géants végétaux, les palmiers, les lianes, les fougères, les orchidées, etc., qui s'y offrirent à ma vue, surpassaient tout ce que j'avais vu jusque-là. Ensuite une couple de jours s'écoula fort agréablement dans la délicieuse « villa des arbres du temple », en compagnie de l'excellent vieux M. Staniforth Green et de son neveu ; je me souviens surtout avec plaisir d'une promenade en canot faite ensemble par un beau soir, sur le miroir tranquille du lac, dans les jardins de cannelle. Je consacrai avec fruit une autre couple de jours à l'étude du Musée de Colombo, dont le directeur, le Dr Haly, en ce moment de retour, me fit admirer les richesses. Enfin, je fis mes visites d'adieu aux Anglais, qui m'avaient prêté en toute occasion un concours précieux durant mon séjour à Ceylan. Le jour même de mon départ, M. William Ferguson enrichit mes collections de plusieurs superbes spécimens de la gigantesque grenouille tigrée (*Rana tigrina*) et de quelques autres amphibies et l'ami Both couronna la série de ses largesses zoologiques en me faisant don d'un pangolin adulte, énorme animal à écaille, redouté des superstitieux Cingalais et qui seul représente dans l'île l'ordre des édentés (*Manis brachyura*). Faire passer de vie à trépas cet animal à la vie dure, ne fût pas une tâche facile ; on eut beau le pendre, lui ouvrir le ventre, lui faire une injection d'acide phénique, rien n'y faisait. Enfin une forte dose de cyanure de potassium en eut raison.

Tous les moments que je pouvais ravir à l'ennuyeuse affaire de l'emballage, je les consacrais à mon cher Whist-Bungalow, dont je photographiai encore quelques beaux points de vue. C'est, naturellement, avec une vraie tristesse que je dis adieu à ce charmant paradis et aux aimables compatriotes qui m'y avaient offert une si cordiale hospitalité. J'éprouvai alors dans toute sa vivacité l'émotion pénible que l'on ressent chaque fois que l'on quitte quelque endroit aimé du globe. Mais l'idée de ce qui m'attendait dans un avenir prochain, l'idée du retour dans la patrie, venait adoucir considérablement la mélancolie de ces adieux. Sous les tropiques ces mots « retour dans la patrie », sonnent aux oreilles de l'Européen tout autrement qu'en n'importe quel point de l'Europe. Le sentiment de celui qui s'en revient sain et sauf chez lui après un voyage sous les tropiques, mené à bonne fin et riche en résultats, ne peut se comparer qu'à celui d'un soldat s'en retournant dans ses foyers après une campagne victorieuse. Je pouvais vraiment me féliciter comme d'une bonne chance exceptionnelle de ce que durant mon séjour de cinq mois sous les tropiques, je n'avais pas été malade un seul jour, cela en dépit des fatigues, des dépenses de force considérables, et en outre d'être toujours sorti sain et sauf de toute espèce de danger.

Mais cette bonne chance, cette force de résistance pouvaient bien avoir des limites et un instinct confus

me disait que je n'étais pas bien éloigné d'y toucher.
J'avais été pendant tout ce dernier temps à tel point saturé d'impressions grandioses, de tableaux merveilleux
que j'en éprouvais une certaine lassitude et comme un
besoin impérieux de repos et de retraite. Surtout
durant la dernière semaine que je passai à Colombo, au
moment où se faisait déjà sentir l'influence déprimante
du changement prochain de la mousson, je me sentis
plus abattu et plus épuisé, que je ne l'avais jamais
encore été. Je finis par aspirer à la béatitude des
semaines de repos qui m'attendaient à bord, aux loisirs paisibles et forcés, qui me permettraient de me
rendre maître de cette foule d'impressions contradic-
toires qui m'ébranlaient.

Et ces loisirs désirés, cette sensation calme d'une
journée de dimanche, je les goûtai dans toute leur plénitude à bord du beau vapeur sur lequel je m'embarquai à Colombo. Jamais je n'avais eu encore de traversée aussi belle que celle-ci, faite sur la magnifique
Aglaé, vapeur de la compagnie du Lloyd, qui en dix-
huit jours me transporta de Colombo en Égypte. Le
bateau arriva de Calcutta si lourdement chargé qu'il
plongeait jusqu'à sa ligne de flottaison et qu'à défaut de
place disponible, mes caisses furent déposées dans la
chambre des fumeurs. Même par une mer orageuse, un
bateau aussi bien lesté n'aurait présenté que peu de
prise au roulis. Mais avec le magnifique temps de printemps, le ciel sans nuages dont nous fûmes favorisés
durant toute la traversée, avec la mousson nord-est
soufflant de l'arrière comme pour activer notre marche,

le mouvement du vapeur était à peine sensible, et toute la navigation de dix jours sur l'océan Indien, de Colombo à Aden, eut l'air d'une charmante excursion de dimanche sur un lac aux eaux calmes.

A ces divers agréments de la traversée, ajoutons-en encore un bien important, une société de choix. Les cabines de première classe n'étaient occupées que par quatre voyageurs, moi compris ; c'étaient des compatriotes s'en retournant de Calcutta dans la mère-patrie et avec qui je n'eus que les plus agréables rapports. Le vieux capitaine, M. N. était bien l'homme le plus aimable du monde et par-dessus le marché un philosophe plein d'humour, réunissant dans sa personne toute la sagesse pratique de Socrate et d'Aretschi. Le beau sexe manquait complètement dans la première classe, ce qui ne contribua pas peu au confort de la traversée. Que mes lectrices me pardonnent la franchise de cet aveu. Mais le fait est, que grâce à cette absence absolue du beau sexe, nous autres voyageurs du sexe fort, aussi bien que les officiers du bord avec qui nous prenions nos repas, nous pûmes jouir de quantité de privilèges fort agréables, comme par exemple de ne pas quitter le confortable négligé indien. Point de cols empesés, point de cravates étranglant notre cou ; de commodes pantoufles indiennes de couleur jaune remplaçaient les lourdes bottines noires, et le reste du costume consistait en ces vêtements de coton blanc, si légers et si agréables, que l'on désigne dans l'Inde sous le nom de « pundjama ».

Les nuits, durant toute la traversée, furent d'une

beauté admirable. Nous dormîmes constamment sur le pont, où soufflait une brise tropicale des plus douces ; au-dessus de nos têtes, sur la sombre voûte d'un ciel sans nuages, les étoiles brillaient d'un éclat incomparable. Durant la nuit, je restais souvent de longues heures sans dormir, respirant à pleins poumons cet air frais et balsamique et savourant dans toute sa plénitude cette paix de paradis qui ne fut interrompue durant dix-huit jours ni par des lettres, ni par des épreuves à corriger, ni par les étudiants, ni par les appariteurs. Mon unique devoir alors était de contempler chaque nuit « la douce lumière de la Croix-du-Sud » ou bien de suivre, penché sur l'eau, la longue et éblouissante traînée de feu, formée de milliers de méduses, de crustacés, de salpas et d'autres animalcules phosphorescents, que la quille du bateau laissait derrière elle.

Mes journées se passaient en grande partie à coordonner, ainsi qu'à compléter mes notes de voyage et mes esquisses. Quand j'étais las d'écrire, de peindre ou de lire, j'allais errer dans la seconde classe où se trouvait installée, à la grande joie des passagers, une ménagerie indienne, composée de singes, de perroquets, de pigeons des bois et de quantité d'autres oiseaux. J'avais, en outre, ma petite ménagerie à moi, dont le sujet le plus intéressant était un prosimien de Belligemma (*Stenops gracilis*) ; les tours extraordinaires de voltige dont cet amusant petit animal nous régalait chaque soir, faisaient nos délices.

J'aurai peu de détails à donner sur cette traversée.

Ce fut le 10 mars, à deux heures de l'après-midi, que je pris congé de mes aimables hôtes de Whist-Bungalow et que je quittai Colombo. Le 12 mars, nous étions en vue des îles Maldives et rasions presque les forêts de cocotiers de l'île Minikoi, formée par des polypiers de coraux. Dans la matinée du 18, nous longions les côtes pittoresques de la grande île montagneuse de Socotora, des sommets déchiquetés de laquelle des champs de sable, blancs comme la neige et ayant tout l'aspect des glaciers, glissent dans la mer. Le soir du 20 mars, on stoppait à Aden, mais comme la quarantaine en vigueur à cause du choléra ne permettait point de communiquer avec la ville, le vapeur poursuivit presque immédiatement sa course vers la mer Rouge. Le 21 mars, nous franchissions déjà le détroit de Bab-el-Mandeb, et le 22, nous passions devant l'île de guano Geb-el-Tebir. Des nuées de cormorans noirs vinrent tournoyer autour de nos mâts. Enfin, après avoir dans la matinée du 25, doublé le cap Bérénice, sous le cercle du Cancer, et longé dans la journée du 27 les côtes de la presqu'île de Sinaï, le 28 mars, de grand matin, nous jettions l'ancre dans la rade de Suez.

Comme j'avais encore devant moi deux semaines de congé et que d'Alexandrie il y a plusieurs fois par semaine des départs pour l'Europe, je résolus de passer quatorze jours en Égypte. Le plus grand avantage de ce projet, c'était d'éviter un trop brusque changement de climat, car le passage des chaleurs torrides de l'Inde au climat froid de l'Europe septentrionale est surtout sensible à l'époque de l'année où nous nous trouvions. D'ailleurs, je l'avoue, j'étais séduit par l'idée de comparer la nature de la Basse-Égypte, qui m'avait tant frappé lors de mon premier voyage, plusieurs années auparavant, avec les impressions récentes rapportées de l'Inde. Et jamais comparaison ne fut plus intéressante, car certes il est difficile de se représenter entre deux terres également placées dans la zone chaude, un contraste plus marqué, plus complet sous tous les rapports, que celui existant entre Ceylan et l'Égypte.

Le matin du 28 mars, je quittai donc ma charmante *Aglaé* et je pris congé de mes aimables compagnons de voyage. Le jour suivant, je faisais de Suez une excursion à âne vers la « source de Moïse », oasis fort intéressante du désert arabique, située à quelques heures à l'est de l'entrée du canal de Suez.

Le 30 mars, le chemin de fer me conduisit en quelques heures de Suez au Caire, où je descendis à « l'hôtel du Nil », tenu par des Allemands pleins de cordialité. Les dix jours que je passai au Caire, « ce rêve des *Mille et une Nuits* », furent employés soit à rafraîchir les impressions de mon premier voyage en Égypte, soit à les compléter par de nouvelles excursions. Parmi ces dernières, la plus intéressante fut une longue course au désert, vers « les grandes forêts pétrifiées », course entreprise en compagnie de plusieurs compatriotes, dont l'un, Sickenberger, établi depuis longtemps au Caire en qualité de pharmacien et de botaniste, nous servait de guide. Nous partîmes du Caire le 5 avril, à six heures du matin. Tout le monde avait eu soin de se munir d'un bon âne et de provisions de bouche, l'excursion pour l'aller et le retour devant prendre une journée entière. La route qui se dirige vers l'est, traverse d'abord la remarquable ville des morts, où sont les tombeaux des califes, puis elle côtoie le versant septentrional des monts Mokattam. Au bout de quatre heures d'une course assez pénible à travers les sables du désert, nous atteignîmes le but de l'excursion. Dans ce désert aride, au milieu des collines de sable, gît pétrifiée une masse énorme de troncs majestueux, ayant de 70 à 90 pieds de long et 2 à 3 pieds de diamètre. Ces arbres appartiennent pour la plupart à une espèce d'arbre à baume (*Nicolia*) de la famille des sterculiacées. Presque tous d'un brun noir luisant ou d'un brun rougeâtre, comme recouverts de laque, ces troncs cassés en fragments de 2 à 6 pieds de long, sont les uns à demi-ensevelis sous le sable, les autres gisants à la surface du sol. Les amas les plus riches de ces pétrifications végétales se trouvent dans le voisinage du puits au charbon (*Bir-el-Fahme*), puits de 600 pieds de profondeur, que Mohamed-Ali avait fait creuser en 1840, au milieu du désert, dans l'espoir illusoire de trouver des mines de charbon.

Au retour, nous prîmes la route de Wadi-Dugla, vallée rocheuse au caractère grandiose et pittoresque, par où passent les pèlerins de la Mecque pour se rendre du Caire à Suez. C'est à travers les sinuosités de cette gorge sauvage, bordée des deux côtés par des murs de rochers presque verticaux et d'un blanc jaunâtre, que nous chevauchâmes pendant plusieurs heures, en descendant, avant de rejoindre la vallée du Nil, entre Wadi-Turra au sud et les hauteurs de Mokkatam au nord. Il était fort tard quand nous rentrâmes au Caire.

Cette excursion dans le désert arabique, qui donne très bien l'idée générale du caractère du pays, me fit toucher du doigt le contraste frappant dont j'ai parlé entre la nature de la Basse-Égypte et celle de Ceylan. Ce contraste est aussi tranché pour ce qui regarde le climat et la végétation que pour ce qui touche le caractère général du paysage et de la population. Tandis que l'ancien lit de la mer, formant de nos jours les déserts jaunâtres de l'Égypte, est très riche en belles pétrifications, indiquant qu'il appartient à une époque géologique relativement récente, la charpente rocheuse de la verdoyante Ceylan est composée de formations géologiques très anciennes et entièrement dépourvues de fossiles. Tandis qu'ici la grande sécheresse de l'atmosphère permet à peine à la vie végétale la plus maigre d'éclore, là l'humidité dont l'air est constamment saturé provoque une splendeur exubérante de sève végétale, qui n'est surpassée peut-être dans aucun autre point du globe. Les brusques abaissements de température, fort rares dans un pays, sont dans l'autre des phénomènes constants. Les oscillations quotidiennes de la température sont, on le sait, si considérables ici, qu'elles mesurent parfois jusqu'à 30° R. ; il arrive qu'une mince croûte de glace se forme la nuit dans le désert, tandis qu'à midi le thermomètre indique 35° à l'ombre et parfois monte plus haut encore. Tout au

contraire dans le climat de serre chaude humide,
qui est celui des côtes de Ceylan, les oscillations de la
température ne dépassent guère 4 ou 5° (21 à 26° R.).

Ce contraste frappant qui distingue le sol, le climat
et la végétation des deux pays, se retrouve aussi dans
les races humaines qui les peuplent. Les Arabes de
l'Égypte, si vifs et si bruyants, au caractère insolent,
importuns, arrogants, sont des mahométans fanatiques
de race hamitique ; les Cingalais de Ceylan, race douce
et calme, au naturel modeste, pacifique et même craintif,
sont des bouddhistes indolents d'origine aryenne. Tandis
que, grâce à sa situation centrale au milieu des trois
parties du vieux monde, l'Égypte a, depuis les temps
les plus reculés, joué un grand rôle dans l'histoire des
peuples, et était devenue la pomme de discorde entre
de puissantes nations, le jouet de passions indompta-
bles, le calme paradis de Ceylan est resté en dehors du
grand courant de la civilisation et son histoire politique
n'a jamais eu qu'une portée locale.

Chacun des deux pays possède un arbre, qui pourrait,
au point de vue botanique, servir de symbole à ce sin-
gulier contraste. En Égypte, comme à Ceylan, il y a
une espèce de palmier, dont l'importance économique
et sociale dépasse de beaucoup celle de tous les autres
produits du monde végétal ; pour l'Égypte ce sera le
dattier, pour Ceylan le *cocotier*. Quoique ces deux nobles dons de Flore aient une valeur presque égale et
que chacune de leurs parties soit utilisée à des usages
divers, néanmoins ces deux espèces de palmiers présentent autant de divergence dans les détails que dans

leur aspect général et le rôle qu'ils jouent dans le paysage. Le dattier est aussi indispensable dans le paysage arabe de l'Égypte, que le cocotier dans celui des terres basses de Ceylan.

L'homme du nord, qui franchit les Alpes et qui aperçoit pour la première fois le dattier en Italie, est frappé d'admiration à la vue de ce représentant de la noble famille des palmiers. Mais cette admiration ne fait que grandir, s'il avance vers le sud et pousse jusqu'en Égypte, où cet arbre croît en quantité et atteint son plein développement. Que de fois ne l'avais-je pas contemplé moi-même jadis, avec une espèce de pieux recueillement !

Mais à présent que j'avais l'imagination frappée par les formes bien plus élégantes et plus riches du cocotier de Ceylan, le dattier me fit l'effet d'un arbre presque insignifiant. Le tronc blanc, svelte et poli du cocotier, toujours gracieusement incurvé, atteint à une hauteur double de celle du tronc gros, noueux et brun de son rival africain. De même, les puissantes feuilles pennées du cocotier, frémissantes au plus léger souffle de la brise, à la couleur d'un vert jaunâtre, écrasent par leur grandeur et leur beauté les feuilles en éventail d'un vert grisâtre, roides et dures du dattier. Au point de vue du pittoresque, le premier est pour le moins aussi supérieur au second que les énormes noix de coco, grosses comme la tête d'un homme, le sont aux dattes, fruits si petits qu'à peine ils sont visibles sur l'arbre.

Durant la semaine de Pâques que je passai en Égypte, les grands troubles politiques, dont nous avons été

les témoins, commençaient déjà à projeter leur ombre.
La haine contre les Européens, fomentée par le
fanatisme des prêtres mahométans, se manifestait
sans cesse par des agressions. Moi-même, je fus
insulté à deux reprises, une fois par un derviche,
lorsque je visitais la mosquée el Abka, université du
Caire ; une autre fois par un soldat, pendant qu'assis
sur les rives du Nil, je faisais un croquis du paysage.
C'est uniquement à un heureux hasard que je dus d'é-
chapper, vers la fin de mon voyage, à une aventure
qui aurait pu mettre ma vie en péril. Peu de temps
auparavant, un peintre anglais avait été, sans aucune
provocation de sa part, attaqué et grièvement blessé
par un soldat, au moment où il dessinait les tombeaux
des califes. Dès lors, le bruit courait qu'Arabi-Pacha
fomentait systématiquement ces conflits. Toute la haine
de l'Islam contre la civilisation européenne, s'incarnait
dans le fanatisme farouche de ce soldat ambitieux. Le
gouvernement anglais aurait peut-être évité bien des
maux, si dès le commencement, il avait agi avec plus
d'énergie.

Aujourd'hui, les succès remportés par les Anglais en
Égypte sont, je le sais, considérés chez nous avec une
certaine méfiance. Je ne cacherai pas que sur cette
question, je me sépare absolument de l'opinion générale. Il me semble qu'au point de vue humanitaire,
aussi bien qu'à celui d'une politique saine et bien entendue, nous devrions plutôt nous réjouir de ces succès.
Les Égyptiens sont encore trop loin de pouvoir former
un peuple civilisé dans le sens moderne du mot, et il

n'y faut guère songer tant que l'Islam conservera son action néfaste, hostile à toute civilisation.

D'un autre côté, la situation de l'Égypte, placée au beau milieu de la grande route, entre l'Orient et l'Occident, et en particulier de la voie reliant directement l'Angleterre et l'Inde est telle, que la Grande-Bretagne, si elle veut assurer sa grandiose domination sur le monde, ne saurait se passer de la possession du canal de Suez. Or, il est certain que la domination de la race anglo-saxonne mérite l'admiration ; mieux que toutes les autres nations, les Anglais s'entendent à fonder des colonies et à les gouverner. Comme durant mon séjour à Bombay, aussi bien qu'à Colombo, j'avais pu juger par moi-même de la puissance coloniale des Anglais, mon admiration pour le génie gouvernemental de ce peuple n'avait fait qu'augmenter. C'est uniquement par une administration habile et sage, que la Grande-Bretagne arrive à gouverner un empire aussi vaste que l'Inde, avec un nombre relativement fort restreint d'employés.

Au lieu de regarder d'un œil d'envie l'agrandissement de la puissance britannique, ne vaudrait-il pas mieux nous efforcer de prendre pour modèle sa politique si sage, dont le succès tourne à l'avantage de toute l'humanité civilisée ? Si, suivant l'exemple donné par sa sœur l'Angleterre, l'Allemagne avait depuis longtemps fondé des colonies, la noble civilisation germanique aurait exercé sur le monde une action bien autrement puissante et la grandeur de notre patrie y aurait sûrement gagné.

La traversée d'Égypte à Trieste ne fut signalée par aucun incident digne d'être mentionné. Ayant quitté la rade d'Alexandrie dans la matinée du 12 avril, à bord du *Castor*, vapeur de la compagnie autrichienne du Lloyd, le matin du 18 avril, après une traversée heureuse, nous entrions dans celle de Trieste. Je n'insiste pas sur l'accueil chaleureux, que me firent mes vieux et chers amis de Trieste. De là, je me dirigeai droit à Iéna, par la voie de Vienne. Ce fut en route que j'appris la douloureuse nouvelle de la mort de mon vénéré maître et ami Charles Darwin, auquel peu de mois auparavant j'avais écris, le 12 février, du sommet du pic d'Adam, pour le féliciter à l'occasion de son soixante-treizième anniversaire.

Enfin, le 21 avril, à cinq heures de l'après-midi, j'atteignis sain et sauf ma chère vieille Iéna. Comme je n'avais annoncé mon arrivée que pour le lendemain, je causai une bien agréable surprise à ma famille. Qu'il était doux de se trouver au milieu des siens après six mois de séparation ! Ayant rendu grâce à la destinée d'avoir pu, quoique bien tard, réaliser le rêve le plus caressé de ma jeunesse, je repris le train habituel de ma vie, mais riche de tout un trésor de souvenirs, qui sera une source inépuisable de jouissances et d'études pour le reste de mes jours.

ERRATA

—

Page 73, ligne 21. — Au lieu de « feuilles *tordues* en spirale », lire « feuilles *disposées* en spirale ».

Page 129, lignes 10 et 11. — Au lieu de « quant à la classe des mammifères, elle est *en tout* représentée *dans l'île* par..... », lire « quant à la classe des mammifères, elle est *surtout* représentée par.....».

Page 206, ligne 30, et page 207, ligne 8. — Au lieu de *Bentoke,* lire *Bentotte.*

Paris. — Typographie Paul Schmidt, 5, rue Perronet.

CATALOGUE

DES

LIVRES DE FONDS

DE

C. REINWALD

Libraire-Éditeur

ET COMMISSIONNAIRE POUR L'ÉTRANGER

15, rue des Saints-Pères, 15

⸎

DIVISION DU CATALOGUE

⸎

PARIS

Mai 1883

PUBLICATIONS PÉRIODIQUES

Archives de Zoologie expérimentale et générale. Histoire naturelle. — Morphologie. — Histologie. — Évolution des animaux. Publiées sous la direction de Henri de Lacaze-Duthiers, membre de l'Institut, professeur d'anatomie et de physiologie comparée et de zoologie à la Sorbonne.

Les *Archives de Zoologie expérimentale et générale* paraissent par cahiers trimestriels. Quatre cahiers ou numéros forment un volume. Prix de l'abonnement : pour Paris, 40 fr.; pour les départements et l'étranger, 42 fr.

Premier volume, 1872; Deuxième volume, 1873; Troisième volume, 1874; Quatrième volume, 1875; Cinquième volume, 1876; Sixième volume, 1877; Septième volume, 1878; Huitième volume, 1879-1880; Neuvième volume, 1881; Dixième volume, 1882, gr. in-8° avec planches noires et color. Prix du vol. cart. 42 fr.

Le onzième volume ou 2° Série, 1er volume (année 1883) est en cours de publication. Prix de la souscription, 40 fr. pour Paris; pour les départements et l'étranger .... 42 fr.

Revue d'Anthropologie. Publiée sous la direction de M. Paul Broca, secrétaire général de la Société d'anthropologie, directeur du laboratoire d'Anthropologie de l'École des hautes études, professeur à la Faculté de médecine. 1872, 1873 et 1874. — 1re, 2e et 3e année ou vol. I, II et III. Prix de chaque volume .... 20 fr.

Pour la 4e année et les suivantes, s'adresser à M. G. Masson, éditeur.

Matériaux pour l'histoire primitive et naturelle de l'Homme. Revue mensuelle illustrée, fondée par M. G. de Mortillet, 1865 à 1868, dirigée depuis 1869 par M. Emile Cartailhac, avec le concours de MM. P. Cazalis de Fondouce (Montpellier) et E. Chantre (Lyon). Dix-septième année (2e série, tome XIII, 1882). Format in-8°, avec de nombreuses gravures. Prix de l'abonnement pour la France et l'étranger .... 15 fr.

Prix de la Collection : Tomes I à IV (années 1865-1868), tome V (ou 2e série, tome I, 1869) (*les volumes I à V ne se vendent pas séparément*) tome VI (ou 2e série, tome II, 1870-1871), 15 fr.; tome VII (ou 2e série, tome III, 1872), 15 fr.; tome VIII (ou 2e série, tome IV, 1873); 15 fr.; tome IX (ou 2e série, tome V, 1874), 15 fr.; tome X (ou 2e série, tome VI, 1875) (*le volume X ne se vend pas séparément*), tome XI (ou 2e série, tome VII, 1876). 15 fr.; tome XII (2e série, tome VIII, 1877), 15 fr.; tome XIII (2e série, tome IX, 1878), 15 fr.; tome XIV (2e série, tome X, 1879), 15 fr.; tome XV (2e série, tome XI, 1880), 15 fr.; tome XVI (2e série, tome XII, 1881), 15 fr.

La 7e livr. du tome XVII (2e série, tome XIII, 1882), vient de paraître.

Il ne reste à l'éditeur qu'un seul exemplaire de la collection des 14 premiers vol. reliés 1/2 maroquin. Prix : 500 fr.

Bulletin mensuel de la librairie française. Publié par C. Reinwald. 1882. 25e année. 8 pages in-8°. — Prix de l'abonn¹ : France, 2 fr. 50. Etranger, 3 fr.

Ce Bulletin paraît au commencement de chaque mois, et donne le titre et les prix des principales nouvelles publications de France, ainsi que de celles en langue française éditées en Belgique, en Suisse, en Allemagne, etc., avec indications des éditeurs ou de leurs dépositaires à Paris.

LE MONDE TERRESTRE

AU POINT ACTUEL DE LA CIVILISATION.

Nouveau Précis de Géographie comparée, descriptive, politique et commerciale, avec une introduction, l'indication des sources et cartes, et un répertoire alphabétique, par Charles Vogel, membre des Sociétés de Géographie et d'Economie politique de Paris, membre correspondant de l'Académie royale des sciences de Lisbonne, etc., etc. L'ouvrage entier formera trois volumes grand in-8°, divisés en 5 parties, et sera complet dans le cours de l'année 1883.

Premier volume, prix, cartonné à l'anglaise .... 15 fr.
Second volume, prix, cartonné à l'anglaise .... 18 fr.
Troisième volume, première partie (Fin de l'Europe). Prix, cart... 9 fr.
Troisième volume, deuxième partie (Asie et Afrique). Prix, cart.. 12 fr.

La publication de la troisième partie du troisième volume, contenant l'Amérique et l'Australie, se poursuit par livraisons mensuelles et forme la fin de l'ouvrage. Prix de chaque livraison, 1 fr. 25.

BIBLIOTHÈQUE
DES SCIENCES CONTEMPORAINES

PUBLIÉE AVEC LE CONCOURS

DES SAVANTS ET DES LITTÉRATEURS LES PLUS DISTINGUÉS

PAR LA Librairie C. REINWALD

Depuis le siècle dernier, les sciences ont pris un énergique essor en s'inspirant de la féconde méthode de l'observation et de l'expérience. On s'est mis à recueillir, dans toutes les directions, les faits positifs, à les comparer, à les classer et à en tirer des conséquences légitimes. Les résultats déjà obtenus sont merveilleux. Des problèmes qui semblaient devoir à jamais échapper à la connaissance de l'homme ont été abordés et en partie résolus. Mais jusqu'à présent ces magnifiques acquisitions de la libre recherche n'ont pas été mises à la portée des gens du monde : elles sont éparses dans une multitude de recueils, mémoires et ouvrages spéciaux, et, cependant, il n'est plus permis de rester étranger à ces conquêtes de l'esprit scientifique moderne, de quelque œil qu'on les envisage.

De ces réflexions est née la présente entreprise. Chaque traité forme un seul volume, avec gravures quand ce sera nécessaire, et de prix modeste. Jamais la vraie science, la science consciencieuse et de bon aloi, ne se sera faite ainsi toute à tous.

Un plan uniforme, fermement maintenu par un comité de rédaction, préside à la distribution des matières, aux proportions de l'œuvre et à l'esprit général de la collection.

Conditions de la souscription. — Cette collection paraît par volumes in-12 format anglais, aussi agréable pour la lecture que pour la bibliothèque ; chaque volume a de 10 à 15 feuilles, ou de 350 à 500 pages au moins. Les prix varient, suivant la nécessité, de 3 à 5 francs.

EN VENTE

I. — DICTIONNAIRES

Nouveau Dictionnaire universel
DE LA
LANGUE FRANÇAISE
Rédigé d'après les travaux et les Mémoires des membres
DES CINQ CLASSES DE L'INSTITUT
ENRICHI D'EXEMPLES EMPRUNTÉS AUX ÉCRIVAINS, AUX PHILOLOGUES ET AUX SAVANTS
LES PLUS CÉLÈBRES DEPUIS LE XVIᵉ SIÈCLE JUSQU'A NOS JOURS

Par M. P. POITEVIN

Nouvelle édition, revue et corrigée. 2 vol. in-4°, imprimés sur papier grand raisin. Prix, ouvrage complet, 40 fr. Relié en 1/2 maroq. très solide, 50 fr.

DICTIONNAIRE TECHNOLOGIQUE
DANS LES LANGUES
FRANÇAISE, ANGLAISE ET ALLEMANDE
Renfermant les termes techniques usités dans les arts et métiers et dans l'industrie en général

Rédigé par M. Alexandre TOLHAUSEN

Revu et augmenté par M. Louis TOLHAUSEN

Iʳᵉ partie : *Français-allemand-anglais*. 1 vol. in-12, avec un nouveau grand supplément...................................... 12 fr. 50

     Le *Nouveau grand supplément* de la 1ʳᵉ partie se vend séparément 3 fr. 75.

IIᵉ partie : *Anglais-allemand-français*. 1 vol. in-12................. 10 fr.

IIIᵉ partie : *Allemand-français-anglais*. 1 vol. in-12........... .... 10 fr.

A complete Dictionary of the English and French Languages with the Accentuation and the litteral Pronunciation, by W. James and A. Molé. In-12. Broché .... 7 fr.

A complete Dictionary of the English and Italian Languages with the Italian Pronunciation, by W. James and Gius. Grassi. In-12. Broché. 6 fr.

A complete Dictionary of the English and German Languages with the Pronunciation after Walker and Heinsius, by W. James. In-12. Broché. . 5 fr.

Dictionnaire français-anglais et anglais-français, par Wessely. 1 vol. in-16. Cartonné toile... 2 fr.

Dictionnaire anglais-allemand et allemand-anglais, par Wessely. 1 vol. in-16. Broché, 2 fr.; cart.. 3 fr.

Dictionnaire anglais-italien et italien-anglais, par Wessely. 1 volume in-16. Broché, 2 fr.; cart.. 3 fr.

Dictionnaire italien-allemand et allemand-italien, par Locella. 1 volume in-16. Broché, 2 fr.; cart... 3 fr.

Dictionnaire anglais-espagnol et espagnol-anglais, par Wessely et Gironès. 1 vol. in-16. Broché, 2 fr.; cart... 3 fr.

Dictionnaire allemand-français et français-allemand, de J. E. Wessely. 1 vol. in-16 de 466 pages, se vend relié en toile, édition classique...... 1 fr.

Relié en toile anglaise.. 2 fr.

II. — *SCIENCES NATURELLES*

OUVRAGES DE CH. DARWIN

L'Origine des Espèces au moyen de la sélection naturelle ou la Lutte pour l'existence dans la nature, traduit sur l'édition anglaise définitive par Edmond Barbier. 1 volume in-8°. Cartonné à l'anglaise .... 8 fr.

De la Variation des Animaux et des Plantes à l'état domestique, traduit sur la seconde édition anglaise par Éd. Barbier, préface par Carl Vogt. 2 vol. in-8°, avec 43 gravures sur bois. Cart. à l'anglaise.......... 20 fr.

La Descendance de l'Homme et la Sélection sexuelle. Traduit de l'anglais par Edmond Barbier, préface de Carl Vogt. Troisième édition française. 1 vol. in-8° avec grav. sur bois. Cartonné à l'anglaise .... 12 fr. 50

De la Fécondation des Orchidées par les insectes et du bon résultat du croisement. Traduit de l'anglais par L. Rérolle. 1 vol. in-8° avec 34 grav. sur bois. Cart. à l'anglaise... 8 fr.

L'Expression des Émotions chez l'homme et les animaux. Traduit par Samuel Pozzi et René Benoit. 2ᵉ édition, revue. 1 vol. in-8°, avec 21 grav. sur bois et 7 photographies. Cartonné à l'anglaise..................... 10 fr.

Voyage d'un Naturaliste autour du Monde, fait à bord du navire *Beagle*, de 1831 à 1836. Traduit de l'anglais par E. Barbier. 1 vol. in-8° avec gravures sur bois. Cartonné à l'anglaise.................................. 10 fr.

Les Mouvements et les Habitudes des Plantes grimpantes. Ouvrage traduit de l'anglais sur la deuxième édition par le docteur Richard Gordon. 1 vol. in-8° avec 13 figures dans le texte. Cart. à l'anglaise........... 6 fr.

Les Plantes insectivores, ouvrage traduit de l'anglais par Edm. Barbier, précédé d'une Introduction biographique et augmenté de Notes complémentaires par le professeur Charles Martins. 1 vol. in-8° avec 30 figures dans le texte. Cartonné à l'anglaise...................................... 10 fr.

Des Effets de la Fécondation croisée et directe dans le règne végétal. Traduit de l'anglais par le docteur Éd. Heckel, professeur à la Faculté des sciences de Marseille. 1 vol. in-8°. Cartonné à l'anglaise........... 10 fr.

Des différentes Formes de Fleurs dans les plantes de la même espèce. Ouvrage traduit de l'anglais avec l'autorisation de l'auteur et annoté par le Dʳ Éd. Heckel, précédé d'une Préface analytique du professeur Coutance. 1 vol. in-8° avec 15 gravures dans le texte. Cartonné à l'anglaise.... 8 fr.

La Faculté motrice dans les Plantes, avec la collaboration de Fr. Darwin fils, traduit de l'anglais, annoté et augmenté d'une préface par le Dʳ E. Heckel. 1 vol. in-8° avec gravures. Cartonné à l'anglaise .... 10 fr.

Rôle des vers de terre dans la formation de la terre végétale, traduit par par M. Levêque, préface par M. Edmond Perrier, professeur au Muséum d'histoire naturelle. 1 vol. in-8°, avec 15 gravures sur bois intercalées dans le texte. Prix, cartonné à l'anglaise .... 7 fr.

LA SÉLECTION NATURELLE
ESSAIS
par Alfred-Russel WALLACE
TRADUITES SUR LA 2ᵉ ÉDITION ANGLAISE, AVEC L'AUTORISATION DE L'AUTEUR
par Lucien de CANDOLLE
1 vol. in-8° cartonné à l'anglaise..................... 8 fr.

TRAITÉ
D'ANATOMIE COMPARÉE PRATIQUE

Par MM. le professeur Carl VOGT, directeur,
et Émile YUNG, docteur ès-sciences, préparateur

du Laboratoire d'Anatomie comparée et de Microscopie de l'Université de Genève.

———

Le *Traité d'Anatomie comparée pratique*, dont nous annonçons la publication, est destiné surtout à servir de guide dans les travaux des laboratoires zoologiques.

Une longue expérience, acquise autant dans divers laboratoires et stations maritimes que dans la direction du laboratoire d'anatomie comparée et de microscopie de l'Université de Genève, a démontré à MM. C. Vogt et E. Yung l'utilité d'un traité résumant la technique à suivre pour atteindre à la connaissance intime d'un type donné du règne animal.

Ce *Traité*, conçu à un point de vue essentiellement pratique, sera, aux manuels d'anatomie comparée usités jusqu'ici, ce que les manuels d'analyse chimique, par exemple, sont aux traités de chimie générale. Il enseignera les méthodes à suivre pour acquérir la science et non pas seulement la science acquise, comme le font les autres ouvrages sur l'anatomie comparée.

Les auteurs ont choisi pour chaque classe un représentant typique facile à se procurer et résumant en lui le plus grand nombre de caractères propres à cette classe. Pour certains embranchements, ils ont même jugé nécessaire de descendre jusqu'aux ordres. Après avoir indiqué les méthodes pratiques qui doivent être appliquées pour faire l'étude approfondie du type et après avoir suivi couche par couche, organe par organe, les faits dévoilés par le scalpel et le microscope, les auteurs mentionnent, dans un résumé, les modifications les plus importantes qui sont réalisées chez les autres animaux de la même classe, en les comparant entre elles pour en tirer des conclusions scientifiques. De nombreuses figures intercalées dans le texte et dessinées, pour la plupart, par les auteurs d'après nature, élucident les descriptions. Sous le titre de « Littérature », les principales sources — monographies et mémoires originaux — auxquelles le lecteur devra remonter pour avoir de plus amples renseignements, sont indiquées à la fin de chaque chapitre.

En résumé, le but de ce *Traité*, qui sera composé comme nous venons de l'indiquer, d'une série de monographies anatomiques de types, résumant l'organisation animale tout entière, est de mettre l'étudiant en mesure de questionner méthodiquement la nature pour lui arracher ses secrets. En sortant des écoles préparatoires, le jeune homme doit apprendre à voir, à observer, à faire des expériences, et c'est alors qu'il lui faut des jalons, des points de repère pour suivre une route aussi hérissée de difficultés.

Mais, si le *Traité d'Anatomie comparée pratique* s'adresse, en premier lieu, aux étudiants et aux commençants, il ne sera pas moins utile aux professeurs et aux chefs de travaux chargés d'enseigner la science ou de diriger des laboratoires, car ils y trouveront un résumé de toute l'anatomie comparée et pourront y renvoyer l'étudiant arrêté par une difficulté.

Cet ouvrage formera un volume grand in-8, publié par livraisons de 5 feuilles chacune, avec des gravures intercalées dans le texte. L'ouvrage entier se composera d'environ 12 livraisons.

Prix de chaque livraison : 2 fr. 50. La 2e livraison est en vente.

AUTRES OUVRAGES DE CARL VOGT

Lettres physiologiques. Première édition française de l'auteur. 1 vol. in-8° de 754 pages, 110 gravures sur bois. Cartonné toile................. 12 fr. 50

Leçons sur les animaux utiles et nuisibles, les bêtes calomniées et mal jugées. Traduites de l'allemand par M. G. Bayvet, revues par l'auteur et accompagnées de gravures. 3e édition. Ouvrage couronné par la Société protectrice des animaux. 1 vol. in-12. Prix, broché, 2 fr. Cart. toile anglaise, 2 fr. 50

Leçons sur l'Homme, sa place dans la création et dans l'histoire de la terre. Traduites par J. J. Moulinié. 2e édition, revue par M. Edmond Barbier. 1 vol. in-8°, avec gravures intercalées dans le texte. Cartonné toile........ 10 fr.

La Provenance des Entozoaires de l'homme et de leur évolution. Conférence faite au Congrès international des sciences médicales à Genève, le 15 septembre 1877. Gr. in-8 avec 61 figures dans le texte.................. 2 fr.

OUVRAGES DE ERNEST HAECKEL.

Professeur de Zoologie à l'Université d'Iéna.

Histoire de la Création des Êtres organisés d'après les lois naturelles. Conférences scientifiques sur la doctrine de l'évolution en général et celle de Darwin, Goethe et Lamarck en particulier, traduites de l'allemand par le D' Letourneau et précédées d'une introduction par le prof. Ch. Martins. Deuxième édition. 1 vol. in-8° avec 15 planches, 19 gravures sur bois, 18 tableaux généalogiques et une carte chromolithogr. Cart. à l'anglaise.. 15 fr.

Anthropogénie ou Histoire de l'évolution humaine. Leçons familières sur les principes de l'embryologie et de la philogénie humaines. Traduit de l'allemand sur la 2e édition par le D' Ch. Letourneau. Ouvrage contenant 11 pl., 210 grav. et 36 tableaux généalogiques. 1 vol. in-8°. Cart. à l'anglaise. 18 fr.

Le Règne des Protistes. Aperçu sur la Morphologie des êtres vivants les plus inférieurs suivi de la classification des protistes, traduit de l'allemand et précédé d'une introduction de 64 pages par Jules Soury. Ouvrage contenant 58 gravures sur bois. Broché, 5 fr.; cartonné à l'anglaise.......... 6 fr.

(Notre édition du *Règne des Protistes* est la seule qui soit précédée de l'introduction complète de 64 pages de M. J. Soury.)

Lettres d'un voyageur dans l'Inde, traduites de l'allemand par le D'. Ch. Letourneau. In-8°. (Paraîtra en mai 1883.)

OUVRAGES DU PROFESSEUR LOUIS BÜCHNER

L'Homme selon la Science, son passé, son présent, son avenir, ou D'où venons-nous? — Qui sommes-nous? — Où allons-nous? Exposé très simple, suivi d'un grand nombre d'éclaircissements et remarques scientifiques, traduit de l'allemand par le docteur Letourneau, orné de nombreuses gravures sur bois. Troisième édition. 1 vol. in-8°.................................... 7 fr.

Force et Matière, études populaires d'histoire et de philosophie naturelles. Ouvrage traduit de l'allemand avec l'approbation de l'auteur. 5e édition, revue et augmentée. 1 vol. in-8°.................................... 5 fr.

Conférences sur la Théorie darwinienne de la transmutation des espèces et de l'apparition du monde organique. Application de cette théorie à l'homme, ses rapports avec la doctrine du progrès et avec la philosophie matérialiste, du passé et du présent. Traduit de l'allemand avec l'approbation de l'auteur, d'après la seconde édition, par Auguste Jacquot. 1 vol. in-8°........ 5 fr.

La Vie psychique des bêtes, traduit par le docteur C. Letourneau. 1 vol in-8° avec gravures. Broché, 7 fr.; relié, toile, tr. dorées................. 9 fr.

Lumière et Vie. Trois leçons populaires d'histoire naturelle sur le soleil dans ses rapports avec la vie, sur la circulation des forces et la fin du monde, sur la philosophie de la génération, traduit de l'allemand par le docteur Ch. Letourneau. 1 vol. in-8°.................................... 6 fr.

MANUEL D'ANATOMIE COMPARÉE
par CARL GEGENBAUR
Professeur à l'Université d'Heidelberg.

AVEC 319 GRAVURES SUR BOIS INTERCALÉES DANS LE TEXTE

TRADUIT EN FRANÇAIS SOUS LA DIRECTION DU

Professeur CARL VOGT

vol. gr. in-8°. Broché, 18 fr.; cart. à l'anglaise, 20 fr.

EMBRYOLOGIE ou TRAITÉ COMPLET

DU

DÉVELOPPEMENT DE L'HOMME

ET DES ANIMAUX SUPÉRIEURS

par Albert KÖLLIKER
Professeur d'anatomie à l'Université de Wurzbourg.

TRADUCTION FAITE SUR LA DEUXIÈME ÉDITION ALLEMANDE

par Aimé Schneider
Professeur à la Faculté des sciences de Poitiers.

Revue et mise au courant des dernières connaissances par l'auteur avec une préface

par H. de LACAZE-DUTHIERS
Membre de l'Institut de France.

SOUS LES AUSPICES DUQUEL LA TRADUCTION A ÉTÉ FAITE.

L'ouvrage du professeur A. Koelliker forme un volume grand in-8° de 1,078 pages, avec 606 gravures intercalees dans le texte.

Ce traité d'Embryologie est trop important, les observations et les recherches de son célèbre auteur sont trop récentes, pour qu'il ne devait pas être mis à la portée de nos savants, de nos médecins et de nos étudiants français, par une traduction fidèle et l'emploi des figures identiques dessinées sous les yeux de l'auteur et reproduites avec finesse par la gravure sur bois.

C'est donc une bonne fortune pour nos savants et nos Universités que le professeur Koelliker ait bien voulu consentir à collaborer à l'édition française, en l'enrichissant d'observations nouvelles et de notes qui n'ont pu trouver place dans l'édition allemande.

Prix de l'ouvrage complet, 1 vol. gr. in-8° avec 606 figures dans le texte, cartonné toile anglaise.. 30 fr.

ÉLÉMENTS D'EMBRYOLOGIE

PAR

M. FOSTER et Francis BALFOUR

OUVRAGE CONTENANT 71 GRAVURES SUR BOIS, TRADUIT DE L'ANGLAIS

par le Dr E. ROCHEFORT
1 vol. in-8°. Cartonné à l'anglaise...... 7 fr.

LE LIVRE DE LA NATURE

OU

Leçons élémentaires de Physique, d'Astronomie, de Chimie, de Minéralogie, de Géologie, de Botanique, de Physiologie et de Zoologie, par le docteur Frédéric Schödler. Traduit sur la 18e édition allemande, par Adolphe Scheler et Henri Welter. 2 volumes in-8° avec 1026 gravures dans le texte, 2 cartes astronomiques et 2 planches coloriées. Broché..................... 12 fr.

Relié, toile tr. jaspée, 14 fr. Relié, avec plaque spéciale et tr. dorées. 16 fr.

On vend séparément :

Le *Tome II* contenant les Éléments de Minéralogie, de Géologie, de Botanique. de Physiologie et de Zoologie. 1 vol. avec 656 fig. et 2 planches coloriées. Broché 7 fr,

Éléments de Botanique. In-8° avec 237 gravures. Broché.................. 2 fr. 50

Éléments de Physiologie et de Zoologie. In-8° avec 226 gravures. Broché. 4 fr. »

LES INSECTES ET LES FLEURS SAUVAGES

LEURS RAPPORTS RÉCIPROQUES

Par sir John LUBBOCK, M. P. — Traduit par Edmond BARBIER

· 1 vol. in-12 avec 131 gravures dans le texte.

Broché, 2 fr. 50. — Relié toile anglaise, plaque spéciale................ 3 fr.

DE L'ORIGINE

ET

DES MÉTAMORPHOSES DES INSECTES

PAR SIR JOHN LUBBOCK, M. P.

Traduit par Jules GROLOUS

1 volume in-12 avec de nombreuses gravures dans le texte.

Broché, 2 fr. 50. — Relié toile anglaise, plaque spéciale .... 3 fr.

ARCHIVES

DE

ZOOLOGIE EXPÉRIMENTALE ET GÉNÉRALE

HISTOIRE NATURELLE — MORPHOLOGIE — HISTOLOGIE — ÉVOLUTION DES ANIMAUX

publiées sous la direction de

HENRI DE LACAZE-DUTHIERS

Membre de l'Institut de France (Académie des sciences),
Professeur d'anatomie comparée et de zoologie à la Sorbonne (Faculté des sciences),
Fondateur et directeur des laboratoires de zoologie expérimentale de Roscoff
et de la station de Banyuls-sur-Mer.

Les *Archives de Zoologie expérimentale et générale* paraissent par cahiers trimestriels. Quatre cahiers ou numéros forment un volume format gr. in-8°, avec planches noires et coloriées. Prix de l'abonnement : pour Paris, 40 fr.; pour les départements et l'étranger, 42 fr.

Les volumes I à X (années 1872 à 1882) sont en vente. — Prix de chaque volume, cartonné toile : 42 francs. — Le tome XI (année 1883), 2e Série, tome I, est en cours de publication. Prix de l'abonnement, 40 fr. pour Paris et 42 fr. pour les départements et l'étranger.

BROCA (Prof. P.).—**Mémoires d'Anthropologie**, de Paul Broca. T. I, II et III. 3 vol. in-8°, avec cartes et grav. Prix de chaque vol., cart. à l'angl.. 7 fr. 50
Le tome III se vend séparément sous le titre : *Mémoires d'Anthropologie zoologique et biologique*, broché, 7 fr. 50. — Le tome IV a paru fin avril 1883.
Portrait de Paul Broca, gravé par Ch. Courtry (in-fol. impr. par Salmon). 4 fr.

CASSELMANN (A.). — **Guide pour l'analyse de l'urine**, des sédiments et des concrétions urinaires au point de vue physiologique et pathologique, par le docteur Arthur Casselmann. Traduit de l'allemand, avec l'autorisation de l'auteur, par G. E. Strohl. Brochure in-8°, avec 2 planches........... 2 fr.

COUTANCE (A.). — **La Lutte pour l'existence**, par A. Coutance, professeur d'histoire naturelle à l'École de médecine navale de Brest, officier de la Légion d'honneur. 1 vol. in-8° de 524 pages. Prix, broché.............. 7 fr.
—— **La Fontaine et la Philosophie naturelle**, par A. Coutance. 1 vol. in-8°.
Prix, broché.. 2 fr.

DARESTE Camille). — **Recherches sur la production artificielle des Monstruosités**, ou Essais de Tératogénie expérimentale, par M. Camille Dareste, docteur ès sciences et en médecine, professeur à la Faculté des sciences de Lille, lauréat de l'Institut. 1 volume gr. in-8° avec 16 planches chromolithographiques. Cartonné à l'anglaise.................................. 18 fr.

DESOR (E.) et P. de **LORIOL**. — **Échinologie helvétique. Monographie des Echinides fossiles de la Suisse**, par E. Desor et P. de Loriol. Échinides de la période jurassique. 1 vol. in-4°, atlas in-fol. de 61 planches. Cart.   100 fr.
L'ouvrage a été publié en 16 livraisons.

GORUP-BESANEZ (E.). — Traité d'Analyse zoochimique qualitative et quantitative. Guide pratique pour les recherches physiologiques et cliniques, par E. Gorup-Besanez, professeur de chimie à l'université d'Erlangen. Traduit sur la troisième édition allemande et augmenté par le Dr L. Gautier. 1 vol. grand in-8°, avec 138 figures dans le texte. Cartonné à l'anglaise..   12 fr. 50

HOUZEAU (J. C.). — **Études sur les Facultés mentales des Animaux** comparées à celles de l'homme, par J. C. Houzeau, membre de l'Académie de Belgique. 2 volumes in-8°. (Mons.)............................   12 fr.

HUXLEY (le Prof.). — **Leçons de Physiologie élémentaire**, par le professeur Huxley, traduites de l'anglais par le docteur Dally. 1 vol. in-12, avec de nombreuses figures dans le texte. Broché, 3 fr. 50; relié, toile............   4 fr.

ISNARD (le Dr Félix). — **Spiritualisme et Matérialisme**, par le Dr Félix Isnard. 1 vol. in-12. Broché......................................   3 fr.

JORISSENNE (le Dr G.). — **Nouveau signe de la grossesse**, par le Dr G. Jorissenne. Brochure gr. in-8 (Liège) ....   2 fr. 50

KALTBRUNNER (D.). — **Manuel du Voyageur**, par D. Kaltbrunner, membre de la Société de géographie de Genève. Avec 280 figures dans le texte et 24 planches. 1 vol. in-8°, cartonné. (Zurich).....................   15 fr.

—— **Aide-Mémoire du Voyageur**, notions générales de géographie mathématique, de géographie physique, de géographie politique, de géologie, de biologie et d'anthropologie à l'usage des voyageurs, des étudiants et des gens du monde. 1 vol. in-8° avec 25 planches et cartes. Cart..............   13 fr. 50

KÉKULÉ (Aug.) et O. **WALLACH**. — **Tableaux servant à l'analyse chimique**, publiés par Otto Wallach, traduits de l'allemand par Jean Krutwig. Première partie, par O. Wallach, contenant : Caractères des éléments et de leurs combinaisons. Brochure in-4° composée de 14 tableaux..............   2 fr. 50

—— —— **Tableaux servant de guide dans l'enseignement de l'Analyse qualitative**, traduits de l'allemand par Jean Krutwig. Brochure in-8° contenant 16 tableaux ....   2 fr. 50

LABARTHE (P.). — **Les Eaux minérales et les Bains de mer de la France.** Nouveau guide pratique du médecin et du baigneur, par le docteur Paul Labarthe. Précédé d'une Introduction par le professeur A. Gubler. 1 vol. in-12. Relié toile ....   5 fr.

LETOURNEAU (le Dr Ch.). — **La Biologie**, par le docteur Ch. Letourneau. 3e édit. 1 vol. in-12 de 518 pages, avec 112 grav. Broché, 4 fr. 50; relié.   5 fr.
Fait partie de la *Bibliothèque des Sciences contemporaines*, voir p. 3.

—— **Physiologie des Passions**, par Ch. Letourneau. 2e édition, revue et augmentée. 1 vol.in-12 de 392 pages. Broché, 3 fr. 50; relié............   4 fr. 50

—— **Science et Matérialisme**, 1 vol. in-12, 480 p. Broché, 4 fr. 50; cart.   5 fr. 25

LUBBOCK (Sir John). — **Les Mœurs des fourmis**, traduit par J. A. Battandier. Brochure gr. in-8°..............................   1 fr. 25

MAGNUS (Hugo). — **Histoire de l'Évolution du sens des couleurs**, par Hugo Magnus, professeur d'ophthalmologie à l'Université de Breslau, avec une Introduction par Jules Soury. 1 volume in-12. Broché.................   3 fr.

MARCOU (J.). — **De la Science en France**, par J. Marcou. 1 v. in-8°......   5 fr.

MARTIN (Ernest). — **Histoire des Monstres**, depuis l'antiquité jusqu'à nos jours, par le docteur Ernest Martin. 1 vol. in-8°. Broché.............   7 fr.

MAUDSLEY (Henry). — **Physiologie de l'esprit**, par Henry Maudsley, traduit de l'anglais par A. Herzen. 1 vol. in-8° cartonné.....................   10 fr.

MOHR (Fr.). — **Toxicologie chimique.** Guide pratique pour la détermination chimique des poisons, par le docteur Frédéric Mohr, professeur à l'Université de Bonn. Traduit de l'allemand par le docteur L. Gautier. 1 volume in-8°, avec 56 gravures dans le texte. Broché...........................   5 fr.

REICHARDT (E.). — **Guide pour l'analyse de l'Eau**, au point de vue de l'hygiène et de l'industrie. Précédé de l'Examen des principes sur lesquels on doit s'appuyer dans l'appréciation de l'eau potable, par le docteur E. Reichardt, professeur à l'Université d'Iéna. Traduit de l'allemand par le docteur G. E. Strohl. In-8°, avec 31 fig. dans le texte. Broché.... 4 fr. 50

ROLLAND (Camille). — **Esprit et Matière**, ou Notions populaires de Philosophie scientifique, suivies de l'Arbre généalogique complet de l'homme, d'après les données de Haeckel, par Camille Roland, ingénieur. 1 vol. in-12 avec 2 planches (Mons). Cartonné, toile anglaise...................... 2 fr. 50

ROSSI (D. C.). — **Le Darwinisme et les Générations spontanées**, ou Réponse aux réfutations de MM. P. Flourens, de Quatrefages, L. Simon, Chauvel, etc., suivie d'une Lettre de M. le Dr F. Pouchet, par D. C. Rossi. 1 vol. in-12. 2 fr. 50

SALMON (Philippe). — **Dictionnaire paléoethnologique** du département de l'Aube, par Philippe Salmon, membre de la commission des monuments mégalithiques de France et d'Algérie, membre correspondant de la Société académique de l'Aube. 1 vol. gr. in-8°, avec 3 cartes. Broché............ 15 fr.

SCHLESINGER (R.). — **Examen microscopique et microchimique des fibres textiles**, tant naturelles que teintes, suivi d'un Essai sur la Caractérisation de la laine régénérée (shoddy), par le docteur Robert Schlesinger. Préface du docteur Emile Kopp. Trad. par L. Gautier. In-8°, 32 gravures. 4 fr.

SCHMID (Ch.) et **F. WOLFRUM**. — **Instruction sur l'Essai chimique des médicaments**, à l'usage des Médecins, des Pharmaciens, des Droguistes et des élèves qui préparent leur dernier examen de pharmacien, par le docteur Christophe Schmid et F. Wolfrum. Traduit par le Dr G. E. Strohl. 1 vol. gr. in-8°. Cart. à l'anglaise.. 6 fr.

STAEDELER (G.). — **Instruction sur l'Analyse chimique qualitative des substances minérales**, par G. Staedeler, revue par H. Kolbe, traduite, sur la 6e éd. allemande, par le Dr L. Gautier, avec gravure et tableau spectral. In-12. Cart. à l'angl... 2 fr. 50

TOPINARD (le Dr P.). — **L'Anthropologie**, par le Dr Paul Topinard. 3e éd., avec une Préface du prof. Paul Broca. 1 vol. in-12 de 576 p., avec 52 figures intercalées dans le texte. Broché, 5 fr.; relié, toile anglaise........ 5 fr. 75

Fait partie de la *Bibliothèque des Sciences contemporaines*, voir p. 3.

WALLACH (Otto). **Tableaux.** *Voyez* KÉKULÉ et WALLACH, ci-dessus.

III. — HISTOIRE, POLITIQUE, GÉOGRAPHIE, ETC.

L'HOMME A TRAVERS LES AGES

ESSAI DE CRITIQUE HISTORIQUE

Par André LEFÈVRE, auteur de la *Philosophie*

1 vol. in-12 de 418 pages. Broché, 3 fr. 50; relié toile angl., 4 fr.

HISTOIRE MUNICIPALE DE PARIS

DEPUIS LES ORIGINES JUSQU'A L'AVÈNEMENT DE HENRI III

Par Paul ROBIQUET
avocat au conseil d'État et à la cour de cassation.

1 vol. in-8° de 688 pages. Broché.......................... 10 fr.
Relié toile aux armes de la Ville de Paris................. 12 fr.

LE MONDE TERRESTRE

AU POINT ACTUEL DE LA CIVILISATION

NOUVEAU PRÉCIS

DE GÉOGRAPHIE COMPARÉE

DESCRIPTIVE, POLITIQUE ET COMMERCIALE

Avec une Introduction, l'Indication des sources et cartes, et un Répertoire alphabétique

par CHARLES VOGEL

Conseiller, ancien chef de Cabinet de S. A. le prince Charles de Roumanie
Membre des Sociétés de Géographie et d'Economie politique de Paris, Membre correspondant
de l'Académie royale des Sciences de Lisbonne, etc., etc.

La publication de l'ouvrage entier sera terminée dans le cours de la présente année. Le premier volume, gr. in-8, cartonné toile, est du prix de..... 15 fr.
Le second volume. Prix cartonné................................. 18 fr.
La première partie du troisième volume. Prix cartonné.............. 9 fr.
La deuxième partie du troisième volume, contenant l'Asie et l'Afrique. Prix cartonné... 12 fr.
La publication du troisième volume se poursuit par livraisons composées de 5 feuilles du prix de 1 fr. 25.

Il a été fait un tirage spécial de la 1re partie du tome III de cet ouvrage, sous le titre :

L'EUROPE ORIENTALE DEPUIS LE TRAITÉ DE BERLIN

Cette partie contient la Russie, la Pologne et la Finlande, la Roumanie, la Serbie et le Monténégro, la Bulgarie, la Turquie, l'Albanie et la Grèce. Elle forme un volume gr. in-8°, cart. à l'anglaise...................... 9 fr.

MŒURS ROMAINES DU RÈGNE D'AUGUSTE

A LA FIN DES ANTONINS

par L. FRIEDLÆNDER

Professeur à l'Université de Kœnigsberg.

TRADUCTION LIBRE FAITE SUR LE TEXTE DE LA DEUXIÈME ÉDITION ALLEMANDE

Avec des considérations générales et des remarques

par CH. VOGEL.

4 vol. in-8°. Brochés .... 28 fr.

BULWER (Sir H.). — **Essai sur Talleyrand,** par Sir Henry Lytton Bulwer, ancien ambassadeur. Traduit de l'anglais, avec l'autorisation de l'auteur, par Georges Perrot. 1 vol. in-8°. Broché.................... 5 fr.

DELTUF (P.) — **Essai sur les Œuvres et la Doctrine de Machiavel,** avec la traduction littérale du Prince, et de quelques Fragments historiques et littéraires, par Paul Deltuf. 1 vol. in-8°. Broché................... 7 fr. 50

DEVAUX (S.). — **Études politiques sur l'Histoire ancienne et moderne** et sur l'influence de l'état de guerre et de l'état de paix, par Paul Devaux, membre de l'Académie des Sciences, des Lettres et des Beaux-Arts de Belgique. 1 vol. grand in-8° (Bruxelles)............................. 9 fr.

FISCHEL (Éd.). — **La Constitution d'Angleterre,** exposé historique et critique des origines, du développement successif et de l'état actuel des institutions anglaises, par Edouard Fischel. Traduit sur la 2e édition allemande comparée avec l'édit. angl. de R. Jenery Shee, par Ch. Vogel. 2 vol. in-8. 10 fr.

GUYOT (Yves). — **La Science économique.** 1 vol. in-12 de 474 pages avec figures graphiques dans le texte. Prix broché, 4 fr. 50. Relié toile anglaise... 5 fr. Fait partie de la *Bibliothèque des sciences contemporaines.* Voir page 3.

LACROIX (Auguste). — Conférences sociales et industrielles, par A. Lacroix. 1 vol. in-8°... 4 fr.

MOLINARI (G. de). — **L'Évolution économique** du dix-neuvième siècle, théorie du progrès. 1 vol. in-8° de 480 pages. Broché................ 6 fr.

MOREAU DE JONNÈS (A.). — État économique et social de la France depuis Henri IV jusqu'à Louis XIV (1589-1715), par A. Moreau de Jonnès, membre de l'Institut. 1 vol. in-8°. Broché....................................... 7 fr.

RÉVILLE (Alb.). — **Théodore Parker, sa Vie et ses Œuvres.** Un chapitre de l'histoire de l'Abolition de l'esclavage aux Etats-Unis, par Alb. Réville. 1 vol. in-12.. 3 fr. 50

TISCHENDORF (C.). — **Terre sainte**, par Constantin Tischendorf, avec les souvenirs du pèlerinage de S. A. I. le grand-duc Constantin. 1 vol. in-8° avec 3 gravures... 5 fr.

VOGEL (Ch.). — **Le Portugal et ses colonies.** Tableau politique et commercial de la monarchie portugaise dans son état actuel, avec des annexes et des notes supplémentaires. In-8° (1860)...................................... 8 fr. 50

LA MYTHOLOGIE COMPARÉE
par Girard de RIALLE.

TOME PREMIER

Théorie du fétichisme. — Sorcier et sorcellerie. — Le fétichisme étudié sous ses divers aspects. — Le fétichisme chez les Caffres, chez les anciens Chinois, chez les peuples civilisés. — Théorie du polythéisme. — Mythologie des nations civilisées de l'Amérique.

Un volume in-12 de 376 pp. Broché, 3 fr. 50. Cart. à l'angl., 4 fr.
Le second volume est en préparation.

LA MYTHOLOGIE DES PLANTES
ou
LES LÉGENDES DU RÈGNE VÉGÉTAL
par Angelo de GUBERNATIS

Auteur de la "Mythologie zoologique"; professeur de sanskrit et de mythologie comparée à l'Institut des Études supérieures à Florence.

Deux vol. in-8°. Cart. à l'anglaise........ 14 fr.

IV. — ARCHÉOLOGIE ET SCIENCES PRÉHISTORIQUES

LA CIVILISATION PRIMITIVE
par M. EDWARD B. TYLOR, F.R.S., L.L.D.

TOME PREMIER

TRADUIT DE L'ANGLAIS SUR LA DEUXIÈME ÉDITION
par Mme PAULINE BRUNET

TOME SECOND

Traduit par M. EDM. BARBIER.

2 vol. in-8°. Cartonnés à l'anglaise................ 20 fr.

MUSÉE PRÉHISTORIQUE

par Gabriel et Adrien DE MORTILLET.

Album de 100 planches contenant 800 dessins classés méthodiquement. Format grand in-8°, dit grand Jésus ; broché........ 35 fr.

LE PRÉHISTORIQUE

ANTIQUITÉ DE L'HOMME

par G. DE MORTILLET

Professeur d'anthropologie préhistorique à l'École d'Anthropologie de Paris.

1 vol. in-12° de 642 pages avec 64 figures. Prix broché.............. 5 fr. Relié toile anglaise 5 fr. 75.

Fait partie de la *Bibliothèque des Sciences contemporaines,* voir page 3.

CONTRIBUTION A L'ÉTUDE DE L'ÉVOLUTION DES IDÉES

LA MORT ET LE DIABLE

HISTOIRE ET PHILOSOPHIE DES DEUX NÉGATIONS SUPRÊMES

Par POMPEYO GENER

PRÉCÉDÉ D'UNE LETTRE A L'AUTEUR DE **E. LITTRÉ**
Membre de l'Académie française.

1 gros vol. in-8° de 820 pages. Cartonné à l'anglaise.............. 12 fr.

JEANJEAN (A.). — **L'Homme et les Animaux des cavernes des Basses-Cévennes,** par M. Adrien Jeanjean. In-8°, avec planches. (Nîmes.).. 2 fr. 50

LEPIC (Le Vic.). — **Les Armes et les Outils préhistoriques reconstitués.** Texte et gravures par le vicomte Lepic. Gr. in-4° de 24 pl. à l'eau-forte. 12 fr.

—— **Grottes de Savigny,** communes de la Biolle, canton d'Albens (Savoie), par M. le vicomte Lepic. In-4°, avec 6 planches lithographiées............ 9 fr.

LEPIC (le vicomte) et J. de **LUBAC.** — **Stations préhistoriques** de la vallée du Rhône, en Vivarais, Châteaubourg et Soyons. Notes présentées au Congrès de Bruxelles dans la session de 1872, par MM. le vicomte Lepic et Jules de Lubac. In-folio, avec 9 planches. (Chambéry.)...................... 9 fr.

MORTILLET (G. de). — **Le Signe de la croix avant le christianisme,** avec 117 gravures sur bois, par M. Gabriel de Mortillet. In-8°.............. 6 fr.

—— **Origine de la Navigation et de la Pêche,** par Gabriel de Mortillet. 1 vol. in-8°, orné de 38 figures... 2 fr.

NILSSON (S.). — **Les Habitants primitifs de la Scandinavie.** Essai d'ethnographie comparée, matériaux pour servir à l'histoire de l'homme, par Sven Nilsson, professeur à l'Université de Lund. 1re partie : L'Age de pierre, traduit du suédois sur le manuscrit de la 3e édition préparée par l'auteur. 1 vol. grand in-8°, avec 16 planches. Cartonné............................. 12 fr.

SCHLIEMANN (H.). — **Ithaque. — Le Péloponèse. — Troie.** Recherches archéologiques, par Henry Schliemann. 1 vol. in-8°, 4 grav. lith. et 2 cartes. 5 fr.

SCHMIDT (Valdemar). — **Le Danemark à l'Exposition universelle de 1867.** Étudié principalement au point de vue de l'archéologie. In-8°........ 4 fr.

V. — LITTÉRATURE

BRÉMER (F.).— **Hertha, ou l'Histoire d'une âme,** par Frédérica Brémer. Traduit du suédois par M. A. Geffroy. 1 vol. in-12...................... 3 fr. 50

BRET-HARTE.— **Scènes de la vie californienne** et Esquisse de mœurs transatlantiques, par Bret-Harte, traduites par M. Amédée Pichot et ses collaborateurs de la *Revue britannique.* 1 vol. in-12........................ 2 fr.

BROUGHTON (Miss). — **Comme une fleur,** autobiographie, traduite de l'anglais par Auguste de Viguerie. 2ᵉ édition revue. 1 vol. in-12, imprimé avec encadrement en couleur. Relié toile angl., tr. dor. et plaque spéciale... 5 fr.

BÜCHNER (A.). — **Étude sur lord Byron,** par A. Büchner. Brochure in-8°. 75 c.

Choix de Nouvelles russes, de Lermontoff, de Pouschkine, Von Wiesen, etc. Traduit du russe par M. J. N. Chopin, auteur d'une *Histoire de Russie,* de *l'Histoire des révolutions des peuples du Nord,* etc. 1 vol. in-12..... 2 fr.

DELTUF (P.). — **Les Tragédies du foyer,** par P. Deltuf. 1 vol. in-12..... 2 fr.

GOLOVINE (I.). — **Mémoire d'un Prêtre russe,** ou la Russie religieuse, par M. Ivan Golovine. 1 vol. in-8°.............................. 7 fr.

HEYSE (P.).— **La Rabbiata et d'autres Nouvelles,** par Paul Heyse, traduites de l'allemand par MM. G. Bayvet et E. Jonveaux. 1 vol. in-12........ 2 fr.

Impressions de voyage d'un Russe en Europe. 1 vol. in-12........ 2 fr. 50

MANTEGAZZA (P.). — **Une Journée à Madère,** par P. Mantegazza. Traduit de l'italien par Mᵐᵉ C. Thiry. 1 vol. in-12. Broché................. 2 fr.

MARSH (Mrs.). — **Emilia Wyndham,** par l'auteur de « Two old men's tales ; Mount Sorel, etc. » (Mrs. Marsh). Traduit librement de l'anglais. 2 vol. in-12 réunis en un seul................................ 5 fr.

MARY LAFON. — **Histoire littéraire du Midi de la France,** par Mary Lafon. 1 vol. in-8°. Broché............................... 7 fr. 50

MÜLLER (O.). — **Charlotte Ackermann.** Souvenirs de la vie d'une actrice au XVIIIᵉ siècle, par Otto Müller, traduction de J.-J. Porchat. 1 vol. in-8°. 2 fr.

POMPERY (E. de). — **La Vie de Voltaire.** L'homme et son génie. 1 vol. in-12. Broché .... 2 fr.

STRAUSS (David-Frédéric). — **Voltaire.** Six conférences par David-Frédéric Strauss. Ouvrage traduit de l'allemand sur la troisième édition par Louis Narval, précédé d'une Lettre-Préface du traducteur à M. E. Littré. 1 vol. in-8°. Broché................................... 7 fr.

VOLTAIRE. — **Œuvres choisies.** Édition du centenaire (30 mai 1878). 1 vol. in-12 de 1000 pages avec portrait de Voltaire................ 2 fr. 50

WITT (Mᵐᵉ de).— **La Vie des deux côtés de l'Atlantique,** autrefois et aujourd'hui, traduit de l'anglais par Mᵐᵉ de Witt. 1 vol. in-12......... 2 fr.

VI. — PHILOSOPHIE

HISTOIRE DU MATÉRIALISME

ET

CRITIQUE DE SON IMPORTANCE A NOTRE ÉPOQUE

Par F. A. LANGE

PROFESSEUR A L'UNIVERSITÉ DE MARBOURG.

Traduit de l'allemand sur la deuxième édition, avec l'autorisation de l'auteur,

par B. Pommerol

avec une Introduction par D. NOLEN, Prof. à la Faculté des lettres de Montpellier.

2 vol. in-8° cartonnés à l'anglaise....... 20 fr.

ORIGINE

ET

DÉVELOPPEMENT DE LA RELIGION

ÉTUDIÉS

A LA LUMIÈRE DES RELIGIONS DE L'INDE

Leçons faites à Westminster-Abbey

par J. Max MÜLLER

Traduites de l'anglais par J. DARMESTETER

1 vol. in-8° de 364 pages. Broché........... 7 fr.

ASSIER (Ad. d'). — **Essai de Philosophie positive au dix-neuvième siècle.**
Le Ciel, la Terre, l'Homme, par Adolphe d'Assier.
    Première partie : le Ciel. 1 vol. in-12................. 2 fr. 50
    Troisième partie : L'Homme, 1 vol. in-12................., 3 fr. 50
    La deuxième partie : la Terre, paraîtra après la publication de la deuxième
    édition du Ciel.

BÉRAUD (P. M.). — **Étude sur l'Idée de Dieu dans le spiritualisme moderne,** par P. M. Béraud. 1 vol. in-12. Broché..................... 4 fr.

BRESSON (Léopold). — **Idées modernes.** Cosmologie. Sociologie, par Léopold Bresson. 1 volume in-8°..................................... 5 fr.

COSTE (Adolphe). — **Dieu et l'Ame.** Essai d'idéalisme expérimental, par Adolphe Coste. 1 vol. in-12. Broché........................... 2 fr. 50

LEFÈVRE (André). **La Philosophie.** 1 volume in-12. Broché, 5 fr.; relié, toile anglaise... 5 fr. 75
    Fait partie de la *Bibliothèque des Sciences contemporaines*, voir p. 3.

MICHEL (Louis). — Libre arbitre et liberté, par L. Michel. 1 vol. in-12. 2 fr. 50

NERVA (S. Émile). — **Dieu dans les cieux, dans la nature et l'humanité ou la Philosophie positive de l'histoire.** Edition augmentée d'une exposition sommaire de la doctrine de l'auteur. 1 vol. in-8° (Ferrare) .... 10 fr.

RUELLE (Ch.). — **De la vérité dans l'Histoire du christianisme.** Lettres d'un laïque sur Jésus, par Ch. Ruelle, auteur de la *Science populaire de Claudius*. — La théologie et la science. — M. Renan et les théologiens. — La résurrection de Jésus d'après les textes. — Lecture de l'encyclique. 1 vol. in-8°... 6 fr.

SOURY (Jul.). — **Études historiques sur les religions, les arts, la civilisation** de l'Asie antérieure et de la Grèce, par J. Soury. 1 vol. in-8°...... 7 fr. 50

STRAUSS (David-Frédéric). — **L'Ancienne et la Nouvelle foi.** Confession par David-Frédéric Strauss. Ouvrage traduit de l'allemand sur la 8ᵉ édition par Louis Narval, et augmenté d'une Préface par E. Littré. 1 volume in-8°. — Broché... 7 fr.

VIARDOT (Louis). — **Libre examen.** Apologie d'un incrédule, par L. Viardot. Sixième édition très augmentée (édition populaire). 1 vol. in-12..... 1 fr. 50

VII. — LINGUISTIQUE — LIVRES CLASSIQUES

AHN (F. H.). — **Syllabaire allemand.** Premières notions de langue allemande, avec un Nouveau traité de prononciation et un Nouveau système d'apprendre les lettres manuscrites, par F. H. Ahn. 6e édition. In-12... 1 fr.

BRUHNS (C.). — **Nouveau Manuel de logarithmes** à sept décimales, pour les nombres et les fonctions trigonométriques, rédigé par C. Bruhns, docteur en philosophie, directeur de l'observatoire et professeur d'astronomie à Leipzig. 1 vol. grand in-8e, édition stéréotype. (Leipzig, B. Tauchnitz.)........ 5 fr.

FAURIEL (C.). — **Histoire de la Poésie provençale.** Cours à la Faculté des lettres de Paris, par M. C. Fauriel, membre de l'Institut; 3 vol. in-8e (1847). Broché .... 21 fr.

HOVELACQUE (A.). — **La Linguistique,** par Abel Hovelacque. Troisième édition. 1 vol. in-12 de 454 pages. Broché, 4 fr.; relié toile anglaise.. 4 fr. 50
  Fait partie de la *Bibliothèque des sciences contemporaines*, voir p. 3.

— et Julien **VINSON.** — **Études de linguistique** et d'ethnographie. 1 volume in-12. Prix, broché, 4 fr.; relié, toile anglaise..................... 5 fr.

MAIGNE (J.). — **Traité de Prononciation française** et Manuel de lecture à haute voix. Guide théorique et pratique des Français et des étrangers, par M. Jules Maigne. 1 vol. in-12. Broché, 2 fr. 50; cartonné .... 3 fr.

MOHL (Jules). — **Vingt-sept ans d'histoire des études orientales.** Rapports faits à la Société asiatique de Paris de 1840 à 1867, par Jules Mohl, membre de l'Institut, secrétaire de la Société asiatique. Ouvrage publié par sa veuve. Tome Ier et II. In-8e. Chaque volume..................... 7 fr.

—— **Le Livre des Rois,** par Abou'l Kasim Firdousi, traduit et commenté par Jules Mohl, membre de l'Institut, professeur au collége de France. 7 vol. in-12 (Imprimerie nationale) .... 52 fr. 50

SANDER (E. H.). — **Promenade de Paris au Rigi,** racontée (en allemand) pour servir d'introduction à la lecture des auteurs allemands, par E. H. Sander, professeur de langue allemande à l'École d'application d'état-major. Seconde édition, revue et corrigée. 1 vol. in-18. Cartonné................ 75 cent.

VIII. — BIBLIOGRAPHIE ET DIVERS

BULLETIN MENSUEL DE LA LIBRAIRIE FRANÇAISE

Publié par C. REINWALD

1883. — 25e année. Format in-8e. — 8 pages par mois.

*Prix de l'abonnement : Paris et la France, 2 fr. 50.
Étranger, 3 fr.*

Ce Bulletin paraît au commencement de chaque mois et donne les titres et les prix des principales nouvelles publications de France, ainsi que de celles en langue française éditées en Belgique, en Suisse, en Allemagne, etc., etc.

HISTOIRE GÉNÉRALE DE L'ARCHITECTURE

PAR

DANIEL RAMÉE

ARCHITECTE.

2 vol. gr. in-8°, orné de 523 gravures sur bois. — Prix, broché, 30 fr.

DICTIONNAIRE GENÉRAL

DES TERMES D'ARCHITECTURE

EN FRANÇAIS, ALLEMAND, ANGLAIS ET ITALIEN

par DANIEL RAMÉE

Architecte, auteur de l'*Histoire générale de l'architecture*.

Un volume in-8°... 8 fr.

BERLEPSCH. — **Nouveau Guide en Suisse,** par Berlepsch. 2ᵉ édition illustrée. 1 vol. in-12 cartes et plans, panoramas sur acier, etc. Cart. à l'angl. 5 fr.

Bibliotheca Americana vetustissima. A description of works relating to America, published between the years 1492 and 1551, par H. Harrisse. 1 vol. grand in-8° (New-York, 1866) .... 100 fr.

Instructions aux capitaines de la marine marchande naviguant sur les côtes du Royaume-Uni, en cas de naufrage ou d'avaries. In-8°..... 2 fr. 50

KRIEG (Henri). — **Cours de Sténographie internationale** d'après le système de Gabelsberger, précédé d'un Abrégé d'une histoire de la Sténographie avec beaucoup de modèles d'écriture intercalés dans le texte, par Henri Krieg, professeur, directeur de l'Institut royal sténographique de Dresde. 1 vol. in-8° avec 26 planches lithographiées. Broché...................... 7 fr. 50

LIEBIG (J. de). — **Sur un nouvel Aliment pour nourrissons** (la Bouillie de Liebig), avec Instruction pour sa préparation et son emploi. In-12.... 1 fr.

MOLTKE (de). — **Campagnes des Russes dans la Turquie d'Europe** en 1828 et 1829. Traduit de l'allemand du colonel baron de Moltke, par A. Demmler, professeur à l'École impériale d'état-major. 2 vol. in-8°............ 6 fr.

TÉLIAKOFFSKY (A.). — **Manuel de Fortification permanente,** par A. Téliakoffsky, colonel du génie. Traduction du russe par Goureau. 1 vol. in-8°, avec un atlas de 40 planches... 20 fr.

VÉRON (Eug.). — **L'Esthétique,** par M. Eug. Véron, directeur du Journal *l'Art* 1 vol. in-12 de 506 pages. Broché, 4 fr.; relié, toile anglaise ...... 4 fr. 50
    Fait partie de la *Bibliothèque des Sciences contemporaines,* voir p. 3.

WELTER (H.). — **Essai sur l'Histoire du café,** par Henri Welter. 1 vol. in-12 .... 3 fr. 50

TABLE ALPHABÉTIQUE.

Paris. — Typographie PAUL SCHMIDT, rue Perronet, 5.

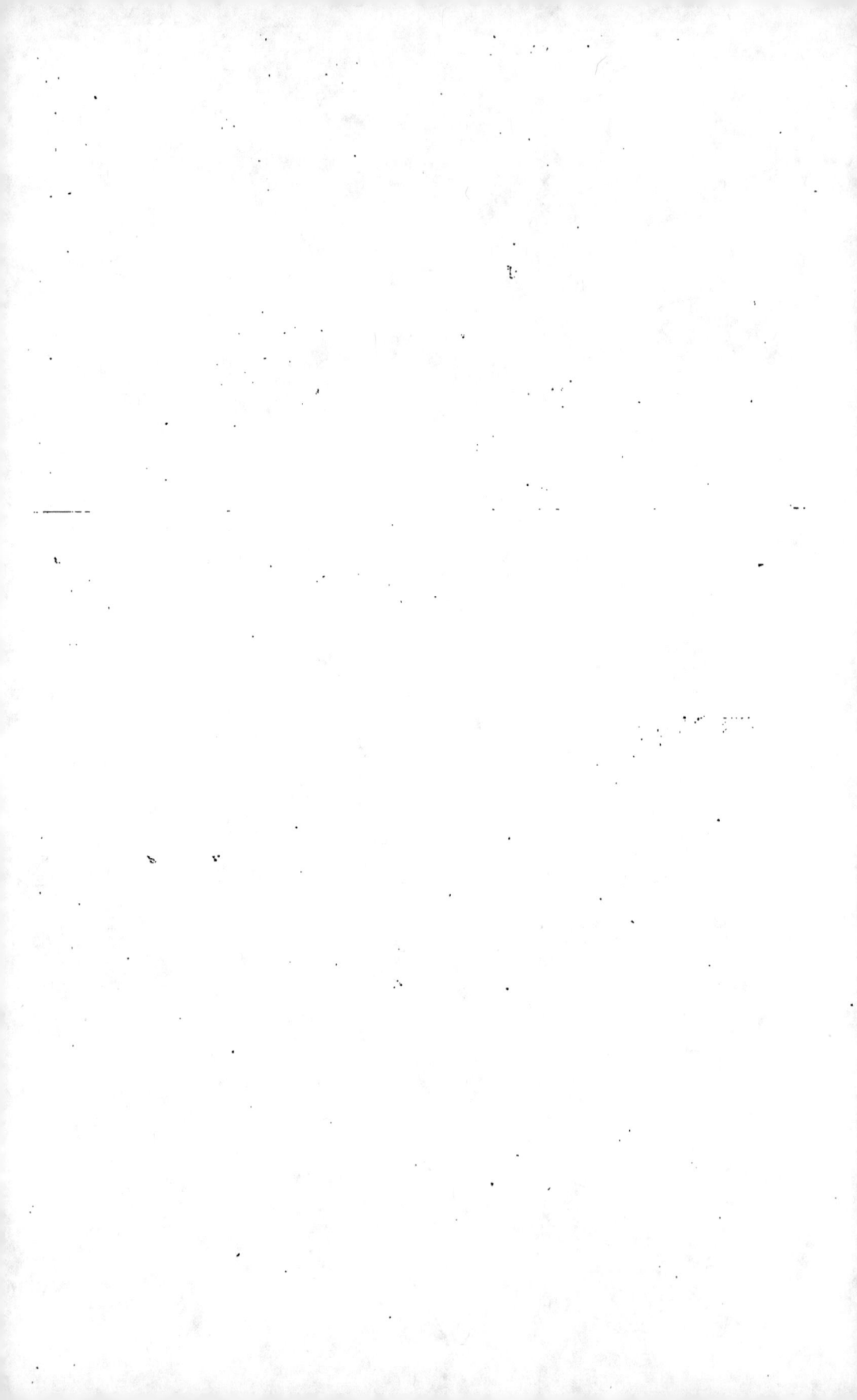

www.ingramcontent.com/pod-product-compliance
Lightning Source LLC
Chambersburg PA
CBHW071950270326
41928CB00009B/1401